Friedrich Windischmann

Zoroastrische Studien

Abhandlungen zur Mythologie und Sagengeschichte des alten Iran

Friedrich Windischmann

Zoroastrische Studien
Abhandlungen zur Mythologie und Sagengeschichte des alten Iran

ISBN/EAN: 9783742808455

Hergestellt in Europa, USA, Kanada, Australien, Japan

Cover: Foto ©Thomas Meinert / pixelio.de

Manufactured and distributed by brebook publishing software
(www.brebook.com)

Friedrich Windischmann

Zoroastrische Studien

ZOROASTRISCHE STUDIEN

ABHANDLUNGEN

ZUR

MYTHOLOGIE und SAGENGESCHICHTE

DES ALTEN IRAN

von

FR. WINDISCHMANN.

NACH DEM TODE DES VERFASSERS

HERAUSGEGEBEN

VON

FR. SPIEGEL.

BERLIN,
FERD. DÜMMLER'S VERLAGSBUCHHANDLUNG.
(HARRWITZ UND GOSSMANN.)
1863.

Vorrede.

Dafs durch das Hinscheiden Friedrich Windischmann's den orientalischen Studien ein eben so herber
als unerwarteter Verlust zugefügt wurde, wird wohl
Niemand bezweifeln, der diesen Forschungen irgendwie
nahe steht; Keiner aber dürfte dies persönlich tiefer
empfunden haben, als der Schreiber dieser Zeilen, dem
es in den letzten Jahren vergönnt war, durch Gemein-
samkeit des Studienkreises ihm näher zu treten und im
häufigen mündlichen und schriftlichen Verkehre mit ihm
stehen zu dürfen. Vor Allem aber erregte es mein leb-
haftes Bedauern, dafs es dem Verstorbenen nicht möglich
gewesen war, ein Werk zu vollenden, welches mehrere
Jahre hindurch den Gegenstand seiner eifrigsten Studien
gebildet hatte und in einer Reihe von Abhandlungen wichtige Punkte aus der iranischen Mythologie und Religionsgeschichte behandeln sollte. Der Verewigte hatte öfter
mit mir von diesem Werke, als einer fast fertigen Arbeit,
gesprochen, nur seine fortwährende Kränklichkeit hatte

ihn verhindert, die letzte Hand an dasselbe zu legen.
Aus einzelnen Mittheilungen, die mir der Verfasser gemacht hatte, liefs sich vermuthen, dafs das Werk von
hoher Bedeutung sein werde, und mit grofser Freude
ging ich daher auf den von den Hinterbliebenen mir
gemachten Vorschlag ein: die Herausgabe dieser nach-
gelassenen Abhandlungen zu übernehmen, um so mehr,
da ich glauben mufste, mit der fast druckfertigen Arbeit
wenig Mühe zu haben. In letzterer Hinsicht sah ich
jedoch bald, dafs ich mich getäuscht hatte und dafs
nicht Alles, was dem Verfasser leicht war, auch für den
Herausgeber leicht sein mufste. Es ist ganz richtig, dafs
die hier vorliegenden Abhandlungen von dem Verfasser
selbst in wenig Wochen vollendet werden konnten, für
einen Herausgeber, der sich nie mit dem Verfasser über
den Plan und den Inhalt des Werkes genauer besprochen
hatte, lag die Sache anders. Schon die Ausscheidung
der zum Druck bestimmten Abhandlungen aus gelegent-
lichen Excerpten und anderen Papieren, mit denen sie
zusammen lagen, machte einige Schwierigkeit. In dieser
Hinsicht glaube ich jedoch, meine Aufgabe ziemlich
gelöst und nichts Wichtiges ausgeschlossen zu haben.
Nur, ob ich die Uebersetzung des Bundehesch aufneh-
men solle oder nicht, war mir eine Zeitlang zweifelhaft.
Zwar, dafs Windischmann eine Uebersetzung des
Bundehesch herauszugeben beabsichtigte, weifs ich aus
dessen eigenem Munde, ob sie aber einen Bestandtheil
des vorliegenden Werkes bilden sollte, weifs ich nicht.

Es will mir fast scheinen, als ob die hier mitgetheilte
Uebersetzung nur ein erster Entwurf sein sollte und dafs
der Verfasser die einzelnen Capitel etwa in der Weise
zu commentiren beabsichtigte, wie dies in der neunten
und zehnten Abhandlung geschehen ist. Indessen, eine
solche Ausarbeitung lag nicht vor und ich halte die
Uebersetzung des wichtigen Buches durch einen so sach-
kundigen Gelehrten, wie Windischmann, jedenfalls für
einen grofsen Fortschritt. Es mag sein, dafs hier und
da eine Wendung anders zu fassen ist und dafs Windischmann selbst, bei nochmaliger Ueberarbeitung,
Manches anders gefafst haben würde. Allein diefs Alles
berechtigt uns nicht, eine so wichtige Arbeit der Oeffent-
lichkeit zu entziehen, auf einem Gebiete, wo die Unsicher-
heit noch so grofs ist und gröfsere Sicherheit nur durch
das Zusammenwirken vieler Kräfte erreicht werden kann.
Hier gilt es vor Allem, den Versuch zu wagen und Andern die Möglichkeit zu gewähren, auf dem Gewonnenen
fortzubauen, das Irrthümliche aber zu berichtigen. Dies
ist meine Ansicht, aber auch der Verfasser dieses Werks
hat sie als die seinige ausgesprochen, nicht blofs münd-
lich und schriftlich gegen mich, sondern auch öffentlich
(in der Vorrede zu seinem Mithra) und ich glaube daher seinem Sinne nicht entgegen zu handeln, wenn ich
diese Arbeit in sein Buch aufnehme.

Den Gesichtspunkt aufzufinden, nach dem Windischmann die einzelnen Abhandlungen aneinander zu reihen
gedachte, ist mir nicht gelungen, und auch meine Er-

kundigungen bei Andern sind fruchtlos geblieben; es
scheint, dafs sich der Verstorbene nirgends über den
Plan dieses Werkes geäufsert hat. Die einzelnen Abhandlungen sind zwar in sich abgeschlossen, stehen
aber unter sich wenig in Beziehung. Die 11. Abhandlung war gewifs bestimmt, eine der ersten Stellen im
Buche einzunehmen, ich habe sie jedoch an das Ende
gestellt, weil sie nicht ganz vollendet ist. Dem auf-
merksamen Leser wird es auch nicht entgehen, dafs dieselben Textcitate, namentlich die dem Bundehesch ent-
nommenen, an verschiedenen Stellen des Buches etwas
verschieden übersetzt sind. Offenbar liegt die Abfassung einzelner Abhandlungen oft um Jahre aus einander, da mir aber die Zeit ihrer Entstehung meist
unbekannt ist, so habe ich auch hierin Nichts zu ändern
gewagt.

Trotz dieser kleinen Uebelstände, welche durch die
Verhältnisse bedingt sind, stehe ich nicht an, das vorliegende Werk als ein höchst bedeutendes zu bezeichnen,
welches immer einen hohen Rang unter den Schriften
einnehmen wird, welche zur Aufklärung des iranischen
Alterthums geschrieben worden sind. Der Verfasser
arbeitet nach der Methode Burnouf's, welche auch ich
für die richtige halte, er hält sich frei von aller Ein-
seitigkeit, und während er den Nutzen nicht unter-
schätzt, den die indische Literatur und Sprache für die
iranischen Studien gewähren kann, ist er doch auch
nichts weniger als blind für die Beziehungen Irans zum

Westen. Vor Allem aber ist die gründliche Durch-
arbeitung des iranischen Stoffes selbst nicht genug zu
preisen. Mich zum wenigsten hat das Buch durch die
vielfache Belehrung und Anregung, die es mir geboten
hat, reichlich für die Mühe entschädigt, die ich durch
dasselbe gehabt habe.

Bei der Herausgabe dieses Werkes war es natürlich
mein vorzüglichstes Bestreben, nur den Verfasser reden
zu lassen und mich möglichst aller Einmischung zu enthalten. Nur selten habe ich eine Note beigefügt und
dann nur mit Angabe meines Namens; noch weniger
habe ich mir natürlich Aenderungen im Texte selbst
erlaubt. Nur in der dritten Abhandlung habe ich etwas
stärker eingreifen müssen. Windischmann hatte, wie
man aus seinen Papieren sieht, die Absicht, ein Leben
Zarathustra's zu schreiben, so ziemlich nach demselben
Plane, nach dem Anquetil's Vie de Zoroastre gearbeitet
ist. Aber nur die beiden ersten Abschnitte (p. 44—49
bis zu den Worten „auf Ârmaiti bezüglich") fanden sich
vollständig ausgearbeitet vor, aufserdem nur noch einige
Collectaneen, namentlich Uebersetzungen aus den Grundtexten. Um diese nicht verloren gehen zu lassen, habe
ich sie p. 49—56 zusammengestellt, so gut es ging.
Uebrigens ist auch in diesen Theilen der Abhandlung
fast Alles von Windischmann, und mir gehören nur
einige Sätze, die keinen andern Zweck haben, als die
einzelnen Citate mit einander zu verbinden. — In der
Uebersetzung des Bundehesch fehlte das erste Capitel

gänzlich, ich habe es nach meiner Uebersetzung beigefügt, um die Uebersetzung nicht unvollständig zu lassen.
Eben so habe ich den fehlenden Schluſs von cc. 14.
19. 27, sowie c. 29 ergänzt, welches gleichfalls fehlte.
An der Uebersetzung selbst habe ich nur wenig geändert, nämlich nur solche Stellen, wo ich glaubte, der
Zustimmung Windischmann's gewiſs sein zu dürfen,
alle zweifelhaften Fälle behalte ich mir für Besprechung
in einer eigenen Abhandlung vor. — Und so wünsche
ich denn, daſs dieses Werk in recht weiten Kreisen die
Beachtung finden möge, die es in so reichem Maaſse
verdient.

Fr. Spiegel.

Inhalt.

Verbesserungen.

p. 109, 18 add. nach „Apfel": Quitte.

ibid., 4 v. u. l. i. e. בְּרַד == pers. اُجْ

p. 118, 19: l. Zairigaw.

p. 120 nach l. 6 v. u. add.: „Kivistǎçp bis zum Kommen der Diu
dreißig Jahre, im Ganzen 120 Jahre."

p. 201, 20 u. 21: *trimçad-sarǐǎçi*.

p. 260 in der Ueberschrift: 11. == 9.

1. Geographie des Bundehesch.

Der Verfasser des Bundehesch ist in dem Capitel, welches über die Berge handelt, seinem Systeme genau das zu geben, was sich in den h. Schriften erwähnt findet, treu geblieben, und nur in den näheren Bezeichnungen einzelner Localitäten nimmt er auf die geographischen Verhältnisse seiner Zeit Rücksicht. Die Aufzählung der Berge ist eine doppelte: vorab das bloße Namensverzeichniß von 24 Bergen; dann eine genauere Beschreibung derselben. Wir wollen letztere zuerst ins Auge fassen (p. 22, 7).

1. Die fünf oder sechs Berge, welche das Verzeichniß eröffnen, sind mehr oder minder mythische, und das, was von ihnen gesagt wird, findet sich gradeso in den Stellen der Din. „Harburc (¹) ist um diese Erde und an den Himmel befestigt. Patireh (²) Harburc ist derjenige, an welchem Sterne, Mond und Sonne untergehen und wieder untergehen." Was hier Patireh genannt wird, heißt p. 21, 16 tireh Harburc, was richtiger ist; denn letzteres entspricht dem zendischen taêra, während patireh gleich Z. paityâra ist und in diesem Sinne auch Bund. p. 9, 14; 15, 4 u. a. w. gebraucht wird. Taêra ist aber einer der Gipfel der Hara berezaiti, von welchem Rashnu Y. 25 gesagt ist: „Oder wenn Du bist, o reiner Rašnu, auf dem Taêra der Haraiti Bares, wo mir aufgehen Sterne, Mond und Sonne." Der taêra der Hara kommt ferner vor Ram. Y. 7, wo der Pischdadier Haosyanha dort opfert. Ob taêra Zam. Y. 6 denselben Berg bezeichnet, ist zweifelhaft; ebenso ist der Name taêra selbst noch unerklärt; tîra heißt im Sskr. Ufer und Pfeil; allein weder Bedeutung, noch Vocal passen zum Z. taêra.

2. Es folgt hierauf Hugar Bulvend (³), „der, von welchem das Wasser Ardviçûr herunterströmt, tausend Mann hoch", was

1

2

Bund. p. 26, 3 noch weiter ausgeführt ist. „Ardviçur geht in Wärme und Kälte in dem Kanale hin auf jenen Berg Bulvend. Auf der Höhe dieses Berges ist ein See: in diesen See ergießt sie sich und er wird davon gereinigt, ... in der Höhe von tausend Männern geht von diesem Kanal ein Zweig Gusatch Zerin zum Berg Husindum." Und der See, der sich auf dem Hugar bulvend befindet, wird *Urviç* genannt, p. 56, 12. Diese Beschreibung ist den Urtexten entnommen. R. Y. 24 heißt es: „Oder wann Du bist, o reiner Raśnu, auf dem Gipfel Hukairya, dem ganz reinen, güldenen, von wannen mir herabströmt Ardvî-Çûra Anâhîta tausend Manneshöhen." Und Aban Y. 96 „Anrufen will ich den Berg-Gipfel Hukairya, den allreinen goldenen, von wannen mir herabströmt Ardvî-Çûra Anâhîta tausend Männerhöhen groß." Dasselbe wiederholt sich ib. 121. Von dem See Urviç', der im Z. uruvaêça oder urvaêça lauten muß, findet sich in den uns erhaltenen Texten keine Erwähnung. Ich zweifle jedoch nicht an der Aechtheit auch dieser Notiz. — Der Hukairya ist aber nach Mih. Y. mit Hara berezaiti identisch.

3. Was Bund. über den vierten Berg Huçindum sagt, bedarf vor Allem der Emendation: es ist wohl zu lesen *huçindum kup ak wan an kandhin an gukr açmân mian saré prhânkut amats mia dri mn hugar patas parut ricsn.* „Der Berg Huçindum, welcher von Khûnahîn (wie Minokhard ihn nennt, der Blutfarbene, Rubin), vom Edelstein des Himmels, inmitten des Meeres Vôurukaśa; auf ihm befindet sich das Wasser, welches vom Hukairya darauf hinunter strömt."

Daß der Himmel von Edelstein sei, ist eine iranische Vorstellung, die wir auch Bundeh. p. 71, 10 finden, wo zu lesen ist *rchik knark rusn mn guhri kundhin. Rchik*[1]) entspricht Yaçn. LVI, 6, 4 dem Zend. dûrâṭ und sonach das Epitheton rchik knark genau dem dûraôkarano der feruendige, was Farv. Y. 3 Beiwort des Himmels ist. Der Himmel wird also hier als ferne Enden habend, leuchtend, vom blutfarbigen Edelstein geschildert. Daß der Berg Huçiudum von demselben Edelstein sei, findet sich in unsern Textfragmenten nicht, wohl aber sonstige ganz übereinstimmende Angaben. Er heißt in den Texten *Ukidhaŝ* und steht öfters neben dem Berg Uśi (oder Uśki) da-

---

[1]) L. a. aram: רְהִיק, ferne. Sp.

rana, der im Bundehesch Husdástar genannt wird; vergl. Y. fr. II, 38 aom girîm yazamaidhê yim usidãm usi-daranem. Orm. Y. 31.

Allein kommt Usidarana vor Yaçn. I, 41; II, 54; IV, 45; XXII, 31, wo ihm die Prädicate: der Mazdageschaffene, reinglänzende gegeben werden und wo die Huzv. Uebersetzung überall Ilusdástár giebt. Siroz. II, 26, 28. Es scheint, dafs die Texte selbst Usi-dhaô und Usidarana bald identificiren, bald unterscheiden.

Dafs es zwei verschiedene Berge seien, beweist Zam. Y. 2, wo usidhaô usidareno nebeneinander gezählt werden. Ebendaselbst heifst es: (66) „Wie der Berg Usidhaô, an welchem sich die ersten Gewässer, die bergfliefsenden, sammeln, zu ihm fliefsen sie zusammen, zu ihm führt die glänzende, schönpferdige, mehrende majestätische, die schöne heilbringende, die schöne sich ausbreitende [1]), die schöne vollweidige, die grade und geschämige." Wahrscheinlich ist mit der letzteren Beschreibung die Anâhita gemeint. Der Berg Usidhaô kommt in einer dem Huzv. Huçindum sich nähernden Form Tir Y. 32 vor, wo zu lesen ist: *uç(l)indvat paiti garôit.* „Da erheben sich jene Wolken um den Berg Uçindu, welcher steht inmitten des Meeres Vôurukaša."

Der erste Theil des Namens usi oder uski (vergl. Visp. XV, 1. Babr. Y. 56. Yaçn. IX, 28. Orm. Y. 31.) bedeutet Verstand, Geist. Usi-dhaô oder Usi-darana heifst also Geistgebend oder Geisttragend, wie Sirozah II, 29 die mazdayaçnische Lehre geisttragend usi-darethrem genannt wird. Dafs dies wirklich die Bedeutung des Namens sei, beweist die Glosse Neriosenh's zu Yaçn. I, 41: *girim hoçadastdram magdadattam puñyaçubham, sa girih yaçcaidanyam manulydñdm sthdne dadhdti razati ca.* „Den Berg Hoçadástar, den Mazdageschaffenen, rein glänzenden (rufe ich an). Dies ist der Berg, welcher den Geist (oder Verstand) der Menschen an seine Stelle setzt und beschützt". Die doppelte Function: an die Stelle setzen und beschützen, soll, wie mir scheint, die beiden Namen usi-dhaô (dadhâti) und usi-darana (razati) erklären. Wie sich nun die Mazdayaçnier dies dachten: ob sie glaubten, dafs von diesen

---

[1]) Urvadhaça. Man könnte an die Quelle Arvand denken, von welcher Neriosanh berichtet.

Bergen aus geistige Strömungen gingen, welche den Geist der
Menschen erhalten und stärken, oder ob von dort die geistigen
Potenzen selber ausgehend gedacht wurden, das ist nicht leicht
zu entscheiden. Möglich auch, dafs wie die Seelen der guten
Verstorbenen über Hara Berezaiti hinauf zum Himmel steigen,
so die der zu Gebärenden über die Berge Usidbaō und Usidarana herabgelangen.

4. Der fünfte Berg ist: „Cakâti Dâitik, der mitten in der
Welt ist, hundert Männer hoch, an welchem die Brücke Cinvaţ
steht; die Seelen werden an diesem Orte gerichtet." Cakât ist
das N. P. ckad Gipfel und kommt auch Bund. p. 77, 2 vor,
wahrscheinlich ebenfalls in Beziehung zur Brücke Cinvaţ die
an vielen Stellen des Avesta besprochen wird, auch in den
Gâtha's. Ihr Name ist im Zend cincaţ peretû [1]) (Visp. VIII, 6,
oder cinvatô peretu) sie wird von Hunden bewacht. Farg. XIII,
9, W. (çpâna pešu-pâna, pešu = peretu) was genau zu dem von
Hunden bewachten Weg des Yama pafst. Yaçn. XLV, 10, 11
mit allen diesen gehe ich zur Brücke Cinvaţ — wenn sie hin-
kommen, wo die Brücke Cinvaţ ist. Yaçn. L, 13, das Gesetz
gedenkt offenbar an den Schlechten, wie an den Guten, dessen
Seele zittert an der Brücke Cinvaţ, der offenkundigen. Yaçn.
LXX, 71, dafs Du Deine Seele hinüber wandeln läfst über die
Brücke Cinvaţ und sie zum Paradies rein gelange. Farg. XIII, 3
wird von den Tödtern des Dujaka (Zuzak) gesagt: denen es
schwer sein wird, die Brücke Cinvaţ zu erlangen. Farg.
XVIII, 6 der die ganze Nacht den Geist fragt, den reinen,
aus der Noth lösenden, Freiheit gebenden, an der Cinvaţ-Brücke
Hülfe gebenden. Die Hauptstelle ist aber Farg. XIX, 29. Es
ist dort vom Gericht (dâthra) der Seele nach dem Tod die
Rede, und wie drei Nächte nach dem Tod die Dämon Vizareša
die Seele des Gottlosen bindet, dann heifst es: den Weg der
Zeitgeschaffenen geht er, sowohl der Gottlose, wie der Reine,
die Cinvaţ-Brücke, die Mazdageschaffene reine. Bewufstsein
und Seele der Lebendigen .... fragen sie das Gesetz in der
beKörperten Welt. Jene schöne gemachte, starke, wohlgewachsene kommt herbei mit Glanz angethan, schön mit Haar-
flecht, ... lieblich. Jene der Gottlosen reifst die sündhaften

---

[1]) Ob Mih. Y. 82 cinndaf und Zam. Y. 82 cinndai sich auf die Brücke bezieht, steht dahin.

Seelen in die Finsternisse; jene der Reinen führt die Seelen über die Hara Berezaiti hinauf, über die Cinvaṭ-Brücke erhält sie dieselben, die Brücke der geistigen Yazata's. (Sp. hat *haétu* mit *haéna* Heer zusammengestellt; allein es ist offenbar = Sskr. *setu* Brücke.)

Es ist noch die Frage, ob *peretu* ohne Weiteres Brücke bedeutet? Minokhard beschreibt die Brücke noch näher p. 61, 66.

Die Brücke Cinvaṭ erscheint dem Gerechten breit, dem Gottlosen schmal.

Weil nun an dieser Cinvaṭ das Gericht dâthra oder auch dâtem der Seelen stattfindet, so wird jener Berg *cakâti dâitik* genannt, der Gerichtsberg, was im Z. *Dâitya* lauten mußte; *dâitya* heißt aber gesetzlich, auf das Gesetz oder Gericht bezüglich. Die gute Dâitya werden wir als einen Fluß in Airanvic kennen lernen.

5. Doch wir gehen weiter: lin. 16 ist Harburc kup zu tilgen, da von diesem Berg hier nicht weiter die Rede, sondern sechstens vom „Arcur grivak", ein Gipfel am Thor der Hölle, wo beständig die Dämonen ihr Zusammenlaufen machen. Auch dies ist eine mythische Höhe, eine Art von Blocksberg, welcher an drei Stellen der Texte vorkömmt. Farg. III, 7 W. wo als das erste der Erde Unangenehmste Arezûra Grîva bezeichnet wird, „weil dort die Daêva's zusammenlaufen von der Höhle der *Drukhs*" (der Hölle). Dieses Zusammenlaufen der Teufel wird Farg. XIX, 44 malerisch geschildert und als der Ort desselben das Haupt (kameredhem) des Arezûra bezeichnet (was dem cakâti entspricht). Endlich kommt der Name Erezurô jedoch mit zweifelhafter Schreibung Zam. Y. 2 vor, der jedoch ein anderer ist, welchem wir unten begegnen werden, da unter jenen heiligen Bergen unmöglich der Teufelspik erscheinen kann. Was bedeutet aber der Name Arezûra grîva? Letzteres Wort ist Farg. III, 7 offenbar ein Feminin; ich stelle es unbedenklich zu Sskr. *grîod* Hinterhals, Nacken. Arezûra wird dann wohl ein dämonisches Wesen sein — und da begegnet uns im Minokhard die Notiz (Spiegel P. Gr. p. 134), daß der erste Nutzen des Gayomard gewesen sei das Tödten des Âzûr, wofür jedoch eine Hs. von erster Hand Ârzûr giebt, wie auch Neriosenh liest: *vydpâdanaṃ arǵûrasya.* Ist diese Combination richtig, so hat der Teufelsberg seinen Namen: Nacken des Ar-

6

zûra von jenem Unhold Arzûra empfangen, welchen Gayomard
getödtet hat: eine Sage, über die uns sonst nichts mehr erhalten ist. Oder sollte, da *rasura* Wald bedeutet, *arasûra* der unbe-
waldete heifsen? wobei die Längung des Vocals bedenklich wäre.

6. Nach diesen fabelhaften Bergen kommt das erste geogra-
phisch bestimmbare Gebirg, welches Bundehes Âpârçin (mit der
Variante Harpârçiu) nennt. Im Text ist hier eine Verwirrung,
indem die Worte: „und dies wird gesagt: aufser dem Harburc
ist der Berg Âpârçin der gröfste“, wahrscheinlich nach den
Worten: „der Berg Harpârçin wird Berg von Pârç genannt;
sein Anfang ist in Çiçtân, sein Haupt (Ende) in Huçiçtân“
zu stellen sind. Es ist also hier jener Gebirgszug gemeint, welcher sich von Susa nach Persepolis und von dort nach Saka-
stene der Alten zieht. Der Name dieses mächtigen Gebirges,
das sich in seinen Ausläufen mit dem Paropamisus berührt, ist
im Zend Upairiçaêna; er findet sich Yaçna X, 29, wo die Vögel
den Haoma hintragen: avi skata upairi-çaêna, was Spiegel „zu
den Höhen oberhalb der Adler“ übersetzt. Dafs ein bestimmtes Gebirg gemeint sei, beweist Zamy Y. 3, wo iskatâca upairiçaêna unter den Bergen vorkommt mit dem Prädicat käçô-
tafedhra-vafra. Die II. Uebersetzung giebt an der Stelle des
Yaçna skata') mit skpt, was ich zum N. Persischen sikaften
findere sikaft spelunca antrum halte; upairiçaêna ist gradezu mit
Pârçin gegeben. Wir werden unten noch einmal auf diesen
Höhlenberg zu sprechen kommen.

7. Von dem folgenden Berg sagt B. p. 23, 1: „Der Berg
Manus, der grofse, ist jener Berg, auf welchem Manuscihr geboren worden ist.“ Im ersten Verzeichnifs p. 21, 18 heifst es:
der Berg Zaritc (oder Zereca), welcher der Berg Manus ist. Diese
Notizen stimmen vollkommen mit Zam. Y. 1, wo als zweiter
Berg genannt ist: seredhô [mit der Variante sairi dagô] gairis
pâreśtarem aredhô manusahê). Wenn es mir auch nicht klar
ist, was die Worte aredhô-manusahê bedeuten sollen, so ist
doch die Identität des Berges in B. und Z. Y. evident, sowie
dafs sich eine Reminiscenz an Manuscithra daran geknüpft hat.
Die nähere Bestimmung, wo Manuscihr geboren, findet sich
nicht in unsern Texten, wo überhaupt nur einmal dieser Held
der Ursage erwähnt wird.

Bundehesch schiebt nach Erwähnung der beiden Berge Upairi-Çaêna und Zaredha die allgemeine Bemerkung ein: „die andern Berge sind zumeist von diesen gewachsen; wie gesagt ist: die Awçâr-Länder sind rings um diese drei Berge gelegen." Was mit awçâr gesagt werden will, weifs ich nicht.

8. „Der Berg Airc ist in der Mitte von Hamatân bis Hvarem und ist vom Berg Aparçin gewachsen." Unter den im Zam. Y. aufgezählten Namen klingt Erezifô an Airc an. Die Lage ist auffallend bestimmt; denn die Entfernung von Hamatân nach Chowaresm ist eine ungeheure. Hvarem kann jedoch auch als Berg gefafst werden; vergl. die Stelle p. 41, 8, 11. Uebrigens ergiebt sich aus dieser und der folgenden Stelle, dafs Aparçin auch noch den Paropamisus in sich schliefsen müsse.

9. Der Name des folgenden Berges, von welchem es beifst: „dafs er in Huràçân sei, nach der Seite von Turkestan hin und mit dem Aparçin zusammenhänge," ist undeutlich. Hier steht maras, was auch das Relativ sein könnte. In der ersten Aufzählung ist er, wie es scheint, ausgelassen. Von Huràçân nach Turkestan ist eben auch wiederum eine sehr vage Bestimmung, die nur die weite Ausdehnung des Aparçin beweist.

10. „Der Berg Kap (Kaf) ist auch vom Berg Aparçin gewachsen." Zam. Y. 3 kommen die vier Vidhwana Kaofô vor; allein ich glaube, dafs letzteres nicht Eigennamen, sondern die allgemeine des Berges ist (Höcker beim Camel) und dafs daher Kap davon verschieden ist. Ein Wort kapô kommt vor Mih. Y. 86 kafem Bahr. Y. 13, wo aber von geographischen Beziehungen keine Rede ist. Bekanntlich haben die Araber den die Erde umgebenden Alburg mit dem Namen Kaf bezeichnet.

11. Ueber den Berg Husdâstâr haben wir schon oben gesprochen. Was B. hier sagt: „der Berg Husdâstâr ist in Çiçtân" scheint mir ein Versuch der Späteren zu sein, eine mythische Höhe an eine bestimmte Localität zu fixiren.

12. „Der Berg Arcur ist der auf der Seite von Hrum (Arum)." In der ersten Aufzählung p. 21, 20 heifst dieser Berg Arcur bum. Es ist wohl gewifs, dafs diesem der sechste Berg in Zam. Y. 2 erezuro identisch ist, was schon daraus hervorgeht, dafs hier als siebenter Berg bumyô neben ihm

steht, während Bund. beide zu einem Gebirg vereinigt. Hrum bedeutet entweder den Westen im späteren Sinn oder das Land der Amazonen. Es wird schwer sein, die Localität näher zu ermitteln.

13. „Der Berg Padashvârgar (es kommt auch Pâtashvargar vor, vergl. Spiegel Huzv. Gr. p. 45) ist in Taperiçtan und Gilân nach dieser Seite." In der ersten Aufzählung p. 22, 1 heißt es: „der Berg P., welcher der größte ist, in Hvars (anari), den man auch Berg Cin nennt"; p. 24, 13 wird er in nächster Verbindung mit dem Demavend gesetzt. In der Huzv. Ueberselzung von Farg. I, 18 W. wird Varena nach Padashvargar gesetzt. Minokhard bei Sp. P. Gr. p. 137: „Und von Manocihar war dieser Nutzeu — daß er von Padasqargar bis zum Anfang der Hölle, wie der Vertrag des Frâçiâk gamacht war, von Frâçiâk wegnahm und zum Eigenthum von Erân-sahar machte." Den Anfang oder das Thor der Hölle haben wir oben kennen gelernt. Ueber diesen Vertrag siehe Mudjmil XI, p. 287 und Tir Y. 37. Der Kampf Manus-cithra's mit Fraçiâk wird nach Amol verlegt; vergl. Ritter VIII, 542. Nach der Angabe des B. müssen es die Gebirge sein, welche das caspische Meer von Medien trennen, welche heute den Namen Alburz tragen.

Spiegel (a. a. O.) hat Pâtashvargar mit dem Pâtisuwaris der Inschrift zur Nakschi-Rustam identificirt, welches neben Gobryas stehend wahrscheinlich den Ort seiner Herkunft bezeichnen soll. Rawlinson hat dabei an die Πατεισχορεῖς erinnert, welche Strabo XV, p. 727 Cas. als einen in Persis lebenden Stamm angiebt. Im Zend. heißt paitis-qarena Gesicht, Wange; vergl. Farg. VIII, 43. III, 46. Mih. Y. 70. Ein Berg usta-qarena Zam. Y. 5.

14. „Der Berg Rivand (in der ersten Aufzählung p. 22, 2 Rabund [Berg Ravend auf der Karte]) in Hvârâçan, auf welchem das Feuer Burcin niedergelegt ist. Dieser Rivand heißt auch Ravmand." Dies wird p. 42, 3 weiter dahin erklärt, daß der König Viçtaçp, nachdem er die Din angenommen, das Feuer Burcin auf dem Berg Raêvand (so ist er hier transcribirt), den man auch pust-viçtaçpân nenne, auf das Dâtgas gesetzt habe.

Im Zam. Y. 5 und 6 sind zwei Berge erwähnt, raêmanas und raêvaöç, von denen offenbar der letztere dem Raêvand des

Bundehesch entspricht. Raêvaṭ heiſst glänzend oder reich (Sskr. revat) Siroz. I, 9; II, 9 wird der Berg genannt raêvañtahê garôis — raêvañtem gairîm, ebenso Nyaiſh V, 6. Der Zusatz, daſs Raêvand auch Pust-Viçtaçpân heiſse, bestimmt uns die Oertlichkeit näher, denn im Minokhard (Spiegel P. Gr. p. 141) heiſst es: Der Leib Çams liegt in der Ebene pust-guśtâçpâñ, nahe beim Berg Damâvant. Wir werden unten dieser Ebene oder Wüste, die wahrscheinlich vom gleichnamigen Berg genannt wurde, noch einmal begegnen. Mit jener Bestimmung des Minokhard, wonach Çam's Leib in der Wüste beim Demavend liegt, stimmt die des B. nicht, der p. 69, 14 und p. 70, 4 den Çâm in der Wüste Peśiyânçe schlafen läſst, die er nach Kabulistan setzt.

15. „Der Berg Vâtgis wird von den Vâtgisas so genannt, an dieser Seite (ist er) voll Bäume und voll Sträucher." In der ersten Aufzählung p. 22, 2 wird er Dârçpit Weiſsbaum genannt; çpit-dâr heiſst p. 64, 9 die Pappel. Glücklicher Weise hat uns Zam. Y. 2 den ächten Namen dieses Berges aufbewahrt: Vâiti-gaêçô. Vâiti erinnert an vaêtayô Farg. XXII, 20 W. S. Spiegel, kann aber mit diesem kaum identisch sein, weil sonst in der Pehlwi-Transcription Vîtgis stehen müſste. Auf jeden Fall muſs der Berg von den vielen weiſslichen Bäumen (Pappeln), welche auf ihm wuchsen, seinen Namen haben.

16. „Der Berg Bakgir ist jener, welchen Frâçiak, der Turanier, zur Festung machte, innerhalb dessen er seine Wohnung (mân) baute, das Schloſs Rumruz der Lust aus Freude des Siegs, zehntausend Ortschaften und Schlösser warf er nieder." In der ersten Aufzählung heiſst dieser Berg baggar oder bakgar. Dürfte man bagdar lesen, so böte sich Zam. Y. 4. Vâkhedraka. Bag könnte auch das N. P. Bag sein. Die Sage von einem solchen Lustschloſs hat sich auch bei den neueren erhalten, vergl. Ritter. Die Verwüstungen Afrasiabs beschreibt Hamzah: *urbes delevit, castella destruxit.*

17. „Der Berg Kabad-Sikapt, dieser ist in Pârs vom Berg Pârçin aus." Wir haben oben schon gesehen, daſs der Name wahrscheinlich den mit vielen Höhlen versehenen bedeutet und daſs çkata (Gr. σκότος) und upairiçaêna im Zend. neben einander erscheinen. Solche Höhlenberge giebt es mehrere in Iran; so der Kereſtoberg in Atropatene, den Ritter nach den Berichten Ker Porters beschreibt, der aber mit unserem nicht identisch sein kann.

18. und 19. Die beiden folgenden Berge Çiakaomaud und Vapraomand, der schwarze und der schneeige, stehen gradeso nebeneinander, Zam. Y. 5: *çydmakaçca vafrayaôçca;* ihre Lage „bis (nach der Seite) von Kabul und bis an die Gränze von Cin" beweist, daß darunter die Hindukusch-Kette zu verstehen ist.

20. Nach dem Namen des Çpenddât hat die Copenhagener Hs. eine Lücke, welche die Pariser mit ruintaǔ ausfüllt, d. h. mit dem Beinamen des Isfendiar, der erzleibige, während Çpend-dât sein Eigenname ist, der Farv. Y. 103 vorkommt: *takhmakô çpeǔtô-dâtahe aí. fr. yas.* Der Ort, wo dieser Berg liegt, wird bezeichnet: „an dem See Rivand"; letzterer kommt im Verzeichniß der Seeen nicht vor; einstweilen dürfen wir vermuthen, daß er bei dem gleichnamigen Berg lag. Den Ort, wo Isfendiar von Gustaçp etc. eingekerkert wurde, nennt Firdusi Kenbendan beim Girdkuh Modjm. l. c. p. 332. In Zam. Y. 6 steht der çpeǔtadâtas grade so vor kadrva-açpas, wie hier. Sskr. kadru braun, Erde, Schlange.

21. „Der Berg Kundrâçp bei der Stadt Tus, auf dessen Gipfel der See Subar liegt." Dazu gehört die Notiz p. 55, 12: „Der See Çovbar ist bei der Stadt und dem Land Tus (die Stelle ist corrupt) auf dem Gipfel des Berges Kundrâçp, wie gesagt ist: heilsam mit reinen Quellen versehen, freudevermehrend ist er darauf gesetzt." Ueber Tus, die Heimat Firdusi's handelt Ritter VIII, p. 287 sqq.

22. „Der Berg Kudrâç oder Kendrâç ist in AirÂnvic." Aehnlich klingt der Berg Kaoiriçaç Zam. Y. 6 und da dieser an letzterer Stelle unmittelbar auf Kâdrvaçpa folgt, so habe ich keinen Zweifel an der Identität von Kudrâç, welches aus Kuirâç verschrieben sein kann, und Kaoiriça, das Wort hängt mit Kuiriç Panzer, einem der Waffenstücke des Kriegers Farg. XIV, 9 W. zusammen.

23. (Açnavand.) An die kurze Notiz über den Berg Açnavand, daß er in Atrupâtkân liege, will ich sogleich eine Reihe der interessantesten Fragmente anknüpfen, die sich über Atropatene vorfinden.

Vor Allem stehe hier die Erzählung aus Bund. selbst, welche den Berg zu einem der merkwürdigsten Mittelpunkte iranischen Wesens macht. „Das Feuer Gusaçp", so heißt es p. 41, 13, „machte bis zur Herrschaft des Ki Huçrub auf diese

Weise die Beschützung der ganzen Welt. Als Ki Huçrub den
Götzentempel des See's Ciciçt zerstörte, da legte es sich auf
den Sattel des Pferdes nieder, vertrieb die Finsternifs und
machte Licht, bis der Götzentempel zerstört war. Dort auf
dem Berg Açnavand legte er das Feuer Gusaçp auf das Dàtgas
nieder." Vom See (var) ciciçt (p. 17 l. ult.) wird p. 55, 10
berichtet: „er sei in Atrupàtkàn, heifswasserig, ohne Gift und
nichts Todtes (faules) sei nicht darin; sein Grund sei mit dem
Meer Vôurukaśa verbunden." Vom Var Huçru sagt Bundehesch, es sei fünfzig Parasangen vom Var Ciciçt (p. 56, 8).

Eine Glosse Neriosenh's zum Yaçna XXII, 30 sagt: „Zu
Ehren des Kai Suçrava und des See's Suçravîyà, der in Âdara-
bàdagàm ist, und des Berges Asnavañda, des Mazdageschaffenen und des See's Cayacistara, der vier Meilen weg ist; des
Königsglücks und des Feuers Adara gusaçpa mit Namen. Sein
(des Feuers) Werk ist die Kriegerwissenschaft. Nämlich im
Lande Âdarabâdagàm sind die Krieger schneller und tapfrer
durch seine Kraft. Dergestalt war der, welcher vor Ahura-
Mazda schrie ihm dort gewesen.

Minokhard sagt p. 55, 3: „Wäre von Kai Suçrava, dem
König, der Götzentempel, der beim See Cayacista war, nicht
zerstört worden, so wäre innerhalb der dreitausend Jahre des
Huçedar, Huçedarmâh und Suçios die Verhinderung des Götzendienstes und die Auferstehung unmöglich gewesen."

Burhankati (Vullers Fragm. der Religion des Zoroaster
p. 112) berichtet irriger Weise vom Feuer Burzin, was von
Gusaçp gilt: Adser Burzin ist der sechste der sieben Feuertempel in Persien. Nach Einigen hat ihn Bersin, ein Nachfolger Ibrahim Serduschts, erbaut; Andere sagen: „als Kai
Chosru eines Tages spazieren ritt, erhob sich plötzlich ein
furchtbares Gewitter, dafs K. Ch. vom Pferde sprang, worauf
der Blitz auf den Sattel seines Pferdes fiel und denselben verbrannte.. Man ging nicht eher weg, bis das Feuer ausgelöscht
war, baute dann an derselben Stelle einen Feuertempel und gab
ihm den Namen Adser Bersin." Man sieht, wie hier die eigentliche Hauptsache der Erzählung ganz verwischt ist; doch ist
die Bestätigung der Aussage des Bund. vom Falle des Feuers
auf den Pferdesattel sehr erwünscht.

Modjmil (J. As. XI, p. 330) spricht von mehreren Feuer-
tempeln, z. B. Surkh Kuschid bei Ispahan, die Kai Khosru er-

richtet habe und sagt höchst fragmentarisch: er habe auch in
Aderbaigan den Feuertempel Diz Bahman wieder hergestellt,
der zerstört gewesen sei. Hamzah II. (p. 25) weifs nur von
einem Feuertempel am rothen Berg Cuschid, der an den Gränzen
von Persien und Ispahan liege, wo Khosru einen Drachen getödtet habe, ohne des Tempels in Aderbigan zu erwähnen.

Alle diese in den persischen Traditionen erwähnten Localitäten finden sich glücklicher Weise auch in den Urtexten.
Zuerst der Berg Açnavand. Im Siroza I, 9 II, 9 (die oben
angeführte Stelle Neriosenh's ist eine theilweise Uebersetzung
davon) werden angerufen: „das Feuer, des Ahura Mazda Sohn;
der König Haoçravanha; der See Haoçravanha; der Berg Aç-
navañta, der Mazdageschaffene; der See Caêcaçta, der Mazdageschaffene.“ Die Zusammenstellung dieser Oertlichkeiten, welche
der Schauplatz der Grofsthaten des Huçrava waren, beweifst, dafs
auch letztere in den h. Texten enthalten sein mufsten.

Wir finden sodann den See, welchen Bundehesch Huçru,
der Urtext Haoçravanha (Nyaish V, 5 auch mit der Variante
Huçravanhahê), nennt.

In der seltsamen Erzählung (Zam. Y. 55 sqq.) von Fran-
racê's (Afrasiaba) dreimal vereiteltem Beginnen sich des Königs-
glanzes von Iran zu bemächtigen, wird dargestellt, wie der
Turanier sich ins Meer Vôurukaśa stürzt, um jenen Glanz zu
ergreifen; aber er strömt weg und bildet einen Abflufs (apagh-
jârô) des genannten Meeres, nämlich den See, der Huçravaô
heifst. Hier wird also die Entstehung des See's in die Zeit des
Kai Khosru selbst gesetzt.

Am häufigsten kommt der See Caêcaçta in den Zendtexten vor, eine Stelle (Siroza I, 9, II, 9) haben wir bereits
kennen gelernt. Aban Y. 49 ruft Huçrava am Ufer des See's
Caêcaçta, des tiefen, breitwasserigen (urvyâpa), die Anâhita an:
„sie möge ihm verleihen, dafs er von allen Gespannen zuerst
voran eile auf der langen Rennbahn und dafs er nicht ab-
schneide (?) den Wald (den Hinterhalt), welchen ihm der tödt-
liche Nurem-manô für die Pferde entgegengesetzet habe.“ Und
Gosh Y. 17, 199 betet zuerst Haoma, dafs er den Frahraçyana
binden und zu Kavi Huçrava führen möge, der ihn tödten soll,
und sodann Huçrava an demselben und mit den gleichen Epithetis genannten See Caêcaçta: „gib mir gute, heilsamste Drvâçpa
diesen Wunsch, dafs ich tödte den mörderischen Turanier Fran-

raçyâna am Ufer des See's Caêcaçta, des tiefen, weitwasserigen, der Sohn zur Rache meines Vaters Çyavaršâna. Ganz dasselbe wiederholt sich Ashi Y. 38. 41.

Es wird demnach die gröfste Heldenthat des Khosru an diesen See verlegt, der, wenn er in Atropatene ist, nothwendig mit dem See von Urumiah identisch sein mufs. Am Nordufer desselben liegt noch jetzt der Ort Tasutsch oder Tesuidsch (Ritter, Erdkunde IX, p. 911), dessen Name mit Recht neben Caêcaçta gestellt worden ist (vergl. Ritter ib. p. 1014). Die Epitheta tief und weitwasserig setzen einen See von grofser Ausdehnung voraus, wie es der Urumia-See wirklich ist. Ja, der Name des letztern: Urmia könnte = Z. Urvyâpa sein, wenn mia wie im Pehlewi als Wasser genommen werden darf. Dafs der See von Urumia der See Σπαῦτα des Strabo (XI, p. 523) sei, ist anerkannt; letzterer beschreibt ihn als einen Salzsee, in welchem die darauf sich krystallisirenden Salze fest werden, sie seien juckend und schmerzerregend — Oel sei das Heilmittel dagegen, süsses Wasser aber den verbrannten Kleidern, wenn sie jemand aus Unwissenheit hineintauche zum Waschen. Den Namen Σπαῦτα hat man mit dem Armenischen Kabodan (der blaue See) vermitteln wollen. Ist nun der Urumia-See der Caêcaçta, so kann es kaum zweifelhaft sein, dafs Haoçravañha der Van-See ist. Bundehesch giebt die Entfernung beider Seen auf 50 Parasangen an, was den vier Tagreisen entspricht, die Schiel von Dilman nach Van brauchte (Ritter IX, p. 973). Dafs Caêcaçta sowohl, als Haoçravañha mit dem Meer Vôurukaša in Verbindung gesetzt werden, während die Seen von Urmi und Van gar keine Abflüsse haben, darf uns nicht wundern. Sie wurden wegen ihres Salzwassers als unterirdisch mit dem Meer verbunden betrachtet.

Es ist höchst bemerkenswerth, dafs der Schauplatz der Heldenthaten Khosru's sich mit dem Sommer-Sitz der Semiramis in Van berührt. Die Zerstörung des Götzentempels in Caêcaçta dürfte eine Reminiscenz von dem Kampfe der reineren Religion der Iranier gegen turanischen und assyrischen Götzendienst sein.

Unter den, Bund. p. 24, 7 und p. 25, 7, aufgezählten Bergen erscheint auch der Berg Açpruz und es wird an der zweiten Stelle seine Entfernung vom See Cicaçt angegeben, allein die einzelnen Worte dieser Angabe sind mir unverständlich. Anquetil übersetzt: *Le mont Asperoudj est (comme) une forteresse bâtie depuis le Var Tetchaschté (jusque) dans le Pares.;* allein ich sehe in den Worten *dis çat* (vergleiche das äbulich ausschende *sasçat* für Waizen p. 58, 11) nichts, was das bedeuten könnte. Jedenfalls scheint der Berg Appruz nach Atropatene zu gehören und nicht nach Persis, wie Wahl glaubte (vergl. Ritter IX, p. 85).

24. Doch wir kehren zu den Bergen zurück. Der letzte in der Liste ist der „Berg Ruisnavmnd, auf welchem Bäume wachsen." Die folgenden Worte sind, wie mir scheint, durch Transposition einer Linie heillos verwirrt. Es dürfte zu lesen sein: *kup saki pnn. kandic bum acas earc apdt hus palas nahganand. pnn amak — bum kbad sam v kbad mar etc.* In dem ersten Katalog p. 22, 4 heißt es: „Der Berg Çicde ist in Kandic, man nennt ihn auch Ruisnsavmnd, bewachsen und freudegebend und den Berg mit reinen Weiden." Letzteres Prädicat çpirhurtak entspricht dem Zend. Ferner kommt in der ersten Aufzählnng p. 21, 1. ult., bloß der Name Berg Ruisnavmnd vor, gleich nach Arcur Bum, der sich in der zweiten nicht findet.

Ich kann nicht zweifeln, daß dieser Ruisnavmend dem Raoidhitô Zam. Y. 2 identisch ist, theils wegen der Gleichbedeutung des Namens der bewachsene, theils weil Ruisnavmnd Bund. p. 21 1. ult. ebenso nach Arcur Bum steht, wie Raoidhitô in Zam. Y.: „der sechste Erezurô, der siebente Bumyô, der achte Raoidhitô."

Ist aber dieser Raoidhitô oder Ruisnavmnd auch derselbe mit dem Berg im Wunderlande Kandic? Aus den Stellen des Bundehesch scheint es hervorzugehen; allein es ist nur Schein — der eigentliche Name des Berges ist Çacde oder Çicde und dieser konnte das Prädicat der bewachsene haben, welches ein anderer Berg als Eigennamen führte. Daß dem so sei, beweist Zam. Y. 4, 5, wo drei Berge hintereinander stehen: Kakabyus, Añtare-kañhaç und Çicidavaç, also letzterer von dem früher erwähnten sicherlich verschieden. Letzterer ist offenbar mit Çicde des Bundehesch übereinstimmend; Añtare-kañhaç aber bezeichnet einen Berg, der in Kandic liegt; denn Kañha ist der Zendname dieses Landes, daß er unmittelbar neben Çicidava steht, bürgt auch für die Lage des letzteren in Kandic.

Während also der erste Raoidhito im ersten Katalog an 13ter Stelle, wahrscheinlich der neunte im zweiten Katalog ist, dessen Name fehlt, ist der Berg Çicidava oder Raoidhito jenes Wald-Gebirg, welches einen der Reize von Kandie ausmacht. Bund. (p. 24, 4) sagt von ihm, man mache auf ihm das Werk der Annehmlichkeit.

Der Wunderort Kangdis, welches uns bei Firdusi so herrlich geschildert ist und das in der persischen Litteratur einem irdischen Paradiese gleichbedeutend genannt wird, ist in den Zendtexten meines Wissens nur einmal oder wenn man den oben angeführten Berg Aûtare-Kanhaç in Zam. Y. rechnet, zweimal erwähnt und zwar Aban Y. 53 f.: „Ihr opferte der starke Tuço, der Krieger, (sammt seinen Genossen) auf den Sätteln der Pferde um Kraft bittend für die Gebundenen, um Festigkeit für die Leiber, um volle Ueberwindung der Hasser, um Niederschlagung der Bösgesinnten, um Zusammenvertilgung der Feinde, der Gegner, der Hasser." 54: „Hierauf bat er sie um diese Gabe: gieb mir gute, heilkräftigste Ardvi Çura Anâhita, daß ich sei überwindend die reisigen Söhne der Vaêçka unter dem Palast, dem herrscherglänzenden (nützenden), höchsten, der erhabenen reinen Kanha; daß ich niederschlage die turanischen Länder zu fünfzigen, hunderten, tausenden, zehntausenden und unzähligen." Und im folgenden Abschnitte 57 opfern die Söhne der Vaêçka unter dem Palast von Kanha derselben Anâhita, um die Gabe des Sieges über Tuço und die Iranier davon zu tragen. Dvarem bedeutet hier, wie in der Bisitun-Inschrift II, 75, 89, offenbar den Palast, den Çyavarśna sich erbaut hatte: die hohe Pforte, wie noch heut die Residenz des Sultans heißt. Die Epitheta: khšathro-caokem und apanotemem von jenem Palast gebraucht und berezántya (warum nicht berezaithyo, ist es vielleicht von vridh wachsen?) von der Gegend Kanha bezeichnen den Wunderort Kanha als einen hochgelegenen, womit die neuere Sage vollkommen übereinstimmt (Schack, Epische Dichtung I, p. 179):

Mit Gangdis ist kein Ort der Welt vergleichbar,
An Reiz und Schönheit ist es unerreichbar.
Jenseits der öden Wüste, die man trifft,
Wenn man des Meeres Becken überschifft,
Dehnt sich ein grünes Land mit reich besäten,
Fruchtbaren Feldern und mit prächt'gen Städten,

Und weiterhin erhebt mit hohen Firnen
Sich ein Gebirg bis nah zu den Gestirnen.
In jenen Bergen, dicht mit Baum und Busch
Und Grün bedeckt, erbaute Sijawusch
Sich eine Stadt mit hochgethürmten Schlössern etc.

Im Bundehesch finden sich wiederholt Angaben über
Kandic, wie es dort heifst, so (p. 70, 3): wegen Kandic (wird
gesagt), dafs es nach der östlichen Seite vom See Vourukaãa
viele Parasangen weit liege, was zu obiger Ortsbestimmung des
Firdusi pafst, der auch anderswo sagt (p. 211):

    Verschiedne Gränzen sind von hier nicht fern:
    Nach Tschin sinds hundertzwanzig Farasangen;
    Dreihundert, um nach Iran zu gelangen.

Ebenso lautet die Angabe im Minokhard (Spiegel,
Parsi-Gramm. p. 140), wo auf die Frage des Weisen: „Wo
befindet sich Kandij?" die überirdische Weisheit antwortet:
„Kandij befindet sich im Osten nahe beim Stern Çatavaéç, an
der Gränze von Érânvêj", was Bund. p. 7, 6 zu widersprechen
scheint, der Çatvis als Hüter des Westens bezeichnet. Der See
Çatvis Bundeh. p. 56, 7, p. 26, 17.

Das Gebirg, auf welchem Kandic liegt, wird Bundehesch
p. 22, 4 genannt, an einer leider corrupten Stelle: der Name
des Berges liefse sich Dicde lesen; von ihm heifst es: dieser
Berg ist in Kandic, und welcher genannt wird raisnsavmend
und Freudengeber und Berg reiner Speise. Später p. 24, 2 heifst
es: der Berg vroisnavmend, auf welchem Bäume wachsen, ist
im Lande Kandic (es ist wohl zu lesen: *saki pnn bum kandic*).
Der Name Dicde könnte wohl mit der zweiten Sylbe in Kandic
verwandt sein; dic gleich Zend. daêza (vergl. Farg. III, 18).
Der andere Name des Berges liefse sich mit N. P. rûsân glänzend zusammenhalten, etwa Z. raokhénivað oder raocinavað
(Ram Y. 55). Anquetil liest Roschan Noumenad. Unter den
Zamy Y. 1—7 aufgezählten Bergen kommt auch ein Antare-
kañhaç vor, der hierher gehören kann. Ich brauche nicht zu
bemerken, dafs die Prädicate dieses bewaldeten, glänzenden,
freudegebenden reinen Gebirges, sowohl zur Stelle in Aban Yasht
als zu der Beschreibung Firdusi's trefflich passen.

Das Land Kandic hat aber auch einen Flufs, welcher den
Doppelnamen Pedâmeyan Catrumeyan hat; vergl. Bundeh. p. 51, 4

und p. 53, 4: „der Flufs Pitakmian Catrumian [1]): Dieser ist in
Kandic.“ In Pédâmiân sind beide Worthälften deutlich: *peda*
= *pitak* offenbar und *mian* Mitte, was aber das Ganze bedeuten soll, weifs ich nicht; noch weniger verstehe ich *Catru-mian*,
dessen erster Theil in zendischen Compositis wie *catru calma*
etc. für das Zahlwort vier steht. Vielleicht hängt der Name
mit dem Peschutan's zusammen, den wir sogleich kennen lernen
werden.

An diese Localität ist eine der erhabensten und rührend-
sten Sagen des persischen Heldenepos geknüpft, die von Sijawusch (Çyâvarša), der das herrliche Lustrevier Kañha gegründet
hat und bei dessen Tod es darum zerstört wird; doch kehrt
Kai Khosru wieder dorthin zurück; vergl. Schack loc. c.
p. 221, 252.

Wie die edle Gestalt des Sijawusch in Kandic waltet, so
lebt dort in ewiger Jugend der lieblichste Sohn des Königs
Vistacp Pasutan, bei Firdusi Bisutan, Bruder des Isfendiar.
Bund. p. 68, 19, wo von den Unsterblichen die Rede ist, sagt:
Pasutan Vistâçpân man catruminu karitund pun kandac bun.
„Pasutan, der Sohn des Vistâçp, den man *catruminu* nennt, ist
im Land Kandic.“ und p. 79, l. penult, was offenbar nicht dahin
gehört: „Pasutan, der Sohn Vistâçp's hält sich in Kandic auf.“
In der Liste der Söhne Vistâçpa's, welche sich Farv. Y. 101 sqq.
findet, sind zwar die neunundzwanzig Söhne des Königs und
unter ihnen *takhmô çpeñtô-dâta* Isfendiar aufgezählt, aber
nicht Pasutan, wahrscheinlich weil letzterer noch lebend gedacht wird. Indessen kommt letzterer doch in einem, wenn
auch verderbten Zendtext vor: Visht. Y. 4, *ayaçka amahrka
baodhi yatha pešotanus* sei ohne Krankheit und Tod wie *Pešô-
tanus.*

Nachdem so 24 Hauptberge aufgezählt sind, heifst es
weiter (p. 24, 4. 5): „an allen Orten, Gegenden und Ländern
sind Berge vieler Namen und vieler Zahl aus diesen Bergen
gewachsen“ und es werden dann eine Reihe Namen genannt [2]),

---

[1]) An der zweiten Stelle catrimian, es könnte cithra sein, was im Skr. offenbar und im Zend Zeichen bedeutet. Pasutan heifst p. 68 lin. pen. ctrumino.

[2])

1. Gurani		1. Dant 8.
2. Açprué		2. Demavand 4.
3. Pabrgar		3. Mdufriat 9.
4. Demavand		4. Mian dast.
5. Rank		5. Gavant (Cabul) 1.

2

die sofort näher erklärt werden: 1) der Berg Guvant, 2) der Berg Açpruć, 3) der Berg Pahrgar, 4) der Berg Demavand, 5) der Berg Rank, 6) der Berg Zrin, 7) der Berg Gisbaht, 8) der Berg Dant, 9) der Berg Micin, 10) der Berg Mard, welche alle vom Berge Aparçin gewachsen sind, von wo die andern Berge geordnet sind.

Die specielle Beschreibung hält die so eben angeführte Ordnung nicht ein:

1) Der Berg Dant ist gegen Huçiçtàn gewachsen, auch vom Aparçin.

2) Der Berg Damàvand: an diesen Berg ist der böse Bivaràçp gebunden: vom Berg Pdashvàrgar bis zum Berg Kumis.

Dafs Dahàk an den Berg Damavand von Fritun gebunden ist, erzählt auch Bund. p. 70: Der Böse wird seiner Bande wieder los und dann von Çam erschlagen. Auch die heutige Sage kennt diese Bedeutung des Demavend.

3) Der Berg M. Friat genannt, ist jener, wo Vistàçp den Arcaçp in die Flucht schlug.

4) Der Berg Miandast ist der, wo er (Vistàçp) geschlagen wurde im Krieg des Gesetzes, als Schrecken unter den Iraniern war; da sind sie von diesem Berg Miani dast hinab vernichtet (gereinigt) worden, dann gingen sie nach dem Friàt genannten Berg.

5) Der Berg Guvant ist auch dort in Pust-Vistàçpan; bis zum Atro-Burcin Mithro neun Parasangen nach Westen.

6) Rank Bischu ist in Zrandat, welcher Ort auch Zaravat genannt wird; bald heifst er Biscu, bald Krak (Drad). Von beiden Seiten des Berges geht der Weg durch ein Schlofs hinab, defshalb nämlich ist es dort gebaut und wird Rài Drad die genannt. Dieser Ort ist in dem Land Çardaç.

7) Der Berg Açpruć ist vom See Çiéaçt . . . . . in Pàrc.

8) Pahrgar ist in Hurâcân.

---

6. Zrin	6. Rank 6.
7. Gisbaht	7. Açpruć 7.
8. Dant	8. Pahrgar 8.
9. Micin	9. Mard 10.
10. Mard	10. Zerin 6.

Es ergiebt sich aus diesen Listen, dafs Mànfriat und Mian dast mit Gisbaht und Micin identisch sein müssen, da die übrigen acht sich vollkommen entsprechen.

9) Der Berg Mard in Rûrân.

10) Der Berg Zerin ist in Turkistân.

11) Der Berg Bahtun ist in Ispâhân, die andern vom Mrd, welcher fruchtbar sind .... in dem Gesetz der Mazdayaçnier.

--- -- -

2. Yima und Ajis dohâka.

Voran stellen wir Yima's Ursprung, wie er uns Yaçn. IX, 4 geschildert wird. Auf die Frage Zarathustra's an den Yazata Haoma, wer ihn (II.) zuerst ausgepreſst und verehrt habe, antwortet dieser: „Vîvanhaô war der erste Mensch in der bekörperten Welt, der mich preſste. Diese Reinheit ward ihm zu Theil, diese Gabe kam ihm zu, daſs ihm ein Sohn geboren wurde: Yima, der glänzende, mit guten Heerden versehene, der glänzendste (Gnadenvollste) der Gebornen, der die Sonne erblickendste unter den Menschen, weil er machte während seines Reichs unsterblich Menschen und Thiere, unvertrocknend Wasser und Bäume, und die Speise unverminderlich. Unter Yima's Reich des Helden war nicht Kälte, nicht Hitze, nicht Alter war, nicht Tod, nicht Neid der Dämongeschaffene. Fünfzehnjährig wandelten einher Vater und Sohn im Wuchse ein jeder, so lange herrschte der mit guten Heerden versehene Yima Vîvanhaô's [1]) Sohn."

Schon bei den ersten Anfängen des Zendstudiums wurde erkannt, daſs dieser Yima, Vîvanhaô's Sohn, der indische Yama des Vivasvân Sohn sei, und Roth hat dies in seiner trefflichen Abhandlung über Yima weiter entwickelt. Deſshalb soll hier nur die Bemerkung stehen, daſs dieser Ursprung des Yima ihn als ein der arischen Stammsage entlehntes Wesen beurkundet. Die Zendtexte nennen ihn, der Quelle treu, Vîvanhaô's Sohn; von diesem Vîvanhaô aber wissen weder sie noch die späteren persischen Schriftsteller etwas und man sieht letzteren die Ver-

---

[1]) Vivasvat dunkel entfernend ves-per fesperos, cf. vyusti vom Aufgang der Gestirne (von vi-vas), Beiwort des Auges = Sonne, Beiwort des Agni, des Opferns, der Luft. Vivasvan manuṣya nâma Nâigh. II, 3.

2 *

legenheit an, wo sie den Vater Yima's unterbringen sollen. Deßhalb nennt Firdusi den Yima einen Sohn Tahmuraph's, offenbar nur deßhalb, weil Yima an jenen Stellen, wo Tahmuraph genannt ist, nach diesem und seinem Vorgänger Huschangh folgt. Modjmel (Journ. As. 1841, XI, p. 155) macht Djemschid zum Bruder des Thahmouras.

Bundehesch (p. 81, 6) setzt Dschem auch unmittelbar nach Tahmuraf, aber weder an dieser Stelle noch p. 77 l. 6. ist er als Bruder des Tahmuraf genannt, vielmehr nennt ihn B. p. 77 l. ult. gm vivngau. Ueberhaupt ist c. XXXII im Zusammenhalt mit c. XXIII p. 56 und p. 41, 6 höchst wichtig. Von Yima bis Thraetaono werden zehn Geschlechter gezählt.

Für den arischen Charakter der Yimasage ist aber auch noch höchst wichtig, seine Verknüpfung mit dem Haomaopfer. Wie dieses der Mittelpunkt arischen Cultus, so sind Vívañhaō und Yima auch desselben Ursprungs. Auch die Sage von Yama und Yami, die in den Veda's vorkommt, ist in den Ueberlieferungen des Bundehesch aufbewahrt.

Doch wir kehren zu den Texten zurück. Was hier als charakteristisches Heil der Periode Yima's bezeichnet ist, das finden wir anderswo in Anrufungen Yima's an göttliche Wesen als den Inhalt seines Gebetes vorgetragen; so bittet er den Wind Ram. Y. 16: „daß ich sein möge der gnadenvollste der geborenen (er ist der Sonne ähnlich unter den Menschen), die Sonne erblickend unter den Menschen, daß ich mache unter meiner Herrschaft unsterblich Vieh und Menschen, unvertrocknend Wasser und Bäume etc. wie oben." Im Aban Y. 24 ruft Yima die Anâhita an: ihr opferte Yima, der glänzende, mit guten Heerden versehene, vom Berge Hukairya aus mit hundert männlichen Pferden, mit tausend Rindern und zehntausend Kleinvieh. Hierauf bat er sie um diese Gabe: „Gieb mir gute, heilsamste Ardví Çûra Anâhita, daß ich oberster Herrscher sei aller Länder, der Dämonen, todeswürdigen Menschen und Zauberer, Pairika's, Schädlichen, Blinden und Tauben; daß ich forttrage von den Daëva's beides Gedeihen und Heil, beides Mast und Heerden, beides Freude und Ruhm."

Gosh. Y. 8 sqq. kommt fast dieselbe Anrufung an Drvaçpa vor, jedoch mit Auslassung der Worte „daß ich oberster Herrscher — Tauben", statt welcher folgender Vorsatz zu dem Folgenden eingeschoben ist: daß ich Mast und Heerden hin-

trage zu Mazda's Geschöpfen, daß ich Unsterblichkeit hintrage
zu Mazda's Geschöpfen und daß ich wegtrage beides Hunger
und Durst von Mazda's Geschöpfen und daß ich wegtrage
Alter und Tod von Mazda's Geschöpfen und daß ich wegtrage beides heißen und kalten Wind von Mazda's Geschöpfen
tausend Jahre lang. Ganz dasselbe wiederholt sich Ashi
Y. 28 sqq.

Die wichtige Stelle des Zamy Y. 31 sqq., welche uns später
beschäftigen wird, ist 31—32 fast mit Ab. Y. 24 identisch, sodann folgen fast wörtlich die Sätze aus Yaçu. IX, 4.

Die ausführlichste Schilderung der Segensperiode Yima's
enthält aber der zweite Fargard, den ich deßhalb ganz einschalte:

Farg. II.

1. Es fragte Zarathustra den Ahura-Mazda: Ahura-Mazda!
heiligster Geist, Schöpfer der bekörperten Irdischen, reiner!
Wem zuerst von den Menschen hast Du, o Ahura-Mazda außer
mir, dem Zarathustra, geredet, wem hast Du gezeigt die Ahurische
zarathustrische Lehre.

2. Hierauf sprach Ahura-Mazda: Mit Yima, dem schönen,
mit guten Schaaren, o reiner Zarathustra; ihm zuerst von den
Menschen habe ich geredet, ich, der ich Ahura-Mazda bin,
außer Dir, dem Zarathustra; ihm habe ich gezeigt die ahurische,
zarathustrische Lehre.

3. Da sprach ich zu ihm, ich Ahura-Mazda: Sei mir Yima,
schöner Sohn des Vivanhao, Verkünder und Träger der Lehre.
Hierauf antwortete mir der schöne Yima, o Zarathustra: Ich
bin nicht tauglich und nicht unterrichtet zum Verkünder und
Träger der Lehre.

4. Hierauf sprach ich zu ihm, o Zarathustra, ich Ahura-
Mazda: wenn Du mir, o Yima, nicht sein willst Verkünder und
Träger der Lehre, so mehre meine irdischen Geschöpfe, so
mache wachsen meine irdischen Geschöpfe, so sei meiner irdischen Geschöpfe Nährer, Beschützer und Beherrscher.

5. Hierauf antwortete mir der schöne Yima, o Zarathustra: Ich will Deine irdischen Geschöpfe mehren; ich will
Deine irdischen Geschöpfe wachsen machen; ich will Dir sein
der irdischen Geschöpfe Nährer, Beschützer und Beherrscher.
Nicht wird unter meiner Herrschaft sein kalter Wind noch
wärmer, nicht Fäulniß, nicht Tod.

6. (Eine dunkle Stelle folgt.) Sprich diese Rede, welche jener Dämon. (Yima's Genius, des Sohnes Vivaṅhaṅ's, des Reinen, lafst uns opfern.) (Die Dämonen) sind hierauf ohne Haupt und ohne Kopf den Menschen. Schnell that er entgegen und brannte mit seiner Zunge; da liefs er ihn los, da wurde er krank.

7. Hierauf brachte ich ihm die Werkzeuge, ich Ahura-Mazda, den goldenen (Pflug) und den goldgestalteten Stachel. Yima ist im Geschick des Königtbums.

8. Hierauf gingen dem König Yima dreibundert Winter vorüber. Da war ihm diese Erde voll Vieh, Zugthieren, Menschen, Hunden, Vögeln und rothen brennenden Feuern. Nicht mehr fanden da Platz Vieh, Zugthiere und Menschen.

9. Da benachrichtigte ich den Yima: Yima, schöner Sohn des Vivaṅhaos! Voll ist diese Erde geworden von Vieh, Zugthieren, Menschen, Hunden, Vögeln und brennenden Feuern; nicht mehr finden da Platz Vieh, Zugthiere und Menschen.

10. Hierauf schritt Yima vorn nach den Lichtern bei Mittag gen den Weg der Sonne hin; er grub die Erde mit der goldenen Schaufel, er stiefs sie mit dem Stachel, so sprechend: Sei freundlich Çpeñta-Armaiti, gehe auseinander und dehne dich aus zum Tragen des Viehes, der Zugthiere und der Menschen.

11. Hierauf machte Yima diese Erde auseinandergehen, ein Drittel gröfser, als sie früher war. Ihm gingen da hervor Vieh, Zugthiere und Menschen nach seinem Wunsch und Gefallen, wie immer sein Gefalle war. (Ind. Stud. III, W. p. 407: und wieder fanden nun alle Wesen Platz, um sich zu bewegen, jedes nach seiner Lust und seinem Wunsche.)

12. Hierauf verstrichen dem Herrscher Yima sechshundert Winter. Da war ihm diese Erde voll Vieh, Zugthiere, Menschen, Hunde, Vögel und rothen brennenden Feuern. Nicht mehr fanden da Platz Vieh, Zugthiere und Menschen.

13. Hierauf benachrichtigte ich den Yima: Yima, schöner Sohn des Vivaṅhaö! Voll ist diese Erde geworden von Vieh, Zugthieren, Menschen, Hunden, Vögeln und rothen brennenden Feuern. Nicht mehr finden da Platz Vieh, Zugthiere und Menschen.

14. Hierauf schritt Yima voran zu den Lichtern bei Mittag gen der Sonne Weg hin. Er grub die Erde mit der goldenen Schaufel, er spaltete sie mit dem Stachel, so sprechend: Sei

freundlich Çpenta-Armaiti, gehe hervor und dehne dich aus
zum Tragen von Vieh, Zugthieren und Menschen.

15. Hierauf liefs Yima diese Erde auseinandergehen um
zwei Drittel gröfser, als sie vorher war; ihm gingen dort hervor Vieh, Zugthiere und Menschen nach seinem Wunsch und
Gefallen, wie immer sein Gefallen war.

16. Hierauf verstrichen dem Herrscher Yima neunhundert
Winter. Da wurde ihm diese Erde voll von Vieh, Zugthieren,
Menschen, Hunden, Vögeln und rothen brennenden Feuern;
nicht mehr fanden dort Platz Vieh, Zugthiere und Menschen.

17. Darauf that ich dem Yima kund: Yima, schöner
Sohn des Vivañhaô! Voll ist diese Erde geworden von Vieh,
Zugthieren, Menschen, Hunden, Vögeln und rothen brennenden
Feuern. Nicht mehr finden dort Platz Vieh, Zugthiere und
Menschen.

18. Hierauf schritt Yima voran zu den Lichtern bei Mittag,
gen der Sonne Weg hin. Aufstand die Kuh, die Landtragende,
schöne Worte sprechen die Befehle. Er grub diese Erde mit
der goldenen Schaufel, er spaltete sie mit dem Stachel, so
redend: Sei freundlich Çpenta-Armaiti, gebe auseinander und
dehne dich aus zum Tragen des Viehes, der Zugthiere und
Menschen.

19. Hierauf liefs Yima diese Erde auseinandergehen um
drei Drittel gröfser, als sie früher war. Ihm gingen da hervor
Vieh, Zugthiere und Menschen nach seinem Wunsch und Gefallen, wie immer sein Gefallen war.

20. Darnach war des ersten Wintertausends Abschnitt.
Reines that Yima. Von solcher Tiefe, wie lange Zeit die geistige
Schöpfung geschaffen war.

21. Versammlung veranstaltete der Schöpfer Ahura-Mazda
mit den geistigen Yazata's in dem berühmten iranischen Vaêgas
der guten Dâitya. Versammlung veranstaltete Yima, der glänzende, mit guten Schaaren, mit den besten Menschen im
berühmten iranischen Vaêgas der guten Dâitya. Zu dieser
Versammlung kam hinzu der Schöpfer Ahura-Mazda mit den
geistigen Yazata's im berühmten iranischen Vaêgas der guten
Dâitya. Zu dieser Versammlung kam hinzu Yima, der glänzende, mit guten Heerden versehene, mit den besten Menschen
im berühmten iranischen Vaêgas der guten Dâitya.

22. Hierauf sprach Ahura-Mazda zu Yima: Yima, schöner

Sohn des Vîvaṅhaṅ! Auf die bekörperte Welt werden sie die böse Kälte schlagen, woher steifer, harter Frost. Auf die bekörperte Welt werden sie die böse Kälte bringen; woher es mit vollem Schneewurf schneien wird auf den höchsten Bergen und in den Tiefen der Ardvî.

23. Und an drei Orten wird das Rind weggehen, was da ist an den furchtbarsten Sitzen; was da ist auf den Gipfeln der Berge und was ist in den Schlünden der Thäler, an den traurigsten Wohnungen.

24. Vor dem Winter war dieses Landes Weideertrag; den wird das vollfluthende Wasser nach dem Schmelzen des Schnees und die Unwegsamkeit in der bekörperten Welt zerstören, so dafs der Fufs der kleinen Thiere sichtbar werden wird.

25. Dann mache dieses Varem bahnlang nach jeder der vier Seiten. Dahin bringe die Keime des Viehes, der Zugthiere, der Menschen, der Hunde, der Vögel und der rothen brennenden Fener. Dann mache dieses Varem bahnlang nach jeder der vier Seiten zur Wohnung (Beschützung) der Menschen, bahnlang nach jeder der vier Seiten, den Rindern eine Stallung.

26. Dahin lasse Wasser fliefsen einen Hâthralangen Weg; dahin bringe Vögel mit gelbfarbigem Getreide, mit unversieglicher Speise. Da richte Zelte auf, Stein und Stufe und Vorwehr und Umzäunung.

27. Dahin bringe aller Männer und Frauen Samen, welche sind auf dieser Erde die gröfsten, besten und schönsten.

28. Dahin bringe aller Bäume Samen, welche sind auf dieser Erde die höchsten und wohlriechendsten. Dahin bringe aller Speisen Samen, welche sind auf dieser Erde die köstlichsten und wohlriechendsten; mache sie paarweis unversieglich, so lange als diese Männer im Varem sein werden.

29. Nicht (ist dort) üble Nachrede oder Tadel, nicht Verletzung, nicht Armuth, nicht Betrug, nicht Kleinheit, nicht Verkrümmung, nicht Zahnmifsbildung, nicht Gestalt mit Körperverzerrung, noch irgend ein anderes der Zeichen, welche ein Zeichen des Aṅro Mainyus sind, das dem Menschen angeschaffen ist.

30. Im ersten Theil des Ortes mache neun Strafsen, im mittleren sechs, im unteren drei. In die ersten Strafsen bringe tausend Samen von Männern und Frauen, in

die mittleren sechshundert, in die niederen dreihundert und um sie im Varem mit der goldenen Schaufel — und an diesem Varem bringe an Thüre und ein selbstleuchtendes Fenster innerlich.

31. Da dachte Yima: Wie werde ich Dir das Varem machen, welches mir sagte Ahura-Mazdu? Hierauf sagte Ahura-Mazda dem Yima: Yima, schöner Sohn des Vivaṅhaṅ: streue aus von dieser Erde mit Deinen beiden Fersen, mit Deinen beiden Händen zerreiße, wie wenn die Menschen weiche Erde auseinander gehen machen.

32. Hierauf machte es Yima so, wie es Ahura-Mazda wünschte: Von dieser Erde streute er mit den beiden Fersen aus, mit den beiden Händen zerrieb er sie, wie wenn die Menschen weichste Erde auseinander geben machen.

33. Hierauf machte Yima das Varem bahnlang an jeder der vier Seiten. Dahin trug er die Samen des Viehs, der Zugthiere, der Menschen, der Hunde, der Vögel und der rothen brennenden Feuer. Hierauf machte Yima das Varem bahnlang an jeder der vier Seiten zur Wohnung der Menschen, bahnlang an jeder der vier Seiten für die Rinder Stallung.

34. Dahin ließ er Wasser fließen einen Hâthra-langen Weg; dahin brachte er Vögel mit gelbfarbigem Getreid, mit unversieglicher Speise. Da richtete er Wohnungen auf, Stein, Stufe, Vorwehr und Umzäunung.

35. Dahin trug er aller Männer und Frauen Samen, welche da sind die größten, besten und schönsten dieser Erde. Dahin brachte er aller Rinderarten Samen, welche da sind die größten, besten und schönsten dieser Erde.

36. Dahin trug er aller Bäume Samen, welche da sind die höchsten und wohlriechendsten dieser Erde. Dahin trug er aller eßbaren Dinge Samen, welche da sind die köstlichsten und wohlriechendsten dieser Erde. Er machte sie paarweise unversiegbar so lange, als diese Männer im Varem waren.

· 37. Nicht war dort üble Nachrede, nicht Tadel, nicht Streit, nicht Verletzung, nicht Armuth, nicht Betrug, nicht Kleinheit, nicht Verkrümmung, nicht Zauberbildung, nicht verzerrte Körpergestalt, nicht irgend ein anderes der Zeichen, welche ein Zeichen des Aṅro Mainyus sind, das den Menschen anerschaffen ist.

38. Im ersten Theil des Ortes machte er neun Straßen,

im mittleren sechs, im niedersten drei; in die ersten Strafsen
brachte er tausend Samen von Männern und Weibern, in die
mittleren sechshundert, in die niedersten dreihundert. Und um
das Varem mit dem goldenen Pflug und an dem Varem brachte
er an Thür und Fenster mit eigenem Licht innerlich.

39. Schöpfer der bekörperten Irdischen (lebendigen), reiner.
Welches sind die Lichter, o reiner Ahura-Mazda, welche da
erleuchten in diesem Varem, das Yima gemacht?

40. Hierauf sagte Ahura-Mazda: Selbst gesetzte Lichter
und Schöpfunggesetzte. Alle anfangslosen Lichter hinauf leuchten sie, und alle creaturlichen Lichter hinab erleuchten sie innerlich, denn auf einmal . . . . . werden gesehen Sterne, Mond
und Sonne.

41. Und sie halten für einen Tag, was ein Jahr ist. In
vierzig Jahren werden von zweien Menschen zwei Menschen
geboren, ein Paar Frau und Mann; ebenso von den Rinderarten; und diese Männer leben das schönste Leben in diesem
Varem, das Yima gemacht hat.

42. Schöpfer der bekörperten Lebendigen, reiner! Wer
hat dorthin die mazdayaçnische Lehre gebracht in dieses Varem,
das Yima gemacht hat? Hierauf sagte Ahura-Mazda: Der
Vogel Karsipta, o heiliger Zarathustra.

43. Schöpfer der bekörperten Lebendigen, reiner! Wer
ist dieser (des Varems) Herr und Meister? Darauf sprach
Ahura-Mazda: Urvataṭ-Nara, o Zarathustra, und Du Zarathustra. —

Schon die angeführten Texte bezeichnen unverminderbare
Nahrung als eine der Eigenschaften des glückseligen Reiches
des Yima. Aber es hat sich auch aufserdem grade in dem
älteren Theil der Texte eine sehr merkwürdige Nachricht erhalten. Yaçna XXXII, 8 heifst es nach Spiegel's Uebersetzung:

Zu diesen Bösen sprach Yima, der Sohn des Vivañhaô, der
uns Menschen gelehrt hat, das Fleisch in Stücken zu essen.

Neriosenh: *Tân dveśinah pâpinah eivañghanasya putrah
prôktavân yamoçedah ǁ yo manuśyebhyah samdsvôdayati asmâ-
kam paçûnâm daziṅayâ khâdanam ǀ śinah masdyatayâ bâḍdya-
masdyatayâ.*

Die Huzw. Ueb. ist wesentlich übereinstimmend, nur schiebt
sie vor dveśinah eidaan ein, übersetzt çravi mit çrut und läfst

paçûnãm aus. Das Textwort bagã wird von beiden Uebersetzungen mit: „in der Grõfse der Brust, in der Grõfse des
Arms" gegeben, was ein bestimmtes Mafs des Opferfleisches
ist; vergl. Sp. zu Nerios. Y. XXIX, 7 (solche vergleichende
Opfermafse kommen auch im Afrigan Gahaubar vor). Neriosenh bezieht ahmãkéñg des Textes auf die Thiere, nicht auf
mãsyéñg.

Wir haben also hier die Tradition: Yima, Vivãnghana's
Sohn, habe den Menschen das Essen des Fleisches in Stücken
(beim Opfer) wie es scheint gelehrt.

Neriosenh zu Yaçn. IX, 4 bemerkt: Haoma sei durch sich
selbst unsterblich, nicht so wie die, welche das Fleisch des
Yima gegessen; wodurch uns die weitere Notiz gegeben wird,
dafs die Unsterblichkeit der Menschen zu Yima's Zeit durch
die Fleischspeise bewirkt wurde, die er ihnen reichte.

Es ist wohl von selbst einleuchtend, dafs hiermit die Sad-
Der P. XCIV erzählte Geschichte im Zusammenhange steht,
wo Yima, ohne es zu wissen, einen unersättlichen Daêva mit
Fleisch speist, dann aber die Gahaubar-Opfer einsetzt. Vergl.
Spiegel Avesta Einl. II, p. 82. Auch gehört hierher, dafs nach
Firdusi zu Yima's Zeit die Menschen noch kein Fleisch afsen.
Yima ist also hier dem Noah parallel, der von allen Thieren
Opfer darbringt, und Gen. IX, 3 die Vollmacht erhält, von
allem, was sich bewegt und lebt, zu essen.

Wie verlor nun Yima für sich und die Menschen diesen
glückseligen Zustand? Das schildert uns Zam. Y. 33. Nachdem die schon angeführte Beschreibung des Glücks unter Yima's
Herrschaft vorausgegangen, heifst es, dafs dieses stattfand: vor
der Lüge, vor dem, als er die lügenhafte Rede, die unwahre,
zum Sammelorte brachte. 34. Hierauf als er diese Lügenrede,
die unwahrhafte zum Sammelorte bringt, da ging sichtbar Glanz
von ihm weg, in der Gestalt eines Vogels, der Glanz zumeist
unsichtbar als unsichtbare Gnade ausgezeichnet. Yima, der
glänzende, mit guten Heerden versehene etc. Oder: Als die
Gnade an ihm, Yima, dem etc., unsichtbar geworden, da fiel
Yima vor und er fiel erschreckt zu Boden. 35. Die erste
Gnade: Es entfernte sich die Gnade von Yima, dem Glänzenden; es ging die Gnade von Yima, des Vivñhaõ Sohn, in
der Gestalt des Vogels Vãraghna. Diese Gnade ergriff Mithra,
der weitflurige, der ohrenhörende, tausendkräftige (Mithra, aller

Länder Landesherrn, opfern wir), den geschaffen hat Ahura-Mazda, den gnadenvollsten der geistigen Yazata's. 36. Die zweite Gnade: Es entfernte sich die Gnade von Yima, dem Glänzenden, es ging die Gnade von Yima, des Vívañhaö Sohn, in der Gestalt des Vogels Vâraghna. Diese Gnade ergriff der Sohn des Athwianischen Hauses, des Heldenhauses Thraêtaona, welcher war der siegreichsten Menschen siegreichster außer Zarathustra. (Folgt sodann die Beschreibung des Schlagens der Schlange Dahâka durch Thraêtaona.) 38. Die dritte Gnade: Es entfernte sich die Gnade von Yima, dem Glänzenden, es ging die Gnade von Yima, Vívañhaös Sohn, in der Gestalt des Vogels Vâraghna. Diese Gnade ergriff der mannherzige Kereçâçpa, welcher war der stärksten Männer stärkster außer Zarathustra, wegen seiner männlichen Wehrhaftigkeit; da ihm folgte die männliche Wehrhaftigkeit. Der männlichen Wehrhaftigkeit opfern wir, der auf den Füssen stehenden schlaflosen, der auf dem Throne sitzenden wachsamen, welche nachfolgte dem Kereçâçpa." Es folgt sodann die Schilderung der Grofsthaten des Helden.

Als Ursache des Falls des Yima wird hier eine Lüge angegeben, die er am Sammelorte vorbrachte. Der Sammelort ist wohl jene Versammlung der Grofsen, welche Firdusi erwähnt; es kann aber auch die Brücke Cinvaṭ gemeint sein. Worin die Lüge bestand, sagen die Texte nicht; Firdusi und die spätern sagen, dafs Yima sich anbeten lassen wollte. Er wird durch das Gebet Zarath. aus der Hölle befreit. Anq. I, 2 p. XXVIII.

Die dreifache Gnade oder der dreifache Glanz, der von Yima weggeht, ist wohl jenen drei Feuern identisch, welche Bundehesch erwähnt. Bund. p. 40, 15. Von Anfang erschuf Ahura wie drei Glanzlichter; ihm vertraute er den Schutz und die Erhaltung der Welt. Unter der Herrschaft des Tahmuraf, als die Menschen auf dem Rücken des Stiers Çarçaok von Qaniras in die andere Keśvare übersetzten, wurde in einer Nacht mitten im Zareh der Feuerort vom Wind gelöscht (Feuerort ist, worin sich das Feuer befindet), da auf dem Rücken des Stiers wurden (die drei Lichter) an drei Orten gemacht, welche der Wind mit dem Feuer in dieses . . . . . geworfen. Diese drei Feuer oder drei Glänze blieben am Feuerort auf dem Rücken des Stiers bis es Licht wurde und die Menschen wieder über das Meer setzten. Und Jim unter seiner Herrschaft machte alle Werke durch die Hülfe dieser drei Feuer offenbarer und das Feuer Frubu setzte er nieder auf dem ......, einem Berg Chvarezm's. Als Jim zerstört wurde, der Glanz Jim's von dem Glanz Dahaka, da wurde das Feuer Frpâ gerettet.

Da Yima log, so ist es von selbst verständlich, dafs sich Mithra, der Gott der Wahrheit, des erstentflohenen Glanzes bemächtigte. Die beiden folgenden werden von jenen Helden ergriffen, welche die Rächer Yima's gegen die Schlange Dahâka sind, von Thraêtaono, der sie schlägt und bindet, und von Kereçâçpa, der sie am Ende der Zeiten tödtet. Durch die Lüge verfällt aber Yima der Schlange Dahâka, dem furchtbaren Geschöpfe des Añra Mainyus. Ueber die Art und Weise, wie Dahâka des Yima Herr wurde, geben die Texte nichts; nur scheint dem Dahâka noch Çpityura, der Yima-Verwunder, beigesellt zu sein, aus welchem Bundehesch einen Bruder des Tahmuraf machte.

Höchst merkwürdig ist es nun, dafs die Texte Dahâka durchaus nur als das ahrimanische Ungeheuer kennen, und von der Umgestaltung desselben in einen Tazischen d. i. arabischen Tyrannen, dem Schlangen an den Schultern wachsen, die mit Menschenhirn gefüttert werden müssen, durchaus nichts wissen. Was die Zendtexte über Dahâka enthalten, mufs hier seine Stelle finden:

Die Schlange aji-dahâka kommt in folgenden Stellen vor:

Yas. IX, 8: *yô (Thraêtaonô) ǵanaṭ aǰim dahâkem thrisafa-nem thrikameredhem khsças-aśim hazañra-yaokhstim aśaoǵañhem daêcim druǵem aghem gaêthâwyô droañtem yãm aśaoǵaçtemãm druǵem fraéa kereñtaṭ añrô mainyuś ari yãm açiraitîm gaêthãm mahrkâi aśahê gaêthanãm* „(welcher [Thraêtaono] schlug die Schlange Dahâka) mit drei Mäulern, drei Köpfen, sechs Augen, tausend Kräften, die übermächtige, teuflische Drukhs, die gegen die Lebendigen gewaltthätige, welche Añrô-Mainyus als die mächtigste Drukhs hervorgebracht hat gegen die bekörperte Welt, zum Tode der reinen Lebenden". Diese Stelle wiederholt sich Ab. Y. 34, wo Thraêtaonô die Anâhita anfleht: *yaṭ barâni aiwi-vanyâo aǰim* etc. bis *gaêthanãm*, Ram. Y. 24 mit Anrufung des Windes, Ashi-Y. 34 mit Anrufung der Aśi, Zamy-Y. 37 als Epegese des Thraêtaono und ebenso Bahr. Y. 40. Aufserdem fleht die Schlange selbst zu Anâhita Ab.

Y. 29: *tâm yazata ajis thrisafdo dahâko baврôis poiti daйkaoyê çaieê açpanâm arinâm hazairê gavâm baêvare anumayanâm 30 daț him ĝaidhyaț avaț dyaplem dazdi mê vaйuhi çevistê ardvi çûra anâhitê yatha azem amaiyâ kerenavâni viçpdie avê harirân ydis hapia nôiț akmdi daîkaț iaț avaț dyaplem ardoi çûra anâhita*[1]) und zu dem Winde Ram. Y. 19, wo als der Ort der Bitte angegeben ist: *upa kôiriâtem dujitem.* Die Bitte ist dieselbe. Zamy. Y. 46 erscheint Dahâka als Helfer des Aйrô-Muinyus im Kampfe gegen Ahura-Mazda. Er hat hier den Beinamen *duidaênô.* Ferner Zamy. Y. 92: *yim baraț iakhmô thraêtaonô yaț ajis dahâkô ĝaini* und *Afrin Zartusi 3. hazaйrayaokhstyô bardhi yatha ajôis dahâkdi agha-daêna.* Endlich wird Farg. I, 18 Thraetaonô bezeichnet als *ĝaйta ajôis dahâkdi.*

(Auch der Bundehesch erwähnt den Dahâka an einigen Stellen) p. 24, 12 ist vom Berge Damavend die Rede, an welchen Dahâk gebunden ist; p. 52, 12 erbittet sich Dahâk von Çpend-rut die Hülfe der Devs von Ahriman; p. 77, 12 giebt der Bundehesch folgende Genealogie von Dahâk:

1) Von väterlicher Seite:

Çyâmak
|
Fravâk
|
Tàzi
|
Viracesni
|
Zainigâwi (Rehigavan Mojni.)
|
Khrutaçpi (Nedasp.)
|
Dahâk.

2) Von mütterlicher Seite:

Edsch (10)
Udayô (1)

---

[1]) [Folgende Uebersetzung dürfte der Ansicht Windischmann's ziemlich nahe kommen: Ihr opferte die Schlange Dahâka mit drei Mäulern in dem Geštrüpp von Bawri mit 100 männlichen Pferden, mit 1000 Kühen, mit 10,000 Kleinvieh. Dann flehte er sie an mit dieser Bitte: Gieb mir gute, heilsamste Ardvi-çûra Anâhita, daß ich menschenleer mache alle diese sieben Karéschvareú. Nicht gewährte ihm diese Bitte Ardvî-çûra Anâhita. Sp.]

Bayaki (2)
Tambayaki (3)
Owokhmi (4)
Paiurvaêçmi (5)
Gazwithwi (6)
Driwai (7)
Jaçkâi (8)
Gnnâmainyo (9).

Geht es nun aus diesen Stellen unläugbar hervor, dafs Dahâka ein von Añra-Mainyus zum Verderben der Lebendigen geschaffenes Ungeheuer ist, welchem Yima, der paradiesische Herrscher, um seiner Lüge willen unterliegen mufs, so ist die Parallele mit der Lehre vom Urmenschen und seinem Fall durch die Schlange unbeweisbar. Die Urtexte berichten uns nichts Näheres über die Art, wie Yima von Dahâka überwunden wurde.

Den Augenblick des Falles des Yima bezeichnet Bundebesch p. 77, 6 an einer leider sehr schwierigen Stelle und p. 81, 7:

„Von Gem und Gemk, welche seine Schwester war, wurde ein Paar geboren und weiter wurden geboren die Mutter des Açpian und . . . . . ., wodurch die Familie fortgesetzt wurde. Çpitur war jener, welcher mit Dhak den Jim verdarb."

Eine weitere auf den Fall des Jem bezügliche Sage ist die von seiner Heirath mit einer Teufelin, welche der Adams mit Lilith entspricht.

Bund. p. 56, 13. Ueber die Beschaffenheit der Affen (und) Bären wird gesagt: Jem, als der Glanz von ihm wegging, nahm aus Furcht vor den Dämonen eine Dämonin zur Frau und Gemk, die seine Schwester war, gab er einem Dämon zum Weib. Hierauf entstanden von ihnen die Affen und geschwänzten Bären und andere verderbliche Arten. Das ist, was gesagt wird: unter der Herrschaft der Schlange stieg eine junge Frau zu einem Dev und ein junger Mann zu einer Peri; hierauf wurde ihnen Berührung gemacht.

Von diesem einen jungen Erzeuger entstanden die mit schwarzer Haut. Als Feritun zu ihnen kam, da trieb er sie aus dem iranischen Land und siedelte sie an den Gränzen des Meeres an; bei dem Einbrechen der Tazier aber vermischten sie sich wieder dem iranischen Land.

Eisenmenger II, p. 412 sqq. Adam enthält sich 130 Jahre

der Erzeugung mit Eva, um nicht die Hölle zu füllen. Da kommen weibliche Teufel zu ihm und namentlich לילית und reizen ihn zum Beischlaf, aus welchem sodann שדין רוחין ולילין Teufel, Geister und Nachtgespenster entspringen. Und ebenso wird Eva von männlichen Teufeln imprägnirt (p. 414). Die Lilith ist die erste aus Erde (nicht aus der Rippe) geschaffene Frau des Adam, die sich mit ihm gestritten und von ihm entfernt hat. Sie hat Gewalt, den Kindern zu schaden. Die mit Teufeln erzeugten Kinder heifsen 2. Sam. VII, 14 נגעי בני אדם Schläge der Menschenkinder; sie entstehen aus den pollutiones nocturnae und verunreinigen ihren Vater nach seinem Tod.

Das ist auch ganz übereinstimmend mit der merkwürdigen Stelle Farg. XVIII, 30 sqq., wo 46 die nächtlichen Pollutionen auch als eine Imprägnation der Druklis angegeben werden; cf. auch 51, wo umgekehrt dieser Same der Armaiti übergeben wird.

Firdusi nennt Jemshid einen Sohn des Thahmuras (1), — ihm gehorchen die Divs, die Vögel und die Peri's. Er sagt von sich: ich bin mit dem Glanze Gottes geschmückt; ich bin König und Mobed. —

Er erweicht das Eisen und macht fünfzig Jahre lang Waffen. Weitere fünfzig Jahre verwendet er auf die Erfindung der Stoffe: Linnen, Seide, Wolle, Biberfell. In weiteren fünfzig Jahren sammelt er die 4 Stände: die Amuzian, welche auf den Bergen Gott dienen; die Nisarian, die Krieger; die Nesudi, die freien Bauern; die Ahnukhuši, die Handelsleute. Er lehrt sie fünfzig Jahre. Dann läfst er die Div's Ziegeln bereiten und Gebäude aufführen: Bäder, Paläste. — Dann erfindet er in einem weitern Zeitraum die edeln Metalle und die Edelsteine — dann die Wohlgerüche — dann die Medicin — dann bereist er die Meere — in weiteren fünfzig Jahren.

Die Div's heben seinen goldenen mit Edelsteinen geschmückten Thron gen Himmel — Die Menschen versammeln sich um ihn am ersten Tag des Monats Fervardin und feiern ein Fest, dem sie den Namen Nauruz gaben. So verfliefsen 300 Jahre, in welchen Tod, Unglück und Leiden den Menschen unbekannt waren und die Div's gebunden. Da wird J. stolz und versagt Gott die Anbetung; er fordert sie für sich: er habe die Welt durch die Heilmittel gerettet, so dafs Tod und Krankheit nicht nahen konnten. — Da entfernt sich die Gnade Gottes (fr. yezdân) von ihm. Die Grofsen entfernen sich von ihm und während 23 Jahren ist die Armee von ihm zerstreut. Y. bereut, aber er findet die Gnade Gottes nicht mehr.

Mardas, der Vater Zohaks, ein Araber-König, ein frommer Heerdenbesitzer. — Sein Sohn Zohak Peiverasp besitzt 10,000 Rosse. Er läfst sich von Iblis verführen, verspricht ihm endlich, ihm zu gehorchen und giebt zu, dafs Iblis seinen Vater durch eine Fallgrube im Garten mordet. Iblis zeigt sich ihm sofort in der Gestalt eines jungen Koches: Die Nahrungsmittel waren damals noch einfach; man afs noch kein Fleisch, sondern nur Vegetabilien. Ahriman bereitet ihm zuerst Eigelb — dann Rebhühner und Fasanen — dann Vögel und Lämmer — dann Hammel. — Iblis verlangt von dem entzückten König, als Lohn seine Schultern küssen und Augen und Gesicht darauf drücken zu dürfen. Zohak gestattet es und aus jeder seiner Schultern entspringt eine schwarze Schlange. — Vergebliche Anstrengung der Aerzte, sie zu entfernen. — Iblis, in der Gestalt eines Arztes, räth: die Schlangen mit Menschenhirn zu füttern, — er hat dabei die Absicht, die Erde zu entvölkern. Grade damals fiel Iran von Yima ab. Es entsteht Anarchie, — ein Heer geht nach Arabien und bietet Z. den Thron an; er kommt nach Iran; Y. flieht und bleibt 100 Jahre verborgen, bis er in China am Meer erscheint; Z. ergreift ihn und läfst ihn zersägen.

Zohak herrscht tausend Jahre und unter ihm alle Bosheit und Magie, — er verführt die zwei Töchter des Y., Schrinâz und Arnewâz. Die Schlangen des Z. verzehren alle Tage 2 junge Leute.

Zwei edle Perser, Ermâil, der fromme, und Kirmâil, der vorwissende (piâdin), berathen sich, wie dem Uebel zu steuern. Sie werden Köche des Königs und lassen immer ein Schlachtopfer leben und ersetzen es durch einen Hammel, — so retten sie monatlich 30 junge Leute und nachdem sie zweihundert gesammelt haben, schicken sie dieselben mit einigen Ziegen und Hämmeln in die Wüste. — Davon sind die Curden entsprossen, Zeltbewohner ohne Gottesfurcht in den Bergen. — 40 Jahre vor seinem Tod hat er eine Vision von Feridun. Arnewâz räth ihm, die Mobeds zu berufen, zur Deutung und Abhülfe. Die Mobeds fürchten sich 3 Tage, ihm die Wahrheit

zu sagen; am 4ten droht ihnen Z. Da tritt der Mobed Zirek
auf. — Er sagt ihm, daſs Feridun ihn stürzen werde; er sei
noch im Mutterleib; er werde ihn mit der stierköpfigen Keule
schlagen und ihn binden. Sein Vater werde durch Zohak
sterben, — er wird eine Kuh finden, die ihn nährt, — auch
sie wird von Z. getödtet. Aus Rache wird Fer. die Keule
ergreifen. — Z. läſst Fer. überall suchen. Fer. ward geboren,
der *fer* (Glanz) des Y. kommt über ihn. — Es erscheint die Kuh
Purmaieh[1]), die wunderbarste der Welt. Abtin, Fer. Vater,
wird von Z. gefangen und getödtet. Firanak seine Mutter
'flicht; sie vertraut ihren Sohn dem Wächter der Kuh P. — er
nährt das Kind drei Jahre von deren Milch. Endlich kommt
Firanak, nimmt das Kind nach Hindustan, nach dem Alburz;
dort übergiebt sie den Knaben einem h. Einsiedler, wahrscheinlich Haoma. — Inzwischen findet Z. den Park, wo Purmajeh
weidet, und tödtet die Kuh. Feridun steigt, 16 Jahre alt, vom
Berge herab und kommt zu seiner Mutter, erfragt den Namen
seines Vaters Abtin, der von Thahmuras, dem Helden, abstammt. Firanak erzählt ihm Alles; er beschlieſst die Rache[2]).

Kaweh, der Schmied, tritt gegen Z. auf, der ihm 16 Söhne
geschlachtet und den 17ten auch nehmen will. Z. wird durch
seine Vorwürfe erschreckt und läſst ihm den Sohn, will aber,
daſs er eine von den Groſsen bereits unterzeichnete Declaration
seiner Gerechtigkeit unterschreibe.

Kaweh thut es nicht, zerreiſst die Erklärung. — Z. ist so
erschreckt, daſs er nichts gegen K. thun kann. K. steckt seinen
Schmiedtisch auf eine Lanze und erhebt ihn als Wahrzeichen
des Abfalls zu Feridun. Er und seine Anhänger ziehen zu
Feridun, der die Fahne des Kaweh schmückt und zur Reichs-
standarte erhebt.

Fer. hat zwei Brüder, Kejanush und Purmajeh, — er be-
räth sich mit ihnen und läſst sich von den Schmieden eine Keule
mit Stierkopf fertigen. Am Tag Chordad bricht Fer. mit seinen
Brüdern auf. Ein Engel unterrichtet ihn in der Magie. Seine
Brüder wollen ihn im Schlaf tödten, allein er hält den Stein,

[1]) Vergl. Rückert Z. d. D. M. G. VIII, p. 271. Birmajeh.
[2]) Modjmil p. 286: *Quelques uns disent que le déluge a eu lieu de son temps
(Feridoun) en Syrie, mais on n'est pas vrai, car le déluge s'est étendu sur toute la
terre et c'est Abraham, qui vécut du temps de Feridoun et non pas Noé.*
Sehr bemerkbar ist in Farv. Y. 131 die Anrufung des Feridun gegen Ueber-
schwemmungen.

den sie auf ihn rollen, auf — und zieht weiter nach dem Ar-
wend und dann nach Bagdad. — Er kommt zum Palast Zohak's, — findet die Töchter Y., die er reinigt. — Sie sagen
ihm, daß Z. nach Hindustan gegangen sei, um dort Magie
zu treiben.

Kenderw, Statthalter Z., — er unterwirft sich Feridun und
bereitet ein Fest, — dann flieht er zu Z. und erzählt ihm, was
geschehn. Z. kehrt zurück und greift seinen Palast an; allein
Alles kehrt sich gegen ihn. Zohak schleicht sich in den Palast
mit einer Strickleiter von 60 Ellen. Feridun schlägt ihn mit
der Keule; aber Serosch erscheint und sagt: er solle ihn nicht
tödten, sondern an einen Felsen fesseln. — Fer. führt ihn nach
Schirkhan — und dann auf Befehl des Serosch nach dem Berg
Demavend. — Seine Fesselung, ähnlich der des Prometheus. —
Feridun herrscht 500 Jahre.

Was Modjmil (J. A. XI, p. 154 sqq. und p. 279) über Yima
berichtet, ist Folgendes:

Djem sei wegen seiner Güte und seines Glanzes Djemschid genannt worden; denn schid heiße glänzend, wie man
die Sonne Khour Khourschid nenne: die glänzende Sonne.
Firdusi macht ihn zum Sohn des Thahmuras; genauer aber sei
es, ihn seinen Bruder zu nennen. Er habe von Peritchehreh,
der Tochter des Königs von Zabulistan, einen Sohn, Namens
Tur, und von Mahenk, Tochter des Königs von Madjin, zwei
andere, Namens Betual und Humayun; der Sohn des letzteren
sei Abtin, der Vater Feriduns. Nach einer andern Ueberlieferung hätten diese Söhne Fanek und Nunak geheißen. An
Tur knüpft sich nun die untenstehende Genealogie [1]). Djem-

---

[1]) Djem von Peritchehreh.
|
Tour.
|
Schidaṣp.
|
Turek.
|
Schem oder Sehem.
|
Asreth.
|
Gerschasp von Tochter des Königs von Rum.
|
Neriman.
|

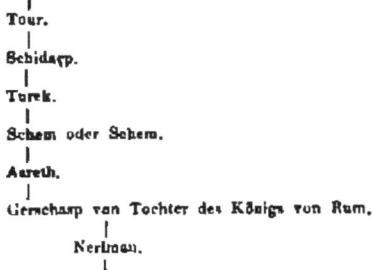

schid habe auch noch andere Kinder gehabt, man habe aber
keine Tradition darüber. — An der zweiten Stelle wird gesagt:
Djemschid's.Reich habe 716 Jahre gedauert. Es fänden sich
in der Welt viele Spuren seiner Unternehmungen und Ent-
deckungen, und seiner Versuche in der Welt Sitte und Kunst
einzuführen. Gegen das Ende seines Lebens wurde er gottlos
und empörte sich gegen Gott; im Unglück aber bereute er
und bekehrte sich. Als Zohak, der Araber, erschien, floh D.
und irrte zehn Jahre umher; dann blieb er zwanzig Jahre in
Zabulistan, wo er einen Sohn (Tur) mit der Tochter des Königs
erzeugte. Entdeckt floh er nach Indien in die Gegend von
Laheth, wo er hundert Jahre herrschte und Kinder erzeugte.
Der Maharadja von Indien bekriegt ihn auf Zohak's Befehl; er
wurde endlich gefangen genommen und vor Zohak gebracht
und mit einem Fischgrath durchsägt und dann verbrannt. Er
hat unzählige Gebäude errichtet. — Die Stadt Ktesiphon, die
zu Madain gehört, ist eines davon; er hat auch eine Brücke
über den Tigris gebaut, die Alexander der Große zerstören liefs.

Hamzah II, p. 21 erklärt den Namen ebenso und sagt
Djemschid sei so genannt worden, weil schid (Licht) aus ihm
gestrahlt sei. Er nennt ihn Sohn Pinvengehan's, des Sohnes
Ahuncahd, des Sohnes Airucahd, des Sohnes Uschhendj, des
Pischdadiers. Als Bauwerke D. nennt er dieselben. p. 17
heifst es: D., Bruder des Thahmuraph, Sohn des Veivendjehan,
habe 616 Jahre geherrscht und habe dann, von Zohak vertrieben, hundert Jahre in der Verborgenheit gelebt (vergl.
auch p. 9).

Die Genealogie Rustem's in Modjmil ist ein Versuch, das
Haus der Same, aus welchem Kereçâçpa stammt, mit dem Yima
zu verbinden.

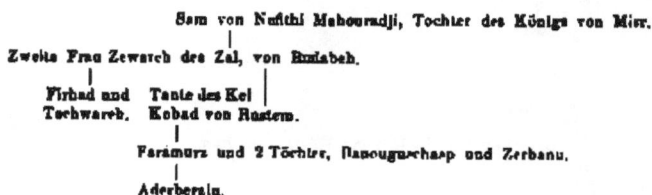

Sam von Nafithi Mahouradji, Tochter des Königs von Misr.

Zweite Frau Zewareh des Zal, von Budabeh.

Firbad und   Tante des Kei
Techwareh.   Kobad von Rustem.

Farámurz und 2 Töchter, Bancougarchasp und Zerbanu.

Aderberaîn.

Von Zohak Peiverasp [1]) weiſs Modjm. (p. 156) zu erzählen, er habe Peiverasp geheiſsen, weil er sich immer auf zehntausend arabischen Camelen Gold und Silber vortragen lieſa. Er habe eigentlich Kaïs Lahub oder Zohak oder Himyari geheiſsen. Die Perser haben ihm den Namen Deh ak (zehn Uebel) gegeben, weil er in der Welt zehn Uebel eingeführt habe; z. B. Folter, Hängen. Im Arabischen schreibe man den Namen Dechak: Lacher. Man nenne ihn auch Azdchak, wegen einer Krankheit an seinen Schultern, wo Schlangen gewachsen seien, welche die Menschen verzehrt hätten. Djerir al Thabari sage, daſs Peiverasp und Zohak zwei verschiedene Menschen seien; daſs Gott Noa zu Zohak geschickt habe und daſs letzterer sich einige Jahre nach der Sündfluth der Herrschaft bemächtigt habe.

p. 281. Z. hat 1000 Jahre oder 999 Jahre 11 Monate und 28½ Tag geherrscht. Er habe den Enkel Dschemschid's Gerschasp gesendet, um einen Drachen zu tödten (die bekannte Geschichte der Zendtexte); dann zum Maharadja von Indien, um ihm zu helfen. Dann habe Zohak seinen Bruder Kusch an's Ende des Morgenlandes geschickt, um die Kinder Dschemschid's zu suchen.

Dann habe Zohak seine Schultern-Krankheit (mar) bekommen; die Schlangen seien mit Menschenhirn genährt worden, wodurch die Welt entvölkert worden sei. Dann sei Gerschasp nach dem Westen geschickt worden, um drei Könige dieses

---

[1]) Genealogie des Zohak nach Modjmil:

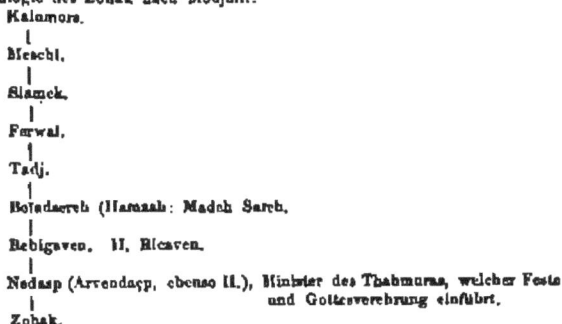

Kalamora.
|
Meschi.
|
Siamck.
|
Ferwal.
|
Tadj.
|
Boïadaereb (Hamaah: Madeh Sareh.
|
Bebigaven. H. Bicaven.
|
Nedasp (Arrendaçp, ebenso H.), Minister des Thahmuras, welcher Feste und Gottesverehrung einführt.
|
Zohak.

Tadj sei Stammvater der Araber und habe sich in Babel niedergelassen; einer seiner Söhne habe die Tochter Feridans geheirathet und sich in Kabul niedergelassen. Der Groſsvater Rustem's von mütterlicher Seite ist sein Sohn.

Landes zu unterwerfen. G. habe einige getödtet und den
Menheras gefangen gebracht. Zohak habe darauf die Tochter
des Maharadja heirathen wollen; allein sie sei auf dem Meere
verschwunden, — er habe dann Gerschasp abgeordnet, mit
dem Auftrag, Zengistan zu verwüsten und seine Könige gefangen zu nehmen. Dann habe er Gurschasp nach den Inseln
der Djine gesandt, wo sich eine Spur der Tochter des Maharadja gefunden; dann nach Semendun im Westen, um ihm
die Tochter des Khengasp zu holen, die er auch nach Ueberwindung der ihm nachstellenden Könige des Occidents glücklich
zu Zohak gebracht habe.

Gerschasp sei auch auf seinen Befehl den Arabern in einem
Krieg in Roum gegen Asthames beigestanden. Nach 700 Jahren
der Herrschaft Z. seien Armail und Kirmail in seinen Dienst
getreten und hätten jeden Tag einen der beiden Menschen gerettet, — sie hätten sie dann in die Wüste geschickt und davon seien die Kurden entsprungen. Zohak sei auf Iblis Befehl
und magischer Weise allein zur Insel Bermumich gegangen, um
die Töchter des Raghib und Rhalib, die Anhänger der Religion
des Propheten Salih, zu suchen. Allein dort sei er gefangen
worden, weil seine Zaubereien nichts gegen den Namen Gottes
vermocht hätten. Endlich habe ihn Gerschasp mit Schätzen
ausgelöst. Zuletzt aber habe Gott Feridun erweckt, der Zohak
gefangen und 40 Jahre an ein Camel gebunden in der Welt
herumgeführt habe. Dann habe er ihn an einer Höhle des
Berges Demavend gefesselt, wo er noch sei und Zauberer unterrichte. Seine Residenz sei zuerst Babel gewesen, wo er einen
Palast Kelenk Dis oder Dishet gehabt habe. Dann habe er in
Ilia in einem Palast Diz houkht gewohnt, welches nach Firdusi
Jerusalem sei. Dasselbe giebt Hamzah mit vielen Auslassungen
p. 22. Auch er giebt Z. tausend Jahre.

Der König Zohak mit seinen zwei Schlangen auf den
Schultern hat noch genug Züge des alten Drachen: letzterer
hat drei Mäuler, drei Köpfe, sechs Augen, — die hat der König
auch; seine eigenen nämlich und die der zwei Schlangen. Letztere werden mit Menschen gefüttert, wodurch die Welt entvölkert wird, ja, bei Firdusi hat Iblis bei seinem Rath, die durch
seinen Kuss entstandenen Schlangen mit Menschenhirn zu füttern, die Absicht, die Welt menschenleer zu machen. Das ist
buchstäblich, was die Texte sagen: Añro mainyus habe diesen

Drachen hervorgebracht gegen die bekörperte Welt zum Tode
der reinen Lebendigen, und Ab. Y. 29 bittet der Drache die
Ardvî-Çûra, sie möge ihm verleihen: menschenleer zu machen
die sieben Karśvare's.

Als Residenz Zohak's wird Keleng Diś angegeben oder
Dishêt. Ram. Y. 19 heißt der Ort, von wo aus Dahâka den
Wind anruft: koiriñten dujitem. Auch Babel scheint mir nur
eine Entstellung von Bawri.

Kereçâçpa. Die Abentheuer, welche Gerschasp oder
vielmehr Kereçâçpa nach den absurden Fabeleien der Späteren
auf Befehl Zohak's vollbringt (wie hätte dieser Held, der am
Ende der Welt die Schlange tödtet, ihm dienen können?), sind
trotz aller Entstellung dennoch nicht ohne Anhalt in den
Zendtexten.

Zuerst wird Gerschasp gesendet, um einen Drachen zu
tödten. Das ist die schöne Sage der Zendtexte von der
Schlange Çrvara, der pferdefressenden, menschenfressenden,
giftigen, grünen, auf welcher Kereçâçpa den Kochkessel heitzt.
Dann überwindet er drei Könige des Westens: es könnten die
drei Zam. Y. 41 aufgezählten sein.

Die Sendung nach Zeugestân erinnert an die Tödtung des
Çnàvidhaka, der, Açcûgo-gâus genannt wird.

Aus dem Gandarewa ist bei Firdusi der Minister des Zohak
geworden, der vor Feridun flüchtet.

Die Tochter des Maharadja von Indien, die er auf den Inseln
der Dschinnen sucht, ist vielleicht die Pairika Khnâthaiti.

Die Grundstelle ist Yaçn. IX, 9, vom Ursprung des Kereçâçpa: „Wer ist der dritte Mensch, o Haoma, der in der bekörperten Welt Dich geträufelt hat; welche Reinheit wurde ihm
gethan, welche Gabe wurde ihm zu Theil?" Hierauf erwie-
derte jener mir, Haoma, der Reine, Krankheit entfernende:
„Thrita, der heilendste der Çâma's, ist der dritte Mensch, der
mich in der bekörperten Welt träufelte, diese Reinheit wurde
ihm gethan, diese Gabe wurde ihm zu Theil, daß ihm zwei
Söhne geboren wurden: Urvâkhśaya und Kereçâçpa; der eine
Lehrer, Gesetzlenker, der andere aber herrlicher Gestalt, Jüngling, Jäger und Keulenträger. Der getödtet hat die Schlange
Çrvara, die pferdefressende, menschenfressende, giftige, grüne.
Auf welcher Gift wuchs, einen Daumen hoch, grünes. Auf ihm
kochte Kereçâçpa den eisernen Kessel um die Mittagszeit, und

es erhitzte sich jene Schlange und schwitzte. Unter dem Eisen sprang sie hervor und spritzte das kochende Wasser aus; erschreckt sprang weg der Mannbeherzte Kereçâçpa." Hier ist K. 1) dem Yima nachgesetzt und auch dem Thraêtaona der Zeit nach; 2) ist ein Theil jener Genealogie[1] erhalten, welche Modjmil J. A. 1841, T. XI, p. 155 bietet. Das Epitheton naremanaô ist der Name seines Sohnes Neriman geworden.

Die Stelle wiederholt sich zum Zam. Y. 38 jedoch mit bemerkbaren Zusätzen. Dort wird erzählt, wie der dritte von Yima in Vogelgestalt entflohene Glanz von Kereçâçpa ergriffen worden sei, welcher war der kräftigen Männer kräftigster aufser Zarathustra, wegen männlicher Bedeckung (Tapferkeit); ihm folgte die kräftige Männer-Tapferkeit (laíst uns die Männer-Tapferkeit verehren, die auf den Füfsen stehende, schlaflose, auf dem Thron sitzende, wachende), welche folgte dem Kereçâçpa, der getödtet hat etc. (etc:, wie oben, bis: der mannbeherzte Kereçâçpa). Dann kommt aber eine weitere Schilderung der Grofsthaten des K. (Minokhard, Spiegel P. Gr. p. 169): „41. Der getödtet hat den goldfersigen Gandarewa, der herbeiflog mit geöffnetem Maul tödtenwollend die bekörperten Le-

---

[1] Djem et Peritschehreb, fille du roi de Zabulistan.

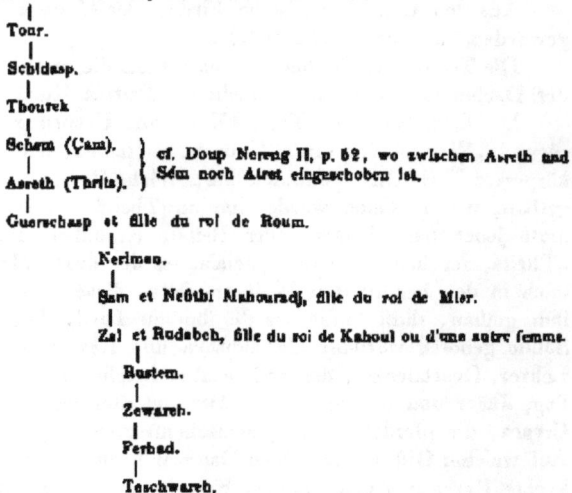

Tour.

Schidasp.

Thourek

Scham (Çam).

Asreth (Thrita).

cf. Doup Nereng II, p. 52, wo zwischen Asreth und Sêm noch Atret eingeschoben ist.

Guerschasp et fille du roi de Roum.

Neriman.

Sam et Nefthi Mahouradj, fille du roi de Mier.

Zal et Rudabeh, fille du roi de Kaboul ou d'une autre femme.

Rustem.

Zewareh.

Ferbad.

Teschwareh.

bendigen (Welt), des Reinen; der tödtete die Söhne der Weiten
und die neun Söhne des Nivika und die Söhne des Dâstayâni;
der tödtete den Goldzopf Hitâçpa und Varešu Dânoyana und
Pitaona, den Erzzauberer; der tödtete den Arezô-šamanem, den
Männertapferkeitvollen, den starken . . . . . . lebendigen, laufen-
den wachen — —, der tödtete den Çnâvidhaka, den klauen-
schlagenden . . . .; der dachte so: ich bin unmündig und nicht
mündig; wenn ich mündig sein werde, dann will ich die Erde
zum Rad machen und den Himmel zum Wagen; herab will ich
führen den heiligen Geist vom glänzenden Garônmâna, herauf-
fliegen will ich machen den bösen Geist aus der finstern Hölle, sie
sollen mir den Wagen ziehen, der heilige Geist und der Böse;
wenn mich nicht tödten wird der mannherzige Kereçàçpa. Ihn
tödtete der mannherzige Kereçàçpa." Die hier genannten
Abentheuer sind in den andern Zendtexten nicht erwähnt; nur
das von Gandarewa findet sich Ab. Y. 37—38: Kereçàçpa fleht
am Ufer des See's Piçano (Anquetil findet darin den Peschang)
die Anâhita an: gieb mir gute heilsamste Ardvî-Çûra-Anâhita,
dafs ich werde Sieger des Gandarewa, des gelbfersigen; es er-
schrecken die Gränzen des See's Vourukascha (pathanayaô erinnert an die Söhne der Pathana Zam. Y. 41), hinschiffen möge
ich an den starken Ort der gewaltigen, bepfadeten, runden,
weit hin führenden.

Eine Ergänzung für Sam's Leben bildet Ram. Y. 27. K.
opfert dort am verborgenen Abzugscanal der Raûha dem Yazata
und begehrt von ihm: „gieb mir, o obenwirkender (herrlich ge-
stalteter) Wind, dafs ich als Rächer niedergehe meines Bruders
Urvâkhšaya, dafs ich den Hitâçpa tödte beim Fahren auf dem
Wagen." Offenbar ist hier Hitâçpa als Tödter des Bruders
bezeichnet.

Farv. Y. 136 erwähnt den Kereçàçpa und erwähnt eine
Reihe von Uebeln, gegen die er angerufen wird, und 64 werden die Fravaschis erwähnt, die seinen Leib beschützen. An
dieser Stelle wird er Çâmabô Kereçàçpahê genannt. Von
Sam handelt Bund. p. 69, l. 10—70, l. 3. Wegen des Çam wird
gesagt: „dafs er unsterblich war bis dann, wo ihn wegen der
Geringschätzung der Mazdayaçnischen Lehre ein Turanier, den
sie Nhaz nennen, als er schlief, mit einem Pfeil tödtete, dort
in der Oede Peschiançai. Als ihn da jener schlechte Bušáçp
überkam, da zitterte er in der Hitze und hierauf steigt er wie

ein Vogel in den Vohist. Zu jener Zeit, wenn Az dahâk frei
wird, dann steht er auf und tödtet den Mann. Zehntausend
Fravars, die Reinen, bewachen ihn. cf. Spiegel, Avesta I. Einleitung p. 34: Dehak, den sie Bivaraçp nennen. Und auch das
wird gesagt: „Feridun, als er da den Dehak überwand, konnte
er ihn nicht tödten, sondern er band ihn an den Berg Demavend. Wenn er frei wird, dann steht Çam auf und schlägt
ihn und tödtet ihn."

Afrin Zart. 3, sei kräftig, kräftigst wie Kereçâçp, wohl-
thuend und offen, weise und (cf. Westerg. Ind. Studien III,
p. 425) verständig wie Urvâkhšaya.

Farg. I, 10 wird nach Vaêkeretem die Pairika Khnãthaiti
gesetzt, welche nachfolgte dem Kereçâçpa. Er wird von der
Trad. Fürst von Kabulistan und Zabulistan genannt. Er ist in
der Hölle, weil er das Feuer geschlagen hat.

Ueber den Vater des Thrita vergl. Farg. XX, wo er als
der älteste Arzt dargestellt ist.

Schah-N. Ferid. 639 (I, p. 169 ed. Mohl) erscheint unter den
Kriegern, die dem Feridun beistehen, Guerschasp portant haute
la tête et frappant vite de l'épée, Sam le fils de Neriman. —
ib. 721: Sam, le fils de Neriman, et Guerschasp, le fils de
Djemschid; ib. 771: Guerschasp le victorieux, le trésorier du
roi; ib. 820 erscheinen wieder Guerschasp und Sam neben
einander.

Modjmil, Journ. As. 1841 T. XI, p. 281: Lorsque Zohak
expulsa Djemschid, ce dernier avait pour petit-fils le jeune
Guerschasp, qui était gouverneur du Zaboulistan. Zohak l'envoya tuer un dragon dans l'espoir, que le jeune homme lui
même succomberait; mais il en revint et Zohak l'envoya alors
dans l'Inde pour aider le Maharadja et il y resta quelques années jusqu'à ce qu'il se fut emparé de l'ennemi du Maharadja.

p. 282: Zohak envoya ensuite Guerschasp dans l'Occident
pour lui soumettre tous les rois de ces pays. Guerschasp en
tua quelques uns et amena Menheras prisonnier à la cour. Plus
tard Zohak demanda en mariage la fille du Maharadja — on la lui
envoya; mais elle disparut sur mer pendant la traversée. Il
expédia alors Guerschasp [1]) avec l'ordre de dévaster tout le pays

---

[1]) Je suppose, que c'est la guerre qui est appellée dans le Guerschasp nameh
(p. 351 et suiv.) la guerre contre Afriki.

de Zenguestan et d'en amener tous les rois prisonniers à sa cour.
On trouva (plus tard) des traces de la famille du Maharadja
dans l'île de Djinnes et il y envoya de nouveau Guerschasp
pour aller la chercher. Quelque temps plus tard il fit partir
Guerschasp pour Semeudan dans le pays de l'Occident pour
lui amener la fille de Kheugasp. Tous les rois de l'Occident y
étaient rassemblés sous les ordres de Khengasp et lorsque
Guerschasp revint avec la jeune fille, ils lui coupèrent le che-
min; il s'en suivit un nombre de grandes batailles, mais Guerschasp revint vainqueur auprès de Zohak. On fit ensuite la
guerre dans le pays de Roum contre Asthames. Les Arabes
demandèrent du secours à Zohak; il leur envoyait une armée
sous le commandement de Guerschasp qui dévasta le pays (de
Roum) et obtint ce qu'il voulut. Später löst er den Zohak aus.

Modjm. p. 284: Feridoun — aussitôt qu'il eut vaincu Zohak,
il envoya Guerschasp et Nerimau dans le Turkestan et Kasveh
d'Ispahan à Roum pour qu'ils fissent reconnaître son gouverne-
ment dans ces pays. Après cela Guerschasp alla dans les pays
d'occident à Thautschch et mourut à son retour.

Minotchehr. Was uns die Urtexte über Minotchehr
bieten, ist so wenig, dafs die ganze Sage der Späteren als un-
bezeugt erscheinen könnte. Aber es scheint nur so: die zwei
Worte manus-cithrahē airyavahē (Farv. Y. 131) sind von gro-
fsem Werth. Sie geben uns erstens die ächte Form des Namens dieses Pischdadiers; sodann beurkundet airyavahē, welches
ein Patronymicum von Airya ist, die Abstammung von Ireda,
der, wie wir oben sahen, Airya ist. Die Anrufung des Genius
des Manuscithra zwischen dem des Thraëtaona und des Kavi
Kavâta giebt ihm auch eine der Chronologie der Späteren entsprechende Stellung in der Stammtafel. Auffallend aber ist es,
dafs zwischen Thraëtaona und Manuscithra drei Glieder eingeschoben sind: Aośnara, der langlebende, Uzava, des Tumâçpa
Sohn, und Agmēratha, der Narava. Uzava, der Zab Tuhmâçpàn
des Bundehesch (p. 81, 13), nimmt in letzterem die Zeit zwischen
Manucihr (respect. dem Interregnum des Fraçic) und Kikobâd
ein, mit einer Regierungszeit von fünf Jahren, und Modjmil
(Journ. As. 1841 XI, p. 158) nennt Zab einen Sohn des Thah-
masp, welcher letzterer ein Sohn des M. gewesen. Ein anderer
Sohn des M. ist nach dieser Quelle und Bundehesch: Newder
(B. Nodara). Es wäre also im Farv. Y. der Enkel dem Grofs-

vater vorgestellt. Agraëratha ist, wie anderswo nachgewiesen,
der Bruder des Fraûraçyana und des Garçevaz, der Oheim des
Çyâvârôûn; es leuchtet nicht ein, warum er hier eingeschoben
ist, doch fällt seine Geschichte allerdings in die Zeit des Reiches
des M. Wer Aoônara ist, wage ich nicht zu bestimmen; vielleicht Manoshvarnar, der Vater des Manuscihr (Bund. p. 78, 15),
so dafs statt Aoônarahe: Manusnarahê zu lesen wäre. Uebrigens
kommt Aoôn. noch Afrîn Zart. 2 vor.

3. Zarathustra.

1) Name Zarathustra's.

Bevor wir nun zur Vergleichung der uns von den Griechen
überlieferten Form des Namens schreiten, müssen wir letztere
in ihren Variationen betrachten. Die älteren Schriftsteller
bis zur christlichen Aera bedienen sich der Form Ζωροάστρης
(Ζωρόαστρος). Bei den Späteren aber erscheint daneben Ζαράδης
(Theod. IV, p. 935 und Theodor von Mopsuestia bei Photius
Bibl. p. 63, 38) und in den Anathematismen bei Cotelier (ad
Recogn. Clem. IV, 27 und bei Tollius Insign. itin. Ital. p. 134).
Agathias p. 117, 6 Nieb. sagt: Ζωρόαστρος ἤτοι Ζαράδης (διττὴ
γὰρ ἐπ' αὐτῷ ἡ ἐπωνυμία) Ζοράδης bei Victor Afr. adv. Manich.
Ζαράτας ὁ Πυθαγόρου διδάσκαλος (Plutarch hat ganz gewifs
damit den Zoroaster nicht gemeint, ebensowenig Jamblichus)
bei Plutarch, Moral. p. 1012 E. und bei Orig. I, p. 881. Ζάρατος
bei Clem. Alex. I, p. 357 und Porphyr. V, Pyth. p. 24. Kiessl.
Ζάρας bei Cyrill. a. Jul. Ζάρης bei Suidas s. v. Πυθαγόρας.
Suid. s. v. Πυθ. — οὗτος ἤκουσι — Ζάρητος τοῦ Μάγου.
Ζωραμάσδης Χαλδαῖος σοφός bei Suid. s. v. ist entweder ein
anderer oder der Name ist eine Vermischung von Ζωροάστρης
und Ὡρομάσδης. Es ist keinem Zweifel unterworfen, dafs
einige dieser Schriftsteller wirklich den Urheber des Magismus mit dem Namen Zarades oder Zaratus bezeichnen wollten;

allein diese Bezeichnung beruht, wie wir später sehen werden, auf Verwechslung mit einer ganz andern Person, nämlich mit dem Assyrier Zaratus, dem angeblichen Lehrer des Pythagoras, die übrigen angeführten Zeugen haben bei Zaratus oder Zaras gewiß nicht an Zoroaster gedacht.

Sehr interessant ist die Form, welche Diodor von Sicilien (I, 94) giebt: παρὰ μὲν γὰρ Ἀριανοῖς Ζαθραύστην (er scheint durch Transposition des ϑ aus ursprünglich Ζαραϑύστης entstanden. Diesmal hat Ctesias eine ursprünglichere Form) ἱστοροῦσι τὸν ἀγαθὸν δαίμονα προςποιήσασθαι τοὺς νόμους αὐτῷ διδόναι, womit unstreitig Zoroaster gemeint ist. Dagegen heißt der baktrische König, den Semiramis überwand, und den andere Zoroaster nennen, bei Diodor Ὀξυάρης. Ich vermuthe, daß Ζαθραύστης, wie Ὀξυάρης aus Ctesias fliefst.

Woher kommt es nun, daß die Griechen für Zarathustra, was sie so leicht durch Ζαραϑίστρης hätten ausdrücken können, eine so abweichende Form gebrauchen. Vermuthlich, weil sie den Namen nicht unmittelbar, sondern mittelbar durch die Perser oder Babylonier empfingen. So nennen sie den Gott Ὠρομάζης oder Ὠρομάσδης, was zu der Form der Keilinschriften stimmt, welche den Hauchlaut zwischen a und u in Ahura-mazda weglassen. Wie nun, wenn th in die Aspiration abgeschwächt und diese im Dialekt der Keilinschriften weggelassen und sonach der Name Zaraustra und aus diesem statt Ζαρώστρης: Ζωροάστρης geworden wäre?

Die neueren iranischen Sprachen sind für die Form und Erklärung des Namens von keinem Behelf. Das Huzvaresch hat die Varianten Zartust und Zartuhast, z. B. Yaçu. III, 6 (so glaube ich lesen zu sollen, nicht Zartshust, wie Spiegel, Einleitung II, p. 469). Im Parsi heißt der Prophet Zarathust (Minokh. in Parsi Gramm. p. 131, 17). Das Neupersische hat die Formen Zirtušt, Zârdušt, Zârtuhašt, Zürduhašt, Zûrhušt, Zarâtušt, Zarâdušt, Zarâduhast, Zartušt, Zardušt, Zarduhašt, Zarahtušt, Zarahdušt, ja Zârdišt oder Zardišt.

Die hier öfters eingeschobene Aspirata scheint mir nur einen Ersatz für das th bilden zu sollen.

Schon Burnouf deutete auf die Möglichkeit hin, daß im zweiten Theil des Namens Zarathustra das Wort ustra Kamel enthalten sei. Dafür scheint vor Allen zu sprechen, daß Eigennamen, welche sich auf Besitz von Thieren beziehen, in den

Zendtexten häufig sind; so besonders die Zusammensetzungen mit açpa (Pferd), Pourus-açpa der Vater des Propheten, Aurvaṭaçpa (Lohrasb), Vistiçpa, Hitáçpa (Zam. Y.), Haredhaçpa (Farv. Y. 117) u. s. w.; die mit ukhšau Stier, Çrïraokhšna, Kereçaokhšno (Farv. Y. 101), und die hier in Frage stehende mit ustra (Kameel), Frašaostra (Farv. Y. 103 et alib.), Fraoraostra (Farv. Y. 122, wo jedoch mehrere hss. ç statt s bieten), Vôhuustra, Aravaostra F. Y. 124. Es ist zu bemerken, daſs während Pourusaçpa zwischen die beiden Vocale u und a ein euphonisches s eingeschoben ist und in vôhu-ustra der gleiche Vocal unverschmolzen bleibt, bei der Berührung von a und u die Fusion zum Diphthong eintritt.

Allein gegen diese Vermuthung ist ein sehr erhebliches Bedenken, daſs die Erklärung von Zarath sehr schwierig wird. Ein Adjectivum: gelb oder gülden kann es nicht wohl sein: das lautet zairita oder zairina, Farg. XI, 9, oder etwa zairi. Die Auffassung als Participium nach der Analogie von Haēçaṭ açpa, Aurvaṭ-açpa ist unthunlich, weil ṭ sich dann in th verwandelt haben müſste. Denn so gewiſs es ist, daſs folgendes u das t in derselben Sylbe in th verwandelt, so geht diese Wirkung doch nicht in ein vorhergehendes Wort zurück.

Auch ist der Sinn von Zaraṭ oder Zarath dann nicht klar, weil kein analoges Verbum vorhanden ist [1]).

Oder wäre das th, welches in den iranischen Sprachen ohnehin eine Neigung zu den Sibilanten hat, wie jenes euphonische s in Pouru-s-açpa zu fassen? allein th entspricht, nach meiner Beobachtung, nur dem ç.

So scheint es also, daſs wir zur Theilung Zara-thustra zurückkehren müssen; das erste Wort zara, welches Burnouf (p. 12) mit gelb, Lassen und ich mit Gold erklärt haben — kommt in dieser Bedeutung einzeln nicht vor. Gold heiſt zaranem oder zaranim (Asbi Y. 14) und davon zaranaēnis oder zaranaēna golden. Für gelb oder golden findet sich in Compositis zairi, wie zairi-gaona, zairi-gaoša — zairi-pâšua, aber nicht zara — doch ist es allerdings möglich, daſs letzteres denselben Sinn hat; bewiesen ist es nicht. Thustrô haben Lassen und ich mit Sskr. tvaštir verglichen, von tvaš oder triš

---

[1]) Farv. Y. 80 anâzareta-ôzâmyčiñtl, wo es den Sinn von angreifen, verletzen haben muſs; zazarâno Yaçn. IX, 30.

glänzen. Der Name des Sternes Tistrya hat damit gewifs nichts
zu thun. Aber ebenso schwer ist es, den Begriff Stern im
Allgemeinen damit zu verbinden. Denn Skr. tvaṣṭṛ heifst:
Bildner, Werkmeister, und nicht: leuchten, und die Wurzel
triš, die damit nichts zu thun hat, ist überdiefs im Zend.
thwaḗša vorhanden, jedoch im Sinn von Ungestüm, Bestürzung
(Yaçn. LVI, 7, 9; Gosh. Y. 4; Ashi Y. 25; Farv. Y. 20), wie
auch im Sskr. Es giebt freilich auch ein Zend. thwâša Himmel
(Farg. XIX, 44, III, 149; Mib. Y. 52, 66; Farv. Y. 39; Ny. I, 8)
— aber kein thuatra Stern, welches davon hergeleitet wäre.

Sonach ist die Erklärung Goldstern höchst problematisch.

2) Geburtsort Zarathustra's.

Ueber den Geburtsort Zarathustra's giebt uns Bundchesch
folgende Notizen: 1) Nach der Genealogie des Gesetzgebers
heifst es p. 79, 9: „Von Porusaçp wurde Zartust bei Dargâ
bidainis [1]) erzeugt." Und in der Aufzählung der Flüsse kommt
der Flufs Dâraga, ebenso geschrieben Bund. p. 51, 3, vor, von
welchem gesagt wird (p. 53, 5): „Dâraga in Airanvic, wo die
Wohnung des Pursaçp, des Vaters des Zartust, auf der Höhe
ist." Derselbe Flufs erscheint unter den Meistern der Geschöpfe p. 58, 5: „Der Dâraga-Flufs ist unter den bârâ [2])-
Flüssen Meister, und dort ist die Wohnung des Vaters des
Zartust auf der Höhe. Zartust ist dort geboren."

In Airanvic, wo nach Bund. p. 79, 11 Zarathustra das Gesetz verkündet, ist aber aufser diesem Flusse Dâraga auch der
Flufs Dâilik oder die gute Dâitya, wie die Urtexte sie nennen.
Von diesem Flusse heifst es Bund. p. 51, 19: „Der Dâitya-Flufs
geht von Airanvic aus und geht nach Gôpeçtân. Von allen
Flüssen sind in ihm die meisten Khrafstra's; wie gesagt ist:
der Dailya-Flufs, der voll Khrafstra's ist." Am Wasser Daitya
kämpft Zairi-vairi (Zerir). Airanvic selber aber liegt, wie
Bund. p. 70, 8 bezeugt, auf der Seite von Atropatân.

Auch in den so eben angeführten Stellen ist B. den Urtexten treu gefolgt. Der Flufs Dâraga kommt in der Form

---

[1]) Hidainis läfst sich von Z. hidh = Sskr. sad sid ableiten und bedeutet den
Sitz. An eine Corruptel aus budaêna läfst sich nicht wohl denken.

[2]) Möglich, dafs damit unschiffbare, durch den Regen gebildete Bergströme
gemeint sind.

Daregya Farg. XIX, 4 W. vor, wo als der Ort der Erde, auf welchem Zarathustra den Streit gegen Aṅro-Mainyus besteht, angegeben wird: Daregya [1] paiti sbarahi nmânahê Pourusaçpahê am Hügel der Darega. Die Wohnung des Pourusaçpa wiederholt sich Farg. XIX, 46.

Nach Airyanem Vaêgo setzen die Urtexte immer den Zarathustra. So Yaçn. IX: çrûtô airyênê vaêgahi in dem berühmten Airyanem Vaêgo, wo nach Farg. II, 21 auch die Zusammenkünfte Ahura's mit den Yazata's und Yima's mit den besten Menschen stattfinden. Spiegel übersetzt: der berühmte, wie auch Neriosenh und Burnouf. Es läßt sich nur nicht absehen, wie Ahura selbst der berühmte heifsen kann. Mir scheint daher çrûtô-airyênê (vaêgahi) als Compositum zu fassen. Und so thut es die Huzv. Uebersetzung Yaçn. IX, 44 dr ski namik airanvicn; ebenso Farg. II.

Ab. Y. 104 wird als der Ort, wo Zarathustra dem h. Urwasser opfert, Airyênê Vaêgahi vaṅhuyaô dâityayaô bezeichnet. Ebenso Gosh. Y. 25, Ashi Y. 45.

Es wird aber auch noch ein anderer bestimmter Ort mit Zarathustra in Verbindung gesetzt, nämlich Raga oder Rei. Der zwölfte der im ersten Capitel des Vendidâd aufgeführten Segensorte: raghâm thrizantum, wozu die Hss. bei W. die unverständlichen Worte vaêdhaṅhô nôiṭ usôis hinzufügen und wo die Huzv. Glosse sagt: „Rak, das dreisamige in Atropatan, was auch Rei genannt wird. Die Dreisamigkeit ist, weil dort Priester, Krieger und Ackerbauer sind. Auch sagt man, dafs Zartust von diesem Orte ist, in welchem sich diese drei Stände befinden. Oder die Dreisamigkeit ist diese, dafs jene drei Nachkommen von jenem Orte hervorgingen."

Von Raga ist die Rede Yaçn. XIX, 51, 52 an einer schwierigen Stelle, deren Sinn zu sein scheint, dafs es in den übrigen Ländern, aufser der zarathustrischen Ragi (dies scheint die zum modernen Rai überleitende Form zu sein), fünferlei Meister oder Herren gebe: den Hausmeister, den Dorfmeister, den Stadtmeister und den Zarathustra, als fünften nämlich den zarathustrischen geistlichen Obern. — Das zarathustrische Ragha aber

[1] Ich glaube, dafs Daregayaô zu lesen oder Daregya als eine Apocope davon zu betrachten ist. Das Wort findet sich noch einmal F. XIX, 11, es stammt wahrscheinlich von Sakr. dṛh stark sein, wachsen.

habe vier Meister: nämlich den des Hauses, des Dorfes, der Stadt und Zarathustra der vierte, was einen geistlichen Länderbesitz zu bedeuten scheint, weil der Landesmeister ausgelassen ist.

Eine andere Localität der Thätigkeit Zartust's, von der wir weiter unten hören werden, ist der Berg Raêvand, auf welchen der König Vistâçp das Feuer Burein Mithro niederlegt. S. Bund. p. 41 lin. penult. Von diesem Berg sagt Bund. p. 23, 10 dafs er in Chorâçân liege. Uebrigens besagen diese Stellen noch keineswegs, dafs Zarathustra von Ragha sei, wohl aber mufs es ein Hauptsitz des Magismus gewesen sein. Ob seine Mutter daher war, wie Schahrastâni behauptet, mufs dahin gestellt sein, da von seiner Mutter die Urtexte nichts berichten und nur Bund. p. 80, 14 die Notiz giebt: „die Mutter des Zartust hiefs Dughdâ, der Vater seiner Mutter Frahimravâ. Dughdâ heifst Tochter (so wird Aschi eine Tochter des Ahura genannt)." Ashi Y. 2 *dughdharem ahurahê masdað.* Der Name *dughdha* Farg. XIX, 16 W. auf *Ármaiti* bezüglich.

Von den Ahnen des Zarathustra erscheint in den Texten am Häufigsten sein Vater Pôurušaçpa, über den oben bereits die nöthigen Nachrichten gegeben worden sind. — Pôurušaçpa heifst: reich an Pferden und so erklären auch die Texte selbst den Namen, vergl Afrin des Zoroaster §. 4. Von den Vorfahren des Pôurušaçpa finden wir einen, Haêçat-açpa Yç. LIII, 3, wo die Tochter des Zarathustra: Pôurucista mit dem Namen Haêçat-açpânâ, d. i. die Abkömmlingin des Haêçat-açpa, genannt wird. Als Patronymikum erklären die Parsen auch Yç. XLVI, 15 den Namen Haêçat-açpa. Eine vollständigere Aufzählung der Ahnen des Zarathustra giebt uns der Bundehesch, dort heifst es vom Anfange an, C. XXXIII: Purušaçp war ein Sohn des Çpitâraçp, des Haêçadaçp, des Casnus, des Paiteraçp, des Haran, des Hardare, des Çpetaman, des Vidast, des Ayazemn, des Ragan, des Durâçrûn, des Manoscehr. Man sieht hieraus, dafs der Stamm des Zarathustra auf königlichen Ursprung zurückgeführt wird. Das Erscheinen des Zarathustra, als eines Gesetzgebers, war längst im Voraus von Ahura-Mazda bestimmt. So finden wir im vierten Capitel des Bundehesch (p. 12, 3 flg.) die Erzählung, dafs Géus-urvâ, die Seele des Stiers, nach Ermordung des einzig gebornen Stieres vor Ahura-Mazda geklagt habe, dafs es nun nicht möglich sei, die Welt zu beschützen und daſs sie sich nicht eher zufrieden gegeben habe, bis ihr der Fravaschi des Zarathustra gezeigt worden war. Diese Erzählung scheint alt und schon in Yç. XXIX enthalten zu sein. Es war demnach eine hohe Ehre, der Vater des Zarathustra zu sein, und wir finden denn auch, daſs Pôuruśaçpa dieselbe durch eifrige Verehrung des Haoma erworben hat. Nach Yç. IX, 1 kommt Haoma zur Zeit des Morgenopfers zu Zarathustra, als dieser das Feuer reinigte und die Gebete hersagte. Zarathustra fragte ihn, wer er sei und er giebt sich als Haoma zu erkennen und fordert ihn auf, ihn zu verehren. Zarathustra fragt ihn sodann, wer zuerst den Haoma ausgepreſst und geopfert habe? Haoma zählt die Verehrer auf: Vivaṅhaô, Athwya, Thrita der Çâmanide, und Pôuruśaçpa. Es heiſst wörtlich im Yaçna IX, 12: „Wer ist der vierte Mensch, o Haoma, der Dich in der bekörperten Welt gepreſst hat; welcher Segen wurde ihm zu Theil, was für Gabe kam ihm? Hierauf antwortete mir jener Haoma, der reine, krankheitsentfernende: Pôuruśaçpa ist der vierte Mensch, der mich in der bekörperten Welt opferte; dieser Segen wurde ihm zu Theil, diese Gabe kam ihm, daſs Du ihm geboren wurdest, Du hoher Zarathustra der Wohnung des Pôuruśaçpa, der gegendämonische, Ahuralehrer, im berühmten iranischen Vaêgas: Du zuerst, o Zarathustra, hast das Ahu-Vairyo hergesagt, das sich verbreitende Gebet, bis zum vierten, nach dem Hersagen des Härteren. Du hast in die Erde verborgen gemacht alle Daêva's, o Zarathustra, die vorher menschengewachsen herumflogen auf dieser Erde, welcher der stärkste, der festeste, der behendeste, der schnellste, der erzsiegreichste war, der geistigen Geschöpfe." Als ein Bruder des Pôuruśaçpa erscheint im Bundehesch Arâçt und im Avesta Arâçti dessen Sohn Maidhyomaô im Farvard. Y. 95 genannt wird, als Maidhyomaô der Sohn des Arâçta: „der zuerst von Zarathustra das Wort hörte und die Befehle." Diesen Maidhyomaô finden wir übrigens auch schon in den Gâthâ's Yç. LI, 19 erwähnt. Ueber·die Frauen, Töchter und Söhne des Zarathustra können wir auf unten verweisen. Aus dem dort Gesagten geht auch unzweideutig die Zeit hervor, in welche die Parsen das Erscheinen Zarathustra's setzten, nämlich grade in die Mitte der gesammten Dauer der irdischen Welt.

Die Wichtigkeit des Zarathustra nicht blos für die irdische

Welt, sondern auch für die himmlische geht aus mehreren Stellen klar hervor. So Aban-Y. 17. 18, wo es heifst: 17. „Ihr (der Ardvî-çûra) opferte der Schöpfer Ahura-Mazda im iranischen Vaêgas der guten Dâitya. Mit milchvermischtem Haoma, mit Bareçma, mit Zungenlispeln und Gedanken, Worten und Werken mit Spenden und mit wahr geredeten Reden. 18. Hierauf bat er sie um diese Gabe: gieb mir gute heilsamste Ardvî-çûra-Anâhita, dafs ich mir folgen mache den Sohn des Pôurušaçpa, den reinen Zarathustra, zum Nachdenken der Lehre, zum Nachreden der Lehre, zum Nachthun der Lehre. Es gab ihm diese Gabe Ardvî-çûra-Anâhita, die immer dem Spendebringenden, Frommen, Opferndeu, Bittenden die Gabe giebt." Im Ashi-Y. findet sich ein ausführliches Lob des Zarathustra: 17. „Gelobt unter den Yazatas kam unversehrt geraden Wegs zu Wagen daher die gute Reinheit, die hohe, so mit Reden redend: Wer bist Du, der Du mich rufst, dessen Rede ich von den Anrufenden als die schönste gehört habe? 18. Hierauf sprach so der heilige Zarathustra, welcher der erste Mensch war, der das Aša vahista pries, opferte dem Ahura-Mazda, opferte den Ameša-çpentas, bei dessen Geburt und Wachsthum sich erfreuten Wasser und Bäume, bei dessen Geburt und Wachsthum wuchsen Wasser und Bäume. 19. Bei dessen Geburt und Wachsthum davon lief Aṅrô-mainyus von der Erde, der bepfadeten, runden, weitreichenden. So schrie der bösschaffende Aṅrô-mainyus, der todvolle: Nicht haben mich alle Yazata's gegen meinen Willen verdrängt; aber der eine Zarathustra macht mich gegen meinen Willen fortgehen. 20. Er schlägt mich mit dem Ahuna-vairya mit solchem Hieb (Schwert), wie ein Katagrofser Stein. Er brennt mich mit dem Aša-vahista, man sollte denken wie ein metallner ...., macht er mich von dieser Erde verschwinden, der mich allein ...., der heilige Zarathustra. 21. Hierauf sprach so die gute Reinheit, die hohe: Komme näher zu mir, erhabener, reiner, heiliger, tritt her zum Wagen. Näher kam zu ihr der heilige Zarathustra und er trat hin zum Wagen. 22. Da umfing sie ihn, mit dem linken Arm und mit dem rechten, mit dem rechten und mit dem linken, so mit Reden redend: Schön bist Du, Zarathustra, gut gewachsen bist Du, heiliger, gutwadig und langarmig. Gegeben ist Deinem Leib der Glanz und Deiner Seele langes Wohlergehen, wie das, was Dir gesprochen." — Eine der wichtigsten und begeistertsten Stellen über Zarathustra ist Farvard-Y. 87 flg.: „Des Zarathustra Çpitâma, des hier reinen Reinigkeit und Genius opfern wir. 88. Dem ersten, der Gutes gedacht hat; dem ersten, der Gutes geredet hat; dem ersten, der Gutes gethan hat; dem ersten Athauruna, dem ersten Krieger, dem ersten Weidenden, Nährenden — dem ersten Verkünder; dem ersten Verkündeten; dem ersten Gebenden; dem ersten Gegebenhabenden das Rind das Reine und das Wort und des Wortes Hörer und das Reich und alle von Mazda geschaffenen Güter, die reinsaamigen. 89. Der der erste Athrava, der erste Krieger, der der erste Bauer das Rad in Bewegung setzte vor dämonischer . . . . . und menschlicher, der der erste der bekörperten Schöpfung, pries das Asem der Daêvazerstörer, bekannte als Mazdayaçna, ein zarathustrischer, antidämonischer, Ahuralehrender. 90. Welcher der erste der bekörperten Schöpfung die Rede aussprach, die antidämonische, ahuralehrende. Welcher der erste der bekörperten Schöpfung verkündete die Rede, die antidämonische, ahuralehrende. Welcher der erste von der bekörperten Schöpfung das ganze Daêvagesetz aussprach, als nicht opferbar und unfromm, der Held, der Allgedeihmacher, der erstlehrende der Länder. 91. In welchem alles Wort, das rein gehörte, gehört wurde, der Herr und Meister der Lebendigen, der Preiser des gröfsten, besten, schönsten Reinen und der Verkünder der Lehre, die von den seienden die beste ist. 92. Welchen wünschten die Ameša-çpentas, allesammt der Sonne zum bekenntnifsoffenen Gemüth aus geistiger Gläubigkeit als Herrn und Meister der Lebendigen, als Preiser des gröfsten, besten, schönsten Reinen und als Verkünder der von allen seienden besten Lehre. 93. Bei dessen Geburt und Wachsthum sich freuten Wasser und Bäume, bei dessen Geburt und Wachsthum wuchsen Wasser und Bäume, bei dessen Geburt und Wachsthum Heil verkündeten alle von Heiligen geschaffenen Geschöpfe. 94. Heil uns, er ist geboren der Athrava, der heilige Zarathustra. Es wird uns opfern mit Spenden und gestreuten Reisern Zarathustra. Es wird hier sofort sich verbreiten die gute mazdayaçnische Lehre nach allen sieben Kareśvares. Hier wird sofort Mithra, der weitflurige, mehren alle Erstheiten der Länder und die erschrockenen erfreuen. Hier wird sofort der starke Apaûm napâo mehren alle Erstheiten der Länder und die erschrockenen niederdrücken." Von der Trauer dagegen, welche die Daêva's bei der Geburt Zara-

thustra's empfinden, spricht aufser den schon angeführten Stellen
des neunten Capitels des Yaçna und des Ashi-Yast auch noch
der Schlufs von Farg. XIX, 43 flg.

Die Behauptung der spätercu Zarathustralegende, dafs Zarathustra seine Lehren unmittelbar von Ahura-Mazda empfangen
habe, erweist sich als auch schon in den Grundtexten begründet. Eine der wichtigsten Stellen dafür ist Yç. XII, 5, wo von
den Zusammenkünften des Ahura-Mazda mit dem Zarathustra
die Rede ist. Aufserdem vergl. man Vsp. II, 3. XI, 19. Yç.
XIX, 1 flg. XXI init. LIII, 1. LVII, 8. LXXI, 14, Farg. II init.
Die Kraft der zarathustrischen Lehre wird gepriesen Farg. V,
22 flg. Aus dieser Wichtigkeit des Propheten begreift sich
auch seine hohe Stellung: Zarathustra ist der Herr der irdischen Schöpfung, wie Ahura der geistigen. Cf. Vsp. II, 3. Yç.
LXX, 1. Daher wird ihm auch ein gewisser Cultus zu Theil.
Vsp. XXI, 2 finden wir ihn neben Ahura-Mazda gestellt und
er oder sein Fravaschi wird zusammen mit den andern Yazata's
angerufen. Cf. Yç. III, init. und 21. IV, 23. VII, init. und 21.
XVI, 2. Seine Religion heifst im Allgemeinen *daêna* oder voll-
ständiger *vañuhi daêna mazdayaçnis* (cf. Yç. VIII, 7. XII, 9.
XXII, 3. XIII, 1. 8). Die verschiedenen Arten der Offen-
barungen: *Mâthrô-çpenta — cidaêcem dâtem — daregha upayana*
findet man Yç. I, 13. II, 13. III, 15. IV, 18. VI, 12. VII, 15.
Sehr wichtig für die Eintheilung sind auch Yç. XXII, 25.
XXV, 6. LXXI, 5. Vom Namen des Zarathustra wird ein
Adjectiv zarathustris (nom. sing. masc.) gebildet, welches als
Epitheton des Anhängers der mazdayaçnischen Lehre (mazda-
yaçnô) vorkommt. Vgl. Yaçna Invoc. (Burnouf, Commentaire
sur le Yaçna p. 3) und I, 23. III, 24. XI, 16. XII, 1. 6. XIV, 4.
So heifst auch *Vistâçpa sarathustris* Yç. LIII, 2. Der Plural
lautet zarathustrayo Vsp. IV, 2, XV, 1. Auch das femininum
zarathustris kommt vor neben *dhuiris* als Prädicat der *daêna*
Yç. VIII, 7. LX, 3. Farg. II, 2; *ragha sarathustris* Yç. XIX, 18
und gleich daneben *raǰôit sarathustrôit*, wo *ragha* wohl soviel
als *regio* oder *lex* bedeutet. Endlich kommt zarathustris auch
als Neutrum vor Farg. V, 22 sq. Yç. II, 13. VI, 12, jedoch mit
der Variante zarathustra und zwar als Beiwort von *dâtem* Gesetz: das zarathustrische Gesetz; gen. *dâtahê sarathustrôis*
Yç. I, 13. III, 15. IV, 18. VII, 15. XXII, 25. Es scheint aber
für das Neutrum neben zarathustri auch zarathustrem adjecti-

visch gebraucht worden zu sein, wenn nicht die Stellen, wo
sich dies vorfindet, zu corrigiren oder mindestens als spätere
Sprachfehler zu betrachten sind. Cf. Vsp. XIII, 1 *zarathustrem
hadha-mathrem.*

Bei der Wichtigkeit der Persönlichkeit des Zarathustra ist
es begreiflich, daß Añrô-mainyus denselben auf seine Seite zu
ziehen suchte. Der Hergang dieser Versuchung und Zarathustra's Abweisung derselben findet sich Farg. XIX, 1 — 9 und
lautet folgendermaßen:

1. Von der nördlichen Gegend her, von den nördlichen
Gegenden her lief hervor Añrô-mainyus, der Todvolle, der
Dämonen Dämon. So heulte er, der schlechtwissende (oder
schaffende) Añrô-mainyus, der Todvolle: Drute, laufe hinzu
und tödte den reinen Zarathustra. Die Drute umlief ihn, der
Dämon Bûiti, der den vergänglichen Bauch trägt (schädigt).

2. Zarathustra ließ das Ahuna-vairya hören (*yathâ ahû
vairyô* bis *vâçtârem*); die guten Gewässer rief er an des guten
(Flusses) Dâitya, die mazdayaçnische Lehre bekannte er. Die
Druta lief erschreckt von ihm, der Dämon Bûiti, der den vergänglichen Bauch trägt.

3. Die Drute heulte entgegen ihm: Gräulicher Añrô-
mainyus, nicht erblicke ich Tod (Krankheit) an ihm, dem heiligen Zarathustra. Voller Glanz (Majestät) ist Zarathustra.
Zarathustra erblickte im Geist: die Dämonen, die bösen,
schlechtwissenden, befragen sich über meinen Tod.

4. Auf stand Zarathustra, vor schritt Zarathustra uner-
schrocken durch Aka-mano (den bösen Geist) aus Zorn über
die Hassesfragen. Geschosse ergriff er mit der Hand — ein
Kata groß sind sie, der reine Zarathustra, empfangend vom
Schöpfer Ahura-Mazda. Wo ergriff er sie? auf dieser Erde, der
breiten, gekrümmten, weit zu durchlaufen, an der Krümmung der
Daregya, der Wohnung des Pôurušaçpa.

5. Es verkündete Zarathustra dem Añrô-Mainyus: Schlecht
wissender Añrô-Mainyus! ich will schlagen die Schöpfung, die
Dämonengeschaffene, ich will schlagen die Naçus (Verwesung),
die Dämonengeschaffene, ich will schlagen die Pairika, den
Götzendienst, bis daß geboren werde Çaoshyañç, der Sieger
vom Wasser Kãçu her, von der östlichen Gegend her, von den
östlichen Gegenden her.

6. Entgegen heulte ihm der schlechtgeschöpfige Añrô-

Mainyus: Nicht tödte meine Geschöpfe, o reiner Zarathustra.
Du bist des Pòuruśaçpa Sohn, von der Trägerin (Mutter) bist
Du geboren. Absage dem guten mazdayaçnischen Gesetz, be-
gehre Gaben, wie sie begehrt hat Vadaghana, der Landesfürst.
7. Entgegen sprach zu ihm der heiligste Zarathustra:
Nicht absage ich die gute mazdayaçnische Lehre, nicht wenn
die Knochen, nicht wenn die Seele, nicht wenn das Bewußtsein
von einander gingen.
8. Entgegen heulte ihm der schlechtgeschöpfige Añro-
Mainyus: Mit wessen Rede tödtest Du, mit wessen Rede ver-
nichtest Du, mit welcher Waffe .... meine Geschöpfe des
Añro-Mainyus.
9. Entgegen sprach zu ihm der heiligste Zarathustra:
Der Mörser, die Schale, Haoma und die Worte, die von
Mazda gesprochenen, sind meine Waffen am besten. Mit diesem Wort will ich tödten, mit diesem Wort will ich vernichten, mit dieser Waffe, wohlschneidend sei, schlechtgeschaffener
Añro-Mainyus.
Auch darüber, daß Zarathustra seine Lehre dem Könige
Vistàçpa vortrug, sind die Urtexte in Uebereinstimmung mit
den späteren Berichten der Parsen. Wir finden den König
Vistàçpa schon in den Gâthâs öfters erwähnt, cf. Yç. XXVIII, 8.
XLVI, 14. LI, 16. LIII, 2. Im Abân-Y. 104 bittet Zarathustra
die Ardvi-çûra Anâhita darum, daß Vistàçpa, der starke König,
der Sohn des Aurvat-açpa, ihr folgen möge. Im Farvardin-Y.
99 flg. wird Vistàçpa mit seiner ganzen Familie genannt, zuerst
sein Bruder Zairivairis (101), dann seine 29 Söhne, worunter
(103) der starke Çpentô-dâta (Isfendiâr). Abân-Y. 108. 109
bittet Kava Vistàçpa am Ufer des Wassers Frâzdânava, daß
er die Feinde Tàthravaʼs, der bösen Lehre zugethanen, Pesana,
den Teufelsdiener, und den gewaltthätigen Arejat-açpa schlagen
möge. Ein ähnliches Gebet findet sich Gosh-Y. 29 flg. Ashi-
Y. 49 flg. Vergl. auch Zemyâd-Y. 84 flg. Aehnliches erbittet
sich auch Zairivairi, der Bruder Vistàçpaʼs, Abân-Y. 112 flg.
Zwei andere dem Zarathustra gewogene Personen Gâmâçpa, nach
späteren Berichten der Minister des Königs Vistàçpa und Frashaostra, der Bruder des Gâmâçpa, finden sich ebenfalls in den
Texten und zwar auch schon in den Gâthâs Yç. XLVI, 16. 17
werden beide genannt und mit dem Familiennamen Hvôgva bezeichnet. Im Farvardin-Y. 103 werden beide als Hvôva be-

zeichnet, zuerst Frashaostra und dann Gàmàçpa, dann zwei Söhne des Frashaostra, dann ein Sohn und ein Enkel des Gàmàçpa. Der Name des Frashaostra findet sich auch Yç. XXVIII, 9. XLIX, 8. LI, 17 (wo er wieder als Hvò-gva bezeichnet wird), LIII, 3. Gàmàçpa findet sich noch Yç. XLIX, 9. LI, 18 (gleichfalls als Hvò-gva bezeichnet). Abân-Y. 68 flg. wird der Sieg des Gàmàçpa geschildert über die Daèvaverehrer. Auch die Gemahlin des Vîstàçpa, Hutaoça, steht in einer freundlichen Beziehung zum Zarathustra. Cf. Gosh-Y. 26 flg., wo er um die Bekehrung der Hutaoça bittet und diese bittet Ram-Y. 36 um die Gunst des Königs Vîstàçpa. Cf. auch Farv.-Y. 139.

---

4. Bundehesch.

Im Namen Ormazd's.

Capitel I.

Der Zendkundige (beschäftigt sich) zuerst mit der Grundschöpfung Ormazd's und der Opposition Ahriman's, dann mit der Beschaffenheit der Geschöpfe von der Schöpfung an bis zuletzt und zum künftigen Körper. Nämlich aus dem mazdayaçnischen Gesetze ist offenbar, dafs Ormazd als der Höchste in Allwissenheit und Reinheit im ewigen Lichte war. Dieses Licht, der Sitz und der Ort Ormazd's, ist, was man das anfangslose Licht nennt, und die ewige Allwissenheit und Reinheit Ormazd's ist, was man das Gesetz nennt. Für Beides ist die Erklärung eine. Jenes Ewige, mit unbegränzter Zeit begabte, ist nämlich Ormazd, und der Ort und das Gesetz und die Zeit Ormazd's war, ist und wird immer sein. — Ahriman ist in Finsternifs, Nachwissen und Begierde zu schlagen und in der Tiefe, es wird aber eine Zeit sein, wo sein Schlagen aufhört. Diese Dunkelheit ist der Ort, welchen man die anfangslose Dunkelheit nennt. Zwischen beiden ist ein leerer Raum, den man Vâi nennt, wo das Vermischen stattfindet. Diese beiden himmlischen Wesen sind unbegränzt (2). Das höchste Unbegränzte nennt man das anfangslose Licht, das niedere (Unbegränzte) die anfangslose Finsternifs, zwischen beiden ist eine Leere und eines ist mit dem andern verbunden. Wiederum sind jene beiden himmlischen

Wesen begränzt, (nämlich) ihrem Körper nach. Ferner: wegen der Allwissenheit Ormazd's sind alle Dinge in der Schöpfung Ormazd's begränzt und unbegränzt, denn man kennt den Bund zwischen jenen beiden Himmlischen. Ferner: die vollständige Herrschaft und die Schöpfung Ormazd's werden beim letzten Körper immerfort unbegränzt sein, die Geschöpfe Ahriman's aber werden zu jener Zeit abnehmen, wenn der letzte Körper eintreten wird. Dies ist die Unendlichkeit.

Ormazd wußte vermittelst seiner Allwissenheit, daß Ahriman existirt, was er sinnt und wie er im Wunsche zu schaden sich vermischt bis zuletzt und wie und durch welche Mittel er es zuletzt enden wird. Da schuf er auf himmlische Weise diese Geschöpfe, welche zur Vollendung paßten. Dreitausend Jahre standen, d. h. befanden sie sich im Himmel unbeschädigt, nicht gehend, unergreifbar. — Ganámainyo hatte seines Später-wissens wegen von der Existenz Ormazd's keine Kunde. Dar-auf erhob er sich aus der Finsternifs und kam zum Lichte. Als er das Licht Ormazd's sah, das unergreifbare von den Druja's, da stürzte er, seiner Begierde zu schlagen und seiner zornigen Natur wegen, herbei, um zu tödten. Da sah er die Tapfer-keit (3), Macht, Vollkommenheit (gröfser) als die seinige und stürzte wieder zur tiefsten Finsternifs zurück und schuf viele Dévs, Druja's: tödtendes Volk, und erhob sich zum Kriege. Ormazd, als er die Schöpfung des Ahriman sah, eine schreck-liche Schöpfung: stinkend, böse — da sprach er kein Lob aus. Ahriman, als er hierauf die Schöpfung Ormazd's sah, eine zahl-reiche Schöpfung, Leben, eine Schöpfung der Frage — da sprach er einen Preis aus und pries die Schöpfung Ormazd's. Ormazd, obwohl er allein wußte, was das Ende der Sache sei, ging doch dem Ahriman entgegen und bot ihm Frieden an und sagte: O Ahriman, sei meinen Geschöpfen hülfreich, preise sie, damit du als Belohnung dafür unsterblich, unalternd, ohne Hunger und Durst seiest. Ahriman entgegnete: „ich komme nicht her, ich will Deinen Geschöpfen nicht helfen, ich will Deine Schöpfung nicht loben. In keiner guten Sache will ich mit Dir übereinstimmen. Deine Schöpfung will ich tödten immerfort. Alle Deine Geschöpfe will ich in Feindschaft mit Dir, in Freundschaft mit mir bringen." Die Erklärung ist diese: Ganá-Mainyo glaubte, daß Ormazd hülflos sei und darum den Frieden (4) anbiete. Er nahm ihn also nicht an und bot ihm dagegen den Kampf an. Darauf sprach Ormazd: „Du bist weder allwissend, noch Alles vollbringend, o Gana-Mainyo, zu tödten ist dir nicht möglich, du vermagst meine Schöpfung nicht so zu machen, daß sie nicht wieder zu mir zurückkehrt." Ormazd aber wußte vermöge seiner Allwissenheit: wenn ich nicht eine Zeit zum Kampfe festsetze, so vermag er es, unter meinen Geschöpfen kann er ..... zu eigen machen, da jetzt viele Menschen in der Vermischung mehr Böses thun als Gutes. Er sprach also zu Ahriman: „Setze eine Zeit fest bis zum Kampfe, in Bezug auf die Vermischung, bis auf 9000 Jahre", da er wußte, daß Ahriman durch das Festsetzen dieser Zeit unwirksam werde. Darauf war Ahriman, der nicht sehende, seines Unverstandes wegen, mit dieser Bestimmung einverstanden, so wie zwei Männer einen Kampf festsetzen zu einer bestimmten Zeit: an dem und dem Tage wollen wir kämpfen.

Ormazd wußte, seiner Allwissenheit wegen, daß es in diesen 9000 Jahren 3000 Jahre ganz nach dem Wunsche Ormazd's hergehe; 3000 Jahre in der Mischung des Willens von Ormazd und Ahriman, daß die 3000 letzten Jahre aber Ahriman machtlos sein werde und sich von den Geschöpfen der Opposition zurückhält. Dann sagte Ormazd (5) den Abunavar her: *Yathá ahú vairyo etc.*, den aus einundzwanzig Worten bestehenden, daher (kommt) zuletzt sein Sieg, die Machtlosigkeit Ahriman's und das Abnehmen der Déva, die Auferstehung, der letzte Körper und die Oppositionslosigkeit für immerdar. Aber jener Ahriman, als er seine Machtlosigkeit und das Verschwinden der Déva einsah, wurde bestürzt und fiel wiederum in die dunkelste Hölle zurück, wie es aus dem Gesetze hervorgeht: als ein Drittel (des Ahuna vairya) hergesagt war, krümmte Ahriman aus Furcht seinen Körper, als zwei Theile gesagt worden waren, fiel er aus Furcht auf seine Knie, als das Ganze hergesagt war, war er bestürzt und machtlos, an den Geschöpfen Ormazd's Ungebührlichkeit zu verüben. Dreitausend Jahre blieb er in der Betrübniß, Ormazd aber schuf während der Betrübniß des Ahriman Geschöpfe, zuerst den Vohu-Mano, dem die Verbreitung der Schöpfung Ormazd's oblag. Ahriman schuf zuerst die Mithokht (Lüge), dann den Akoman. Von den Geschöpfen der Welt schuf Ormazd zuerst den Himmel, dann den Vohu-Mano und, des guten Fortganges wegen, das weltliche Licht, mit welchem das gute mazdayaçnische Gesetz zusammen war, da wo dieses zu den Geschöpfen kommt, wufste er, dafs Wiederwachsen der Körper eintreten wird. Dann schuf er den Aschavahista, dann Ksohathra-vairya, dann Çpenta-ârmaiti, dann Haurvatâţ und Ameretâţ. Ahriman dagegen schuf aus der finstren Materie den Akoman, Andar, Çaurva, Naogbaithi, Taric und Zaric. Ormazd schuf von den materiellen Geschöpfen (s) zuerst den Himmel, dann das Wasser, dann die Erde, viertens die Bäume, fünftens das Vieh, sechstens die Menschen.

Capitel II.

Ueber das Hervorbringen der Lichter: Ahura brachte zwischen Himmel und Erde die Lichter hervor, die Fixsterne und die Nichtfixsterne (Planeten); hierauf den Mond; dann die Sonne. Wie gesagt ist: zuerst wurde der Himmel geschaffen, dann die Fixsterne daran geordnet. Die Mütter sind diese zwölf, deren Namen (sind): Lamm, Stier, Zwillinge [1]), Krebs, Löwe, Aehre, Wage, Scorpion, Centaur, Bock, Wassergefäſs und Fische. Und diese wurde von Anfang in 28 Qorts [2]) getheilt, deren Namen: 1) Pudevar, 2) Pes, 3) Parviz (Parviz), 4) Paha, 5) Aveçr, 6) Beân, 7) Raavat, 8) Taraha, 9) Awra, 10) Nahn, 11) Mivan, 12) Avdem, 13) Mâśiha, 14) Çpûr, 15) Huçru, 16) Çrob, 17) Nur, 18) Gêr, 19) Grafsa, 20) Varant, 21) Gaô, 22) Gôî, 23) Muru, 24) Bunda, 25) Kahtçr, 26) Vaht, 27) Miân, 28) Kaht.

Hierauf wurde aller uranfänglichen Geschöpfe irdisches Aufenthalten unten gemacht [3]), damit, wenn der Feind kommt, sie seinen Widerstreit und seine Betrügerei bekämpfen. Und die Geschöpfe, welche diese Widersacher bekämpfen, sind nach Art eines Heeres, das zum Kampfe aufgestellt ist.

Für jeden Stern von ihnen wurden 6000 und 4,800,000 kleine Sterne (?) zur Hülfe hervorgebracht und unter diesen Fixsternen wurden vier Heerführer an den vier Seiten geordnet — als Heerführer über viele unzählige Sterne, namentlich an jeder Seite und jedem Orte geordnet in vereinter Stärke und zur Kräftigmachung der Fixsterne, wie gesagt ist: Tistar ist des Ostens Heerführer; Satevis des Westens Heerführer; Venant des Mittags Heerführer; Haftoring des Nordens

---

[1]) dptkar zwei Gestalten.
[2]) Ueber die Nakśatra's vergl. Lassen J. A. I, p. 742—747. Sp. Haufen.
[3]) Sp. Die ganze Grundschöpfung der Welt ist an guter (?) Stelle gewesen.

Heerführer: des Grofsen Ort heifst, was sie grofs in Mitte des Himmels nennen. Vor dem der Feind kam, war beständig Mittag, nämlich Rapithwin. Ahura mit den Ameśa-Çpenta's brachte um die Mittagsstunde das himmlische Opfer dar; darum ist im Opfer jedes Mittel, um den Widersacher zu schlagen, nach Bedürfnifs geschaffen.

Zugleich bildete er die Frohars der Menschen und trug den allwissenden Verstand in den Menschen; er sprach: Was von diesen beiden dünkt euch nützlicher, wenn ich euch zur irdischen Existenz schaffe körperhafter Weise, wenn ihr mit den Drukhs kämpft und die Drukhs vermindert, wenn ich euch dann am Ende unsterblich wieder herstelle, wenn ich euch dann am Ende wieder zur irdischen Existenz schaffe und ihr ganz unsterblich und unalternd und ohne Widersacher sein werdet — oder dafs ihr immer Bewachen vor dem Feind machen müfst. Hierauf (s) erkannten die Frohars der Menschen in dieser Geistesallwissenheit das Unheil das von der Drukhs Ahriman in die irdische Existenz hineinkommt und das Wiederentstehen zuletzt im künftigen Körper ohne Betrug vom Widersacher — das Wiedereingehen in den künftigen Leib für immerdar und willigten in das Gehen in die irdische Existenz ein.

Capitel III.

Vom Anlauf des Feindes auf die Schöpfung ist im Gesetz gesagt: Ahriman, als er die Ohnmacht seiner selbst und aller Dévs vom reinen Manne sah, wurde bestürzt; dreitausend Jahre sann er in dieser Bestürzung. Die (Sp. leiblichen) kmarkan [1]) Dévs sprachen einzeln: auf stehe unser Vater, denn wir wollen in dieser Welt Krieg machen gegen diesen bösen [2]) Ahura und die Ameśa-Çpenta's: Bedrängnifs und Ungebühr wird daraus sein. Jeder zählte seine bösen Thaten zweimal her; aber es erfreute sich nicht daran jener böse Ganâmino, um der Furcht des reinen Mannes wegen, bis als die böse Gahi kam am Ende der dreitausend Jahre. Hierauf sagte sie zu G.: Auf stehe unser Vater; denn ich will in der Welt diesen Kampf machen gegen den bösen Ahura und die Ameśa-Çpenta's Bedrängnifs und Unheil wird daraus entstehen. Hierauf zählte sie einzeln ihre bösen

---

[1]) כמארך adj. v. כמאר.‎ = Kameredha, also eigentlich: mit Schädeln versehen, was wohl soviel sein wird, als: mit einem Körper versehen. Sp.

[2]) Sp. liest für zis: zis, vielleicht zao.

Thaten zweimal auf; aber nicht erfreute sich dieser böse G.,
stand (aber) auf von dieser Bestürzung um des reinen Menschen willen. Wiederum sprach die gottlose Gahi: Auf stehe
unser Vater (9); denn ich will in diesem Kampf so viel Gift
auf den reinen Mann und den arbeitenden Stier werfen, dafs um
meines Thuns willen, sie nicht lebendig bleiben können. Ihren
Glanz (Seele) will ich tödten, ich peinige das Wasser, ich
peinige die Bäume, ich peinige das Feuer des Ahura, ich peinige die ganze Schöpfung des Ahura. Hierauf zählte sie diese
ihre bösen Thaten auf diese Art zweimal her, so dafs sich G.
erfreute und aus dieser Bestürzung hervorsprang und den Kopf
der Gahi küfste, und jene Unreinigkeit, welche man Menstruation nennt, an Gahi offenbar wurde. Er sprach zu Gahi: Was
ist Dein Wunsch, dafs ich ihn Dir gebe? Hierauf sprach Gahi
zu G. Ein Mann ist der Wunsch, den gieb mir. G. zeigte
den säulenähnlichen Leib einer Kröte als Leib eines fünfzehnjährigen jungen Mannes der Gahi und diese Gahi trug ihn hinab
(sie verlor das Denken, ihre Besinnung?). Hierauf ging G. mit
allen Dév's gegen die Lichter und er sah den Himmel: und er
trug sie, Neid erfüllt, wiederum hinauf. Vom innern des Himmels erstieg er ein Drittel. Hierauf sprang er in Gestalt einer
Schlange vom Himmel herab auf die Erde; im Monat Frvrtin.
am Tage Ahura, lief er hinein um Mittag. Hierauf sah er den
Himmel: er zitterte und fürchtete sich davor, wie das Schaf vor
dem Wolf.

Er kam zum Wasser, und unter die Erde begab er sich und
sodann durchbohrte er die Mitte dieser Erde und begab sich
hinein. Hierauf kam er zu den Bäumen und dann (10) zum
Rind und dann zum Gayumart und dann zum Feuer kam er,
wie in Gestalt einer Fliege lief er in die ganze Schöpfung hin.
Und er machte die Welt am Mittag so dunkel, wie in der finstern Nacht. Hierauf liefs er beifsende giftige Khrafstra's auf
die Erde, wie Schlange, Scorpionen und Kröten, so dafs einer
Nadel Raum (frei) von Khrafstra's nicht blieb. Hierauf liefs er
auf die Bäume Fliegen herab und augenblicklich vertrocknete
er sie. Hierauf aus Furcht liefs er Schmerz, Hunger .... ')
und die schlechte Buáscp auf den Leib des Rindes und des
Gayumart herab.

') rui aius vergl. Farg VII, 70.

Vor dem Kommen zum Rinde brachte Ahura eine heilsame Frucht [1]), welche man auch bivak nennt, zum Wasser in Haufen hervor vor den Augen — bis das Rind durch das Schlagen und den Schreck traurig wurde und sogleich mager und krank wurde, auf die Erde ging und verendete. Da sagte das Rind: Diese Thiere sind zu bilden; sie müssen die Werke verrichten und ein Schützer ist anzuordnen.

Vor dem Kommen zu Gayumart brachte Ahura Schweifs über Gayumart hervor, so lange man die b. Gebete spricht; und es schuf Ahura diesen Schweifs (khei) in der Gestalt eines jungen Mannes von fünfzehn Jahren, glänzend und hoch. Als Gayumart aus dem Schweifs hervor kam (entstand), da sah er die Welt finster wie die Nacht und die Erde voll Khrafstra's, dafs einer Nadel Raum nicht blieb; die Himmel im Kreisen, Sonne und Mond im Laufe begriffen; die Welt vom Stürzen der Mazainischen Dév's (11) kämpfend mit den Sternbildern. Hierauf dachte Ganâmino: alle Geschöpfe sind ohnmächtig gemacht, aufser Gayumart. Sodann liefs er den Açtovhat mit tausend todtbringenden Dév's auf Gayumart herab, und weil seine bestimmte Zeit nicht gekommen war, so erlangte er kein Mittel, ihn zu zerstören, wie gesagt ist: als G., der Widersacher kam, wurde die Zeit des Lebens und der Herrschaft des Gayumart auf dreifsig Jahre bestimmt. Nach dem Kommen des Widersachers lebte er dreifsig Jahre und dann sagte Gayumart: da der Feind gekommen, müssen alle Menschen aus meinem Samen werden und es ist etwas Gutes, wenn sie gute Thaten verrichten. Und hierauf kam er (Ganâmino) zum Feuer und mischte Rauch und Finsternifs hinein. Die Planeten mit vielen Dév's griffen den Himmel an und mischten sich mit den Sternbildern und die ganze Schöpfung wurde so befleckt (verfinstert), wie wenn das Feuer einen ganzen Ort schwärzt und der Rauch stieg davon auf. Und neunzig Tage und Nächte kämpften die himmlischen Yazata's mit G. und allen Dev's in der irdischen Schöpfung; er floh und stieg in die Hölle hinab und die Feste des Himmels wurde gemacht, damit der Widersacher sich nicht hinabmischen kann. Die Hölle ist in der Mitte der Erde, dort wo der Widersacher die Erde durchbohrte: er stürzte hinein, so dafs alles irdische Bond in Zwei-

---

[1]) Die P. H. bietet *mirong*, es hängt mit *mir pinguescere* zusammen; *ara-mir* entfetten, abmagern, kommt Farg. XVIII vor.

beit geht, Betrug und Kampf und nach oben und unten Vermischung offenbar war.

Capitel IV.

Und das ist gesagt: Als der einziggeschaffene Stier (12)
starb, fiel er auf die rechte Hand. Gayumart hierauf, als er
starb, fiel auf die linke Hand. Gosurun, das ist die Seele des
einziggeschaffenen Rindes, ging aus dem Leibe des Rindes heraus und stand vor dem Rinde. So stark wie tausend Menschen,
wenn sie zugleich ihre Stimme (Geschrei) erheben, klagte er
(Gos.) dem Ahura: „die Herrschaft der Geschöpfe, auf wen
hast du sie gelegt, wenn die Erde Schaden verdirbt, die Bäume
vertrocknen und das Wasser gepeinigt ist; wo ist der Mann,
von dem du gesagt hast: ich schaffe ihn, damit er den Schutz
der Welt ausspreche?" Hierauf sprach Ahura: krank bist du
Gosurun von jener Krankheit, die Ganàmino über dich gebracht
hat. Aber wäre es möglich, diesen Mann in dieser Zeit auf dieser Erde zu schaffen, so würde G. nicht in dieser Macht sein.
Fort ging Gos. zum Sternenkreis und jammerte auf dieselbe
Art, zum Mondkreis und jammerte auf dieselbe Art, fort zum
Sonnenkreis. Da zeigte (Ahura) ihm den Frohar des Zartust:
ich will ihn schaffen für die Welt, der den Schutz aussprechen
wird. Zufrieden nahm der himmlische Gos. es an: ich will die
Geschöpfe pflegen: nämlich er war in der Welt zur irdischen
Schöpfung wieder einverstanden.

Excurs zu Bundehesch Capitel IV.

Was uns die Zendtexte über Gosch darbieten, ist leider
nicht geeignet, eine ganz klare Vorstellung über das Wesen
dieser Yazata zu geben. Wir besitzen zwar einen ganzen
Hymnus auf sie, allein er enthält aufser allgemein gefafsten
Epithetis nichts über die specifischen Functionen des Genius.
Der Name *Géus urva*, der an andern Stellen gebraucht wird [1],
kommt in dem Hymnus nicht vor; wir wissen jedoch aus der
von Siroza I, 14 bestätigten (*géus tafné géus urmé drvâçpayaô
çûrayaô masdadhâtayaô niaonyaô*; dasselbe II, 14 im Accusativ

---

[1] Sir. I, 12 nach dem Mond *géuçca aîrôdâtayaô géuçca pôuru çaredhayaô;*
II, 12 *gâum aîrôdâtakî urunô fravašîm yasnmaidî, gâum pôuruçaredhakî urunô fravašîm yas.*

und nach *géus* noch der Beisatz *hudaönhó)* Tradition mit Sicherheit, dafs *Drvâçpa* die festpferdige mit Gosch identisch ist. Ihre Epitheta sind neben den ganz allgemeinen *çúra* die starke, *mazdadhâta* die Mazdageschaffene, *ašaoni* die reine — folgende mehr specialisirende: *drvô-paçva* (G. Y. 1) *drvô-çtaora, drvô-urvatha, drvô-aperendyuka*, welche sich auf die Festigung und Förderung der Weide-, Zug- und Jungviches beziehen [1]); *yukhtaaçpa, raretô-ratha, qanat-cakhra*, welche das Anschirren der Pferde, das Rennen der Wagen, das Sausen der Räder hervorheben. Aufserdem heifst sie *fšaoni* (die mästende), *mareza* (barmherzige?), *amaraiti* die gewaltige, *huraodha* die wohlgewachsene, *qâçaoka* die durch sich selbst nützende, *baišasya* die heilende, *drvô-çtâiti drrô-vareid* (die das Stehen und Laufen festigende?) zur Hülfe der reinen Menschen.

Das Beiwort *pôuruçpakhsti* (vergl. Mih. Y. 11) ist dann von den Worten *dûrât pathana qâthrarana dareghô-hakhedhrayana*; vergl. Yaçn. LIX, 15 *dareghem hakhma*) begleitet, deren grammatische Geltung nicht ganz deutlich ist; sie können Nominative (doch wohl kaum *qâthravana*) sein, welche unregelmäfsig auf die vorhergehenden Accusative folgen, oder Instrumentale. Anquetil übersetzt: *qui veille bien sur ce qui est éloigné, qui est la voie du bien être et de la vie longue.* Pathana, gewöhnliches Beiwort der Erde (Farv. Y. 9; Mih. Y. 95. 99. 112; von den Gefilden Farg. XIX, 15; Ashi Y. 19), wird Yaçna X, 8 von Neriosenh mit *prthuld* breit (Huzv. pâhan) übersetzt und ist wahrscheinlich mit *dûrât* zu verbinden; *qâthravana* Farv. Y. 32 ist *qâthravaitis* ein Beiwort der Fravaschi's.

Visp. IX, 5 *qâthravatô* als Beiwort von *hadis*; Yaçn. LIX, 13 *qâthravat qarenô, qâthravaiti lstis, qâthravaiti frasañtis*, wo es Sp. überall mit glänzend übersetzt. — Vielleicht ist zu übersetzen: durch fern ausgebreitete, glänzende lange Freundschaft. Was der Sinn hiervon sein soll, ist mir nicht klar.

In den Anrufungen Haošyanha's, Yima's, Thraêtaona's, Haoma's, Huçrava's, Zarathustra's und Vistâçpa's an Drvâçpa ist nichts enthalten, als die auch in andern Yashts gewöhnlichen Bitten dieser Heroen, um Hülfe bei ihren Grofsthaten. Auge-

---

[1]) Anq. übersetzt *drvô-vvratha* mit: *qui conserve en bon état les arbres* und hat also *vvratha* = *vrvora* genommen; *aperenáyuka* bezieht er auf junge Leute. Die folgenden Epitheta giebt er mehr oder minder ungenau wieder.

rufen wird sie mit den Prädicaten: „gute, nützlichste" und sie wird überdies *thrâtri* (Nährerin) und *dâthris âyaptem* genannt. Als bezeichnend könnte es bei der Bitte des Yima sein, wenn er sagt: „dafs ich fette Heerden hinbringe zu Mazdao's Geschöpfen." Allein das findet sich auch Ashi Y. 29.

Gèus urva kommt an folgenden Stellen vor:

Yaçn. I, 6 *gèus taśnê gèus urunê* von Neriosenh übersetzt: *yostanûm goh dîmânaṃ.* Yaçn. XVII, 25 *gèus hudhaôñhô urrdnem*, wo es zugleich die Bezeichnung des 14. Monatstages ist. Yaçn. XXIX *gèus ured.* Yaçn. XXXIX, 1 *ithâ aṭ yasamaidê gèus urvdnemćâ taśânemćâ.* Ner. *aira evaṃ â gardṇ dîmânaṃca tanûṃca taṇ dadau hormijdah. Gèus taśâ* Yaçn. XLV, 9, wo es Neriosenh mit *gardṃ ghatayitrê* übersetzt, also *taśâ* = Sskr. *takśan* Werkmeister, Zimmermeister, ebenso XXIX, 2 wo gradezu Ormuzd als der Bildner bezeichnet wird. Yaçn. LXIX, 9 *yâ gèus taśnê gèus urunê*, wo der Genitiv zu erwarten wäre. Visp. X, 23 *gèuçca taśnô gèuçca urunô*, wo Goschurun neben *Haurvatâṭ* und *Ameretâṭ* steht. Auffallend ist, dafs die H. C. und N. überall *taśan* mit *tn, tanu* Leib übersetzen.

Spiegel Visp. X. 23 Leib des Stiers; ebenso Yaçn. I, 6 (auch Burnouf), XXXIX, 1. LXIX, 9, was im Widerspruch mit Yaçn. XXIX zu stehen scheint.

Wir sehen, dafs sich hier die Tradition selbst nicht treu bleibt, indem sie *taśan* bald mit Leib, bald mit Bildner wieder giebt.

Hamkars des Goschurun sind: II, p. 77 Bahman, Mah, Ram. II, p. 199. — Ersterer als Herr der Thiere. — Der zweite als der Ort, wo der Thiersamen aufbewahrt wird. —

Capitel V.

Sieben Planetenheerführer sind gegen die sieben Heerführer der Fixsterne, nämlich der Planet Tir (Mercur) gegen Tistar, der Planet Vahram (Mars) gegen Haptoring, der Planet Anauma (Jupiter) gegen Vanand, der Planet Anahit (Venus) gegen Çatvis (13), der Planet Kivan (Saturn) gegen das Grofse in der Mitte des Himmels.

Der Gurcihr dnedin Muspar, der geschwänzte, kam zu Sonne, Mond und Sternen; die Sonne band den Muspar an ihren Weg in solchem Mafs, dafs er wenig Schaden thun kann.

Vom Berg Harburc ist offenbar, dafs er rings um die Welt

geht. Der Berg Taera ist in der Mitte der Welt, die Sonne um-
kreist ihn wie das Wasser rings um die Welt, ... vom Var
des Berges Harburc rings um den Taera wieder kreist, wie gesagt ist: Der Taera Harburc ist jener, an welchem ich Sonne,
Mond und Sterne von zurück wieder kreisen lasse. Denn 180
Tage ist die Sonne im Osten, 180 Tage im Westen. Am
Harburc geht jeden Morgen die Sonne auf und am Abend
unter, der Mond, die Fixsterne und die Planeten haben ihr
Band und ihr Gehen an ihm; jeden Tag drei Kesvar's und ein
halbes gehen sie, wie durch den Augenschein offenbar ist.
Und in jedem Jahr ist zweimal Tag und Nacht gleich. Denn
am Anfang der beiden, welche vom ersten Zeichen des Lammes
ausgehen, ist die Nacht gleich und ist die Zeit des Frühlings.
Wenn die Sonne zum nächsten Zeichen des Krebses geht, so
ist die Zeit am längsten: der Anfang des Sommers. Wenn sie
zum Zeichen der Wage geht, sind Tag und Nacht gleich: der
Anfang des Herbstes, und wenn sie zum Zeichen der Fische
geht, ist Nachtgröße und der Anfang des Winters. Wenn sie
zum Zeichen des Lammes geht (11), werden Tag und Nacht
wieder gleich, so daß sie, wenn sie vom Lamm ausgeht, bis sie
wiederum zum Lamm kommt, in 360 Tagen und jenen fünf
Scholttagen an einem Tag aufgeht und niedergeht. Der Tag
ist nicht genannt, denn wäre er genannt worden, so hätten die
Dev's das Geheimniß gewußt und hätten Schaden anrichten
können.

Von dort, wo die Sonne am längsten Tag aufgeht, bis
wo sie am kürzesten Tag aufgeht, ist Osten und das Kesvar
Çavahi.

Von dort, wo sie am kürzesten Tag aufgeht, bis wo sie am
kurzen Tag untergeht, ist die Seite des Mittags und die Kesvar's
Fradadatfsn und Vidadatfsn.

Von dort, wo sie an . . . . . des kurzen Tags niedergeht,
bis wo sie am langen Tag niedergeht, ist Westen, das Kesvar
Arezahi.

Von dort, wo sie am langen Tag aufgeht, bis dort, wo sie
am langen Tag niedergeht, ist Norden: die Kesvar's Vourubaresti und Vouruzaresti.

Wenn die Sonne aufgeht, erleuchtet sie das Kesvar Çavahi,
Fradadatfsn und Vidadatfsn und die Hälfte von Qanirns. Wenn
sie an jener Seite der Finsterniß untergeht, erleuchtet sie das

Kešvar Arezahl Vourubaresti und Vouruzaresti und die Hälfte von Qaniras. Wenn hier Tag, so ist dort Nacht [1]).

Capitel VI.

Ueber den Kampf der irdischen Yazata's mit dem Widersacher Ganámino ist gesagt im Gesetz: G., als er beim Hineinlaufen die reine Tapferkeit der Yazata's sah und seine eigne Kraft, da wünschte er zurückzulaufen (15). Der geistige Himmel wie Krieger, welche den Panzer umgürtet haben war für sich; der Himmel stellte sich dem G. entgegen, den Kampf nahm er an, bis Ahura eine stärkere Feste als den Himmel entgegen (dem G.) um den Himmel machte: und die Frohars der Krieger und Reinen, Keulen und Lanzen [2]) in der Hand, um den Himmel in solcher Weise, wie Haare auf dem Kopf. In dieser Art (waren) sie, welche zu dem Schutz der Feste kamen. Und als G. die Brücke (den Weg) nicht erlangte, auf welcher er zurücklaufen konnte, da sah er das Schwinden der Dèv's und seine eigne Ohnmacht, wie Ahura's endlichen Sieg und die Bewirkung der Auferstehung für immerdar.

Capitel VII.

Zum Zweiten da hielt sich das Wasser im Zeichen des Lammes auf (?). Kampf machte er mit dem Wasser. Von da, als der Stern Tistar im Krebs (war) [Wassergrofs und im Zei-

---

[1]) Die einzelnen Kešvare vertheilen sich demnach folgendermaßen:

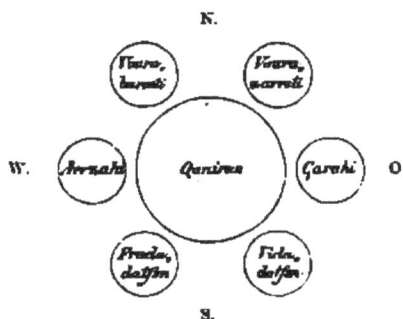

[2]) nick = arstu Farg. XIV, 34. Sp. erklärt gurt mit stark und arp mit Pferd. Ist gurt zu lesen? dann bleibt adap oder aâap oder rôçic übrig.

chen, welches man Lamm nennt, *danan but*] und zu jener Zeit, als der Feind hereinließ, kam das Hazar an der westlichen Seite zum Vorschein. Denn jeder Monat ist das Eigenthum eines Sterns. Der Monat Tir ist der vierte Monat im Jahr, der Krebs die vierte Constellation vom Lamm und folglich (der Monat Tir) das Eigenthum des Krebses, in welchem Tistar hereinsprang und schwarze Regenmacher (Wolken) zeigte; sodann brachte er Wasser hinauf durch die Kraft des Windes. Helfer mit Tistar waren Bahman und der Ized Hom unter Anführung des Burzin (16) Ized und der intelligenten Frohar's zum Maßvertheilen.

Tistar erschien in drei Körpern: in Mannesgestalt, in Pferdgestalt und in Stiergestalt, dreißig Tage und Nächte schwebte er in Glanz, und in jeder Gestalt machte er zehn Tage und Nächte Regen (wie wegen der Sternbilder gesagt ist: jeder Stern trägt drei Gestalten).

Dieser Regen war jeder Tropfen so groß wie eine große Schale, und über diese ganze Erde stieg das Wasser manneshoch. Diese Khrafstra's, die in der Erde waren, wurden alle in diesem Regen getödtet, in die Löcher der Erde sind sie gegangen. Und hierauf bewegte der himmlische Wind, da er nicht beigemischt war, wie der Geist den Leib bewegt, so bewegt der Wind das Andarvai. Hierauf fegte er dieses Wasser alles weg und brachte es hin zu den Gränzen der Erde; das Meer Frhankut entstand daraus. Jene todten Khrafstra's blieben in der Erde und davon mischte sich Gift und Fäulniß in die Erde, und um dieses Gift aus der Erde wegzutragen, stieg Tistar in der Gestalt eines weißen langgeschweiften Pferdes ins Meer hinab. Der Dév Apaos, in der Gestalt eines schwarzen kurzgeschweiften Pferdes, ging ihm entgegen und lief hervor, und er machte Tistar im Schrecken eine Parasange weit zurück laufen, und Tistar erflehte von Ahura den Sieg, und Ahura gab ihm Kraft und Stärke, wie gesagt ist: dem Tistar, im Augenblick, brachte er zehn junger Rosse (17), zehn junger Kameele, zehn junger Stiere, zehn Berge und zehn Flüsse Kraft. Hierauf lief Apaos Dév eine Parasange vor Schrecken zurück, hinauf ein Khumbamaß. Deßhalb wird in diesem wie mit einem Pfeil zusammen Tistar's Kraft genannt und mit den Worten: hinauf ein Khumbamaß, das Wasser des Meeres diesmal genannt. Das Wasser ließ er herab und regnete um so wunderbarer mit Tropfen Stierkopfgroß, Menschenkopfgroß, Faustgroß,

Handgrofs, grofs oder klein. Bei diesem Regenmachen bekämpf-
ten ihn die Dév's Çpenzagra und Apaoś, und das Feuer Vahist
schleuderte er als Keule, und Çpenzagra von diesem Keulenschlag
erhob ein jämmerlicheres (längerdauerndes) Geschrei, wie auch
nun bei dem Kampfe während des Regenmachens klägliches Geschrei offenbar wird. Hierauf machte er während zehn Nächten
und Tagen in dieser Weise den Regen, und jenes Gift und Fäulnifs
der Khrafstra's, das in der Erde war, wurde alles in dieses Wasser
gemischt, und dieses Wasser wurde salzig davon. Denn in der
Erde blieben von jenen Samen der Khrafstra's und faulen. Hierauf
trieb der Wind dieses Wasser auf dieselbe Weise bis zum Ende
dreier Tage an die verschiedenen Seiten der Erde zurück und
drei grofse Meere und drei und zwanzig kleine Meere entstanden daraus und zwei Quellen der Meere wurden daraus offenbar: eine der See Cicaçt, eine der See Çovbar; denn an sie
ist der Urgrund (18) und die Quelle des Meeres geknüpft.
Hierauf an der nördlichen Seite flossen zwei Flüsse hervor,
einer ging nach Osten und einer nach Westen: nämlich der
Argflufs und der Vasflufs, wie gesagt ist: da schuf Ahura
fingergrofs zwei fliefsende Wässer; dies sind zwei Flüsse, welche
das Haupt der Erde umkreisen und sich wieder ins Meer Frhänkut
mischen. Als diese zwei Flüsse hervorflossen, flossen von derselben Quelle mit ihm 18 schiffbare Flüsse hervor, und dann
flossen die andern Wässer von diesen schiffbaren. Alle diese
ergiefsen sich wieder in den Argflufs und Vasflufs — sie bewirken die Fruchtbarkeit der Welt.

Capitel VIII.

Ueber den Kampf, den Ganàmino mit der Erde machte.
G. lief herein und spaltete die Erde. Jene Natur der Berge,
welche in die Erde gelegt waren [1]), zuerst der Arbure die Pforte
der Berge erhob sich — dann die andern Berge in der Mitte der
Erde. Als Arbure hervorwuchs, kamen alle Berge in Gang,
denn alle sind aus der Wurzel des Arbure hervorgewachsen,
und traten zu jener Zeit aus der Erde hervor, baumähnlich,
welche nach oben, die Wurzel nach unten wachsen. Die

---

[1]) [Ich möchte übersetzen: Als G. M. hereinlief und die Erde spaltete, da war
die Natur der Berge in die Erde gelegt. Sp.]

Wurzel des einen ist im andern so verbunden, dafs sie in
gleichem Ursprung vertheilt sind. Hierauf von dieser Erde in
diesem heftigen Spalten (ist gesagt) ein grofser Berg . . . . (19)
und die Adern des Wassers in den Bergen. Die Wurzeln der
Berge erstrecken sich von unten nach oben, nämlich sie spitzen
sich zu, so wie die Wurzeln der Bäume in die Erde gehen.
In der Weise, wie das Blut in den Adern der Menschen, welches dem ganzen Körper Kraft giebt [1] — aufser dem Arbure
sind in fünfzehn Jahren alle Berge von der Erde aufgewachsen, von welchen Fruchtbarkeit und Nutzen der Menschen kommt.

Capitel IX.

Er machte Kampf mit den Pflanzen, welche trocken wurden. Der Ameśa Çpeñta Ameretat, dessen Eigenthum die Beschaffenheit der Pflanzen ist, liefs diese kleinen Pflanzen in das
Wasser des Tistrya hinab und vermischte sie damit. Tistrya
liefs dieses Wasser auf der ganzen Erde herabregnen und so
wuchsen auf der ganzen Erde die Pflanzen empor, wie das
Haar auf den Köpfen der Menschen. Davon sind zehntausend
Mutter-Gattungen gewachsen, um zurückzuhalten die zehntausend Gattungen Krankheiten [2], welche Añro-Mainyus
gegen die Geschöpfe gemacht hatte. Von diesen 10,000 sind
120,000 Gattungen hervorgewachsen. Von diesen Samen der
Pflanzen ist der Baum Allsamen geschaffen, im Meere Vôurukaśa ist er aufgewachsen, von welchem alle Gattungen von
Pflanzensamen wachsen. Zunächst bei diesem Baum Allsamen
ist der Baum Gukart gesetzt zur Abhaltung des Alters [3]; die
Fruchtbarkeit der Welt kommt von ihm.

---

[1] [Die obige Stelle ist etwas verwirrt, namentlich durch eine Lücke am
Ende von p. 18 und am Anfange von p. 19. Ich glaube, dafs p. 18 alt, statt
בנד דוחד דאו zu lesen ist בנד דוחד אנד und dafs am Anfange nur s, und,
fehlt. Ich möchte demnach die Stelle übersetzen: Nach dem Zerspalten der Erde
durch dieses aufserordentliche Ereignifs heifst es: Die grofsen Berge sind die
Bänder der Erde, die Adern aber die Gewässer in den Bergen. Die Wurzeln der
Berge erstrecken sich von unten nach oben, nämlich sie spitzen sich zu, so wie
die Wurzeln der Bäume in die Erde gehen. (Das Wasser ist) in der Weise, wie
das Blut in den Adern der Menschen etc. Sp.]

[2] Vergl. Farg. XXII, 2.

[3] [Hinter „Alter" steht ein schwer zu enträthselndes Beiwort, das aber keinen-
falls eine wichtige Bestimmung enthält. Sp.]

Capitel X.

Hierauf zur selben Zeit machte er Krieg mit dem einziggeschaffenen Stier; als er starb (20) wegen der Pflanzenbe-
samung, da wuchsen von den Gliedern des Stiers fünfzig und
fünf Gattungen Getreide und zwölf Gattungen Heilpflanzen aus
der Erde. Sie vertrauten das Licht und die Kraft, und den Samen
des Stiers dem Mondkreis. Dieser Same wurde im Licht des
Mondes gereinigt, in aller (Weise) gestärkt und Hauch in den
Leib gemacht. Von da sind zwei Rinder, eines männlich und
eines weiblich, geworden und hierauf von jeder Gattung zweihundert zweiundsiebenzig Gattungen auf der Erde sichtbar geworden — die Vögel (blieben) im Andarvâi und die Fische
im Wasser.

Capitel XI.

Ueber die Beschaffenheit der Erde wird in der Din gesagt: Die dreifsig Tage [1], als Tistar Regen machte und als die
Meere dadurch entstanden, wurde der ganze Raum (der Erde)
feucht [2] und in sieben Theile getheilt. Ein Theil, so grofs wie
die eine Hälfte, war in der Mitte von sechs Theilen ringsum, und
diese sechs Theile so grofs wie Qanirathem. Sie wurden hierauf
Kesvar's genannt und Theile. Die Theile sind: an der östlichen
Seite ist Kesvar Çavmâhi, an der westlichen Kesvar Arezahi, das
sind zwei Theile; an der südlichen Seite die Kesvar's Fradadatfsn
und Vidadatfsn, zwei Theile; an der nördlichen Seite die Kesvar's
Vourubaresti und Vouruzaresti, zwei Theile; in der Mitte ist
Qaniras und Qaniras begränzt das Meer; denn ein Theil dieses
Meeres [3] — — — — [4] (21) Vourukaśa ist herumgeschlungen.
Zwischen Vourubaresti und Vouruzaresti ist ein grofser Berg
gewachsen, so dafs man von Kesvar zu Kesvar nicht
gehen kann. Und von diesen sieben Kesvar's ist alle Schönheit in Qaniras mehr gesetzt und auch Ahriman hat gegen
Qaniras mehr Böses gewirkt, um des Schlagens willen, als er
sah, dafs die Kaianidischen Männer in Qaniras geschaffen werden, und die reine mazdayaçnische Lehre in Qaniras gegeben

---

[1] Sp. dafs es dreiunddreifsig Arten gebe.
[2] Sp. zerbrach die Welt in Hälften.
[3] Cf. p. 67.
[4] [Lücke in der Hdschr. Sp.]

und dann in die andern Kesvar's gebracht wird, und daß
Çuçius in Qanirns geboren wird, welcher den Ahriman kraftlos
machen und die Todtenauferstehung des künftigen Leibes bewirken wird.

Capitel XII.

Ueber die Natur der Berge ist gesagt im Gesetz: Der
erste Berg Harburé wuchs hervor in 15 Jahren; bis zum Ende
von 800 Jahren war er ganz gewachsen: zweihundert Jahre
bis zum Sternenkreis, zweihundert Jahre bis zum Mondkreis,
zweihundert Jahre bis zum Sonnenkreis und zweihundert Jahre
bis zu den anfangslosen Lichtern. Die andern Berge sind von
Harburé gewachsen, nach der Zahl giebt es zweitausend zweihundert vierzig und vier Berge [1]: 1) Der Berg Hugar (Hukairya); 2) Tira Harburé; 3) Ckat daitik; 4) Arzur puçt;
5) der Berg Husindum; 6) der Berg Hara parçin, den man
Berg Pars nennt; 7) der Berg Zeritac (Zereca), welcher der Berg
Manus ist [2]; 8) der Berg Airc; 9) der Berg Karé; 10) der
Berg Vatkis; 11) der Berg Husdastar; 12) der Berg Arour
bum; 13) der Berg Rusnavmend (??); 14) der Berg Pdavargr
der der größte ist in Qanirs; 15) der Berg, Cin genannt, und
16) der Berg Rabund; 17) der Berg Darçpit bgir; 18) der
Berg Kbdsgft; 19) der schwarze Berg; 20) der Schnee-
berg; 21) der Berg Çpuddat; 22) der Berg Kundraçp;
23) der Berg Açnuvnd [3]); 24) Kundrik; 25) der Berg
Çpdai; 26) der Berg, worin Kandcé, wovon gesagt wird, er
sei (erfreulicher), Lieblichkeitgebender und mit reinerer Speise
begabt, als die übrigen Berge:

1. Der Harburé ist um diese Erde an den Himmel gebunden, und Ptirk Harburé ist, woran Sterne, Mond und
Sonne untergehen und wieder aufgehen [4]).

2. Hugr Bulvnd ist jener, von welchem das Wasser
Ardviçur herabfließt, 1000 Männer hoch.

3. Der Berg Husindum ist der, welcher von Rubin
von dem Stoffe des Himmels in der Mitte des Sees Vouru-

---

[1]) Cf. Zam. Y. 7.
[2]) Cf. Zam. Y. 1. bityo seredho gairu pareätorem uredho-mouuiahé.
[3]) Cf. Siroz. I, 9. oçnavantahé garöis.
[4]) [Anders p. ? was eine spätere Correctur zu sein scheint. Sp.]

kafa, es befindet sich auf ihm Wasser, das von Hugor nach unten sich ergiefst.

4. Ckati-Daitik ist in der Mitte der Welt, 100 Mann hoch, an welchem die Brücke Cinvat sich befindet. Die Seelen werden an diesem Ort gerichtet.

5. Der Berg Arcur Grivak ist ein Gipfel an der Pforte der Hölle; dort machen die Dév's beständig ihr Zusammenlaufen. Und dies ist gesagt:

6. Aufser dem Harburd ist Aparçin der gröfste Berg. Und der Berg Aparçin wird Berg Pars genannt; er hat seine Wurzel in Çiçtan und seinen Kopf in Huçiçtan.

7. Der Berg Manus-mas ist der Berg, auf welchem Manuscihr geboren wurde. Die anderen Berge sind von ihnen gewachsen; wie gesagt ist: die awçar Länder sind um die drei Berge.

8. Der Berg Airé ist in der Mitte von Hamadan bis Huarém und ist aus dem Berg Arparçin gewachsen.

9. Der Berg, welcher in Choraçan an dem Theil bis Turkestan und an den Harparçin gebunden.

10. Der Berg Kaf ist auch aus dem Harparçin gewachsen.

11. Der Berg Huédastar ist in Çiçtan.

12. Der Berg Arcur ist an der Seite von Irum.

13. Der Berg Pdsvargar ist in Taburistan und Gilan an dieser Seite.

14. Der Berg Rivand ist in Choraçan, auf welchem das Feuer Burdin sich befindet. Rivand ist dasselbe wie Ravmnd.

15. Vatgis, dieser Berg wird von den vatgis genannt. Diese Seite ist voll Bäume und Sträucher.

16. Badgir [1]), diesen Berg machte Afraçiab, der Turanier, zur Festung; er machte darin seinen Wohnsitz; er errichtete dort, aus Freude über den Sieg, 10,000 Gegenden und hundert Wohnungen [2]).

17. Der Berg Kbdsigft ist in Pars, in der Nähe des Parçin.

18. Der schwarze und der Schnee-Berg [3]) gehen bis nach der Seite von Kabul, dann wachsen sie bis an die Seite von Cin.

---

[1]) Ist es vielleicht Vakhedrnkaé (Ye. 19, 4).
[2]) Anders p. 0.
[3]) gyúmakaçca vafrayaúçca.

19. Der Berg Çpnddát ist am Var Rivnd [1]).

20. Der Berg Kuudraçp [2]) ist bei der Stadt Tus (34); auf seinem Haupt ist der See Çubr.

21. Der Berg Kndràç [3]) ist in Airanvic.

22. Der Berg Açuvnd ist in Atumpatkan.

23. Der Berg Ruišnavmnd ist der, auf welchem Bäume wachsen:

24. Der Berg Bum ist in jedem Ort, Stadt und Erde .....

Viele Namen und viele Zahlen sind von diesen Bergen gewachsen: der Berg Guvand, der Berg Açpruc, der Berg Pabrgr, der Berg Dmavend, der Berg Rank, der Berg Zrin, der Berg Gisbaht, der Berg Dant, der Berg Micin und der Berg Mrd, welche alle vom Berg Harparçin gewachsen sind, von welchem andere Berge gerechnet werden [4]). Der Berg Dant ist in Oéçtan gewachsen, auch vom Aparçin. Der Berg Dmavnd ist der Berg, an welchem Zohak Bivaraçp gebunden ist. Vom Berg Pdávargr bis zum Berg Kumis [5]) ist der Berg Mdûfriat genannt, auf welchem Vistaçp den Arcaçp schlug. Der Berg Miani-Dast ist diesem zunächst, sie sagen: im Kriege der Din, welcher Krieg in Airan war, dafs von diesem Berg zuerst Mianidnat herabfiel und die Iranier darauf gereinigt wurden, daher nennt man ihn Mtufriat (er kam zu Hülfe). Der Berg Guvant ist auch dort in der Steppe Vaçtaçpan (25) — zum Feuer Burcin Matun ist es neun Parasangen nach Westen. Der Berg Rank Bisn in Zrankt. Dieser Ort wird so genannt: Zravat und er wird auch Bisn und auch Krak genannt. Von diesen beiden Seiten des Berges geht der Weg Miani deya; defswegen, weil dort der Weg gemacht 'ist, nennt man ihn

---

[1]) Zem. Y. 6 çpälú-dátaçra.

[2]) Kadrru-açpaçra.

[3]) Kmoiriçaçra ib.

[4])

I.	II.
1) Guvant.	1) Dant.
2) Açpruc.	2) Dmavnd.
3) Pargr.	3) Pdávargar.
4) Dmavnd.	4) Kumis.
5) Rane.	5) Madufriat.
6) Zrin.	6) Miani dast.
7) Gisbaht.	7) Govant.
8) Dant.	8) Rane.
9) Micin.	
10) Mrd.	

[5]) Hat auch heute noch den Namen.

Krakdie. Der Berg Açpruc, auf welchem der See Cieçt ist . . . .
Der Berg Pahrgr ist in Choraçan; der Berg Mrd in Kırın;
der Berg Zrin in Turkestan; der Berg Bhtn ist in Çpahan [1]),
die andern vom Mrd, welche fruchtbar sind . . . . in dem Gesetz der Mazdayaçnier.

Capitel XIII.

Ueber die Beschaffenheit der Meere ist in der Din gesagt:
Das Meer Frhânkut ist auf der Seite der mittäglichen
Gränze des Harburc, es umfliefst ein Drittel dieser Erde, defswegen heifst es: Meer mit weiten Ufern, weil es tausend See'n
Wassers hat, sowie die Quelle Ardviçur, welche Ahunikvar [2])
heifst, jeder Kanal (jeder See) ist eine Art Weg, bald grofs,
bald klein, welcher so grofs ist, wie wenn ein Mann zu Pferd
in vierzig Tagen darum kreist, was 1600 Parasangen ausmacht.

---

[1])

Erste Aufzählung.	Zweite Aufzählung.
1) Hngır.	1) Tirk Arbure.
2) Tirk Arbure.	2) Hngır.
3) Chat Daltih.	3) Huçindam.
4) Arcur Puçt.	4) Chat Daltih.
5) Huçindam.	5) Arcur Grrah.
6) Ar-Parçin.	6) Ar-Parçin.
7) Zerenn oder Manus.	7) Manus.
8) Airc.	8) Airc.
9) Kaf.	9) ohne Namen.
10) Vaigis.	10) Kaf.
11) Hurdastar.	11) Hurdastar.
12) Arcur Bum.	12) Arcur.
(13) Rasmarmnd.]	13) Pdévargr.
14) Pdévargr oder Cin.	14) Rivand.
15) Rabund.	15) Vaigis.
16) Darçplt Badgr.	16) Bdgir.
17) Kbdaigupt.	17) Kbdaigpt.
18) Çinkavmnd.	18) Çinkavmnd.
19) Vafravmnd.	19) Vafravmnd.
20) Çpndiat.	20) Çpdiat.
21) Kundraçp.	21) Kundraçp.
22) Açurnd.	22) Kndrac.
23) Kundrç.	23) Açurnd.
24) Çicdye Dfr, welchen man rois-	24) Raisavmnd.
mavmnd nennt im Lande Kudic.	

Es ergiebt sich aus der Vergleichung der beiden Listen, dafs von 1—9 einige
wesentliche Versetzungen stattgefunden haben. No. 9 in der zweiten Aufzählung
ohne Namen; es wäre möglich, dafs er immer noch zum Berge Manus gehört. Wird
Rasmavrnd in der ersten Liste, No. 13, und No. 9 in der zweiten, gestrichen, so
stellt sich eine ziemliche Gleichheit her. Warum Rasmavrnd in der ersten Liste
nach Arcur Bum erscheint, erklärt sich durch Zam Y. 2, wo raoidhĭto gleich nach
curaro und bumyo kommt — raoidhĭto ist aber Raisavmnd.

[2]) *Anq. Palais des ruisseaux.*

Das Wasser von dieser Quelle ist in Wärme und Kälte reiner und glänzender als die andern (Wässer). Die Befruchtung aller Arten kommt von der Quelle Ardviçur. (26) Wenn sie fließt zu Mittag des Berges Arbure, macht sie dort hunderttausend Kanäle von Gold. Dies Wasser in Hitze und Kälte geht im Kanal hinab auf den Berg Bulvend. Auf dem Gipfel dieses Berges ist ein See; in diesen See ergießt es sich und er wird rein davon. Aus diesem goldenen Kanal geht es wiederum in der Höhe von tausend Männern. Von diesem Kanal geht ein Zweig .... hervor auf den Berg Huçindum, den glänzenden, (der da ist) in der Mitte des Meeres Frhünkut. Von dort ergießt sich ein Theil, um der Reinigung des Wassers willen, in das Meer, ein Theil geht in diese ganze Erde zur Befeuchtung, und die ganze Schöpfung empfängt Heilung davon, und die Trockenheit des Andarvai wird dadurch geschlagen.

Salzige Hauptmeere sind drei, und dreiundzwanzig kleine. Diese drei Hauptmeere sind: eines Putik, eines Kamrut und eines Saibun. (Die Quelle) von allen dreien ist Putik, größtes, es hat Ebbe und Fluth, ist auf derselben Seite des Meeres Fr. und an das Meer Fr. gebunden; in der Mitte des Meeres Fr. ist Putik. Es ist eine Seite des Meeres, welches Var Çatvis genannt wird (wegen des Sternes?).

Die Unreinigkeit wünscht, vom Meer Putik ins Meer Fr. zu gehen. Durch heftigen und hohen Wind von diesem Var Çatvis wird sie zurückgehalten und alle Unreinigkeit (27) wird rein und leuchtend; zum Meer Fr. geht die Quelle Ardviçur und diese ergießt sich zum zweitenmal in den Putik. Die Quelle dieses Meeres ist an den Mondwind gebunden, beim Wachsen und Abnehmen steigt und fällt es, (das Kreisen) und die Quelle des See's Çatvis ist an den Stern Çatvis geheftet, in dessen Schutz die mittägliche Seite des Meeres so ist, wie Haftoiring an der nördlichen Seite zum Schutz ist. Bezüglich auf Ebbe und Fluth ist gesagt: Vom Monde her wehen allerort zwei Winde, deren (Wohnstätte) im See Çatvis, einer der nach unten und einer nach oben .... genannt. Wenn der nach oben gehende weht, so ist Fluth, und wenn der nach unten gehende weht, so ist Ebbe. In den andern Meeren, in welchen von dieser Beschaffenheit des Umkreises des Windes nichts ist, ist keine Ebbe und Fluth. — Das Meer Kamrut dehnt sich im Norden in Taberistan aus; das Meer Saibun in Arum.

Von den kleinen Meeren das geringste ist das Meer Kian-
çia, nämlich in Çiçtan. Zuerst waren Khrafstra's, Schlangen und
Eidechsen (nicht darin) und es war süsser als die andern Meere.
Zum zweiten aber wurde es salzig, und wegen des Gestankes
kann man auf eine Parasange weit nicht in die Nähe gehen, so
grofs ist beim Schlagen des heifsen Windes dieser Gestank und
diese Salzigkeit. Wenn die Neumachung sein wird (28), wird
es wieder süfs werden.

Ueber die Beschaffenheit der Flüsse ist gesagt in der Din:
Diese beiden Flüsse strömen von der nördlichen Seite des
Harburt des Ahura hervor; einer gegen Westen, der Arg, und
einer gegen Osten, der Vas flufs [1].

Capitel XIV.

Ueber die Beschaffenheit der Thiere von fünf Arten ist
gesagt in der Din: Als der einzig geschaffene Stier gestorben
war, ging dort sein Mark heraus: Getreide wuchs daraus fünfzig und fünf Arten, und fünfzehn Arten heilsame Gewächse:
wie gesagt ist: vom Mark (die Geschöpfe) einzeln [2]: jede Art
bleibt im Mark. Vom Horn das Obst, von seiner Nase (?)
Gandvak, vom Blut der Weinstock, aus welchem sie Wein bereiten: defswegen vermehrt der Wein das Blut; von der Brust (?)
Çpendân [3]); von der Mitte des Kopfes .... zum Abhalten
der Fäulnifs und die übrigen jedes einzeln: wie in dem Afçta
offenbar ist. Der Same des Stiers wurde hingetragen zum Mond-
kreise und dort gereinigt und die Thiere vieler Gattungen daraus
geschaffen. Zuerst zwei Rinder, eines männlich und eines weiblich, und hierauf wurde von jeder Gattung ein Paar auf die
Erde gelassen, ein Hâthra (was drei Parasangen sind) von
Airanvic wurden sie offenbar, wie gesagt ist: Wegen der
Werthzeigung des Rindes wurde es zweimal geschaffen; einmal
im einziggeschaffenen Stier, und einmal in den Thieren vieler
Gattungen. Tausend Tage und Nächte (29) waren sie, ohne zu
essen; hierauf genossen sie zuerst Wasser, dann Pflanzen. Es
wurden sodann drei Arten Thiere geschaffen, wie gesagt ist:
zuerst Bock und Widder und dann Kameel und Schwein

---

[1]) Vergl. den Anfang des XX. Capitels.
[2]) Und den einzelnen Gliedern?
[3]) sipendân oder sspendân? N. P. huba acris — species rutae montanae. pûlâ.

und dann Pferd und Esel. Denn zuerst wurden geschaffen die caûrahûkhs, welche auf dem Weg der Ebene sind.

Zum Zweiten sind geschaffen die Çriçac [1]), die Berg klimmenden, welche weit gehender sind [2]), sie haben Nägel nicht bei ihnen, an denen keine Hand ist. Zum Dritten wurden geschaffen die in dem Wasser wohnenden.

Die erste Gattung ist die Gattung der Spaltfüſse oder Caûrahûkhs: von ihnen ist das Kameel gröſser als das Pferd; das kleinste nudzâltch [3]).

Die zweite Gattung sind die Esels-(Huffûſse), von ihnen ist das Pferd zbar das gröſste, der Esel das kleinste.

Die dritte Gattung sind die mit fünf Klauen, von ihnen ist der Hund das gröſste, das Moschusthier Farokh das kleinste.

Die vierte Gattung sind die Vögel, von ihnen sind die Çin dreier Arten die gröſsten, utru der kleinste.

Die fünfte Gattung sind die Waſserthiere, von ihnen ist Karmahi der gröſste, Nemadi der kleinste.

Diese fünf Gattungen werden in zweihundert zwei und siebenzig Species-Arten abgetheilt.

Zuerst der Bock in fünf Arten: der Arbie, die Ziege, der Arran, der Rud, der Bock.

Zweitens der Widder von fünf Arten: der geschwänzte, der keinen Schweif trägt: der Hundswidder, der Widder tagr [4]), der kriak, der Widder, der ein Horn hat, (so) nach Art der Pferde, der dreibucklig ist [5]) und den man zum Reiten braucht, wie gesagt ist, daſs Manuscihr einen Widder kureâk zum Reiten brauchte.

Drittens das Kameel von zwei Arten: das Berg-Kameel und das Caûrahûkhs; denn eines kann man auf den Bergen brauchen, das andere in der Ebene. Es hat bald einen, bald zwei Höcker.

Viertens das Rind, fünfzehn Arten: 1) das weiſse, 2) aschfarbene, 3) rothe, 4) gelbe, 5) schwarze, 6) paeça (ge-

---

[1]) gauruaacv.

[2]) ravaççardra.

[3]) [Vielleicht das neugeborne (כנ‍ל‍אַ‍יק L c. نوزاد‍), das Kleinste. Sp.]

[4]) tagl. N. P. aries.

[5]) Vielleicht sind die Worte çu kok vor er açp ammak zu setzen.

scheckte), 7) gvazu, 8) gaomes, 9) estrgao, 10) palang '), 11) gaô mâhi, 12) khu, 13) ušûgâvi fars, 14) kagao ') und die andern Rinderarten.

Fünftens das Pferd, sechs Arten: das Tazische, das Persische, der Açtrgôr, das Wasserpferd und die anderen Pferdearten.

Sechstens der Hund, zehn Arten: der Heerdenhund (Paçushaurva); der Haushund (viçhaurva), der die Häuser beschützt; der Vohunazga; der tarod (tuuruna); der Wasserbiber, der auch Wasserhund heifst; der Fuchs; der Râçu '); der Zaozik, den man Stachelrücken nennt; der Udara und das Meśk farukh. Von diesen sind zwei Arten: die an Höhlen gewohnt: eines der Fuchs und das andere der Wiesel, vešaomokhtesn '); wie der Udar, der auch Stachel auf dem Rücken hat, und auch Zozek.

Siebentens: Çcyâkharages (st) ') von fünf Arten: zwei Viâvânî (Wüsten-)Arten; eines khu (Wasser?); eines viak mânist ').

Achtens raç, sechs Arten: eines Çamur (Marder), eines schwarzer Çamur (Zobel), çengaô (Eichhorn) '), bez kakem und weifser Kakem (Hermelin) und die andern raç-Arten.

Neuntens: Meśk, sechs Arten: eines das Muśk âçuâi, berühmt; eines das Muśk-nafai, welches Wohlgeruch in der Hode hat; Besmeśk, der viel frifst '); das schwarze Meśk, der Verfolger der Eidechsen, die viel in den Löchern sind, von zehn Arten.

Zehntens die Vôgel, zwölf Arten: Vei, Cin, Çinmru, Karśift, Arvâ, Kahrkâc, den man Krgaz nennt, der Varâgh, der Hahn, Kulvang.

') 6 übers, Anq. mit *tout blanc;* 7 mit *Iraim, Rhinoceros; ušturgôv* N. P. *giraffa camelopardalis;* Anq. *boeuf chameau, palang panthera, cameelopardalis;* Anq. *le boeuf tigre.*

') 11 *le boeuf marin;* 12 *le boeuf de montagne;* 13 *le boeuf cheval;* 14 *le boeuf chèvre.*

') N. P. *rasu mustela.*

') [d. i. an den Wald gewöhnt. Sp.]

') Haasen Anq.; *khargoi,* der Hasse, Minokh. p. 402.

') N. P. *bilch silva vadskas* [*riskuâniet im Walde wohnend. Sp.*]

') [N. P. سناكاب *sciurus sibiricus.* Sp.]

') [Cf. بيش *nomen radicis mortiferae similis* پروين *nie dictae quaecum ex uno loco crescere dicitur. Vullers.*]

Eilftens die Šabä. Von diesen sind zwei, welche Milch in den Zitzen haben und Junge ernähren. Hunde- und Vögel-fledermäuse, welche in der Nacht fliegen. Wie gesagt ist: die Fledermaus ist von drei Arten geschaffen: Hund-, Vogel- und Meschkartig; denn sie fliegen wie die Vögel, sie . . . . wie der Hund — sie wohnen in Höhlen wie das Meschk. Zehn Arten der Vögel sind in sechs Gattungen geschaffen. Viele erzeugen so wie ein Mensch, wenn er Samen läfst und diesen Samen zwei Finger in die Erde läfst, von der Gröfse eines grofsen Meschk.

(32) Zwölftens sind die Fische geschaffen, zehn Arten: Zuerst der Fisch Ariz, Arzuva, Arzudä, Marzudä und die andern avestischen Namen. Hierauf wurden in Tausend jeder Art, Art für Art, geschaffen. So wurden zweihundertzweiund-siebenzig Thiere.

Vom Hund wird gesagt: vom Sternenkreis, nämlich von der Seite des Sternes Haftoiring, wurde er, von den Menschen ein Yujyesti weit, geschaffen, zum Schutze des Viehes, wie zur Erzeugung von Thier und Menschen. Defswegen ist der Hund, weil er in drei Dingen besser als der Mensch ge-schaffen ist: er hat seinen eigenen Schuh, sein eigenes Kleid, seinen eigenen Erwerb, und ist ein Freund der Menschen.

Dreizehntens die wilden Thiere, scharfzahnig; denn die Heerde des Viehes greifen sie gefährlicher an, mit welchem kein Hund ist; darum ist gröfsere Gefahr.

Zu ihm sprach Ahura: als ich den Vogel Varešá geschaf-fen — der Vogel Varêša ist es, der mir heilsamer, als du, ist erschaffen; denn den Wunsch Ahrimans mehr als den meinigen, wie ein gottloser Mensch; denn vom . . . . . . ist kein Nutzen; vom Vögeltödten ist kein Nutzen . . . . [1]).

---

[1]) [Der Schlufs von Cap. XIV fehlt bei Windischmann, er ist auch sehr schwierig, da der Text offenbar an mehreren Stellen verdorben ist. Ich wage, von 52, 14 an, ihn etwas abweichend so zu übersetzen: „Es sprach Ormazd, als er den Vogel Vêresha (? cf. neup. ورشـ turtle dove) geschaffen hatte: Was den Vogel Vârasha betrifft, so würde er mir deinetwegen (vielleicht: deswegen, wenn man ריד statt רך רֹו lesen dürfte) mehr Leiden verursachen als Vergnügen, denn er thut den Willen Ganâ-Mainyo's mehr als den meinigen, denn wie schlechte Menschen wird er von Gütern nicht satt, und dir bringt das Tödten eines Vogels keinen Nutzen. Aber, wenn ich deinen (oder diesen, wieder רֹו = רך) Vogel Vârasha nicht geschaffen hätte, so hätte ihn (33) Ganâ-Mainyo geschaffen, der schlechte (? undeutliches Wort, vielleicht ר:רֹר), mit einem Körper von der Gröfse eines

Capitel XV.

§ 1. Ueber die Wieheit der Menschen ist in der Din gesagt: Gayumart liefs beim Sterben Samen: dieser Samen wurde
im Lauf des Sonnenlichtes gereinigt, und zwei Theile erhielt
Neriosenh zur Bewahrung, und einen Theil ergriff Spendomat.
Und nach 40 Jahren wuchsen sie aus der Erde, in der Gestalt
einer Reivaspflanze mit einem Stamm fünfzehnjährig mit fünfzehn Blättern, am Mithragan des Monats Mithra auf diese
Weise [1]: ihre Hände waren zurück ums Ohr geschlungen und
einer mit dem andern verbunden; sie waren gleicher Gestalt
und gleichen Aussehens, d. h. es war die Mitte beider zusammengebracht sichtbar; so waren sie gleicher Gestalt, dafs
es nicht offenbar war, wer Mann und wer Weib; und was der
Glanz (die Seele) der Ahura, war wiederum nicht (offenbar),
wie gesagt ist: was ist zuerst geschaffen? die Seele oder der
Leib? Hierauf sprach zu ihm Ahura: Die Seele ist zuerst erschaffen, und der Leib wurde darnach für sie geschaffen und
(sie) in den Leib gelegt. Und: Der Selbstthätige wurde
hervorgebracht und der Leib für die Selbstthätigkeit gemacht.
Hieraus ist dieser Schlufs: Die Seele wurde zuerst geschaffen
und der Leib nachher. Hierauf wuchsen beide von der Baum-
gestalt zur (34) Menschengestalt. Jener Glanz kam geistiger
Weise (vom Himmel) in sie herab, welcher die Seele ist; sonst
wäre auf diese Weise der Baum emporgewachsen als Früchte
tragend.

§ 2. Zehn Arten von Menschen. Da sprach zu ihnen
Ahura, zu Maschiah und Maschianch: Menschen seid ihr; Väter
der Lebendigen (Welt) seid ihr, ihr seid von mir vollkommenen Sinnes und rein erschaffen; thut die Werke der Vorschrift vollkommenen Sinnes; gute Gedanken denkt; gute Worte
redet; gute Werke wirkt und opfert den Dev's nicht! Jeder
von ihnen beiden dachte dies: es erfreue sich einer an dem
andern, weil er Mensch ist. Hierauf thaten sie ihr erstes
Werk, dafs sie vorschritten und sich sodann vermischten.
Hierauf sprachen sie diese erste Rede: Ahura hat Wasser,

Widders (? var ⸗ ⳨⳨), da hätten die Geschöpfe nicht leben können — Vieles
Vieh am Leben (?) von allen Arten ist des Lebens (?) wegen geschaffen worden:
wenn Ganá-Mainyo eines vernichtet, so ist ein anderes am Leben." Sp.]

[1] Vergl. Hamzah p. 48.

Erde, Bäume und Thiere, Sterne, Mond und Sonne und alle
Annehmlichkeiten geschaffen, welche von der Reinigkeit offenbar sind, sammt und sonders. Hierauf ließ der Feind in ihr
Denken und verfinsterte ihr Denken, und sie logen sodann:
Ahriman hat geschaffen Wasser, Erde, Bäume und Thiere und
das Uebrige. Als gesprochen wurde die Lügenrede, wurde sie
nach Wunsch der Dev's geredet. Ganâmainyô machte sich
zuerst Freude von ihnen von da an zu eigen. Durch diese
gottlose Rede wurden beide Gottlose (Darvand) und ihre Seele
ist bis zum zukünftigen Körper in der Hölle.

§ 3. Hierauf gingen sie dreißig Tage lang ohne Speise
(35) und zogen schwarze Kleider an. Nach den dreißig Tagen
gingen sie auf die Jagd und kamen zu einer weißhaarigen
Ziege. Hierauf saugten sie mit ihrem Mund Milch aus den
Zitzen. Als sie diese Milch genossen hatten, sagte Maschiah
zu Maschianeh: Freude war mir vorher, als ich diese Milch
noch nicht gegessen hatte; aber größere Freude ist es mir
nun wohl, wenn ich sie genieße. Zum Schaden des Körpers
war diese zweite gottlose Rede: die Dev's kamen gewaltig
herbei und nahmen ihnen den Geschmack der Speisen, so daß
von hundert Theilen ein Theil verblieb.

§ 4. Hierauf in tausend Tagen und Nächten kamen sie
zu einem Widder, fett, weiß ....., sie tödteten ihn hierauf
und machten von dem Baum Kunar und Samsir, nach Anweisung der himmlischen Ized, Feuer herabsteigen, weil diese
beiden Bäume feuergebender sind. Hierauf bliesen sie mit
ihrem Mund das Feuer an und brannten zunächst sieben
Arten Holz darin [1]). Hierauf zerschnitten sie das Rind in
drei Theile; von dem zweiten ging ein Theil gegen Himmel,
sie sagten: das ist der Theil der Yazata's. Von vorn kam ein
Vogel Kahrkâs herbei, der ihn forttrug; wie zuerst Fleisch
des Hundes gegessen wurde (?). Hierauf zogen sie zunächst
Kleider von Fellen an und hierauf gingen sie auf die (36) Jagd
der wilden Thiere, von welchen Kleider wachsen.

---

[1]) Davon sind mir einige nicht kennbar. [Windischm. nimmt wohl גים
siebente Holzart. Es ist aber nach den Glossaren = عربم und entspricht dem
talmudischen אצבריב ligna. Es sind also blos sechs Arten genannt: 1) Kaheh
(vielL n. الف Strohhalm, also Halme), 2) Dendâr, 3) Kenâr (wohl = كنار Kunâr,
pomegranate), 4) Pêsi, 5) Chermâ (Dattel), 6) Murd (Myrte). Cf. unten die spätere Uebers., wo Einiges anders gefaßt ist. Sp.]

§ 5. Hierauf gruben sie in der Erde ein Loch und fanden Eisen; sie schlugen es auf einen erlangten Stein und schärften es zu einer Axt. Sodann behieben sie einen Baum und bereiteten eine hölzerne Hütte, und durch diese Gottlosigkeit, welche sie übten, schadeten sie sich. (Dadurch) wurden die Dev's mächtiger. Hierauf übten sie gegen sich selbst jenen boshaften Neid; einer ging gegen den Andern; sie schlugen sich und zerrissen sich Haare und Gesicht. Hierauf erhoben die Dev's von der Tiefe ihre Stimme: ihr seid Menschen; opfert den Dev's, bis sich euch der Neidteufel legt. Maschiah schritt vor; Kuhmilch molk er; nach Norden hin spritzte er sie. Dadurch wurden die Dev's noch gewaltiger.

§ 6. Hierauf wurden beide trocken am Hintern; in fünfzig Jahren hatten sie kein Verlangen nach Vermischung, und hätten sie Vermischung gemacht, so hätte keine Zeugung von Nachkommenschaft stattgefunden. Am Ende der fünfzig Jahre kam ihnen Zeugungslust, zuerst dem Maschiah und dann der Maschianah. Defshalb sprach M. zur M.: *Quando hoc tuum genitale video, meum magnopere se lecat. Deinde dixit M.: frater M. quando hoc tuum genitale magnum video, meum (?) genitale madefit (?). Deinde ortum est ipsorum desiderium coëundi; deinde ipsorum desiderium declaraverunt; generationem fecerunt et cogitaverunt: Nobis etiam quinquagenariis hoc faciendum erat.* Von ihnen wurde in neun Monaten ein Paar geboren, Mann und Weib. Von der Nahrung der Nachkommenschaft wurde eines Mutter, eines Vater genannt und nachher nahm Ahura die Nahrung der Kinder wieder von ihnen weg, bis die Kinder genährt waren, und die Kinder verblieben. Hierauf entstanden von ihnen sieben Paare: Mann und Weib, alle Bruder und Schwester, (Mann) und Frau. Hierauf wurden von jedem derselben in fünfzig Jahren Kinder erzeugt und sie selbst starben in hundert Jahren. Von diesen sieben Paaren war eines Çiahmah mit Namen der Mann und das Weib Çiahmahi. Von ihnen wurde ein Paar gezeugt, welche der Mann Fravâk und das Weib Fravâkain mit Namen waren. Von ihnen wurden fünfzehn Paare gezeugt: denn jedes Paar war eine Gattung.

§ 7. Der volle Fortgang des Geschlechtes der Lebendigen (Welt) entstand aus der Erzeugung aller dieser fünfzehn Gattungen. Neun Gattungen gingen auf dem Rücken des Rindes Çarçaok auf dem See Ferahkand nach den sechs andern

6*

Kešvars und sind dort, und sechs Gattungen Menschen sind in Qaniras geblieben. Von diesen 6 Gattungen sind ein Paar, der Mann Tac und das Weib Tacab mit Namen gewesen, und in die Wüste der Tacier gegangen (38). Ein Paar, Hušing der Mann und die Frau Gancab mit Namen; von ihnen sind die Iranier entstanden. Und ein Paar, von welchem die Mâcendrân entstanden sind, in Amr ') in den syrischen Gegenden, in den Aniran'schen Gegenden, in den turanischen Gegenden, in Cinistan in den Dabischen Gegenden, in den Çarm-Gegenden, das ist in Arum, in den sindhischen Gegenden. Und diese in den sieben Kešvars sind alle vom Geschlecht des Fravâk, des Çiahmak und Mašia; nämlich zehn Arten Menschen; fünfzehn Arten sind von Fravûk gekommen. Fünf und zwanzig Arten sind alle vom Samen des Gayumart geworden, nämlich: Erdmenschen, Wassermenschen, einohrige, einäugige, einfüßige und die, welche Flügel tragen, wie die Fledermäuse, die Geschwänzten und die, welche Haare am Leib tragen. (NB. Diese 10 Arten sind offenbar die p. 34, 3 gemeinten.)

Capitel XVI.

Ueber die Beschaffenheit der Zeugung ist gesagt in der Din. Die Frau, wenn sie aus der Menstruation, bis zehn Tage und Nächte nähern sie sich, vor dem sie schwanger wird. Ist sie von der Menstruation gewaschen, wenn die Zeit der Schwängerung kommt, so entsteht daraus, wenn der Same des Mannes stärker ist, ein Sohn; wenn der des Weibes stärker ist, eine Tochter; wenn beide gleich stark sind, Zwillinge oder Drillinge. Geht der Same des Mannes zuvor, so fällt er in den Uterus und es entsteht frpa (Fett) — kommt der Same des Weibes zuerst, so wird er Blut; (39) das Weib leidet davon. Der Same des Weibes ist kalt und flüssig und fließt aus der Seite und seine Farbe ist weiß, roth und gelb. Und der Same der Männer ist heiß, trocken und fließt aus dem Mark des Kopfes; seine Farbe ist weiß und grau. Wenn der Same der Weiber zuerst kommt, so macht er im Uterus Platz (setzt sich dort nieder), und der Same der Männer kommt über ihn und macht den Ort des Uterus voll; alles was davon überfließt, wird wieder zu Blut, geht in die Adern der Mütter hin, und zu der Zeit,

---

') Wohl Amol, Stadt in Mazendran.

wenn sie gebärt, wird es Milch und nährt; so daſs alle Milch
vom Samen der Männer ist und vom Blute der Mütter.

Diese vier Dinge werden übermütterlich genannt: Himmel,
Metall, Wind und Feuer, männlich und werden niemals etwas
Anderes; Wasser, Erde, Bäume und Fische, weiblich und
werden niemals etwas Anderes. Die übrige Schöpfung ist
männlich und weiblich, *nar* ist so viel als männlich. Ueber
die Fische ist gesagt: Zur Zeit der Befruchtung gehen sie in
flieſsendes Wasser ein Haçr weit, was eine Viertel-Parasange
ist. Zwei und zwei gehen sie ins Wasser hinein und gehen
wieder zurück. Bei diesem Kommen und Gehen reiben sie
ihre Körper und es fällt eine Art Schweiſs zwischen sie und
alle beide werden befruchtet.

Capitel XVII.

Ueber die Beschaffenheit des Feuers ist gesagt in der Din:
es sind fünf Arten (40) von Feuer geschaffen, nämlich [1]): Das
Feuer Berezi-cavan: das Feuer vor Ahura und den Kö-
nigen. Das Feuer Vohu freyän: dieses Feuer ist im Leib
der Menschen und Thiere. Das Feuer Urvâzist [2]): dieses
Feuer ist in den Bäumen. Das Feuer Vâzist [3]): dieses
Feuer ist in den Wolken gegen Çpeuernk zum Kampfe. Das
Feuer Çpaênist: dieses Feuer tragen sie in der Welt zum
Werk, und das Feuer Vâhrâm [4]).

Von diesen fünf Feuern verzehrt eines Wasser und Speise:
nämlich das in den Menschen. Eines verzehrt Wasser und iſst
keine Speise: nämlich das in den Bäumen, welche im Wasser
leben und wachsen. Eines verzehrt Speise und kein Wasser:
nämlich das, was in der irdischen Welt zu den Werken (der

---

[1]) Cf. Yaçna XVII, 11 sqq. XXII, 2. XXXVI.

[2]) Anquetil meint, Urvâzist und Vohu freian hätten ihre Plätze zu tauschen.

[3]) Farg. XIX, 40.

[4]) Dieses Feuer wird aus 16 Feuern zusammengesetzt, die Farg. VIII. 88 aufgezählt sind. — In der Huzv. Uebersetzung Yaçn. XVII, 63 sqq. werden aufgezählt:

      1) *atas i barad sai;*
      2) *atas i spir ferhtar iti dr tan i ansutaon;*
      3) *atas friaen sivem zki dr barear;*
      4) *atas vazist sk sidaen çpueras mkitanit;*
      5) *atas i afzvaik sk dr garatmann pis onooma.*

Es geht hieraus hervor, daſs berezi-çavañh und çpênista ihre Plätze zu tauschen
haben, resp. ihr Prädicat.

Ueber die Feuer siehe die Stelle des Ulemai Islam bei Spiegel Avesta I, p. 158.

Menschen) gebraucht wird und auch das Feuer Vâhrâm. Eines ißt kein Wasser und keine Speise: nämlich das Feuer Vacest. Das Feuer Bereziçavan ist in der Erde, den Bergen u. s. w.

Vom Beginn der Schöpfung hat Ahura nämlich drei Strahlen (Glanz) geschaffen; unter ihrem Schutz und Aufsicht sind alle Welten (Menschen) gewachsen. Unter der Herrschaft des Tahmuraf, als die Menschen, welche auf dem Rücken des Rindes Çarçaok von Qaniras nach den andern Keśvar's übersetzten und in einer Nacht mitten auf dem Meer die Feuerstelle vom Wind gelöscht wurde (Feuerstellen, (41) worin sich das Feuer befand, waren auf dem Rücken des Rindes an drei Plätzen gemacht, welche der Wind mit dem Feuer in jenes Meer (?) warf), da wurden für jene drei Feuer drei Lichte an dem Platz der Feuerstelle auf dem Rücken des Rindes genährt, bis der Tag kam und jene Menschen auf dem Meer wiederum fuhren. Und Gim, während seiner Herrschaft, förderte alle seine Werke durch die Hülfe jener drei Feuer: er setzte das Feuer Frubu auf das Dâtgâs auf einem glänzenden Berg in Hvarem; als sie den Gim zerstörten, den Glanz Gim's vom Glanz des Dhâk, da wurde das Feuer Frpâ befreit (?), gerettet.

Unter der Herrschaft des Königs Vistâçp in der Offenbarkeit der Din wurde es von Hvarem auf den Berg Rusn in Kabulistan (dem Land Kabul) gebracht, und dort ist es geblieben.

Das Feuer Gusaçp¹) machte bis zur Herrschaft Ki Huçrub's auf diese Weise die Beschützung der Welt. Als Ki Huçrub den Götzentempel des Var Ciçiçt zerstörte²), fiel es auf den Sattel des Pferdes und entfernte die Finsternifs und machte Licht, bis der Götzentempel ausgegraben war; und dort auf dem Berg Açnevand³) deponirte er das Feuer Gusaçp auf die Feuerstelle.

Das Feuer Burein Mithro fuhr bis zur Herrschaft des

---

¹) Cf. Burhankati bei Vullers, Relig. des Zor. p. 112.

²) Ebenso ist der See Caécist in Atropatene, vergl. p. 55, 10.

³) Der Berg Açnevand ist nach p. 24, 2 in Atropatcân. Procopius de bello Pers. II, 24 (T. II, p. 259 ed. Bonn): ἐτύγχανε δὲ ὁ Χοσρόης ἐξ Ἀσσυρίων ἐς χῶριον Ἀδαρβιγάνων ἥκων πρὸς βορρᾶν ἄνεμον, ἔνθεν διενοεῖτο ἐς τὴν Ῥωμαίων ἀρχὴν διὰ Περσαρμενίων ἐσβάλλειν· τὸ μέγα πυρεῖον ἐνταῦθά ἐστιν, ὃ σέβονται Πέρσαι θεῶν μάλιστα· οὗ δὴ τὸ πῦρ ἄσβεστον φυλάσσοντες μάγοι τά τε ἄλλα ἐς τὸ ἀκριβὲς ἐξοσιοῦνται καὶ μαντείᾳ ἐς τῶν πραγμάτων τὰ μέγιστα χρῶνται· τοῦτ' ἔστι τὸ πῦρ, ὅπερ Ἑστίαν ἐκάλουν τε καὶ ἐσέβοντο ἐν τοῖς ἄνω χρόνοις Ῥωμαῖοι.

Königs Vstâçp's in derselben Weise in der ganzen Welt umher und machte den Schutz überall. Als (42) der mit lieblicher
Seele begabte Zartust hineinging (verschlungen wurde), zur Aus-
breitung der Lehre und zur Zweifellosigkeit machte, damit König
Vstaçp und seine Kinder zu der Jezdan's Lehre kämen, da legte
Vstâçp auf dem Berg Itaðvand '), den man auch pust Vstûçpân
nennt, (das Feuer Burein) nieder.

Diese drei Feuer sind das Feuer Vâhrâm. Jeder Leib ist
irdisches Feuer, es bleibt ihr Glanz darin auf diese Art: wenn
der Leib der Menschen in den Mutterleib kommt, so wird eine
Seele vom Himmel hineingelegt, welche diesen Leib, so lange
er lebendig ist, regiert. Wenn dieser Leib aber stirbt, so vermischt sich der Leib mit der Erde; die Seele kehrt wieder zur
Geisterwelt (Himmel) zurück.

Excurs zu Bundehesch Capitel XVII.

Die Aufzählung der Gattungen des Feuers, wie sie hier
Bundehesch giebt, ist ganz der Stelle Yaçna XVII, 62 identisch.
Hier wird zuerst das Feuer im Allgemeinen angerufen und so-
dann die fünf Arten desselben numerirt: „62. Dich, Feuer, des
Ahura-Mazda Sohn, den reinen Herrn des Reinen, rufen wir
an. 63. Das Feuer Berezi-Çavanha rufen wir an. 64. Das
Vôhu-Fryâna rufen wir an. 65. Das Feuer Urvâzista rufen
wir an. 66. Das Feuer Vâzista rufen wir an. 67. Das Feuer
Çpénista rufen wir an. 68. Den Herrscher der Geschlechter
Nairyo-Çanha, den Yazata, rufen wir an. 69. Das Feuer, aller
Häuser Hausherrn, den Mazdageschaffenen, Sohn des Ahura-
Mazda, den reinen, Herrn der Reinigkeit, rufen wir an." Die
Huzvâresch-Uebersetzung dieser Stelle erklärt übereinstimmend
mit Bundehesch die zweite Gattung (Vôhu Fryâna), deren
Name mit spir frûctar gegeben wird, als jenes Feuer, das im
Leibe der Menschen sei; die dritte (Urvâzista = prann ziveen)
als das in den Bäumen befindliche; die vierte (Vâzista) als
das, welches den Daêva Çpencrus schlug ²). Bezüglich der

') Der Berg Radvand ist nach 23, 11 in Charâçân. Ueber das Feuer Burzin
vergl. Bund. p. 25, 1.

²) Neriosenh:

1) *agnim udagraçyotiçam | yah sadaiva çyotismân samipastho harmiçdaçya
âste;*

2) *agnim stinmsekhâyam yah sadaiva dehastho bhazati pibati caj*

3) *agnim vanaspatistham yah sadaiva pibntyeva na bhâlati;*

ersten und fünften Gattung hingegen ist eine bedeutende Differenz
vorhanden. Während nämlich Bundehesch vom ersten Feuer
Berezi-çavañha (von II. Ü. mit *atas i burnd sui* übersetzt) sagt,
daß es jenes vor Ahura und den Königen sei, legt die II. Ü.
diese Eigenschaft dem Feuer Çpénista bei *(atas i afsmik — si
dr grutmann pis anauma pnn minuia dkuamunit.* — Das Feuer
Çpénista, welches vor Ahura in der geistigen Welt ist). Und
während B. vom Feuer Çpénista sagt: es sei jenes, welches
man in der Welt zu den Geschäften brauche, und verbindet
damit das Feuer Vahram — giebt II. Ü. von Berezi-Çavañha
keine weitere Erklärung, schliefst aber an diesen Namen die
Erklärung: das Feuer Vrurän sei eines damit. Wer von beiden
hat nun Recht? Ich glaube, die H. Ü. und zwar deswegen,
weil B. p. 40, 14 eine weitere Bemerkung wegen Berezi-Çavañh
kommt, es sei das Feuer in der Erde, den Bergen u. s. w.
Dieses scheint aber weit besser zu dem irdischen Feuer des
täglichen Gebrauches, als zum Feuer vor Ahura zu passen.
Ferner dürfte der Name Çpénista als Epitheton Ahura's besser
dieser höchsten Gattung des Feuers zukommen. Andrerseits
aber liefse sich auch sagen: daß, nachdem l. 7—14 die vier
Gattungen des Feuers nach ihrer Wirksamkeit wiederum aufgezählt sind, berezi-çavan wieder erscheint, und als das in der
Erde befindliche etc. bezeichnet wird, zum Unterschied von den
übrigen. Es ist daher sehr wahrscheinlich, daß unter den
Persern selbst eine Meinungs-Verschiedenheit bezüglich der
Namenserklärungen stattfand. — Im Falle wir hingegen berechtigt wären, die abweichende Darstellung des B. nicht für
eine verschiedene Meinung seines Verfassers, sondern für ein
Verderbnifs des Textes zu halten, so müfsten die Worte: *atas
i ruini anauma vhutd* nach l. 7 versetzt: dagegen die Worte l. 7:
atas sk pnn gihan pnn kar darind atasia vahram in l. 2 eingeschoben werden.

Die Aufzählung der verschiedenen Wirkungsweisen des
Feuers findet sich auch in der Stelle des Ulemäi-Islam, welche
Spiegel (Avesta I, p. 158) angeführt hat, und an welcher es
mir nicht klar ist, ob die Aufzählung mit Berezi-Çavañh, dem
himmlischen Feuer, oder mit Väzista anfängt — letzteres ist

---

4) *agnim vidyutrúpam yah sadaira nirmalataró vrilikarah sa khádati sa ca
pibati;*
5) *agnim payah sthaín ya sadaiva rutsinám süpddayitá.*

mir jedoch wahrscheinlicher wegen des Satzes: es verzehrt nichts — welcher genau Bund. p. 40, 13 entspricht.

Das nichtverbrennende Feuer in den Pflanzen kommt auch Bundeh. p. 71, 16 vor. Das Feuer Vâzista findet sich Farg. XIX, 40 W.: *âtarem vâzistem frâyazaeša daêum ganem çpenjaghrem*. Gosch Y. 31 findet sich der Name eines Daêva-dieners *çpinjauruskem*. Die Geschichte dieses Kampfes ist erzählt Bundeh. p. 17, 8: „Bei dieser Regenmachung kämpfen **açpaêrsk daêca apaoša** und das Feuer Vâzist schlug mit der Keule und Açpaêrak erhob wegen dieses mit der Keule geschlagenwerdens das heftigste Geschrei."

Yaçna XIV, 4 kommt Vâzista vor und zwar in Verbindung mit dem Feuer. Sp. übersetzt: den Herrn des geliebten, schnellen Körpers (?) rufe ich an, das Feuer Ahura-Mazda's. — Es scheint mir nicht, daß hier die Gattung des Feuers Vâzista gemeint ist; vielmehr dürfte eine Anspielung auf den Auferstehungsleib darin liegen [1]). *urvâzistó* Yaçn. XXXVI, 4: Glückselig der Mann, zu dem du mit Kraft kommst, Feuer des Ahura-Mazda. Mit des Glückseligsten Glückseligkeit, mit des Preiswürdigsten Preis mögest du zu uns zum größten Werke (der Auferstehung) kommen. 7: Feuer, Kenner des Ahura-Mazda bist du, des Geistes Kenner; dessen heiligster du bist, oder was dir der Name Vâzista ist.

An dieser Stelle sind die Worte urvâzista, vâzista, çpéništa, welche auch Namen des Feuers sind, in Beziehung auf letzteres allerdings gebraucht, ob aber damit die bestimmten Feuergattungen gemeint sind, steht dahin.

Capitel XVIII.

Ueber die Beschaffenheit des Baumes, der Gokart heißt, ist in der Din gesagt: Am ersten Tag war es, daß der Baum, der Gokart heißt, im Meere Vourukaša in jener Tiefe des Berges wuchs: bei der Bewirkung der Auferstehung ist er nothwendig; denn sie bereiten die Unsterblichkeit (Sp. Seligkeit) aus ihm.

---

[1]) Der förderlichste Bestand *ârô tôi mazdâ âhurô edaistâ onhaiti açtis* Yaçn. XXXI, 22; *anhuma dusi burtar tem. Aharahê mazdaô frya râtisša açtayâ* Yaçn. LXIX, 14. Die H. Ü. giebt *edaistu açtayô* überall mit *burtar tem*. Nerios. an der ersten Stelle: *sa ti mahagûdain sedmin mitrem asti nirediâtemah* ‖ *tvdm evu cepuši niši abhydgatem baruti.*

Abriman hat in dieser Tiefe des Wassers eine Kröte (Eidechse) zum Verderben (des Hom) gemacht, welche den Hom
angreift: zur Abwehr dieser Eidechse hat Ahura zehn Kar-
fische dort geschaffen, welche um den Hom beständig alle
kreisen und immer hat einer von diesen Fischen den Kopf
auf der Eidechse, und auch die Eidechse ist dieser Fische
geistige Speise, (as) d. h. sie brauchen keine Speise bis zur
Neumachung: in der Kleinheit des Haares [1]).

Als Ort dieser Fische ist das Wasser Arg (der Fluß
Ranha) geschrieben [2]) (in den h. Büchern), wie gesagt ist: das
gröſste von diesen Geschöpfen Ahura's ist dieser Fisch, und
das gröſste der (Geschöpfe) Ahriman's ist diese Eidechse, und
in dem Schlund, der zwischen beiden ist, können alle beide
irdischen Geschöpfe Platz finden, auſser jenem einen Fisch, welcher der Vâsi-Pncâçatvarân ist. Und dies wird gesagt: dieser
Fisch sieht so in dieser Tiefe des Wassers, eine Nadel (Aehre)
groſs muſs er sehen, wenn man sie ins Wasser wirft, oder ein
Haar groſs.

Wegen des Vâsi-Pncâçatvarân ist es bekannt: er geht im
Meere Vôurukaſa und seine Länge ist so groſs, wie wenn ein
Mann in schnellem Lauf geht, gröſser als die Gröſse des
Körpers wächst er [3]).

Und dies ist gesagt: er hat die Hut der Wassergeschöpfe,
und sie leben am meisten unter ihm.

Der Baum Vielsamen ist im Meer Vôurukaſa gewachsen.
Die Samen aller Gewächse sind auf ihm, welchen man bald
Gutheil, bald Starkheil, bald Vielheil nennt. Auf diesem einen
Baum ist . . . . . [4]) geschaffen. Jener Berg ist mit 9999 Myriaden Löchern versehen (jede Myriade sind zehntausend), in
diesem Berg ist der Behälter (44) der Gewässer geschaffen:
nämlich das Wasser geht von dort auf dieser Brücke in die
sieben Keśvar's der Erde, wie gesagt ist: das Wasser des
Meer's in den sieben Keśvar's der Erde hat seine Quelle
von dort.

[1]) Sp. sind sie in Abnahme.
[2]) Sp. an manchen Stellen werden diese Fische Arz main genannt (vgl. meine
Einleitung in die traditionellen Schriften der Parsen II, 471. Sp.].
[3]) Deſswegen ist er gröſser als alle Körper.
[4]) [Verdorbene und darum nicht ganz deutliche Stelle. Sp.]

Capitel XIX.

1. Wegen des dreibeinigen Esels [1]) ist gesagt: er befindet sich in der Mitte des See's Ferbankut und hat drei Beine und sechs Augen und neun Mäuler, zwei Ohren und ein Horn; einen weißen Leib; er genießt Geisterspeise und ist rein. Von diesen sechs Augen sind zwei am Ort der Augen und zwei auf der Höhe des Kopfes, zwei auf dem Ort der kufan; mit diesen sechs Augen schaut (tarvinit) er wie ein Späher durch und schlägt (?). Von den 9 Mäulern sind drei am Kopf und drei je an der innern Seite der Rippen und jedes Maul ist so groß, wie ein Kata, und er ist so groß, wie der Berg Arvend. Jeder der drei Füße, wenn er auf der Erde steht, ist so groß, wie tausend Schafe, wenn sie auf der Erde sitzen und rings um und herab gehen; der kleine Fuß ist so groß, wie tausend Männer, welche mit tausend Pferden (als Helden?) hineingehen. Mit den zwei Ohren bedeckt er Mazenderan. Das eine Horn ist goldgestalt, mit Löchern versehen, woran tausend Hörner darauf wuchsen mit Kameelkraft oder mit Pferdekraft oder mit Stierkraft oder mit Eselskraft, groß oder klein. Mit diesem Horn (as) schlägt und tödtet (?) er alle Khrafstra çritręp [2]). Wenn dieser Esel in den See seinen Hals steckt, sein Ohr hängt, so wird alles Wasser des See's in Bewegung gebracht . . . . .

Wenn er seine Stimme erhebt, so werden alle weiblichen

---

[1]) Drei Beine bedeuten in der deutschen Mythologie das Gespensterhafte.
Der dreibeinige Esel kommt vor:

Yaçu. XLII, 4 Westerg.: *kharem ââ yim aêavanem yazemaidî yô histaiti maidhim :regvinhâ vôurukaṣahâ.*

Tir. Y. 38: *daî taṭ demmân frolaṣpayêiti maighâ kara (Var. kervyrimo) aṣaraṣ frâ pourvd vôiṣâm raṣaiti.*

Davon verschieden *karemâ aç(a)baṣem* Ab. Y. 73 und *kara maṣyd* Farg. XIX, Bahr. Y. 29. Din Y. 7.

Parsi Gr. (Minokh.) p. 171 ẟn.; p. 141, 14: *khar i çe pdi myân sreh i vur bas iṣtaṭ.* 15: *u hamdin âu i â neçiḍ u dastân u award hihir u rimani rârçi ka â khar i çe pâi raçei hamâin pa visara pâk u gnozdiṣhra kunci.*

Nerios. 14: *kharaçca ṣaḥ tripddah antah kôirasamvârd santibhati.* 15: *semagram api paṣaḥ ṣaṭ naadan rajanvalûradhirûn ca aparûça ca kuṣiṣih malinû varinti padi khari tripâdi umpröpuṣti sarvam sirûkiṣâiṣa paritram nirmalutaraṣ ca harati.* —

kaâu = *karta* Grube.

Der dreibeinige Esel erinnert besonders wegen seines Hornes an das Einhorn Plin. H. N. VIII, 21. Rosenmüller, Morgenland II, 269, es wurde in Tibet gefunden.

[2]) [Vielleicht: mit diesem Horn schlägt und zerbricht er alle schlechten, verwänglichen Khrafstra's. Ich lese ‎כיפ טיריתׂ‎ = çritręp. Sp.]

Wassergeschöpfe der Geschöpfe Ahura's schwanger und alle
Wasser-Khrafstra's, die schwanger sind, wenn sie dies Geschrei
hören, verlieren ihre Frucht. Wenn er in den See urinirt, so
wird alles Wasser des See's rein, welches in den sieben Kel-
vars der Erde ist und es ist so, als ob alle Esel ins Wasser
gingen und ins Wasser urinirten, wie gesagt ist: wäre der dreibeinige Esel nicht für Wasser geschaffen, so würde alles Wasser
im See abnehmen; von einem . . . . [1]) des Giftes, welches
Ahriman in das Wasser trägt, zum Tod der Geschöpfe Ahura's.
Tistar trägt das Wasser vom See um der Hülfe des dreibeinigen
Esels willen hervor. . . . . . es ist offenbar: Excremente des
dreibeinigen Esels sind (nicht), weil er viele geistige Speisen
hat und die Feuchtigkeit . . . . . geht in den Leib und in der
Vermischung mit den Excrementen geht es wieder heraus.

2. Ueber den Stier Hazayôs, den man auch Çarçok nennt,
heifst es: Am Anfang der Schöpfung setzten die Menschen
von Keśvar zu Keśvar, (46) bei der Auferstehung werden sie
von ihm Leben bereiten, wie gesagt ist [2]): . . . .
. . . .

3. Ueber den Vogel Camrus [3]) ist gesagt: (dafs er) auf
dem Haupt des Berges Harburj ist und alle drei Jahre viele
aniranische Gegenden in Leiden versetzt; bei seinem Kommen
in die iranischen Gegenden giebt er Leben und Jugend, und
macht Ruhe der Welt. Hierauf erhebt er sich von den Mün-
dungen der Thäler und geht zum Arg und dieser Vogel Camrus
fliegt empor auf den höchsten aller dieser Berge und alle
aniranischen Gegenden bestreut er, wie die Ameisen (??)
Korn.

4. Vom Karśapt [4]) ist gesagt: er wufste Gebete (Man-
thra's) zu sprechen; er hat die h. Lehre in das von Yima gemachte Vare getragen und ausgebreitet und dort den Afaçta in
der Sprache der Vögel gesprochen.

---

[1]) [Es ist wohl hier ein Fehler im Texte. Sp.]

[2]) Glosse. [Hier folgt eine verdorbene und darum undeutliche Stelle in der
Hdschr. p. 46, 2—4 ed. W. Sp.]

[3]) Vergl. Bund. p. 59, 8.

[4]) Karśapt, vergl. Bund. p. 57, l. ult., wo er auch cark genannt wird, wahrscheinlich = Sakr. çakra in çakraråka. — N. P. cak scripsit. Minokh. p. 402, 2
cakraråkah parinåm guru. Im Lorret. cacherßß falco. Anq. II, 393 giebt es mit
copies d'ipervier. Pott Z. f. K. d. M. IV, p. 51. — Karśipta ist wohl der über den
Furchen fliegende.

5. Vom Stierfisch wird gesagt: er ist in allen Zare's; wenn er Geschrei macht, werden alle Fische schwanger, alles Wasser-Ungeziefer verliert die Fötus.

6. Çin Murv [1]) ist Hausbewahrer an der Thüre der Welt; er ist zweimal gemacht: der Vogel Asozustak und der Vogel Zobara vahman. Ueber den Vogel Asozustak ist gesagt: es ist ihm der Afesta auf die Zunge gelegt, wenn er spricht, entfliehn die Dev's; sie halten sich dort nicht auf. Die Nägel, wenn sie nicht weggetragen werden (47), so bemächtigen sich ihrer die Dev's und Zauberer und in Pfeilgestalt auf diesen

---

[1]) Sind hier die *ein* dreier Arten gemeint? Cf. Bahr. Y. 19. Farg. XVII, 9. Herbelot Bibl. Or. s. v. Simorg V, p. 259:

Simorg. Ce mot Persien signifie proprement cet oiseau fabuleux que nous appelons *Griffon* et qui nous est venu de l'Orient; car les Juifs font mention dans le Thalmud d'un oiseau monstrueux, qu'ils nomment *Jukhnah* et *Ben Jukhnah*, du quel les Rabins racontent mille extravagances, — et les Mahométans disent que le *Simorg* se trouve dans la montagne de Caf.

Sädi, Auteur célèbre qui a composé le *Bostan*, dit cependant, en voulant louer la providence et la libéralité magnifique de Dieu envers ses créatures, dans la préface de cet ouvrage, que Dieu a dressé une table d'une si grande étendue pour la nourriture et pour la conservation de toutes ses créatures, que le *Simorg* trouve dans le mont de Caf de quoi se repaître suffisamment, quoiqu'il soit d'une monstrueuse et impensable grandeur.

Simorg Anka; c'est le même oiseau que *Simorg*. Les Orientaux disent dans leurs Romans, que cet oiseau merveilleux est raisonnable; car il parle à ceux qui l'interrogent; et dans le Cahermân Namèh ou Histoire de Cahermân, nous lisons le discours, qu'il tint à ce héros, dans lequel il dit qu'il a vécu dans plusieurs révolutions de siècles et de créatures, qui sont passées avant le siècle d'Adam.

Simorg nährt den Zâl und ist König der Vögel.

Die im Z. A. vorkommenden Vögel sind:

Váraghna, der schnellste und leichteste der Vögel, der die Sprache der Vögel hört. Bahr. Y. 19 - 21. Ob der Ihr 85 erwähnte *vârghana* derselbe ist, steht dahin. Die drei Qarna's gehen von Yima weg in der Gestalt dieses Vogels. Zam. Y. 85.

Amru und *Camru* kommen vor Farv. Y. 109.

Mereghâ çafno Bahr. Y. 41. Farv. Y. 8 die Beschreibung eines gigantesken Vogels. Çafno auf dem Baum Allnamen B. Y. 17. Parsi Gr. p. 143. Gehört dahin der Berg *upairi-çafno?*

Çafno = *çyfno*. Der Vedische *çyfno*, der den Samen herabbringt, vergl. Wilh. Rig. V. III, p. 74 not. und p. 174.

Aśô-zusta, der Vogel, der die Nägel frisst. Farg. XVII, 9 W.

Parôdarc, den die Menschen *Kahrkatâç* nennen, der ein Bote des Crauśa ist. Sskr. *kukkuta* cock. Pehlvi *kulka*.

Kahrkâça, der Leichenverzehrer. Ab. Q. 61.

Korriipta. Farg. II 8n.

Die Rabbinen-Fabeln von dem Vogel *Bar Jachne*, dessen zerbrochenes Ei sechzig Dörfer überschwemmt und dreihundert Cedern zerbricht (Eisenmenger I, 595) und von dem Vogel *Sis* oder *Tarnegol Bora* (wilder Hahn), welcher bis an's Schienbein im Wasser steht und sein Kopf reicht an's Firmament, wenn er seine Flügel ausstreckt, verfinstert er die Sonne (ib. p. 597 f.).

Vom Vogel *Bar jachne* wird bei der Auferstehung der Gerechten eine Mahlzeit bereitet. Er wird auch *Sis* genannt (II, p. 877).

Vogel wirft's und schlägt's. Darum, wenn die Nägel weggetragen werden, sammelt und frißt sie dieser Vogel, so lange
können die Dev's ihr Werk nicht thun; wenn man sie nicht
forttrögt, so frißt er sie nicht, so können die Dev's Unheil
damit machen.

7. Und die andern wilden Thiere und Vögel sind alle zur
Vertilgung der Khrafstra's geschaffen, wie gesagt ist: wenn die
Vögel und wilden Thiere alle zur Vertilgung der Khrafstra's
und Zauberer (dienen), und auch dies ist gesagt: jeder Vögel
. . . . . . ')-

8. Vom weißen Falken ist gesagt: die Schlangen tödtet
er mit den Flügeln; der Kaschkinah tödtet den Mrd; zu dieser
Vertilgung ist er geschaffen.

9. Der Krkaß des Alters (sarenumainis), welcher der
Krgas ist, ist wegen des Fressens der Leichen geschaffen;
ebenso der Vrnk Çarger, der Bergstier, der Pazun, der Hirsch,
der Gur und die andern wilden Thiere, alle fressen Schlangen,
und so sind auch die andern Thiere zur Vertilgung geschaffen
der Wolfsarten, und um die Beschützung der Heerden zu machen.
Der Fuchs ist zur Vertilgung des Dev Chava geschaffen; der
. . . . . ist zur Vertilgung des grk und der andern . . . .
Khrafstra's geschaffen. So ist der große Misk zur Vertilgung
der getreideziehenden Ameisen geschaffen, wie gesagt ist:
(as) der Zuzak pißt in jedes Loch, in welchem Ameisen sind
und tödtet tausend Ameisen. Die Erde, wenn Getreidezie-
hende darauf kommen und Löcher darin machen, so kommt
der Zuzak und geht in die Löcher und macht sie wieder
gleich.

10. Der Wasserbiber ist zur Vertilgung der Dev's, die im
Wasser sind, geschaffen. Deßwegen ist dies richtig: alle wilden
Thiere, Vögel und Fische sind jedes einzeln zur Vertilgung eines
Ungeziefers geschaffen.

11. Vom Krkaß ist gesagt: auch von den höchsten Plätzen
wegfliegend, wenn er eine Faust groß Fleisch auf der Erde
sieht, dann ist Moschus-Duft unter die Flügel gemacht, aber
beim Fressen der Leichname (viel) Gestank der Leichname —
dann kommt und steckt er den Kopf wieder unter die Flügel
und wird wieder fröhlich.

') [Lückenhafte Stelle in der Hdschr. des Bundehesch. Sp.]

12. Vom Taxischen Pferd ist gesagt: daſs es in finstrer Nacht ein Schweifhaar, welches am Boden liegt, sieht.

13. Der Hahn ist zur Vertilgung der Dev's und Zauberer geschaffen; mit dem Hund sind sie Gehülfen, wie gesagt ist in der Din: von den irdischen Geschöpfen sind diese zum Schlagen der Drukh's zusammen Gehülfen, Hahn und Hund, und das ist gesagt: . . . . . '), wenn ich nicht geschaffen hätte den Hund, çva paçushaurva, den Hund Hausbeschützer, den vishaurva; denn es ist gesagt in der Din: (49) der Hund ist zum Schutz der Menschen und der Thiere, ein Schläger der Drukhs, wie . . . . gesagt ist: wann schlägt er alle Un- gehorsamen? wenn er seine Stimme erhebt; dann schlägt er . . . . ²).

Capitel XX.

Ueber die Beschaffenheit der Flüsse ist in der Din ge- sagt ³):

Diese zwei Flüsse sind von der nördlichen Seite vom Harburc ⁴) des Ahura hergeflossen: der eine nach Westen: nämlich der Arg; der eine nach Osten: nämlich der Vahfluſs. Nach ihnen sind achtzehn Flüsse von derselben Quelle hervor- geflossen, wie das andere Wasser von ihnen in groſser Zahl hervorgeflossen ist; wie gesagt ist: so schnell floſs der eine vom andern, wie wenn ein Mann ein Aſem Vohu vom . . . . . . ausspricht. Diese alle zusammen mischen wiederum ihr Wasser mit diesen Flüssen, nämlich den Flüssen Arg und Vas. Sie beide umkreisen an beiden Gränzen die Erde und ergieſsen sich ins Meer, und alle Keśvar's genieſsen von den beiden

____

¹) [Der Text, wie er im Bundehesch steht, ist durchaus unverständlich, wie er lauten sollte, sieht man aus der Huzv. Uebers. von Vd. XIII, 104. 105 m. A. Es müssen vor חנבטנאה וירנאית p. 48, 18 noch die Worte ראׂ צבי ר מאׂ supplirt werden, also: nicht würden meine Wohnungen bestehen können, wenn ich nicht etc. Sp.]

²) [Der schwierige Schluſs des Capitels fehlt bei Windischmann, auch ich übersetze nur zweifelnd von p. 49, 2 an: denn es heiſst: womit schlägt er? alle Ungehorsamen schlägt er, wenn er die Stimme erhebt, das Leiden tödtet er. Daher (bringet) Fleisch und Fett — wegen des Schlagens des Vergänglichen und des Lei- dens von den Menschen hinweg — und Arzenei (cf. Vd. XIII, 78. 99 m. A.), aber bringet nichts Unnützes, weil (sonst) alle drei Dinge in Unachtsamkeit gegeben sind. Wenn man etwas nicht weiſs, so soll man die Deçtûrs fragen, denn er (der Hund) ist von fünf Arten; jener Art bringt, welche die Drukhs schlägt. Sp.]

³) Der Anfang findet sich auch im Cap. XIII von den Meeren.

⁴) p. 49, 10 sind die Worte: aimak us arduré gewiſs eine Dittographie.

Kräftigen (30), und nachher gehen alle beide ins Meer Vourukaß zusammen, und kehren wieder zur Quelle, von der sie geflossen sind. Wie gesagt ist in der Din: So wie das Licht von Harburc aufgeht, am Harburo niedergeht, so geht auch das Wasser am Harburc aus und kehrt zum Harburo zurück. Und dies ist gesagt: der himmlische Arg begehrte von Ahura: die erste von allen Zufriedenstellungen ist die, welche das Sehen des Vahflusses ausbreitet: schaffe sie; hierauf schuf er ihn, vielzähligen. Der geistige Vasßuß des Ahura begehrte, um des Argflusses willen, ebenso: zur Freude und Hülfe des einen vom andern im Zusammenwirken sind sie hervorgeflossen, wie sie vor dem Kommen des Feindes ohne fließen hervorgingen, so werden sie, wenn die Drukhs getödtet ist, wiederum nicht fließend sein.

Jene achtzehn Flüsse zusammen, außer dem Argfluß und dem Vahfluß, sind um die anderen Flüsse von ihnen entflossen, so nenne ich namentlich:

1) Arg rut;
2) Vah rut (auch Veh-rut, d. i. zweiter Vehrut), den man Didgar nennt;
3) Dei rid rut;
4) Fråt rut;
5) Daitik rut;
6) Dargåm rut;
7) Zinidak rut (Zundak);
8) Haröt rut;
9) Meru rut;
10) Hatmund rut;
11) Ahusir rut oder Asnsir;
[12) Navadå rut;]
13) Zismnd rut;
14) Avgand rut (Hvagand);
15) Balk rut (Balkh);
16) [Mefva rut, den man Hendå-Fluß nennt;]
17) Çpend rut;
18) (31) Rad rut, den man Korige nennt;
19) Hvarae rut, den man meçrgäsn nennt;
20) Araz rut;
21) Teremit(i) rut;

22) Ilvanidis rut [1]);

23) Dâraġa rut;

24) Kasik rut;

25) Sad rut;

26) Pedâmeyan Catrumeyan rut Mokreçtûn.

Hierauf rede ich von ihnen zum zweitenmale:

1. Arg rut heifst jener, welcher vom Harburc ausgeht, in das Land Erak, wo man (ihn) Amece nennt [2]), in das Land Aegypten, das man Meçraġ nennt, hinüber geht, wo man ihn Nilflufs nennt.

2. Der Vas-Flufs fliefst nach Osten, geht ins Land Sind und ergiefst sich in Hindostan ins Meer, wo man ihn Mehra-Flufs nennt [3]).

3. Der Frat-Flufs hat seine Quelle an der Gränze Rûm's, er bewässert Surestan und fliefst in den Detld-Flufs. Hierauf Frat . . . . . im östlichen Lande machen sie es offenbar. Die Quelle grub Manuscihr; alles Wasser wurde zurück an einen Ort geworfen, wie gesagt ist: „Ich rufe an den Frât, der voll Fische ist, welchen um seiner Seele willen grub Manuscihr, Wasser hineinliefs und . . . . . .“

4. Der Dagrat-Flufs geht von Çalmân aus und ergiefst sich in Hueiçtân ins Meer.

5. Der Dâitik-Flufs geht von Ariaavie aus, geht nach Gopeçtân. Von allen Flüssen sind in ihm die Khrafstra's (59) am meisten, wie gesagt ist: „der Daitî rut ist voll Khrafstra's.“

6. Der Dargâm-Flufs ist in Çude.

7. Der Zendu-Flufs kommt vom Berg Puciçtân und fliefst zurück in den Harô-Flufs.

8. Der Harô-Flufs fliefst vom Harparçin-Berg hervor [4]).

9. Der Hitmend [5])-Flufs ist in Çiçtân, seine Quelle ist vom Aparçin, aufser diesem sprang Fraçiac.

10. Der Flufs Ahošir ist in Kumis.

11. Der Zismend [6])-Flufs ist an der Seite von Çoġhd; er fliefst zurück in den Uvegand-Flufs.

---

[1]) Die Par. II. giebt anuinaidis.

[2]) Dies ist der Indus.

[3]) Als Nebenflüsse des Vas erscheinen: 14) Balkh; 20) Teremet; 22) der Kâça?

[4]) Harô, Nebenflufs Zendu; cf. Lassen, J. A. III, p. 117; Ritter VIII, p. 236.

[5]) Etymander. Ritter VIII, 151. Harparçin ist Paropamisus.

[6]) Zismend, Nebenflofs des Uvegend. — Polytimetus?

12. Der Ilvegand ')-Fluß geht in der Mitte von Ça-
markad Frágana hervor und heißt sodann Casárad.

13. Der Mru rut '), der glänzende, fließt in Chorasan
aus dem Aparçin-Berg hervor.

14. Der Balkh-Fluß fließt vom Aparçin den Bahmi-
schen Bergen zu und fällt in den Vas rut ').

15. Der Çpend-Fluß ist in Atropatân. Es ist gesagt:
„Dabak erbat von Ahriman: Dev's wünschte er dort."

16. Der Tort-Fluß, den man Korige ') nennt, geht vom
Meer Gilan aus und ergießt sich in's Meer Vergâ.

17. Zabâvai, dieser Fluß geht von Atropâtkan aus; in
Pars ergießt er sich in's Meer.

18. Der Kurei ')-Fluß hat seine Quelle von Çpâhân;
er geht nach Huciçtan hinüber, fällt in den Dailik-Fluß. Er
heißt in Çpâhân: Meçrkâ-Fluß.

10. Der Araz-Fluß ist in Taberistan, seine Quelle ist
vom Berg Demavend ').

20. Der Teremut-Fluß ergießt sich zurück in den
Vas-Fluß.

21. Der Vendeçes-Fluß (ss) ist in Persien, den man
Çiçtan nennt.

22. Der Kâça-Fluß geht auf dem Berg bei der Stadt
Tuç hervor und heißt dort Kaçp-Fluß; man nennt dort auch
den Fluß Vas Kask; im Sind aber nennen sie ihn Kâça.

23. Der Pitâmiân ')-Fluß oder Catrimiân ist in Kandic.

24. Der Dâraga ist in Airanvic; auf seiner Höhe ist
die Wohnung des Pursaçp des Vaters Zartust's.

Andere zahllose Wässer und Flüsse und Quellen, welche
von dieser einen Quelle sind, und an verschiedenen Städten und
Orten mit verschiedenen Namen genannt werden.

Wegen des Fraçio wird gesagt, daß er in's Meer Kayance,

') Oxus?
') Der Margus in Margiana, Ritter VIII, p. 228.
') Der Balkh-Fluß Ritter VIII, p. 219. Balkhab, Badi Haas oder Terdschek soll bei Termed in den Oxus fallen — er verliert sich im Sand.
') Karadje kommt bei Ritter VIII, p. 556. 558 vor.
') Es ist der Ulal des Daniel VIII, 2. Auch Loftus nimmt Choaspes == kerka Ulai (Enlaeus). Niebuhr p. 882 Anm.: er entspringt wirklich am Berg Orontes bei Ekbatana.
') Der Herhax bei Amol VIII, p.589.
') pitah == catri oder vielmehr cihrah kennbar, bunt.

das Wasser von tausend Quellen, sprang, Pferdegrofs, Kamcele-
grofs, Stiergrofs, gröfser und kleiner. Hierauf sprang er auch
in's Meer Ahu-Zerinmend (Goldquelle), welches Hetmend genannt wird. Hierauf sprang er in den Vataeni-Flufs und machte
auch am Meere Menschen fefshaft.

Capitel XXI.

In der Din werden siebenzehn Arten Wasser genannt:
Nämlich ein Wasser, das sich in den Gewächsen befindet.
Das zweite, das aus den Bergen fliefsende, oder die Flüsse.
Das dritte, das Regenwasser.
Das vierte, das Armist genannt.
Das fünfte, der Samen der Thiere und Menschen [1]).
Das siebente, der Schweifs der Thiere und Menschen.
Das achte, das Wasser in der Haut der Thiere und
Menschen.
Das neunte, der Urin des Viehes und der Menschen.
Das zehnte (54), das Blut des Viehes und der Menschen.
Das eilfte, das Oel im Vieh und Menschen, die Freude
beider Welten.
Das zwölfte, der Speichel des Viehes und der Menschen,
worin sie wachsen (sich ernähren).
Das dreizehnte, jenes unter der Rinde der Bäume, wie
gesagt ist: „Jede Rinde mit Wassertropfen vier Finger weit vor
dem Feuer.“
Das vierzehnte, die Milch des Viehes und der Menschen.
Diese Wasser werden beim Wachsen oder Körpermachen
wieder mit jenen Flüssen vermischt; denn Wachsen und Körpermachen sind beide eins [2]).

---

[1]) Die sechste Wassergattung ist Zur. [Cf. unten p. 54, 14.]
Die Arten der Wasser kommen auch vor in der Husv. Uebersetzung von
Yaçn. XXXVIII:
maêkalhtis == dem Wasser in den Gewächsen;
haêbvalntis == dem aus den Bergen fliefsenden;
fravaxaûhô == dem Regenwasser;
ahurânis == armist;
ahurahya == suçr;
hvapanhaô == sçak;
huperethwaô == huvtrg;
hvoghjathraôç == arç;
harnaothraôç == hvé.
Vergl. auch die H. U. von Yaçn. LXVII, 16.
[2]) Das Capitel geht auf Punkte des früheren zurück.

Und auch dies ist gesagt: diese drei Flüsse, nämlich Arg, Mru und Hitmend (Ahuncind) sind geistig; sie fliesen nicht in der Welt; von der Befleckung der Armist, welche auf sie .... blickten (Sp. Gramm. § 77) — sie sind in der Feindschaft, bis Zartust auf sie schaute [1]): nämlich ich will machen das sechste: und er gofs das Zur herab und machte sie wieder zu Freunden und sprach sie aus. Und dies wird gesagt: Das Wasser, worin wenig Unreinigkeit und viel Zur gekommen ist, geht in drei Jahren wieder zum Urquell; worin Unreinigkeit und Zur beide gleich sind, kehrt in sechs Jahren zurück; worin viel Unreinigkeit und wenig Zur, kehrt in neun Jahren zurück. Und so kommt der Baumwuchs zu sich zurück [2]).

Wegen des Flusses Nautak ist gesagt (ss): Fraciaç, der Turanier, sprang hinein; wenn Hursitr kommt, wird er Pferdegleich wieder fliesen und so auch die Quelle des Meeres Kayâçeh: nämlich das ist der Ort des Samens der Kaianiden.

Capitel XXII.

Ueber die Beschaffenheit der Seen (vairis) ist gesagt:

So viel Quellen von Wasser sind zur Offenbarkeit gekommen, welche Var's genannt werden, ähnlich wie die Augen der Menschen. Diese Quellen der Wasser sind:

1) der See Cicaçt;
2) der See Çovbar;
3) der See Hvarazm;
4) der See Frazdân;

---

[1]) [Diese ganze Stelle ist äusserst schwierig und giebt keinen genügenden Sinn, man mag sie betrachten, wie man will, und hieran sind wahrscheinlich Fehler Schuld, die sich in den Text geschlichen haben und die wir ohne Hülfe von Handschriften nicht verbessern können. Nach meiner Ansicht sind diese Fehler in p. 54, 10 zu suchen. Ich vermuthe, dafs das dunkle Wort, welches Windischmann mit ahuncind umschreibt und das mir weiter nicht mehr vorgekommen ist, verschrieben sei, statt אהונכיריא; ferner dafs nach סידיד ein Verbum — etwa כרם, er befahl, — ausgefallen sei. Ich würde dann übersetzen: „Diese drei Flüsse: Arg-rut, Merv-rút, itomand-rut sind vereinigt worden, der Himmlische (befahl) ihnen, dafs sie in der Welt nicht fliesen sollten, wegen der Befleckung der Armêst (d. i. Frauen, die todte Kinder zur Welt gebracht haben), die sie graben hatten, nämlich es war ihnen Bosheit beigemischt bis sie Zartust sah und sprach: Ich will machen, dafs dir das sechste (Wasser) Zor (Zaothra) daran fliefse und sie wieder gesund macht." So würde die Stelle einen passenden Sinn geben, doch darf man nicht vergessen, dafs derselbe vor der Hand ein conjecturaler ist. Sp.]

[2]) [d. h. wohl: In derselben Weise, wie das Wasser zu seiner Urquelle, kehrt nach der Baumsame zu der seinigen, dem Baume Vielsamen (cf. oben Cap. XVIII) zurück. Sp.]

5) der See Zairinmand;

6) der See Açvaçt;

7) der See Huçru;

8) der See Çataviç;

9) der See Urviç.

Hierauf nenne ich sie zum zweitenmal:

1. Der See Cicaçt ist in Atrapâtkan [1]) von warmem Wasser, ohne Gifte, und lebende Wesen sind nicht darin. Seine Quelle ist an das Meer Frabânkrt gebunden.

2. Der See Çovbar ist über dem Ort und Lande auf dem Gipfel eines Berges, der Berg Tus genannt wird [2]). Er ist von angenehmem Frühling, von guten Quellen, Reinheit vermehrend, und Freigebigkeit ist daran geschaffen.

3. Wegen des See's Hvârazm wird gesagt: er ist geschaffen als Aufenthalt des Arsasvang, mächtig, guten Theil mehrend (und) Freude.

4. Der See Frnzdân [3]) wird in Çiçtan genannt. Wenn ein edler und reiner Mann irgend etwas hineinwirft, so nimmt er es an; wenn er nicht rein ist, so wirft er es wieder aus dem Wasser. Seine Quelle ist an den See Frhânkrt gebunden.

5. (56) Der See Zarammend [4]) wird in Hamatan genannt.

6. Wegen des See's Açvaçt ist bekannt, dafs sein Wasser unversieglich ist, d. h. dafs es beständig fliefst, so leuchtend und glänzend, wie gesagt ist: die Sonne sei darin, d. h. sie schaut in den Var Açvaçt. In diesem Wasser müssen bei der Neumachung die Todten bereitet werden.

7. Der See Huçru [5]) ist fünf Parasangen vom See Cicaçt.

8. Der See Çatvls ist geschrieben in der Mitte des Meeres Frhânkrt: er heifst Pûtik. In .... ist eine Oeffnung, aus welcher es immer strömt. Alles, was man hineinwirft, aufser Todten, nimmt er nicht an; wenn man Todtes hineinwirft, so

---

[1]) Ab. Y. 49; cf. p. 17 6u. Vergl. den Berg Açprnz. Es ist der Spauta oder Capauta lacus der Gr. Geogr.

[2]) Cf. p. 23 6u., p. 17 6u. „Der Berg Kundracp ist im Orte Tus, auf dessen Gipfel ist der See Suba:."

[3]) Ab. Y. 108. Wohl der See, in welchen der Etymander fliefst.

[4]) Cf. p. 53, 12.

[5]) Zam Y. 56. Siroz. I, 9. Ist es der See Thospites?

trägt er es hinunter. Die Menschen sagen, daſs seine Quelle von der Hölle ist.

9. Der See Urviç ist auf der Höhe des Hugar [1]).

Capitel XXIII.

Ueber die Beschaffenheit der Affen und Bären wird gesagt: Gim, als das Glück von ihm wegging, nahm aus Furcht vor den Dev's eine Dev zum Weib, und Gima, welche seine Schwester war, wurde zum Weib einem Dev gegeben. Von ihnen entstanden hierauf die Affen und geschwänzten Bären und die andern schädlichen Arten. Denn dies ist gesagt: Unter der Herrschaft der Schlange stieg eine junge Frau zu einem Dev, ein junger Mann zu einer Peri hinauf: Hierauf ..... wurde Berührung gemacht. Von diesem einen jungen Erzeuger entstand ein (57) schwarzfelliger. Als Fritun zu ihnen kam, um sie aus dem iranischen Land zu vertreiben, da machte er sie am Meere feſshaft, und durch das Vertreiben der Araber sind sie wieder im Lande Iran vermischt.

Capitel XXIV.

Ueber die Meisterschaft der Menschen und Thiere und aller Dinge ist in der Din gesagt:

1. Der erste vom Geschlecht der Menschen wurde Gayumart geschaffen, glänzend, weiſsaugig, der in's Wasser schaute: sein Meister ist Zartust, erster Meister: denn aller Dinge Meisterschaft ist von Zartust [2]).

2. Der weiſse Arbio [3]), welcher den Kopf nach unten hängt, ist der Ziegen Meister, zuerst dieser Gattungen geschaffen.

3. Der fette, weiſse ..... Widder ist der Widder Meister, zuerst von diesen Gattungen geschaffen.

4. Das weiſshaarige [4]) Kameel mit zwei Höckern ist der erste Meister der Kameele.

---

[1]) Cf. p. 26, 4.

[2]) In Visp. I, 1, Huav. Uebers. wird *Ahura* als rat des Geister, *Zartust* als rat der Irdischen, *Karmaik* als rat der Wassergeschöpfe, *Kakuma* als rat der Gocperd, *Karsipt* als rat der *Frada rptârân*, *arbux* als rat der erkarcmikân bezeichnet.

[3]) *khorbes cabril.* Poll, Zelts. f. d. K. d. M. IV, p 7, 2. Der Eselbock *karabadra* oder *buxa* Bahr. Y. 26.

[4]) Hier steht im Text pi^; was *audanak, kudunuk* oder auch *kurnuk* gelesen

5. Der schwarzhaarige Stier mit gelben .... [1]) geschaffen ist der Stiere erster Meister.

6. Das Pferd [2]) Arus, das mit gelben Ohren, glänzenden Haaren und weißen Augen geschaffen ist, das ist der Meister (der Pferde).

7. Der weiße Esel mit Katzenfüßen [3]) ist der Esel Meister.

8. Von den Hunden ist der Hund Arus (Krus) gelbhaarig geschaffen, welcher ist der Hunde (Meister).

9. Der braune Hase (Khargos) ist geschaffen der weitgehende Meister.

10. Jene wilden Thiere sind nicht genannt, weil sie schädlich sind (?).

11. Zuerst von den Vögeln ist der Falke von drei Arten geschaffen; er ist nicht zum Meister, denn Karsapt ist Meister, welchen man Crk [4]) nennt (sa), der, welcher die Din in's Var Gemkert brachte.

12. Zuerst von den Behaarten ist das weiße kakam [5]) geschaffen, dieser ist der haarigen Meister, wie gesagt ist: der weiße Kakama, der zu jener Versammlung der Ameša-Çpenta's ging.

13. Der Kar-Fisch Araz ist der Wassergeschöpfe Meister.

14. Der Daitya ist der fließenden Meister.

15. Der Dâraga-Fluß ist der hohen Flüsse Meister: denn auf seiner Höhe ist die Wohnung des Vaters des Zartust; Zartust ist dort geboren.

16. Die Höhle (der Wald) Arus ist der Höhlen (Wälder) Meister [6]).

17. Der hohe Hukairya, auf welchem das Wasser Ardvicur herabfließt, ist der Höhen Meister.

---

werden kann. [Ich halte die letzte Lesung für die richtige. *Husnak* heißt mit guten Kalem versehen, *ruuk* = altb. 'rkera, Knie, öfter im Huzv. In der folgenden Zeile ist *husnak* wohl irrig statt ܟܢܐ, Obr. Sp.]

[1]) Gelbohriger Stier Bahr. Y. 7.

[2]) Minokh. l. c. oçp aroç açpā rai. Gelbohriges Pferd Bahr. Y. 9. Ist *arus* = Sskr. *oruša* Z. *aurušal*

[3]) Neup. *gurbek* die Katze (Sp. Gloss zur Chrestom); *khargus* Eselsohr, vergl. Pott IV, p. 9.

[4]) Sskr. *cakra*.

[5]) Cf. Pott ib. p. 23.

[6]) Ist dies *çpaėtitem rarurem*? (Yç. 15, 31.)

18. (Denn) worüber der Stern Çatvis kreist, ist der Gobarâ Meister.

19. Der Homa (bud = hula), der ist der heilsamen Gewächse Meister.

20. .... [1]) ist der grofskörnigen Getreide Meister.

21. Darmena (Absinth), der wilde, ist der nicht heilsamen Meister [2]).

22. Harumi Hâmini, welches man Penc nennt, ist der kleinkörnigen Getreide Meister.

23. Das Kuçli ist der Gewänder Meister.

24. Bâsâi vâns ist der Meere Meister.

25. Zwei Männer, wenn sie zusammen einherschreiten, so ist der weise und der am rechtesten spricht, der Meister. Denn es ist in der Din dieses gesagt: Die ganze lebende Welt ist von Ahura geschaffen und Alles ist eins, und obgleich es in der Welt viele Qarna's, die gutwirkenden, giebt, denn Alles ist doch von diesem Reinen gewirkt und gemacht, ist des Lebens werth.

Capitel XXIV.

Das Wasser ist (59) nicht Alles werth gemacht. Denn das Wasser Ardvicur, das unversiegliche, ist alles Wasser in Qaniras, im Himmel und auf Erden werth, aufser dem Arg-Flufs, dem Ahurageschaffenen.

26. Von den Bäumen ist der Meister Hurma (die Dattel), welcher der Baum ..... genannt wird; er ist alle Bäume in Qaniras werth, aufser dem Baum Gokart, mit welchem sie die Todten herstellen.

27. Von den Bergen ist der Berg Parçin (Upairi-Çaêna), dessen Fufs in Çiçlan und dessen Haupt in Huciçlan (der auch Berg Pars genannt wird), aller Berge Meister, aufser dem Harburd.

28. Von den Vögeln ist der Çamrus Meister, der aller Vögel in Qaniras werth ist, aufser den Falken dreierlei Art.

29. Meister ist dies: Wer ein grofses Werk macht, dann ist auch sein Werth grofs.

---

[1]) ixat oder dadit mufs wohl Walzen sein, der aber im Pers. gandum, Sskr. pâdhâma heifst; vielkörnig und kleinkörnig, vergl Tir Y. 29 as-dâsmâmca ymrsâm kaçuddsundsarn.

[2]) dirmench N. P. helfst absynthin.

Capitel XXV.

Ueber Werke des Gesetzes ist gesagt in der Din: ich
habe die irdische Schöpfung in dreihundert fünf und sechzig
Tagen geordnet und geschaffen, d. i. in den sechs Zeiten der
Gaçanbars, welche in einem Jahre angeordnet sind. Jedesmal
muß man zuerst den Tag rechnen und dann die Nacht; denn
zuerst geht der Tag hervor und dann kommt die Nacht. Vom
Gas Mitukisam, welches ist im Monat Tir, (nämlich) Tag Hur,
bis zum Gas Mitisyarm, welches ist im Monat Din und Tag
Vahram, ist der Tag klein und die Nacht nimmt zu. Und vom
Mitisyarm Gas bis zum Mitukisam Gas wird die Nacht klein
und der Tag nimmt zu. Der Sommertag ist so groß, wie zwei
kürzeste Wintertage (60); die Winternacht so groß, wie die
zwei kürzesten Sommernächte: ein Sommertag hat zwölf Haçr,
die Nacht sechs Haçr; eine Winternacht hat zwölf Haçr, der
Tag sechs Haçr [1]), ist auf der Erde von derselben Größe (Ort).
Im Gas Hamiçpmiadem, dessen Anfang ist in den fünf Epa-
gomenen und sein Ende im Monat Çpndomat, wird Tag und
Nacht wieder gleich, nämlich vom Monat Frvrtin, Tag Ahura,
bis zum Mithra, Tag Aniran, sieben Monate des Sommers.
Vom Monat Apan, Tag Ahura, bis zum Monat Çpndomat, wo
die fünf Tage ihr Ende haben, sind fünf Monate Winter. Der
Hirbit macht die Entscheidung der Todten und anderen Dinge
im Sommer und Winter nach dieser Berechnung. In diesen
sieben Monaten des Sommers sind die Tag- und Nachtzeiten
fünf; denn Rapithvin (die Mittagszeit) wird auch geopfert; nämlich: Bamdat Gas Havan, Rapithvin Mittagszeit; Gas aipark
(Abend) [2]), Gas huzirin, wenn die Sterne zum Vorschein kommen; bis Mitternacht Gas Abçrutim; von Mitternacht bis zum
Verschwinden der Sterne ist das Gas Husahin.

Im Winter sind vier Gas; denn von Bamdat bis Uziren
ist Alles Havan; die andern sind so, wie gesagt.

Der Winter hat seinen Sitz an der nördlichen Seite: nämlich Norden sind die Keśvars Vourubaresti und Vourucareti.
Der Sommer hat seinen Ausgangspunkt (Ursitz) im Mittag,
nämlich in den Keśvars (61) Prdtfs und Vidtfs. Im Monat

---

[1]) Es ist zu ergänzen: ein *Haçr* Zeit.
[2]) Anq. drei Uhr. Vergl. Sp. Uebersetz. des Av. II, p. 86.

Apau ......[1]) macht der Winter seine Kraft, er geht in die
Welt hinein; der himmlische Rapithvin geht von oben unter
die Erde; nämlich in die Quelle der Wasser. Wärme und
Feuchtigkeit sind im Wasser gelegen, damit die Wurzeln der
Bäume in der Kälte nicht vertrocknen. Im Monat Din, Tag
Athro, geht dieser Winter in grölster Kälte nach Airanvic, im
Monat Çpudomat bis zum Ende geht die Kälte in die ganze
Welt. Deíshalb zündet man im Monat Din, Tag Athro, aller
Orten Feuer an und macht Yaçna, weil der Winter gekommen
ist. In diesen fünf Monaten ist das Wasser der Quellen alles
warm, weit Rapithvin dort ist und die Wärme und Feuchtig-
keit zurückhält. Das Gas Rapithvin wird nicht geopfert.
Wenn der Monat Frvrtin am Tag Ahura ist, verliert die Kraft
des Winters, sie wird kleiner. Der Sommer kommt von seinem
Ursitz herbei und erlangt Kraft und Herrschaft, und Rapithvin
kommt unter der Erde herbei und zeitigt die Früchte der
Bäume; deíswegen sind im Sommer die Wasserquellen kalt,
weil Rapithvin dort nicht ist und darum wird in diesen sieben
Monaten Rapithvin geopfert. Der Sommer kommt auf die
ganze Erde, und auf der Seite von Hindustan, dort ist der Ursitz des Sommers am nächsten, es ist immer nicht kalt, nicht
warm; denn zur Zeit der Herrschaft (oz) des Sommers regnet
es und die starke Hitze wird getödtet und ist nicht offenbar;
im Winter, wo es keinen Regen regnet, ist die heftige Kälte
nicht offenbar.

Auf der nördlichen Seite nämlich ist die Zubereitung des
Winters, es ist immer kalt, weil im starken heftigen Sommer
der Winter verderblicher ist, dort keine Kälte und so nicht
schlagen kann, nämlich er überwindet die Hitze. In den mittleren Orten tritt Kälte des Winters und Hitze des Sommers
kraftvoll hervor.

Ferner das Jahr nach den Umläufen des Mondes ist mit
dem berechneten Jahr nicht gleich, deíswegen weil der Mond
einmal in 29 Tagen wiederkommt und einmal in 30 ......
.... in 60 Tagen zweimal,
welches Jahr vom Umlauf des Mondes kommt. Sommer im
Winter und Winter im Sommer gemischt [2]).

[1]) [Lücke. Sp.]
[2]) [Die vorliegende Stelle ist sehr schwierig, ich verstehe sie, etwas abweichend,

Der Monat Frvertin, der Monat Artvahst und der Monat
Hurdat sind Frühling; der Monat Tir, der Monat Amerdat, der
Monat Schatvir sind Sommer; der Monat Mithra, der Monat
Apan, der Monat Athrn sind Herbst; der Monat Vahman, der
Monat Çpdumat sind Winter.

Und die Sonne kehrt von jenem Sternbild des Widders,
von welchem sie am Anfang ausging, in 365 Tagen und fünf
Stunden, was ein Jahr ist, zu demselben Ort zurück, wie sie
alle drei Monat in drei Sternbildern mehr oder weniger durch-
geht; (68) und der Mond geht in hundertachtzig Tagen wieder
zu dem Ort, von dem er am Anfang ausgegangen.

Capitel XXVI.

Ein Haçr auf der Erde ist (eine Parasange) tausend Schritte
zu 2 Fuß. Eine Parasange hat ein Maß so groß, als ein Mann,
der weit sieht, unterscheidet und wenn er ein Zugvieh sieht, erkennt, ob es schwarz oder weiß ist. Und eines Mannes Länge
ist acht Vtaçt (Spannen) der Hand.

Capitel XXVII.

Ueber die Beschaffenheit der Pflanzen ist gesagt in der
Din: Vor dem Kommen des Feindes war an den Pflanzen
kein Dorn und keine Rinde (Haut); nachher als der Feind
kam, wurden sie mit Rinde und Dorn versehen. Weil der
Feind sich jedem Ding vermischte, giebt es so viele Pflanzen,
welche mit Gift gemischt, als Heilung; nämlich giftig sind
alle, von denen die Menschen, wenn sie davon geniessen,
sterben. —

Mit dem Vieh in gleicher Art sind 55 Arten Getreide entstanden, zwölf Gattungen heilsamer Gewächse aus dem einziggeschaffenen Rind; 10,000 Mutterbäume nach ihren Gattungen;
100,000 Gattungen Gewächse sind gewachsen von diesem all-
samigen Baum Vielsamen, Ohnegift, welcher im Meer Vourukaśa
aufgesproßt ist. Weil auf ihm aller Pflanzen Samen ist, welche

<hr>

folgendermaßen von p. 62, 6 an. Ferner: das Jahr nach dem Umkreisen des Mondes
ist mit dem erwähnten Jahre nicht gleich deshalb, weil der Mond einmal (eigentlich
ein Danare) in 29, einmal in 30 (Tagen) wiederkommt, also ist dieser eine (Theil)
vier (und zwanzig) Stunden länger; wie es heißt: „Jeder lügt, wenn sie in Bezug
auf den Mond sagen," nämlich, wenn sie sagen, daß er in 60 Tagen zweimal
(kommt). — Wer das Jahr vom Kreisen des Mondes (herrührend) glaubt, der vermischt den Sommer mit dem Winter, den Winter mit dem Sommer. Sp.]

von jenem einziggeschaffenen Rinde entstanden sind, so schüttelt jedes Jahr jener Vogel jenen Baum, und Tistar vermischt diesen Samen mit dem Regenwasser, welches er auf die Keávara regnet (61). Zunächst an diesem Baum ist der weiße, heilsame, unvergängliche Hom gewachsen in der Quelle des Wassers Ardviçur; jeder der davon genießt, wird unsterblich: er wird auch der Baum Gukrn genannt, wie gesagt ist: Hom, der Krankheitentfernende, aus welchem sie bei der Neumachung das Leben bereiten, ist der Pflanzen Meister.

Die Pflanzen sind von so viel Arten [1]): Bäume, Gesträucher, Früchte, Getreide, Blumen, Gemüse, Grünes, Gewürze, Futterkräuter, Oele, Färbekräuter, Kleidungsstoffgebende.

Ich rede davon zum zweiten Male: Alle, welche keine Frucht zur Nahrung des Menschen bringen und perennirend sind, wie Cypressen, Platanen, die weiße Pappel, Samsâr und die andern von dieser Art, heißt man Bäume (dâr). Alle diejenigen, welche Frucht zur Nahrung der Menschen bieten und perennirende sind, wie Dattel, Myrte, Kenar, Weinstock, Quitte, Apfel, Orange, Granate, Pfirsich, Feige, Nuß und Mandel und die übrigen in dieser Art, nennt man mivk (Obst). Alle, welche man im Tagewerke braucht und welche perennirend sind, nennt man drät; — welche viele Früchte ausschütteln und deren Wurzel vertrocknet (so ..., die einzelnen Kornarten) Erbsen, Wicken und die andern dieser Art, heißen gurtak. Alles mit heilsamen Blättern, welches durch die Handarbeit der Menschen gezogen wird und immer ist, heißt çprm. Alles wohlriechende, welches durch die Handarbeit der Menschen zu bestimmter Zeit entsteht, oder in der Wurzel immer ist und zur Zeit sich öffnet ...... (as) wohlriechend, wie die Rose, Narcisse, Jasmin, Vriçtrnn [2]), Alalk, Kuçti, Çind, Camba, Afer, Kolkem, Zarda, Vanaves, Dârda und andere von dieser Art, nennt man Blumen (gul). Alles, was Früchte wohlriechend ist oder in den Knospen wohlriechend und nicht durch die Handarbeit der Menschen zur Zeit kommt, nennt man vahr. Und Alles, was zur Nahrung des Viehes und der Zugthiere dient, nennt man gba; — und Alles, was von vorne in Theile

---

[1]) *Dar, drat, mirk, gurtk, gul, çprm, tirk, anzark, dak, rhar, darensatk,* N. P. *dara* Heilmittel, *ruk, rg, smk.*

[2]) نسترن [? Sp.]

gebt, nennt man afzarsa [1]). Und Alles, was man mit dem
Brode essen kann, wie .... [2]) [Coriander, Kakic, Gandenâk [3])]
und anderes von dieser Art, nennt man tirk. — Alles wie
.... Baumwolle [4]) und anderes dieser Art, nennt man Kleider-
stoffe. Und Alles, was ein fettiges Mark hat, wie ....
und anderes dieser Art, nennt man Oele. Und Alles, womit
man die Kleider färben kann, wie kulkam etc. — und andere
dieser Art nennt man Färbestoffe. Und alle Pflanzen, deren
Wurzel oder Rinde oder Holz wohlriechend sind, wie Sandel,
Zimmt, Cardamom, Kampfer, Vadregbui und andere dieser
Art, nennt man Wohlgerüche ..... [5]).

(66) Zehn Arten kann man innerlich und äußerlich essen,
nämlich die Feige, den Apfel .... [6]), die Orange, die Traube
und andere dieser Art.

Zehn Arten kann man änserlich essen, innerlich nicht,
wie Dattel, Pfirsich, die weiße Zardarun und andere dieser Art.

Zehn kann man innerlich essen und äußerlich nicht: Mandel, Granate, Kastanie, Haselnuß, [Cocusnuß, der Baum Var-
gaūn (Pistazie?) und was noch viel mehr von dieser Art sichtbar ist.

Auch heißt es, daß jeder Baum Eigenthum eines Amschaspands sei: Der weiße Jasmin des Bahman, der Myrtenjasmin
des Ormazd, der Portulak [7]) des Ardibihischt, Basilikum des
Schahrévar, Weidenblüthe der Çpandârmat, die Lilie des Chor-
dâd, Campâ des Amerdâd, ... die Melisse des Âdar, Mohn
des Wassers, der weiße Marn [8]) der Sonne, Rugeç dem Monde,
das Veilchen dem Tir, Weinblüthe dem Gosch, Dürde dem
Dai pa Mihr, alles Neuspriefsende, Angenehme dem Mithra,
Pfefferkraut (?) dem Çrosch, Hagerose den Reschm, Hahnen-
kamm dem Farvardin, der Quendel [9]) dem Bahrâm, die Lor-

---

[1]) Gewürze.

[2]) [Lücke. Sp]

[3]) [Kakic ist wahrscheinlich neup. كَكَج cottus seed, Gandenâk = كَنْدَلِ ‚a kind
of bitter garden herb, resembling iry." Richards.]

[4]) panbâh N. P. Baumwolle.

[5]) [Die letzten Zeilen von p. 65 sind defect, so daß es nicht möglich ist, den
Sinn derselben zu ermitteln. Sp]

[6]) [Im Text ٮٮٮ، vielleicht = neup. بشك nomen arboris. Sp]

[7]) [مرزنكوش sowohl the white rose, als purslain nach Richardson. Sp.]

[8]) [مرو a species of herb. Richardson.]

[9]) So Anquetil. Nach Vullers ist ٮٮٮٮٮ sisymbrium oder serpyllum silvestre.

beerrose dem Rûm, die blaue ..... dem Vâŧ, die Hyacinthe
dem Dui-pa-Dîn, die hundertblätterige Rose dem Dîn, alle
Vahârpflanzen (cf. oben) der Ascheaching, alle weißen Homs
der Astâd, die Menthe dem Asmân, der Safran dem Zamyâd,
Ardesparn dem Manserspend, Astvâm dem Anérân drei Arten
(67) ..... ¹).

XXIX. ²)

.... der Dév Taromat schafft den Hochmuth, der
Dév Mithokht (Lüge) die Drukhs .... ³), Ganâ-Mainyo, den
Dév Aresk (Neid) die Drukhs der Rachsucht, des bösen Auges.
Diese sind nämlich als Waffen des Aeshma geschaffen, wie es
heißt: Sieben Kräfte sind dem Aeshma geschaffen, durch die
er die Geschöpfe vermindert; von den königlichen Helden
schlägt er seiner Zeit durch diese sieben Kräfte sechs, so daß
nur einer übrig bleibt. Wohin der Mithokht kommt, da kommt
auch der Neid hinzu und Aeshma faßt Wurzel, wo aber
Aeshma festhält, da vernichtet er viele Geschöpfe und richtet
große Verwüstung an; Ungebührlichkeit gegen die Geschöpfe
Ormazd's macht Aeshma ganz besonders, die üblen Thaten der
königlichen Helden sind besonders wegen des Aeshma geschehen, wie es heißt, daß Aeshma mit schrecklicher Waffe
dies thut. Der Dév Vajis (Vizaresho?) ist der, welcher den
Seelen der Verstorbenen während jener Tage und Nächte,
wenn sie in der Welt (sind) ⁴), jede Nacht Todesschrecken
einflößt, er sitzt an der Thür der Hölle. Der Dév Ida
(? Añdra) ist der, welcher, wenn die Menschen in ihrem
... Haus ⁵) (sind), dabei sitzt, und wenn sie Speise essen, auf
himmlische Art ihnen das Knie in den Rücken stößt, d. h.
spricht (65) .... ⁶).]

---

¹) Die durchschossenen Wörter sind nach Anquetil ergänzt, da der lithographirte
Codex lückenhaft ist. Auch in der Uebersetzung einiger der dunkeln Pflanzennamen
bin ich Anquetil gefolgt, da ich ihn in den Fällen, wo ich ihn controliren konnte,
fast durchgängig zuverlässig gefunden habe. Die drei letzten Zeilen sind mir unverständlich, Anquetil übersetzt sie folgendermaßen: *Lorsque l'on prie, il faut mettre
en-bas (sur une pierre) un peu de chaque espèce de ces arbres, à quatre doigts du
feu, en devant; et en grande quantité près de celui qui prie.*
²) Das Blatt, welches Capitel XXVIII enthalten sollte, fehlt sowohl in der
pariser, als in den copenhagener Handschriften.
³) Undeutlich, vielleicht ܬܠ Gesänk.
⁴) Es sind wohl die ersten drei Tage nach dem Tode gemeint.
⁵) Lückenhaftes Wort.
⁶) Lücken im Texte.

Capitel XXX.

1. Ueber die Keśvar's wird gesagt in der Din: Diese sechs haben Meister, ein jeder hat einen Meister. Nämlich Arezahi's Meister ist Aśāśaggihat egvandinān; Çavahi's Meister ist Hôazarô dathrianâ; (Vidadatfśn's Meister ist) Parestyaro; Fradadatfśn's Meister ist Çuaitanidi Huçpasniân; Vôuruba-reśti's Meister Hugaçp; Vôuruzareśti's Meister ist Cakhravâk. Zartust ist des Keśvar's Qaniratha und aller Keśvar Meister, der Reine, und wird der Irdischen Meister genannt (gaethya ratu); denn alle haben die Din von Zartust empfangen.

2. Im Keśvar Qaniratha sind viele Orte, an welchen seit endloser Zeit ein heftiger Kampf des Widersachers durch über-irdische Kraft .... gebunden ist. Man nennt sie Habâvanhâ's von Qaniratha.

3. Auf diese Art sind diese zweiten Keśvar's: nämlich Kandic, das Land Çaokavastâ: die Wüste der Taćik's und die Wüste Peśiânçi; Rat Navtak; Airanvic; Vargemkrt; Kasmir.

4. Und es ist für sie (diese Art) je ein unsterblicher Meister zur Herrschaft aufgestellt, wie gesagt ist: Pasutan Viçtâçpa's Sohn, den man Citrumino nennt im Lande Kandić. Aghrirac, Pseng's Sohn im Lande Çaokavaçta, (69) welches man sprüchwörtlich Parsadgâ nennt. Khumbya in der Wüste Peśiânçai — deswegen heisst er Khumbya, weil er aus Furcht vor Chasm in einem Khumba [1]) aufgezogen wurde. — Der Baum Ohnegift in Airanvić. — Urvataduara, Zartust's Sohn, in dem von Ǵim gemachten Var.

5. Bezüglich derer wird gesagt, die unsterblich sind, wie Narći, Vivanhao's Sohn; Tus, Nodara's Sohn; Giw, Godarza's Sohn; Bairazi, der Kampfmacher; Aśavand, der Sohn des Pou-rudakśta. — Diese alle bei der Neumachung kommen zur Hülfe des Çsianç hervor.

6. Wegen des Çam wird gesagt: er war unsterblich; als er aber die Lehre der Mazdayaçna's verachtete, da tödtete ihn ein Turanier, den man Nhac nennt, als er schlief, mit dem Pfeil; dort in der Wüste Peśyânçat. Und als jener schlechte Buśyânçta über ihn kam, da zitterte er mitten in der Hitze. Der Glanz ging hinauf in den Beheścht um dieser That willen,

---

[1]) Müller, Todtenbest. p. XVIII.

dafs, wenn die Schlange Dahâk loskommen und er aufstehen wird, dann tödtet er sie. Zehntausend Fervars der Reinen bewachen ihn. Dahâk (ist der), welchen man Bivaraçp nennt. Und dies ist gesagt: Fritûn, als er den Dahâk überwand, konnte ihn (70) nicht tödten; er band ihn darauf an den Berg Dmâvnd. Wenn er loskommen wird, steht Çam auf, (er schlägt) und tödtet ihn.

7. Wegen Kandić ist gesagt: es ist an der östlichen Seite vom Meer Vourukaśa, auf jener Seite viele Parasangen weit. Die Wüste Pešiânçai ist in Kabulistan, wie gesagt ist: die offenbarste Höhe in Kabulistan ist Pešiânçai — dort ist es am heifsesten; auf der höchsten Höhe ist keine Hitze.

Airanvic ist auf der Seite von Atropâtkân.

Das Land Çaokavaçtân ist auf dem Weg Turkestans nach Ceniçtan auf der nördlichen Seite.

Das (Var) vom Gim gemacht ist mitten in Persien in Çrwâi. So sagt man: Gemkrt ist unter dem Berg Gemkan. Kesmir ist in Hindustan.

_____ · ___

§ 1. Der erste §. zählt die Meister der sieben Kešvar's auf, aber in so corrumpirter Gestalt ihrer Namen, dafs ohne neue Quellen die Stelle wohl immer unheilbar bleiben wird. Einige Bemerkungen können jedoch gemacht werden. Zuerst die, dafs die Kešvar's hier in umgekehrter Ordnung aufgezählt werden, in Vergleich mit p. 20, 16. — Ferner ist offenbar vor Parcstyaro: Vidadatfan rat ausgefallen. Die Patronymica auf *ân* oder *âna*, welche sich dreimal wiederholen, sind achtzendische (vergl. die armenischen Patronym. auf *ean*, Peterm. p. 130) und beweisen, dafs diese Namen aus Zendischen Texten geschöpft sein müssen. Huçpaaniân erinnert an uçpâçnu's (Farv. Y. 121), welches dort ebenfalls Patron. ist. Hugaçp dürfte Hvaçpa sein (Farv. Y. 122). Cakhravâk ist das Skr. cakravâka, welches eine Gänseart bezeichnet. (Minokh. p. 402 heifst cakravâka der Meister der Vögel). Ob diesem Namen irgend etwas Historisches zu Grunde liegt; ob sie, wie es den Anschein hat, zum Theil fremden Sprachen entlehnt sind, oder ob dieser freudartige Schein nur von der Entstellung herrührt, dafs ist unmöglich zu entscheiden. — l. 9 ist zu lesen: *git rat gaethya ratus*; zu l. 10 vergl. p. 21, 7.

§ 2. Dieser und der nächste §. beschäftigt sich mit besonders merkwürdigen Localitäten des Keśvar Qaniratha. Von diesen werden Iranvedj, Kanguedez, Vardjemguerd und Kaschmir auch in Sad-der Bundehesch (Z. A. I, 2, p. XXXI) genannt: Es scheint, daſs analog den sieben Keśvar's sieben Abtheilungen angenommen wurden: 1) Kandić, 2) das Land Çaokâvaçta, 3) die Wüste der Taćih's, 4) die Wüste Pesiânçi, 5) Rat navtak, 6) Airanvić, 7) Vargemkrt, 8) Kasmir. In der Aufzählung der lebendigen Herrscher dieser Länder aber wiederholen sich nur: 1) Kandić, 2) das Land Çaokâvaçta, 3) die Wüste Pesiânçai, 4) Airanvić, 5) Var-ġemkrt. Von p. 71,8 an werden dann noch geographische Bestimmungen über: 1) Kandić, 2) die Wüste Pesiânçe, 3) Airanvić, 4) das Land Çaokâvaçta, 5) Var-ġemkrt und 6) Kasmir gegeben. Sonach ist die Wüste der Taćih's ausgelassen und Rat navtak. Eine von beiden Localitäten ist aber zur Ergänzung der Siebenzahl nöthig. Die Wüste der Taćih's kommt p. 37 l. ult. vor, wo der Sohn Frarânk Taé sich in ihr niederläſst. Rat oder vielmehr Rut navtak findet sich p. 18, 7; 53, 18; 54 ult. Er bedeutet einen schiffbaren Fluſs, insbesondere aber einen solchen, in welchem Afrasiâb sich verbarg. Ich glaube, daſs dieser Fluſs, der ohnehin unter Länder nicht paſst, irriger Weise eingeschoben ist. Höchst auffallend erscheint mitten unter iranischen Orten Kaśmir. Man könnte versucht sein, dabei an jenes Kośmir zu denken, wo die berühmte Cypresse Zarathustra's stand; vergl. Vuller's Fragm. p. 118. Allein unser Text setzt es durch den Zusatz „in Hindustan" auſser Zweifel, daſs Kaçmîra gemeint ist.

Capitel XXXI.

Ueber die Todten-Auferstehung und den zukünftigen Leib ist in der Din gesagt: Von da, als Maschia und Maschiana aus der Erde gewachsen waren, genossen sie zuerst Wasser, sodann Früchte, dann Milch, dann Fleisch; und auch die Menschen, wenn die Zeit ihres Todes kommt, hören zuerst auf, Fleisch, dann Milch, dann Brod zu essen; genieſsen, bis sie sterben, nur Wasser. Und so wird auch im Hazar (Jahrtausend) des Hursitmah die Kraft und die Begierde so abnehmen, daſs die Menschen an einem Opferessen drei Tage und Nächte gesättigt sind. (71) Dann werden sie vom Fleisch-

8

essen ¹) abstehen und Milch geniefsen, dann von der Milch
abstehen und Früchte geniefsen, dann vom Früchtegeniefsen
abstehen und Wasser geniefsen, bis ....²) des Jahres,
wenn Susius kommen wird, dann werden sie zum Nichtessen
gelangen und doch nicht sterben.

Dann wird Susius die Todten herstellen, wie gesagt ist:
Zartust fragte Ahura: der Leib vom Wind weggetragen, vom
Wasser weggeführt, von wannen wird er wieder gemacht werden? die Todtenauferstehung, wie wird sie sein? Ahura antwortete: Wenn durch mich der Himmel (ist) ohne Säulen in
geistigem Bestand, mit fernen Gränzen, leuchtend von glänzen-
dem Edelstein; wenn durch mich die Erde ist, welche die bekörperten Wesen trägt, dieweil kein Träger der Erde ist; wenn
durch mich Sonne, Mond und Sterne im Luftraum mit leuch-
tenden Körpern schweben; wenn (durch mich) das Getreide
geschaffen ist, welches, in die Erde gelegt, neu aufwächst und
in Vermehrung wieder entsteht; wenn durch mich in die Bäume
die Adern gesetzt sind, je nach der Gattung; wenn durch mich
in den Bäumen mancherlei Art das Feuer geschaffen ist, das
nichtbrennende; wenn durch mich in die Mutter (Schwangere)
der Sohn geschaffen ist .... und jedem Einzelnen: Haut,
Nägel, Blut, Fuß, Auge und Ohr mancherlei Verrichtungen
angewiesen sind; wenn durch mich dem Wasser Fuß geschaffen ist, daß es hervorfliefst, und die Wolke geschaffen ist,
welche das (Sp. irdische) Wasser trägt und da, (72) wo ich
will, niederregnet; wenn durch mich die Luft geschaffen ist,
welche augenfällig in der Windsbraut von unten nach oben
nach Belieben führt und die man doch nicht mit Händen greifen
kann; wenn jedes Einzelne von diesen von mir geschaffen ist,
ist es nicht schwerer gewesen, als die Todtenauferstehung
machen? Ist nicht in der Todtenauferstehung eine Hülfe dieser, welche, als ich diese machte, nicht war? Merke auf: als
dies nicht war, ist es gemacht worden, und das, was war, wie
könnte ich es nicht wieder machen?

Denn es werden zu jener Zeit von der geistigen Erde die
Knochen und vom Wasser das Blut, von den Bäumen die Haare,

---

¹) Hier ist der Text offenbar verderbt, p. 71, l. 1 ist *huror* zu streichen, l. 2
ehr ma pim zu lesen und *huror nafmmed ehr ma* einzuschieben.

²) *agria* Sp. viele, viele Jahre.

vom Feuer der Lebenshauch, wie sie in der Schöpfung ergriffen worden sind, zurückgefordert.

Zuerst werden die Gebeine des Gayomart sich wieder erheben, dann die des Maschia und der Maschiunah, dann die der andern Menschen; in fünfzig und sieben Jahren werden alle Todten erweckt (hergestellt) sein.

Wenn die Menschen erstehen, sowohl die, welche fromm, als die, welche gottlos sind, dann wird Jedermann von dort sich erheben, wo sein Lebenshauch von ihm gegangen ist. Wenn dann alle bekörperten Wesen wieder in Körpergestalt sein werden, dann werden sie in Gattungen sein. Das Licht in der Sonne wird halb den Gayomart, halb die übrigen Menschen erkennen machen (Sp. erleuchten); es wird die Seele den Leib erkennen: das ist mein Vater, das ist meine Mutter und das ist mein Bruder, das ist mein Weib, (75) da ist irgend einer meiner nächsten Verwandten. Dann wird die Versammlung Çatvâçtrân sein; die Menschen werden alle auf dieser Erde stehen. In dieser Versammlung wird jeder Mensch seine eignen guten und bösen Werke sehen. Dann wird in dieser Versammlung der Gottlose so offenbar, wie ein weißes Thier unter den schwarzen ist. In dieser Versammlung wird, wenn der Fromme im irdischen Leben einen Gottlosen zum Freunde hatte, der Gottlose den Frommen jammernd fragen: Warum, als wir noch im irdischen Leben waren, hast du mir von den guten Werken, die du gethan, keine Kunde gegeben? Hierauf wird dieser Fromme ihm nicht antworten und er wird in dieser Zusammenkunft vor Schmach vergehen (in Schande sinken) müssen.

Dann werden sie die Frommen von den Gottlosen trennen, dann werden die Frommen in den Himmel (Grotmân) und die Gottlosen hinab (Sp. wieder) in die Hölle gebracht; drei Tage und Nächte werden sie körperlich in der Hölle Strafe leiden, die Frommen aber werden im Himmel körperlich diese drei Tage Freude schauen, wie gesagt ist: an jenem Tag, wenn die Frommen von den Gottlosen getrennt werden, wird jeder Mensch Urin an den Füßen hinab lassen. Wenn dann von seiner Genossin (Sp. Mutter) der Vater und der Bruder von seinem Bruder, Freund vom Freund getrennt werden, dann wird Jedermann seine Werke genießen; es werden weinen die Frommen über die Gottlosen und die Gottlosen über sich selbst. Denn es ist der Vater fromm und der Sohn gottlos,

8*

(74) ein Bruder fromm und einer gottlos. Diejenigen, welche um ihrer Werke willen gemacht sind, wie Dhàk, und Fraçiac der Turanier, und die anderen von dieser Gattung, werden die Strafe der Todsünde leiden, die anderen Menschen werden sie nicht leiden, vielmehr die Strafe, welche man die der drei Nächte nennt.

In dieser Neumachung (Fraskrt) werden jene frommen Menschen, von denen geschrieben steht, dafs sie lebendig sind, fünfzehn Männer und fünfzehn Frauen, dem Susius zu Hülfe kommen.

Der Komet Keulenkopf, wenn er am Firmament vom Kreis des Mondes herab auf die Erde fällt, dann wird die Erde auf die Weise zittern, wie das Schaf, welches in die Klauen des Wolfes fällt. Dann werden im Feuer Armuçtin die Metalle der Berge und Höhen schmelzen und auf der Erde wie einen Strom bilden. Dann werden alle Menschen in diese Metallschmelzung hineinsteigen und davon rein werden. Den Frommen wird es so vorkommen, wie wenn sie in warme Milch gingen; wer aber gottlos ist, dem wird es in der Art vorkommen, wie wenn er in der irdischen Welt in einen Metallschmelz ginge. Hierauf werden in der gröfsten Freude alle Menschen zusammenkommen, Vater und Sohn, Bruder und Freund; einer wird den andern fragen: so viel Jahre sind dies, dafs ich existirt habe. Wie ist es dir in dem Seelengericht ergangen, bist du fromm gewesen oder schlecht (75)? Hierauf wird zuerst die Seele den Leib sehen. Hierauf wird sie Fragen stellen. Alle Menschen werden auf einmal ihre Stimmen erheben und Lobpreisungen dem Ahura und den Amêša-Çpenta's darbringen. Ahura wird auf seinem herrlichen Thron ohne Schöpfung sein, denn Werke wird er nicht vollbringen, während jene die Todten bereiten. Das Opfer bei der Todtenherstellung vollzieht Susius mit den Helfern; das Rind Hadayaus tödten sie bei diesem Opfer; von der Milch dieses Rindes und dem weifsen Hom [1]) bereiten sie Leben und geben es allen Menschen und alle Menschen werden unsterblich sein immerdar. Und dies ist gesagt: Wer im Mannesmafse

---

[1]) Bund. p. 84, 1. Zunächst diesem Baum wächst der heilsame weifse Hom, der an der Quelle des Wassers Ardeçur; wer davon geniefst, wird unsterblich; man nennt ihn den Baum Gokart, wie gesagt ist: Hom Durol, von welchem man bei der Neumachung das Leben bereitet, ist der Erste der Bäume. cf. p. 55, 10.

gewesen, den werden sie im Maſs von vierzig Jahren wieder herstellen; diejenigen, welche klein gestorben sind (und nicht erwachsen waren), diese werden sie im Maſs von fünfzehn Jahren herstellen, und jedem Mann werden sie eine Frau geben und die Kinder mit der Frau werden sie ihm zeigen (darstellen); so werden sie thun, wie sonst im irdischen Leben; nur Kindererzeugung wird nicht sein. Dann wird Susius auf Befehl des Schöpfers Ahura die Lohnvertheilung machen, nach der Prüfung der Erforschung von Werken — —. Und das ist, was den Frommen gesagt wird: ich will in den Vahist Grutmān des Ahura gehen, wie es mir gebührt, (76) bekleidet euch wieder mit euern eigenen Leibern für immerdar.

In diese Reinigung wird jeder gehen. Das ist gesagt: Opfer hat er nicht gebracht; Gitikherid hat er nicht befohlen, Kleider den Frommen zu geben, er ist dort nackt. Wer aber dem Ahura Opfer gebracht, den werden die himmlischen Gatha's Kleider machen. Dann wird Ahura den Abriman, Vahuman den Akuman, Asvhist den Andir, Satvar den Çavr, Çpendomat den Taromat, Afaçt den Navithaç, Hurtat und Amurdat Taric und Zaric, rechte Rede die gottlose Rede, Çros den Chasm tödten. Dann werden zwei Drukh's, Ahriman und die Schlange, bleiben. Ahura wird auf die Erde kommen, er selbst Opferer werden, das Aiwanbem Çros, als Raspi, in die Hand nehmen. Ahriman und die Schlange werden durch die Kraft der Lobgesänge geschlagen und hülflos und schwach gemacht. Auf jener Brücke des Himmels, auf welcher er herbeilief, wird er in die tiefste Finsterniſs zurücklaufen. Die bössamige Schlange wird in dieser Metallschmelzung verbrennen. Der Gestank der Unreinigkeit, die in der Hölle war, wird in diesem Brande der Metalle rein werden. Dieser verfluchte böse Geist wird hineinlaufen und in dem Metall zu Grunde gehen; diese Erde der Hölle wird wieder zur Fruchtbarkeit der Lebendigen gelangen, eine neue Schöpfung in der Welt nach dem Wunsch der Lebendigen, unsterblich für (77) immerdar. Auch dies ist gesagt: Diese Erde wird rein und eben sein; auſser dem Berg Cakat-Cinvar wird ein Aufsteigen und ein Hinabtragen nicht sein.

---

¹) Die Namen der Daeva's kommen zum Theil Farg. X, 9, 10. XIX, 43; zum Theil Zam. Y. 96 vor.

Capitel XXXII.

Ueber den Namen des Geschlechtes der Kaianier: Huśing, (Sohn) des Fravâk, des Çiahmak, des Meśia, des Gayumart. Tahmuraſ, Çpitur, Narei, welchen man auch den Helden von Çin nennt, waren alle Brüder. Von Gim und Gimak, welche seine Schwester war, wurde ein Paar erzeugt: Mann und Weib waren die gesammte Erzeugung; Mirk und Vouru-Zairi caśma hiefsen sie, wovon das Geschlecht weiter ging. Dieser Çpitur war mit Dahâk, als er Gim verwundete. Dieser Nari lebte auch nachher, man nennt ihn Çnçr-gyâvân, man sagt: hätte er seine Hand hinein gethan, so hätte er alle Tage in Gesundheit zugebracht und alle Speisen rein gemacht. Dahâk (ist Sohn) des Khrutâçp, des Zainigân, des Virarcasni, des Tâz, des Fravâk, des Çiâmak. Eg̔, die Mutter Dahâk's, des Udayê, Bayak, Tambayak, Owokhm, Paiurvaeçm, Gaewithwi, Driwai, Yâçka, Ganâmainyo. Fritun Açpiân; Çiâk-turâ (Schwarzstier) Açpiân; Borturâ (Braunstier) Açpiân; Çiâk-turâ Açpiân; Çpit-turâ (Weifsstier) Açpiân; Gaſr-turâ (Fettstier) Açpiân; Ramak-turâ (Heerdenstier) Açpiân; Vanracargesni (?) Açpiân; Gim Vivaghân, so dafs sie, ungerechnet Açpiân (78) Purturâ, zehn Generationen sind; jeder von ihnen lebte hundert Jahre, was tausend Jahre macht. Diese tausend Jahre waren die böse Herrschaft des Dahâk. Von Açpiân Purturâ wurde Fritun erzeugt, welcher der Rächer des Gim heifst, und die ganze Nachkommenschaft waren Barmâyun, Katâyun, Fritun, welcher von ihnen der frömmste war.

Von Fritun wurden drei Söhne erzeugt: Çalm und Tuz und Airic. Von Airic wurde eine Tochter und ein Paar erzeugt: Zwillingssöhne, Namens Vanitar und Anaçtokh; die Tochter war Ganga. Çalm und Tuz tödteten den Airic und seine unglücklichen Söhne, die Tochter brachte Fritun in die Verborgenheit. Von dieser wurde ein Paar [1]) geboren; und als jene es erfuhren, tödteten sie die Mutter. Dieses Paar brachte Fritun in die Verborgenheit bis zum zehnten Geschlecht. Als Manushursit .... fiel. Von Manushursit (Vini), der Schwester, wurde Manusqarnar; von Manusqarnar: Manuscihr erzeugt, der Çalm und Tuz tödtete zur Rache des Airic. Von

---

[1]) Oder: eine Tochter?

Manuscibr wurden erzeugt: Fris, Nòdar und Durâçrô. Also
Manuscibr, Manusqarnar, Manusqarnak, Kamâmçozak, Butârak,
Thritak, Bitak, Frazusak, Zusak, (79) Fraguzak, Gusak Airic.
(Afrasiab) (war Sohn) des Pâeg, des Zàedhm, des Turk, des
Çpaeuaçp, des Durosaçp, des Turc, des Fraèdaèn (Thraètaona).
Er (Afrasiab) und Garçèwaz Kikadâuanavand und Agrêrad
waren alle drei Brüder.

Capitel XXXIII.

Ueber die Genealogie (des Zartust): Purśaçp war ein Sohn
des Çpitaraçp, des Haccadaçp, des Casnus, des Paituraçp, des
Haran, des Hardâre, des Çpetaman, des Vidast, des Ayazemn,
des Ragani, des Durâçrûn, des Manoscchr. Paitîraçp hatte zwei
Söhne: einer Porusaçp, einer Aràçti. Von Porusaçp wurde
Zartust an dem Sitz des Dargaflusses erzeugt, von Aràçti
Mitukmâh gezeugt. Zartust, als er das Gesetz brachte, erschien
zuerst in Airanvie, Mitukmâh empfing das Gesetz von ihm. Die
Mopets in Persien gehen alle auf diesen Samen des Manuscibr
zurück. Ich sage zum zweiten Male (weiter): Von Zartust
wurden drei Söhne erzeugt: einer Içat-vâstar, einer Hurvatatnar, einer Hursitcihr, nämlich Içatvâçtra war der Meister der
Açarvas (Athourvanas) und der Mahupat der Mupets und er
starb hundert Jahre nach der Din. Hurvat-nar ist der Meister
der Vâçtryas (Ackerbauer) im Var-gem-kart unter der Erde.
Hursitcihr ist der Ratastar (Krieger) Heerführer. (Pisutan,
der Sohn Vistâçpas, verweilt in Kandie.) (Zartust hatte) drei
Töchter: eine Frin, eine Çarit, eine Purciçt mit Namen (80).
Hurvat-nar und Hursit-cihr sind vom Weib Cakar geboren,
die andern von dem herrschenden Weib. Von Içatvâçtra
wurde ein Sohn erzeugt, Namens Ururvaga, man nennt ihn
Arangi Nairadâ; defswegen, weil die andern von dem Kebsweibe sind, so werden sie in die Familie des Içatvâçtra eingerechnet. Und dies ist bekannt: die Söhne des Zartust,
nämlich: Hursit-dar und Hursit-mâh und Susius, sind von der
Ilvov, wie gesagt ist: Zartust ging dreimal in die Nähe der
Ilvov, allemal fiel der Saamen zur Erde, Niriusengh des Izet
. . . . . . ergriff all diesen Saamen und übergab ihn zur Bewachung dem Izet Anâhit bis zur Zeit, wo er sich mit der
Mutter vermischt. 99,999 Myriaden Frohars des Reinen sind
zur Bewachung aufgestellt, d. h. sie wehren die Div's ab. Die

Mutter des Zartust hiefs Dughdà, der Vater der Mutter des
Zartust Frahimravù.

Capitel XXXIV.

Ueber die Berechnung der Jahre. Die Zeit besteht aus
12000 Jahren. Es ist gesagt in der Din: Dreitausend Jahre
war der geistige Bestand (κτίσις) eine Schöpfung, die unbeschädigt, unwandelbar, unergreifbar war. Dreitausend Jahre
war Gayomart mit dem Stier in irdischem Bestand; als vorüber waren sechstausend Jahre ohne Widersacher, kam Hazar
(Tausend) der Herrschaft von Krebs, Aehre und Löwen (81), das
sind dreitausend Jahre. Als dann die Herrschaft an die Wage
kam, da lief der Widersacher herein und Gayomart lebte in
seiner Feindschaft dreifsig Jahre. Nach diesen dreifsig Jahren
sind Mesia und Mesianah aufgewachsen: fünfzig Jahre waren
es, dafs bei ihnen das Verhältnifs von Frau und Mann nicht
war. Dreiundneunzig Jahre. Tahmuraph dreifsig Jahre. Gim,
bis die Gnade von ihm wich, sechshundertundsechszehn Jahre
und sechs Monate. Hierauf war er hundert Jahre in der Verborgenheit. Dann kam das Tausend der Herrschaft an den
Scorpion und Dahàk machte tausend Jahre. Dann kam das
Tausend der Herrschaft an den Centauren, Fritun fünfhundert
Jahre. In der Zeit des Fritun, Jahre des Fritun (ist einbegriffen) Airic mit 12 Jahren. Manuscihr hundertundzwanzig
Jahre. In die Zeit der Herrschaft des Manuscihr (ist einbegriffen), als er in der Gefangenschaft war. Fràvic (Afrasiab)
mit zwölf Jahren. Zab, Tahmaçpas Sohn, fünf Jahre. Kikabût
fünfzehn Jahre. Kikàus, bis er zum Himmel ging, fünfund-
siebenzig Jahre, hierauf im Ganzen hundertundfünfzig Jahre.
Ki Huçruv sechszig Jahre. Ki Kuràçp hundertzwanzig Jahre.
Vohuman Çpandàt hundertzwölf Jahre. Humài, die Tochter
Vohuman's, dreifsig Jahre. Dùrài Cihràzàtàn, d. i. Vohuman,
zwölf Jahre. Dùrà, des Dàrà Sohn, vierzehn Jahre. Skandar
Arumàk vierzehn Jahre. Die Askauiden, in unbeständiger Herrschaft, Namen tragend, zweihundertundvierundsechszig Jahre (82).
Dann kam die Herrschaft an die Tazier (Araber).

5. Alter des Systems und der Texte.

Erstes Capitel.

Die äußeren Zeugnisse.

Um die äußerste Gränze zu bestimmen, über welche wir
die zarathustrische Lehre nicht herabrücken dürfen, sind die
Inschriften des Darius Hystaspes und seiner Nachfolger von
der größten Wichtigkeit. Wenn es sich nämlich nachweisen
läßt, daß diese Denkmäler die genannte Religion voraussetzen,
ja Reminiscenzen an die uns vorliegenden Texte der heiligen
Bücher enthalten, so ist damit einstweilen so viel erwiesen,
daß das zarathustrische System nach 510 v. Chr., wohin ungefähr die Inschrift von Bisutun zu setzen ist, nicht entstehen
konnte. Dieser Beweis wird freilich denen sehr geringfügig
erscheinen, welche Zarathustra mit Hystaspes dem Vater des
Darius verbinden und es sonach als von selbst verständlich
betrachten, daß der Prophet jener Inschrift voranging. Der
Verlauf der Untersuchung wird uns aber die völlige Boden-
losigkeit dieser Annahme lehren, so daß wir also genöthigt
sind, uns nach festerem Halt umzusehen.

Daß Darius und seine Nachfolger dem Glauben Zarathustra's anhingen, bedarf eigentlich keines Beweises. Die
durch alle Inschriften gehenden Versicherungen, daß durch
die Gnade Auramazda's dem König die Herrschaft[1]), aller
Sieg[2]) und alle Hülfe bei seinen Unternehmungen[3]) zu Theil
geworden sei, die wiederholten Anrufungen des Gottes thun es
auf das Unwiderleglichste dar. Der Name Auramazda ist
ebenso unzertrennlich von der Religion Zarathustra's, als der
Name Christi von der christlichen, weshalb denn auch die
älteste namentliche Erwähnung des Zoroaster im classischen

Alterthum bei Plato[1]) beide Namen mit einander verbindet,
wenn er sagt: einer der Lehrer des persischen Königssohnes
unterrichte ihn sowohl in der Magie des Zoroaster des Oromazes (nämlich im Dienst der Götter), als auch bezüglich des
königlichen Amtes. Die Worte: des Zoroaster des Oromazes
können nur den Sinn haben, dafs ersterer seine Lehre von diesem Gott empfangen. Nichts berechtigt uns, den Namen Auramazda für einen der älteren volksthümlichen Mythologie ent-
lehnten zu betrachten; schon seine Bedeutung ist eine theolo-
gische: er ist der Gott des zur Zeit der Inschriften in Iran
herrschenden Religionssystems, wie uns dies die scythische oder
turanische Uebersetzung urkundlich bezeugt, wenn sie Bis. IV,
77, 79 (Norris p. 130) sagt: *Auramasta annap Arriyanam*:
Auramazda, der Gott der Arier; wie p. 145 das Persische die
Sprache der Arier heifst.

Die stets wiederkehrende Formel[2]): *rasnd Auramasddha*
„durch die Gnade des Auramazda" findet sich in den Zendtexten nicht, wohl aber *raçna*, was Neriosenh mit *abhildiah* giebt
(vergl. Burnouf Yaçna p. 93); Zam. Y. 19, 23; Nyaish. I, 2;
Farg. XVI, 14; es ist das Sskr. *uçand* begierig, freudig; das
Arm. *rass* wegen. Die Lehre aber, dafs alles Gute, aller Sieg,
alle Herrschaft von Ahura komme, geht durch alle Zendtexte
hindurch.

Damit aber kein Zweifel sei über das Wesen dieses zarathustrischen Ahura, wird er in den Inschriften ausdrücklich
der Schöpfer Himmels und der Erde genannt; so in denen des
Darius zu Nakschi-Rustam und Alwand (Benfey, Keilinschr.
p. 55 u. 62): „ein grofser Gott ist Auramazda; er hat diese
Erde erschaffen; er hat diesen Himmel erschaffen; er hat das
Wohl[3]) der Menschen erschaffen"; was sich auf den Inschriften des Xerxes und Artaxerxes Mnemou zu Persepolis wörtlich
wiederholt. Nichts ist so specifisch zarathustrisch inmitten des

[1]) Alcib. p. 122. A. ὧν ὁ μὲν μαγείαν τε διδάσκει τὴν Ζωροάςρου τοῦ Ὡρομάζου· ἔστι δὲ τοῦτο θεῶν θεραπεία· διδάσκει δὲ καὶ τὰ βασιλικά. Apu-lejus Oral. de Magia (II, p. 273) beruft sich auf diese Stelle und nennt die Magie *imo inde a Zoroastre et Oromaze auctoribus suis nobilem.*

[2]) Die assyrische Uebersetzung giebt nach Oppert (Z. d. D. M. G. XI, p. 136) Entzifferung בללצ Schatten, Schutz.

[3]) *Sightim* ist verschieden gedeutet worden; mir scheint es gleich Z. *játi* zu sein, wie aus *ha âyn* geworden; *ádti* kommt vor Y. Fr. 11, 2; Vlsp. VII, 8, wo der Schlaf die Freude oder das Glück von Thieren und Menschen genannt wird.

Persien ringsumgebenden polytheistischen Heidenthums, als diese
Lehre von der Schöpfung der Welt durch Ahura, die sich
ebenso in den Zendtexten findet; auch der Ausdruck *adâ* ist
dem zendischen *dadha* (Yaçn. I, 1), *dadhâm* (Mih. Y. 1), *fra-
dadhâm* etc. identisch. Auramazda heifst aber nicht blofs der
grofse Gott (*baga*, wie er auch Yaçn. LXX, 1 genannt wird,
und Yaçn. X, 10 ist *baghô* gewifs auf Ahura zu beziehen), sondern auch der gröfste der Götter: *mathista bagânâm* (Darius
Inschr. II. Benfey p. 52), wie von Mithra (Mih. Y. 141) gesagt wird: *baghanâm açti as-khrathwaçtemô* „er ist der Götter
intelligentester“. Es werden nämlich neben Auramazda noch
andere Götter theils im Allgemeinen erwähnt (*uta aniyâ bagâha*
Bis. IV, 61, 62; *hadâ bagaibis* Xerxes A. 28, Ca 15, E. 18;
hadâ vithibis bagaibis Darius II. 14, 22, 24, was die Schutz-
götter des achämenidischen Hauses, die θεοὶ πατρῷοι des
Xenophon bedeutet), theils in den Inschriften des Artaxerxes
Muemon namentlich genannt: Mithra und Anâhita, woraus, wie
anderswo gezeigt wurde, keineswegs geschlossen werden darf,
dafs erst Artaxerxes diese Culte einführte, sondern nur, dafs er
ihnen besonders zugethan war.

Gradeso finden wir aber auch in den Zendtexten die Unter-
ordnung einer Reihe göttlicher Wesen unter Ahura, der die
Ameša-Çpenta's, die Yazata's, z. B. Mithra und Anâhita, geschaffen hat (Orm. Y. 25) und will, dafs ihnen Ehre erwiesen
werde, wie es die Yasht's oft wiederholen.

War also zur Zeit der Inschriften das zarathustrische System
in Persien herrschend, so darf es uns auch nicht wundern, dafs
sie, wo von religiösen Dingen die Rede ist, in der Sprache der
heiligen Bücher sprechen. So wird das in den Zendtexten
häufig (z. B. Ab. Y. 18 sqq.) vorkommende Wort *gaidhyaiti*:
anflehen um eine Gabe, wiederholt gebraucht; Darius N. R. 53:
aitadadam Auramazdâm šadiyamiya aita maiy Auramazdâ dadâtu;
ja, es wird genau, wie Yaçn. IX, 19, damit das Object des
Gebetes: die Gabe *yânem* verbunden, Darius II. 20. Wie in
den Zendtexten Ahuramazda angerufen wird um Hülfe *(araâhê)*
und wie sich ein vedisches *avasyati* (um Beistand bitten) vorfindet, so Bis. I, 54: *paçdea adam Auramazdâm patiyavahiya.*
Der geläufigste Kunstausdruck für den Opfercultus, der göttlichen Wesen gewidmet wird, ist in den Zendtexten *yas*, welches altpersisch *yad* wurde; Bis. V, 35 heifst es: *Auramazdâm*

yadâta; daher der Monat *Bâgayâdis*, und das Wort *ayadana;* welches uns sogleich beschäftigen wird. Die von Gott gewährte Hülfe wird mit den Worten bezeichnet: *Auramazdâ maiy upaçtâm abara* ¹) „A. brachte mir Hülfe", genau wie in den Zendtexten *bara upaçtâm* Ab. Y. 63; *baren upaçtâm* Farv. Y. 1.

Wiederholt wird auf den Denkmälern gesagt: Gott habe dem Herrscher das Reich verliehen (*Auramazdâ khiathram manâ frâbara* Bis. I, 12, 24, 60; N. R. 3, 7). Dies ist aber wörtlich der Ausdruck des Avesta Farg. II, 7, 21, wo von der Verleihung der Herrschaft an Yima die Rede ist, eine Parallele, die um so wichtiger erscheint, als Yima das Urbild der iranischen Herrscher ist und daher die bezüglich der Uebertragung des Reichs an ihn gebrauchte Formel gewissermafsen canonisches Ansehen erhielt.

Auramazda wird in den Inschriften nicht nur im Allgemeinen um Schutz angefleht, sondern es werden auch Darius II. besondere Uebel genannt, vor welchen Gott beschützen soll, nämlich: *hacâ haindyâ* „vor dem einbrechenden Feindesheer", eine in den Zendtexten ²) oft wiederholte Phrase; vor Mifswachs: *dhusiydrâ*, der grade so im Zend bezeichnet wird: *dujydirya* (Tir Y. 52); vor Löge *drauga*, deren übler Einfluss auf ganze Länder im Mihir-Yasht so nachdrücklich geschildert wird.

Wie in den Zendtexten vom Weg der Wahrheit und vom falschen Weg die Rede ist ³), so mahnt Darius am Schlufs seiner Grabschrift den Menschen, den Befehlen des Auramazda, die ihm verkündet, treu zu sein und den rechten Weg nicht zu verlassen: *pathim tyâm râçtâm mâ avarada* ⁴). Auch diese

---

¹) Bis. I, 25, 55, 67, 94; II, 24, 84, 40, 45, 54, 60, 68, 88; III, 6, 16, 37, 44, 60, 65, 86; IV, 60. N. R. 50. *manâ Auramazdâ upaçtâm baratâ* II. 18.

²) Mih. Y. 98: *nipayâô nô pairi haînôyô;* Tir Y. 66 etc.

³) *Aéaôî poiti pantâm* Mih. Y. 86 und *raraithim pantâm* Mih. Y. 88; Farg. III, 11.

⁴) Der Superlativ *râsta* findet sich Mih. Y. 137; Bahr. Y. 47; es bedeutet: „gradest"; entsprechend: *razistem pantâm* Mih. Y. 8; *erezdo pathô* Yaçn. LIII, 9; *razistahî pathô* Yaçn. LXVIII, 18; *thadaya*, welches dem Zendischen *çud* an vergleichen ist, mufs nach der assyrischen und turanischen Uebersetzung mit dem ersten Satz verbunden werden; *gaçtâ* möchte von Sskr. *gad logai* abzuleiten sein; *avaradi* aber von Z. *ras*, was in der Zusammensetzung *bâm-râsyata* Zam. Y. 47, 40 vorkömmt; *râçta* und *avarada* sind daher wortspielende Antithesen. — Uebrigens scheint sich auf diese Stelle der Grab-Inschrift jene merkwürdige Notis des Porphyrius (de Abst. IV, 16) p. 848 zu beziehen: Παρὰ γε μὴν τοῖς Πέρσαις οἱ περὶ τὸ

Parallele ist von grofser Bedeutung; denn der rechte Weg ist der *terminus technicus* für die zarathustrische Lehre.

Von den in den Inschriften vorfindlichen Phrasen *sbartam abaram* (Bis. I, 21) und *ufraçtam aparaçam* ist die erstere in den Zendtexten wörtlich vorhanden; vergl. Mih. Y. 112; Ram. Y. 40; Farv. Y. 18. Die Wurzel *pereç*, *fraç* hat aber auch im Zend die Nebenbedeutung der peinlichen Inquisition oder Strafe.

Unter den Gütern, die in den heiligen Büchern als besonders wünschenswerth bezeichnet werden, nimmt langes Leben einen vorzüglichen Platz ein; so Yaçn. IX, 19: *dareghô-ǵitim*. Grade so wird Bis. IV, 56 dem Guten gewünscht, dafs ihm Auramazda freundlich sei und dafs er lange lebe *(daragam ǵivâ)*. Das Beiwort des Huoma *dûraosa* (krankheitfern) kommt als Epitheton des Landes vor Bis. IV, 29.

Nach den vorher erwähnten Analogieen zwischen den Inschriften und den heiligen Büchern trage ich auch kein Bedenken, Stellen der ersteren, wie Bis. I, 82: *Atrina baçta anayata abiy mâm adamsim ardsanam* (vergl. II, 73, 88), für eine Reminiscenz an jene Texte zu halten, wo die Bindung und Tödtung des Afrasiab durch Kai-Chosrn fast mit denselben Worten erzählt wird; vergl. Gosh. Y. 17 sqq.; Ashi Y. 38.

So gewifs es nun ist, dafs die Keilinschriften überall die zarathustrische Religion beurkunden, eben so sehr läfst sich aus denselben entnehmen, dafs weder Darius, noch sein Vater Hystaspes, welchen die Neueren mit dem Viçtâçpa der Zendtexte identificirt haben, und zwar lediglich auf die Gleichnamigkeit gestützt, Einführer und Beschützer dieser Reform sein konnten. Denn nicht nur zeigt die Art, wie von Auramazda die Rede ist, dafs es ein längst ins Volk übergegangener Glaube war, nicht nur ist mit keiner Sylbe von der Einführung eines neuen Cultus die Rede, sondern im Gegentheil versichert Darius, er habe seine Familie, das Heer und den Staat ganz auf den alten Fufs der Achämeniden hergestellt, wie er vor der magischen Revolution bestand, und den Cultus, an welchem Pseudosmerdis gerüttelt hatte, zu alten Ehren gebracht. Leider ist die entscheidende Stelle Bis. I, 63 eine der schwierigsten und dunkelsten der ganzen Inschrift: *ayadaná tyá Gaumáta hya maghus viyaka adam niyatrdrayam kárahyá abicaris gaithdmcá mániyamcá vithibiscá tyáddis Gaumáta hya maghus adiná.* Daß *ayadaná* etwas auf den Cultus bezügliches sei, beweist das oben schon angeführte *yaddta* Bis. V, 35, und an der Stelle über den zweiten Prätendenten Bis. III, 26 heißt es: das Heer sei *hacá yaddyá frataria* „vom Cultus abtrünnig geworden". Betrachtet man das *a* in *ayadaná* als die Negation, wie Benfey (l. c. p. 12) und Rawlinson (J. R. A. S. XI, p. 31) thun, so würde man dem Wort den Sinn: „nicht zu verehrend" oder: „ohne Opfer" geben müssen. Ist dagegen *a* die Präposition *á*, welche in dem so häufig vorkommenden zendischen *áyéçé* ebenfalls mit der Wurzel *yas* verbunden ist, so muß *ayadaná* eine Art oder einen Ort des Cultus bedeuten, wie Rawlinson (l. c. p. 26) übersetzt: *sacra*. Ist des genannten großen Forschers Entzifferung der assyrischen Uebersetzung richtig, so steht in dieser ein Wort, welches Häuser der Götter [1]) bedeutet, also Tempel, was auch Oppert (Journ. Asiat. 1851 T. XVII, p. 409) annimmt. In der turanischen Uebersetzung steht nach Norris' Lesung (J. R. A. S. XV, p. 102): *anchiyan annappatna*; letzteres Wort *annap* Gott, die Genitivendung *na*; möglich, daß *pat* die Pluralendung ist; jedoch kommt (Norris p. 67) der Plural *annappipa* vor; möglich auch, daß, wie Norris (p. 200) vermuthet, schon in *annappatna* der Begriff „Tempel" liegt, wobei nur der Genitiv auffallend wäre. *Anchiyan* enthält das Gotteszeichen *an* und *chiyan*, was mit *chiya* (sehen) zusammenhängen könnte; das paßt für den Begriff „Tempel", wo man Gott sieht, oder „Götterbild". So viel scheint mir jedenfalls klar, daß die vorgenannte Auffassung von *ayadaná* als negativer Begriff durchaus nicht haltbar ist; daß vielmehr etwas Positives, auf den Cultus Bezügliches gemeint sein muß.

Fast noch größere Schwierigkeit machen die Verba dieses Satzes. *viyaka* übersetzt Rawlinson (l. c. p. 26) mit *vetuit*, in der Interlinearversion mit *induxerat*. Um letzteren Sinn zu gewinnen, müßte man es mit Sakr. *vi + añg (vyakta) manifestare*, oder Zend. *vyakhna* (vergl. Mithra p. 29) zusammenstellen.

---

[1]) Darius in seinem Edict bei Esdr. VI, 7 bedient sich des Ausdrucks ביתאלהא vom Tempel zu Jerusalem.

Oppert leitet es von *vi* + *kan* ab, welches im Zend. wirklich
vorkommt (Farg. III, 13 *rikaiti*) und zerstören, ausgraben bedeutet; freilich würde man *viyakana* erwarten. Auch Rawlinson
(J. R. A. S. XIV, p. LXXXI) giebt dem entsprechenden assyrischen Wort den Sinn von: zerstören; die turanische Uebersetzung (Norris l. c. p. 102) stellt die beiden Verba um: „ich
machte die Tempel (wieder), welche Gaumata, der Magier
tharista, ein Wort, dessen Lesung wohl sicher ist, was aber
nur an dieser Stelle vorkommt. Bemerkenswerth ist der Gegensatz der Präpositionen *vi* und *ni*: *viyaka* und *niyatrdrayam*, der
mir zu beweisen scheint, daß in dem ersten Wort der Begriff
des Wegschaffens, im zweiten der des Herstellens liegen mufs.
Für *niyatrdrayam* las Rawlinson (XI, 1 p. 26) zweifelnd *niya-
pdrayam*, was Benfey (p. 12) billigt; später kehrte R. jedoch
zu *niyatrdrayam* zurück; in der assyrischen Version fehlt das
entsprechende Wort, in der turanischen steht einfach *yutta*: ich
machte. Im Zend kommt *ni-pdrayciñti* vor, Khur. Y. 1 im Sinn
von: verbreiten, hingelangen lassen; Ashi Y. 54 heifst es: zu-
bereiten, darbringen; Farg. XIX, 26 übersetzt es Spiegel mit:
ausbreiten. Wir werden also nicht irre gehen, wenn wir in
den beiden Verbis die Antithesen: „zerstören" und „herstellen"
annehmen.

Die folgenden Worte, worin das bezeichnet ist, was Darius
dem Heere (Staate) wieder zurückgegeben hat, sind verzweifelt.
Mit *abicaris* könnte man Sskr. *abhicdra, abhicarana, abhicdrin,*
Zauber, bezaubernd, vergleichen, aber das giebt keinen Sinn.
In der assyrischen Uebersetzung fehlt die ganze Stelle, in der
turanischen entsprechen den Worten: *abicaris gaithdmcd mdni-
yamcd* die Worte: *ahotas hiak ai hiak kartas* (nach Norris'
Lesung), welche aber nicht weiter vorkommen und uns ebenso
dunkel sind. Rawlinson (l. c. p. 26) übersetzt: *officia sancta
cantationemque cultumque;* Benfey (p. 12) ist, wie mir scheint,
ganz vom Ziel abgeirrt, und ebenso Oppert (l. c. p. 411): *j'ai
restauré en saweeur du peuple (gaithdmcd mdniydmca) la terre
et le ciel, que Gomates le mage avait arrachés aux dieux.* Er
vergleicht *gaithdm* mit Z. *gaëtha* Welt, Erde, was allerdings
besser ist, als Rawlinson's Parallele mit Sskr. *gai* singen; aber
deſswegen, weil in den Zendtexten oft der Gegensatz: *gaëthya*
und *mainyava* (irdisch und geistig) vorkömmt, nun *gaithdm* und
und *mdniyam* mit Erde und Himmel übersetzen, ist auch nicht

entfernt gerechtfertigt. Ich glaube, bei der schon vor Jahren von mir (Gelehrte Anzeigen 1850. XXX, p. 488) gegebenen Erklärung stehen bleiben zu dürfen: „ich gab dem Heer wiederum seinen Dienst (Zugang *abhi + car*), seinen Lebensunterhalt und seine Ehre", wobei ich an Herodot III, 67 erinnerte, der sagt, der Magier habe den Kriegsdienst und die Steuern abgeschafft (προείπε ἀτελήίην εἶναι ερατηίης καὶ φόρου ἐπ' ἔτεα τρία). Damit wäre denn auch jede weitere Beziehung des fraglichen Satzes auf die Religion ausgeschlossen.

So haben wir also als die wahrscheinlichste Erklärung der Stelle der Inschrift die gefunden, dafs Darius die Tempel oder Culte, welche der Magier zerstört hatte, wieder aufgerichtet hat, die Wirksamkeit des grofsen Fürsten war überhaupt nach dem ganzen Tenor der Inschrift eine wiederherstellende.

Noch einmal scheint Darius von der Religion zu sprechen und zwar in seiner Grabinschrift zu Nakschi-Rustam. Es heifst dort (Z. d. D. M. G. XI, p. 134): *Auramazdâ yathâ avaina imâm bumim yau — — paçdva dim mand frâbara*. *pardvadim*, wie bisher gelesen wurde, hat Oppert, gestützt auf die assyrische und turanische Uebersetzung, mit vollem Recht in *paçdva dim* corrigirt.

Für das Prädicat der Erde bleibt also nur das vorhandene *yau* und im Vergleich mit den übrigen Zeilen etwa vier bis fünf ausgefallene Keile übrig. Es ist schwer, ein so kurzes Wort zu restituiren und dabei doch den Sinn zu gewinnen, den Oppert in der assyrischen Uebersetzung findet: „anrufend gemäfs den Schriften der Verderbnifs"; Oppert's *ydtum* füllt nicht den Raum, und die Inschrift hat deutlich *yau* nicht *yâ*. Die turanische Version (Norris l. c, p. 151) giebt zwischen *murun (bumim)* und *vasni (paçdva)* die Worte *farravvantim alrusini* nach Norris' Lesung, der im ersten fälschlich eine Transscription von *parâvadim* sieht, welches *paçdvadim* heifsen mufs und ohnehin schon durch *vasni* übersetzt ist; überdies hat Norris Westergaard's Lesung, welche *faravarpi* sammt einem unbekannten Keil lautet, der jenes Wort beginnt, das Norris mit: „denken" übersetzt, willkürlich geändert. Aus *alrusini* weifs ich nichts zu machen.

Doch wir kehren zum Persischen zurück. Ist etwa an Sskr. *yup* sündigen, sich empören zu denken, welches Sâmav. I, 2, 2. 4, 2 vorkömmt? *na ki derâ inimasi na kyd yopaydmasi mantraçrutyaṁ cardmasi.* An einer andern Stelle (bei Benfey Sâmav. p. 159 s. v. *riṣ*) heifst es von Varuna: *acitti yat tava dharmâ yuyopima.*

Sehr wichtig wäre auch die Stelle Bis. IV, 33 sqq., wenn die von Rawlinson geäufserte Vermuthung sich bestätigte, dafs hier von einem Div der Lüge und einem Div (!) der Wahrheit die Rede sei. Dem ist aber nicht so; das Zend. *daêva* müfste im Persischen *daiva* lauten. Die Stelle ist vielmehr nach Mafsgabe der medischen Uebersetzung so zu ergänzen: *drauga did hamitriyâ akhunus tya imiya kâram adhurujyata paçdoa dis Auramazdâ manâ dastayâ akhunuš yathâ mâm kâma avathâ dis akhunuš.*

Nach unserer bisherigen Untersuchung scheint es gewifs, dafs Darius und sein Haus der zarathustrischen Religion anhingen, dafs aber ersterer Culte oder Tempel, welche der Magier Gaumâta entfernt hatte, wieder herstellte. Was Herodot (I, 132) von der Religion der Perser berichtet, dafs sie keine Altäre und Tempel hatten, mag von jener reineren Form des Magismus gelten, die wahrscheinlich Pseudosmerdis vertrat, während die Achämeniden eine Beimischung von Tempeldienst gestatteten, welche in dem Mithra- und Anâhita-Cultus des Artaxerxes Mnemon uns bestimmt entgegentritt.

Was wir so von Darius aus seinem eigenen Munde erfahren haben, stimmt auf höchst merkwürdige Weise mit dem Buch Esdra überein. Hier wird uns I, 1 ff. erzählt, dafs Cyrus von Gott angeregt worden sei, das Haus Gottes in Jerusalem durch die Juden wieder aufbauen zu lassen, dafs er eine Collecte zu diesem Zweck gestattet und auch die aus dem Tempel geraubten heiligen Gefäfse zurückgegeben habe. Allein nach IV, 5 wurde durch die Intriguen der im Lande befindlichen Feinde Israels der Bau unterbrochen und gehindert bis zur Zeit des Darius. Schon am Anfang der Regierung des Achasveros nämlich wurden Klagen gegen die Juden erhoben; den Haupteinflufs aber übten die Gegner unter dem König Artasâsta, an welchen sie sich mittels eines chaldäisch abgefafsten Schreibens gewendet hatten, und der in Folge dessen den Fortbau durch ein eigenes Decret untersagte. Als dieser Feind des heiligen Werkes nicht mehr war, begann man, auf Gebeifs der Propheten, weiter zu bauen. Darius genehmigt nach erhaltenem Bericht der Provinzialbeamten nicht blofs die Vollendung, sondern trägt auch durch Geldspenden bei und befiehlt Naturalleistungen zu Opfern, während er mit einer durch die Strafweisen der Bisituninschrift ganz bestätigten Strenge denen, welche den Bau hindern würden, den Kreuztod androht (VI, 11). Es findet sich im Texte des Esdra nicht die leiseste Andeutung, daß Achaśveroś nicht der unmittelbare Nachfolger des Cyrus war; im Gegentheil: man muß der Erzählung Gewalt anthun, wenn man zwischen Achaśveroś, den man mit Xerxes identificiren will, und Cyrus eine lange Periode einschiebt, über die dann gar nichts berichtet wäre. Hält man dagegen den Achaśveroś mit dem mißtrauischen, grausamen und keineswegs tempelfreundlichen Kambyses, und Artaśaśta mit dem Pseudosmerdis zusammen, welcher durch die Bisituninschrift als Feind fremder, nicht magischer Culte erwiesen ist, so ist es von selbst verständlich, warum die Feinde des Tempelbaues die Regierungszeiten dieser beiden Herrscher benutzten, um die Beschlüsse des Cyrus zu vereiteln, und warum Darius schon aus antimagischer Politik das Werk begünstigte. Ich kann daher Rawlinson's (J. R. A. S. XI, 1 p. 120) und Haneberg's (Geschichte der Offenb. p. 375) Meinung nicht theilen [1]), welche den Darius des Buches Esdra für Darius Nothus halten und somit auch den Artaxerxes des Nehemias mit Mnemon identificiren müssen. Aus dem Umstand, daß Darius das Genehmigungsdecret des Cyrus im Archiv zu Babylon, wie es scheint, umsonst suchen läßt, und daß man es im Schloß zu Achmeta (*Hagmatana* der Inschrift Bis. II, 76) fand, schließen wollen, es müsse eine sehr lange Zeit zwischen diesem Darius und Cyrus verflossen sein, ist ganz unzulässig. War ja doch Darius ein Neuling, der bisher von den Staatsgeschäften nichts wußte, und war so eben, nach des Kambyses Mißregierung und Feldzügen, die Staatsrevolution des falschen Smerdis beseitigt worden. Im zweiten Jahre des Darius aber, wo der babylonische Aufstand und der daran geknüpfte medische noch nicht ausgebrochen war, konnte jene Nachforschung in Babylon und Ekbatana wohl stattfinden. Die Behauptung aber, daß Kam-

[1]) Der höchste Grad von Unwahrscheinlichkeit ist durch die bei dieser Hypothese nothwendige Annahme der Verschiedenheit von Zorobabel und Josua (Esdr. II, 2. III, 2, 8. IV, 2, 3), welche unter Cyrus das Werk förderten, und von Zorobabel und Josua, welche unter Darius dasselbe thun (Esdr. V, 2), erreicht. Es scheint mir gradezu unmöglich, daß Esdra die Verschiedenheit der Personen und der Zeit verschwiegen hätte.

byses und Pseudosmerdis die Namen Achaśveroś und Artaśaśta
als Regentennamen führen konnten, ist wohl begründet, wie
Marcus von Niebuhr (Assur p. 44. 45) mit Recht annimmt.
Darius der Medier bei Daniel, der ganz gewiß mit Astyages [1])
identisch ist, hat in der Schrift eben auch einen andern Namen,
als in der Profangeschichte. Pseudosmerdis hieß nach der Inschrift Gaumâta [2]), nach Ktesias Σφενδαδάτης, Zend Çpeñtó-
dâta, wie Farv. Y. 103 der Sohn des Viçtâçpa genannt wird, der
berühmte Isfendiar der Heldensage. Herodot nimmt an, der
Magier habe nicht bloß die Gestalt, sondern auch den Namen
des ächten Smerdis [3]) getragen, und die Bisituninschrift läßt
keinen Zweifel, daß er sich mit diesem Namen bezeichnete.
Ebenso ist es gewiß, daß in der Schrift der Name Achaśveroś
sowohl dem Vater des Darius Medus, also dem Cyaxares
(Uvakhśatra der Inschriften) gegeben wird, als dem persischen Regenten, der die Esther zur Gemahlin erhob und
gewöhnlich mit Xerxes identificirt wird. Es ist aber ein ehren-
der Beiname; arśá (der Mann, der Held) kommt als Königs-
name vor Farv. Y. 132 (kavóis arśnó) und ebendaselbst in den
Zusammensetzungen bydreśânó und çydvareśánó, vergl. Zam.
Y. 71. Als Prädicat des Huçrava findet sich arśa Ab. Y. 49;
Gosh Y. 21; Ram. Y. 32; Bahr. Y. 31. Niebuhr (l. c. p. 313)
hat also Recht, wenn er in Khśaydría ein Appellativ sucht, und
Herodot's Ἀρήϊος nähert sich sehr der Wahrheit; khśaydría
heißt Männerbeherrschend oder Männervertilgend, wenn nicht
der erste Theil des Wortes adjectivisch zu fassen ist: der herrschende oder vertilgende Held.

Warum aber Cyrus und Darius sich für die Herstellung
des Tempels zu Jerusalem lebhaft interessirten, das ist von
selbst einleuchtend, wenn beide, wie uns die Inschriften bezeugen, dem zarathustrischen System anhingen, welches dem

---

[1]) Vergl. Stanley zu Aesch. Pers. 766; Havercamp zu Joseph. Antiq. Jud.
X, 11, 4.

[2]) Justinus 1, 9 nennt den einen der beiden Magier „Comatis", den andern,
welcher als Smerdis vorgeschoben wird, „Oropasta", worin der Name Ahura's steckt.

[3]) Die Bis.-Inschr. nennt ihn Bardiya, wie auch Aeschylus in seinem Μάρδος
(Pers. 774) den Sibilanten wegläßt; im Zend kommt die Consonantenverbindung sb
anlautend öfters vor; so namentlich in dem Eigennamen Zbaurvaç (Farv. Y. 106),
der an Smerdis anklingt. Daß bei Aeschylus (Pers. 778 sqq.) nicht eine Fort-
setzung der Königsliste, sondern ein Verzeichniß der sieben Verschwornen zu
suchen ist, von welchen die fünf ersten ausgefallen sind, vermuthet Hermann
zur Stelle.

mosaischen Monotheismus näher stand, als irgend eine der vorchristlichen Religionen. Monarchen, welche an Ahura-Mazda glaubten, den Schöpfer Himmels und der Erde, mußten sich hingezogen fühlen zu jenem wahren Cultus des allmächtigen Gottes, dessen Centrum der Tempel zu Jerusalem war. Das Edict des Cyrus, wie es Esdras (I, 2) giebt, beurkundet sich im Vergleich mit den Inschriften als vollkommen ächt; denn wie hier Ahura-Mazda alle Reiche der Erde verleiht, so dort Jehovah, der Gott des Himmels. Und wie der Beiname des Ahura-Mazda *baga vasarka* (großer Gott) in der assyrischen Uebersetzung der Inschriften mit רבו אלהי gegeben wird, so heißt in dem Bericht der Provinzialbeamten an Darius (Esdr. V, 8) Gott, dem der Tempel zu Jerusalem geweiht war: אלהא רבא. Ja, wir können sagen: grade weil die in Persien und Medien damals herrschende Religion unter den heidnischen die reinste war und weil in ihr Lichtfunken der mosaischen Offenbarung glimmten, darum erhielten die Monarchen dieser Völker von der göttlichen Vorsehung die Mission, Juda und den Tempel wieder herzustellen und so die Vorbereiter des künftigen Heilandes zu werden, den auch sie in Çaošyãç erwarteten.

Mit Cyrus hat es aber noch seine besondere Bewandniß. Das Buch Esdra (I, 1) sagt: Gott habe den Geist des Cyrus erweckt, um jenes Werk zu vollbringen; der Monarch aber bezeugt in seinem Edict: Gott habe ihm befohlen (יהוה צוה־אשר עלי), den Tempel zu bauen. Diese Erweckung und dieser Befehl sind aber unzweifelhaft in dem Bekanntwerden des Cyrus mit der Prophezeiung des Jesaias XLIV, 28 und XLV, 1—7 zu suchen, die hier ihre Stelle finden muß:

XLIV, 24. „So spricht der Herr, dein (des Volkes Gottes) Erlöser und dein Bildner vom Mutterleibe: Ich bin Jehovah, der Alles schafft, der ausspannt die Himmel allein, der breitet die Erde, und wer mit mir?

25. Der zernichtet die Zeichen der Lügner, die Wahrsager vereitelt, zurückwendet die Weisen und ihr Wissen zur Thorheit macht.

26. Der aufrichtet das Wort seines Knechts und den Rath seiner Boten erfüllt; der zu Jerusalem spricht: es werde bewohnt, und zu den Städten Juda's: werdet gebaut, und ihre Trümmer will ich aufrichten.

27. Der ich spreche zur Tiefe: versiege, und der ich deine Flüsse austrocknen werde.

28. Der ich spreche zu Cyrus, mein Hirt, und alle meine (Wünsche) wird er thun. Der ich spreche zu Jerusalem: es werde gebaut, und zum Tempel: werde gegründet."

XLV, 1. „So spricht der Herr zu seinem Gesalbten zu Koresch, den ich ergriffen an seiner Rechten, um zu unterwerfen vor ihm die Völker, und die Lenden der Könige werde ich entgürten; um zu öffnen vor ihm die Thore, und die Pforten werden nicht verschlossen.

2. Ich werde vor dir schreiten und die Wälle ebnen; die erzenen Thore werde ich zerschlagen und die Querbalken von Eisen brechen.

3. Und ich gebe dir die Schätze der Finsterniß und das Vergrabene der Verborgenheit, damit du wissest, daß ich Jehovah bin, der dich bei deinem Namen ruft, der Gott Israel.

4. Um meines Knechtes Jakob willen und Israels, meines Erwählten. Und gerufen habe ich dich bei deinem Namen, ich habe dich freundlich angeredet und du hast mich nicht gekannt.

5. Ich, Jehovah, und nichts sonst, außer mir kein Gott; gegürtet habe ich dich und du hast mich nicht gekannt.

6. Damit sie es wissen vom Aufgang der Sonne und vom Untergang, daß nichts außer mir, ich bin Jehovah (der Herr) und nichts sonst.

7. Der bildet Licht und schafft Finsterniß, der macht Heil und schafft Uebel, ich Jehovah, der dies Alles macht.

8. Thauet Himmel von oben und Wolken regnet den Gerechten; es öffne sich die Erde und sprosse Heil, und Gerechtigkeit keime zugleich; ich Jehovah habe ihn geschaffen."

Der Anfang des XLIV. Capitels giebt dem Volke Gottes die Versicherung, daß Gott, sein Erlöser, es retten werde; denn er sei der einzige wahre Gott, alle die Götzenbilder Babels seien nichts. Diese Nichtigkeit des polytheistischen Götzendienstes wird von v. 9—20 mit heiligem Sarkasmus geschildert. Sodann wird das kommende Heil wiederholt verkündet und zum Jubel darüber aufgefordert. Der allmächtige Schöpfer Himmels und der Erde wird dies Heil bringen und Jerusalem und den Tempel wieder aufbauen lassen: Er wird alle entgegengesetzten

Wahrsagungen der Zeichendeuter und falschen Weisen zunichte
machen und die wahren Prophezeiungen erfüllen. Bezüglich
auf Jakob war am Anfang des Capitels (v. 3) gesagt: „aus-
giefsen will ich Wasser über das Durstende und Ströme über
die trockne Erde", d. h. ich will das jüdische Volk, welches
jetzt einem versiegten Bach und verdorrter Erde gleicht, wieder
herstellen; von Babylon aber, welches in acht prophetischer
Sprache die Tiefe, d. i. das Meer der Völker, genannt wird,
heifst es: versiege, und von seinen Strömen, d. h. von seiner
bisherigen Macht: dafs sie ausgetrocknet werden. Diese Fassung schliefst aber keineswegs aus, dafs in den Strömen zugleich eine Anspielung auf die mächtigen Ströme Mesopotamiens
und auf die Austrocknung des Euphrats liegt, durch welche
Cyrus die Einnahme von Babylon bewerkstelligte (Herodot
I, 185). In ähnlicher Weise hat Jeremias den Untergang von
Babylon vorausgesagt (LI, 36): „ich will versiegen machen sein
Meer und austrocknen seine Quelle und Babel soll zum Stein-
haufen werden etc."; ja, er hat dieselben Worte für das Vertrocknen in derselben Folge des Parallelismus gebraucht und
damit auf den älteren Propheten zurückgewiesen, während er
im Folgenden die Zerstörung Babylons mehr in ihren Resulta-
ten schildert, während uns die herrlichen Strophen des Jesaias
XLV, 1—3 gewissermafsen den Augenblick der Einnahme der
gewaltigen Feste und ihrer Plünderung darstellen.

Das Werkzeug aber, dessen sich Gott zur Rettung seines
Volks, zur Herstellung seines Tempels, zur Züchtigung Babels
und zum Sturz des polytheistischen Götzendienstes bedienen
will, ist Cyrus, Koresch. In dieser ihm von Gott gegebenen
Aufgabe ist er ein Vorbild des Messias, und deswegen wird
ihm das ehrende Prädicat eines Gesalbten gegeben. Damit
man aber nicht glaube: er sei der eigentliche und letzte Her-
steller des Volkes Gottes, wird von v. 8 an eine Weissagung
vom wahren Messias in begeisterter Sprache angeknüpft, die
sich durchaus nicht auf Cyrus beziehen läfst.

Koresch ist wegen seiner reineren Religion eine Strafruthe
der Götzendiener; allein auch er kannte den wahren einzigen
Gott noch nicht, er weifs nicht, von wannen ihm jene erhabene Mission kommt. Man kann das zarathustrische Wesen
nicht treffender bezeichnen: die Lehre von einem grofsen Gott
(baga vasarka), dem Schöpfer Himmels und der Erde, und da-

neben doch eine Menge von Baga's und Yazata's, hinter deren
Wirksamkeit und Cultus der grofse Gott zurücktritt — das
ist der Inhalt der uns vorliegenden heiligen Schriften der
Magier, durch die Inschriften der Achämeniden bestätigt. Und
darum jene so nachdrückliche Hervorhebung der Einzigkeit
und Ausschliefslichkeit Gottes, die nicht blofs der Idololatrie
des Polytheismus, sondern auch der Religion des Koresch
gegenüber gilt. Aber noch eine andere Mahnung hat der
Prophet an den Monarchen, der dem dualistischen System des
Zarathustra anhängt, dessen Hauptgegensatz der des Lichtes
und der Finsternifs, des Guten und des Bösen ist. Der wahre
Gott, das ist der Sinn von Vers 7, der dich berufen hat, ist
nicht, wie dein Ahura-Mazda, blofs ein Schöpfer des Lichtes
und des Guten, sondern er ist Schöpfer aller Dinge, des Lichtes
und der Finsternifs, des Guten und des Uebeln. Hier tritt also
das Hauptgeheimnifs der Offenbarung: der Ursprung des Bösen
trotz des einen Schöpfers, der falschen und nur scheinbaren
Lösung desselben im Dualismus aufs Entschiedenste entgegen.

Nur die eingewurzelte falsche Ansicht von dem späten
Auftreten Zarathustra's kann Ursache sein, dafs man die Beziehung und Bedeutsamkeit dieser Stelle zwar geahnt, aber
auch wieder aufgegeben hat. Nachdem wir aber nun auf das
Bestimmteste wissen, dafs die Achämeniden dem zarathustrischen
Glauben huldigten, so kann über das richtige Verständnifs derselben kein Zweifel mehr obwalten.

Diese Prophezeiung war zu Cyrus' Zeiten vorhanden;
denn soweit sind die neuern Anfechter des letzten Theiles des
Jesaias nicht gegangen, dafs sie denselben für ein *post even-
tum*, also nach dem Sturz Babylons, erfundenes Machwerk erklärt hätten, sie begnügen sich, ihn in die letzten Zeiten des
Exils zu verweisen, als Cyrus bereits seine Siegeslaufbahn
begann. Wenn daher Josephus (Antiq. Jud. X, 1, 2) sagt,
Cyrus habe diese auf ihn bezügliche Weissagung, die zweihundert und zehn Jahre vor ihm von Jesaias geschrieben worden sei, über sich gelesen und sei dadurch bewogen worden,
den Tempel wieder aufbauen zu lassen, so kann das auf histo-
rischer Tradition der Synagoge beruhen; es ergiebt sich aber
eigentlich von selbst. Daniel[1]) lebte noch in Babylon, als

---

[1]) Seine historische Persönlichkeit und sein grofsartiges Wirken in Babylon

Cyrus dort zu herrschen begann: der ehrwürdige Greis, der
unter den babylonischen Königen und unter Astyages, den er
Darius Medus nennt, eine so bedeutsame Stellung einnahm, der
ein so grofses Verlangen nach der Herstellung seines Volkes
trug, er konnte einem Herrscher, welcher ihm offenbar als ein
Vollzieher göttlicher Strafgerichte über Babylon erscheinen
mufste, nicht fern bleiben, und es ist daher sehr wahrscheinlich, dafs er sich jenes Orakels bediente, um Cyrus für die
Juden und den Tempel günstig zu stimmen. Dafs aber ein
geistvoller und energischer Mann, wie Cyrus, sich nicht durch
eine gestern geschmiedete Prophezeiung bestechen lassen konnte,
leuchtet von selbst ein, — ebenso, dafs das Wort des Propheten, so wie es vorliegt, einen tiefen Eindruck auf ihn machen
mufste, wenn ihm nachgewiesen war, dafs es aus früherer Zeit
herrührte.

Es ist nicht dieses Ortes, die Frage über die Aechtheit
des zweiten Theils des Jesaias zu behandeln. Ich bin der Ansicht einer Reihe ausgezeichneter katholischer und protestan-
tischer Bibelforscher, dafs er dem Propheten angehört, und
habe mich stets an der Naivetät ergötzt, mit welcher rationa-
listische und pantheistische Kritiker, während sie den gläubigen
Exegeten den Vorwurf dogmatischer Vorurtheile machen,
in diesen und ähnlichen Fragen von dem in ihren Augen uner-
schütterlichen Dogma ausgehen: es könne keine Prophezeiungen geben. Damit dies Dogma wahr bleibe, mufs natürlich mit aller möglichen Anstrengung die Aechtheit jeder
einzelnen Prophezeiung angestritten und verworfen werden.
Wer aber im Allgemeinen überzeugt ist, dafs es göttliche Prophezeiungen geben kann und giebt — und ohne diesen Glauben
hört nicht blofs Christenthum, sondern auch Monotheismus auf,
ja, man sinkt unter das religiöse Bewufstsein der Heidenwelt
hinab, — der kann bezüglich einer einzelnen Weissagung unbe-
kümmert sein, ob sie sich als solche erweisen läfst oder nicht.
Somit ist hier der gläubige Dogmatiker vorurtheilsfreier, als
der ungläubige Dogmatist. Gläubigen Exegeten aber ist es zu
verargen, dafs sie vor dem Einwurf: die namentliche Bezeich-

und Susa kann auch von den Gegnern der Aechtheit seiner Weissagungen nicht
geläugnet werden. Ueber die chronologischen Angaben des Buches Daniel siehe die
treffliche Auseinandersetzung Niebuhr's (Assur p. 91 sqq.).

nung des Cyrus mache offenbar, dafs der zweite Theil des Jesaias nicht vom Propheten herrühre, schüchtern zurückweichen und den Namen Koresch als einen Ehrennamen persischer Könige zu erweisen suchen, wodurch man die bestimmte Voraussagung eines Individuums umgehen will. Dem ist aber nicht so: Koresch ist gleich Kurus der Inschriften, und dieses Wort hat mit Z. *Avare*, N. P. *chur* gar nichts gemein, vielmehr ist es dem indischen Eigennamen *Kuru* identisch. Auch scheint mir der zweimal wiederholte Satz: der dich bei deinem Namen nennt (XLV, 3, 4), einen emphatischen Sinn zu haben und sich grade darauf zu beziehen, dafs Gott auf aufserordentliche Weise den Namen des Monarchen kund gab, der das erwählte Volk retten sollte. Wer an einen lebendigen und persönlichen, allwissenden Gott glaubt und an die Möglichkeit, dafs er Künftiges offenbart, der wird ihm auch die Macht nicht absprechen, den Namen eines kommenden Monarchen vorauszusagen, wobei die göttliche Vorsehung ihre geheimnifsvollen Absichten haben kann.

Doch wir kehren zu unserer Untersuchung zurück. — Jesaias und Esdra sind im schönsten Einklang mit den Inschriften und beweisen mit ihnen, dafs zu Cyrus und seiner Nachfolger Zeiten die zarathustrische Religion herrschte, und wenn der zweite Theil des Propheten ihm angehört, wie ich glaube, so kann vermuthet werden, dafs Zarathustra vor seine Zeit fällt, obgleich dieser Schlufs nicht zwingend ist, da der Prophet auch in dieser Beziehung erst Zukünftiges berühren konnte. Es genügt mir, dafs Zarathustra mindestens vor das sechste Jahrhundert vor Christus gesetzt werden mufs.

Oben wurde Darius Medus mit Astyages identificirt, was durch das deuterocanonische Stück Daniels XIII, 65 bestätigt wird, wo es heifst: *Καὶ ὁ βασιλεὺς Ἀςυάγης προςετέθη πρός τοὺς πατέρας αὐτοῦ καὶ παρέλαβε Κύρος ὁ Πέρσης τὴν βασιλείαν αὐτοῦ*, ein Satz, der sich auf Darius Medus beziehen mufs. Sein Vater Achasveros ist der *Κυαξάρης* der Griechen, der Uvakhsatra der Inschriften. Der Name dieses Monarchen lautet im Armenischen Ajdahak, was mit dem Zendischen *Aji dahâka* die zerstörende Schlange, der Urform des späteren Zohak, die auffallendste Aehnlichkeit hat, und Rawlinson (J. R. A. S. XV, p. 244) und Niebuhr (Assur p. 32) zu der begründeten Vermuthung veranlafste, dafs dieser Schlangenname ein

Titel der medischen Dynastie gewesen. Moses von Chorene bezeugt dies, wenn er (I, 30 p. 124 ed. Venet.) sagt: die Nachkommen des Ajdahak würden Schlangenkinder genannt: denn Ajdahak bedeute so viel als das Armenische *višap* (Schlange), und wenn er (p. 126) die Gemahlin des Astyages *Anui* [1]), Mutter der Schlangen, nennt und (II, 49 p. 261) dieses Schlangengeschlecht des Astyages an den Berg Masis setzt; und III, p. 287 wird den Schlangenweibern aus dem Geschlecht des Astyages Vergiftung eines Prinzen oder Unterschiebung eines Dév zugeschrieben — und Alles dies führt Moses auf alte Volkslieder zurück.

So merkwürdig nun diese Parallele des Astyages mit Aji Dahâka ist, so bietet sie zugleich eine fast unlösbare Schwierigkeit. Meder und Perser waren eines Stammes und zu jener Zeit auch wohl gewiss einer Religion. Wie konnte daher Astyages und seine Nachkommenschaft den Namen des Erbfeindes des menschlichen Geschlechtes, der zerstörenden Schlange der heiligen Bücher tragen? War Astyages etwa in Babylon in den Schlangendienst gerathen, den die Geschichte vom Drachen im Buch Daniel beurkundet, und hatte man ihm deswegen den bösen Beinamen gegeben? Oder leitete sich das medische Königsgeschlecht von *Thraêtaona* ab, dem Tödter jener Schlange, und führte es deswegen dieses Symbol als Familienzeichen? Diese Fragen wird erst die Zukunft entscheiden; für unsere Untersuchung genügt es, dass die Bezeichnung des medischen Königs mit einem der charakteristischsten Namen der Zendtexte ein neues Zeugniss ist für das Alter der magischen Lehre und zwar ein über das sechste Jahrhundert vor Christus hinaufgehendes.

Wie Aji Dahâka, so findet sich noch ein anderes teuflisches Wesen der Zendtexte in dieser Periode wieder. Es ist Asmodäus, der im Buche Tobias erwähnte Dämon, der *Aêšma daêva* der persischen Lehre, der neupersische *Charm*. Wir wollen zuvörderst in Kürze das betrachten, was die Zendtexte über ihn enthalten, um daraus unser Urtheil bilden zu können,

[1]) Nebukadnezar's Frau, eine Tochter des Kyaxares (Schwester des Astyages), hiess Amuhea oder Ἀμύτη (G. Sync. T. I, p. 396 ed. Bonn.); die Tochter des Astyages, welche nach Ktesias sich dem Cyrus vermählte, Amytis. Ἀμύτη erinnert an Huzv. *amatar* unverletzt. Diese Namen haben mit Ausll nichts zu thun, die vielmehr Aryenis, Tochter des Alyattes ist, welche nach Herodot (I, 74) des Astyages Gemahlin war. Vergl. Niebuhr Assur p. 196.

ob die Vergleichung [1]) mit Asmodäus gerechtfertigt sei. Aêsma
nimmt eine der bedeutendsten Stellen unter den Genossen des
Añro-Mainyus ein.   Sein Name würde, je nachdem er mit ç
oder ś geschrieben wird, eine zweifache Deutung zulassen; im
ersteren Falle würde er, wie aêçma (lignum) und Sskr.
idhma das
Opferholz (unter den Opfergöttern erscheinend; vergl. Rosen
zu Rig. V. I, 13), zur Wurzel idh brennen gehören, von welcher
das oft vorkommende kamaêçtar der Zusammenbrenner und
iśtya (Ziegel) herkommt, da nach den Zendischen Lautgesetzen
das finale dh sich in einen Sibilanten verwandelt.   Dann würde
Aêçma etwa der Brenner bedeuten, was zu seinem Wesen nicht
übel pafst.   Allein die Schreibung Aêśma [2]) ist bei weitem be-
glaubigter und wir haben daher den Namen von der Wurzel iś
abzuleiten, welche im Sanskrit die Bedeutungen: bewegen, auf-
muntern, forttreiben, suchen, begehren, hat und mit welcher auch
iś Kraft, iśira frisch, iśmin treibend, eilig, zusammenhängen;
iśma und iśya bedeutet der Frühling und der Liebesgott. Diese
Wurzel kommt aber auch im Zend vor Farg. VIII, 2: upairi
dahma aêśyān (was Spiegel mit aussuchen giebt; es ist wohl
pairi zu lesen, wie Sskr. pari + iś suchen); fraêśyêiti Bahr.
Y. 86; fraêśyamahî Farg. IX, 18; das einfache aêśemnaô Farv.
Y. 66; aêśistô Farv. Y. 107 und in dem in den Gâtha's öfters
vorkommenden aêśa Wunsch; sie hat die Bedeutung: suchen,
anstreben.   So heifst denn Aêśma der Sucher, der Begehrliche,
der Heftige, womit sein Wesen vollkommen ausgedrückt ist.

     Ein fast beständiges Prädicat des Dämons ist: khrvidru [3]).
Farg. IX, 13: çnathdi aêśmahê khrvidraos; Farg. X, 13: paiti-
perenê aêśmem khrvidrûm; 16: imê aêtê vaca yôi heñti aêśmahê
khrvidraos çnathem; Farg. XIX, 43: aêśmem khrvidrûm; Yaçn.
XXVIII, 1: çnathdi aêśmahê khrvidraos, ebenso Yaçn. LVII, 82;
Yaçn. X, 8 und Ashi Y. 5: aêśma hacañtô khrvidrô, wo
Westergaard den Instrumental khrvidrva setzen will.   Zam.
Y. 95: aêśmô khrvidrus; 46: aêśmemca khrvidrûm; Srosh Y. 15:

[1]) Diese Parallele hat Benfey Monatsnamen p. 201 gemacht.

[2]) Farg. XI, 8 perenê aêśmem; 12, 18 parsta aêśmem.   Im zweiten Theil des
Yaçna findet sich die Form aêśemô Yaçn. XXIX, 1, 2; XXX, 6; XLVIII, 12 tôi zi
aêtâ kamaêçtrô aêśem mahyâ, wo im Zusammenhalt mit Srosh Y. 2ô aêśemahyâ zu
lesen ist; aêśmô findet sich Orm. Y. 18.   Neben Aêśma stellen die Gâthâ's einen
Dämon Râma.

[3]) Die Variante khrvîm-dru, die sich öfter wiederholt, ist wohl von keiner
Bedeutung.

aêmahê khrvidraos; Asht. Y. 2: *taurvayêiti aêmem khrvidrûm.*
Spiegel (Avesta p. 176) übersetzt *khrvidru* mit sehr böse;
Neriosenh aber giebt es (Yaçn. X, 8) mit: *hiñsaçastra*: der
eine verwundende Lanze hat. Die Wurzel *khrei* kommt außer
in diesem Worte auch in dem häufig wiederkehrenden Epitheton
eines feindlichen Heeres vor: *khrvîyêitis* (Mih. Y. 8, 47; Farv.
Y. 33; Ram. Y. 49; *khrvîsyañtahê* Mih. Y. 36); ferner in *khrvîghni*
Farg. XI, 36; ihr Sinn ist, wie schon Burnouf Yaçn. p. 44, n. 44
erkannte: grausam, verwundend. Die zweite Sylbe *dru* ist Sskr.
dru (Nirukt. IV, 19 Holz, wo *drôr* mit *drumamayasya* erklärt
ist), Gr. δρῦς, δορύ. Das Zend hat diese Wurzel außerdem
in *drraênis* hölzern Farg. VII, 75 (gehört *daoru* oder *dâuru*
Farg. VIII, 1 auch hierher?) erhalten. Sonach heißt also das
Prädicat *khrvîdru*: der eine verwundende Lanze hat; es wird
uns dies noch besonders klar durch das Epitheton des vorzüglichsten Gegners des *Aêsma*, *Çraosa*, welche *darsidru* lautet
(Farv. Y. 85; Farg. XVIII, 14). Sein erster Theil *darsi*[1]) ist
Beiwort des Windes (Tir Y. 33; Bahr. Y. 2; Asht. Y. 5) und
bedeutet kräftig, stark. Burnouf (l. c.) übersetzt daher
darsidru mit: *qui à une épée audacieuse ou rictorieuse* und
vergleicht es mit Gr. δορυθάρσης. Meines Erachtens muß in
der Zend Wz. *darsi* der Sinn des kräftigen Erhalters, Be-
schützers liegen. Heißt also *Aêsma khrvîdru* Schlagspeer, so
heißt sein Widerpart *Çraosa* Schützspeer.

Weiter heißt *Aêsma dus-qarenaû* Zam Y. 95 mit böser
Macht begabt; *droat* gewaltthätig Mih. Y. 93; *dujdaô* und
peôtanus bösen Geistes und körperverderbt (Mih. Y. 97, 134:
yahmat haca fratereçaiti aêsmô dujdaô peôtanus), welch letzteres
Epitheton wiederum den Gegensatz zu dem häufigen Beiwort
des *Çraosa tanumâthra* bildet.

Gehen wir nun zur Betrachtung jener Stellen über, die
uns das Wesen dieses Dämons erschliessen können, so finden
wir ihn theils unmittelbar nach Anrô-Mainyus aufgezählt (Asht.
Y. 2; Mih. Y. 97, 134), theils ausdrücklich unter seinen vorzüglichsten Helfern genannt. In jenem denkwürdigen Streit zwischen
Ahurô-Mazda und Anrô-Mainyus, welcher Zam. Y. 46 beschrieben ist, ruft Ahura zu Kampfgenossen Vôhu-manô, Asa-Vahista

---

[1]) Die Sskr. Wurzel *dhri vincere, sustinere, audacem esse* ist gewiß identisch; ebenso das Bisit. I, 68 vorkommende *dari*.

und das Feuer. Dagegen stehen dem Dämon bei: Akô-manô, Aếšma und Aji-dahâka. Hier bildet also Aếšma den Gegensatz gegen Aša-Vahišta, wodurch seine Bedeutsamkeit im Reich des Bösen genugsam gekennzeichnet ist — er ist der Widerpart des höchsten Reinen, des Herrn der reinen Feuer; wir werden also Aếšma als den Geist des finstern Feuers der Begierlichkeit und des Zornes zu betrachten haben.

Yaçn. LVII, 25 wird Çraoša, der Gegner Aếšma's, angerufen, die Gläubigen zu schützen: „in beiden Welten, in der irdischen und in der geistigen, vor dem gewaltthätigen Tod, vor dem gewaltthätigen Aếšma, vor den gewaltthätigen Heeren, welche die grausame Fahne erheben; vor den Anläufen des Aếšma, welche der bösgeistige Aếšma anlaufen macht mit Vidâtu, dem Dämongeschaffenen." Diese Stelle wiederholt sich Mih. Y. 93, nur mit dem Unterschied, dafs hier Mithra zum Schutz gegen Aếšma angerufen wird.

Das Wort draoma hängt entweder mit Sskr. dru drunôti laedere, occidere, oder mit dru currere (caus. drdrayati) zusammen. Der Dämon Vidâtus ist wohl mit Açlô-vidhôtus Farg. V, 8 identisch, über welchen Spiegel p. 105 zu vergleichen ist. Vidâtus kommt noch Farv. Y. 11, 22, 28, wie es scheint, mehr als Appellativum vor; statt rid. findet sich Yaçn. LVII, 25 auch die Variante ridhâtaoț, während umgekehrt Farg. V, 8 einige Hss. ridôtus bieten (Spiegel V. L. p. 225) statt ridhôtus; letzteres liefse sich von Sskr. dhu erschüttern ableiten; allein da im Zend a und o nach gewissen Lautgesetzen wechseln und die Aspiration des d von dem o herrührt, so sind beide Worte ridôtus und eidhôtus von Sskr. dâ, dô dividere, destruere abzuleiten.

Aếšma erscheint also hier in Begleitung ·des Todes und jener dämonischen Kraft, welche durch Auflösung des Leibes den Tod bewirkt, wodurch er selbst als Hauptrepräsentant der zerstörenden und tödtenden Gewalt des Anrô-Mainyus beurkundet ist. Dies wird bestätigt durch Farv. Y. 138, wo der Genius des Fradakhšti angerufen wird: paitistâtế aếšmahế khrvidraoš aếšmô caredhânca drealâm paitistâtế aếšmô-karšlahế ṭbaếšańhô: „zum Widerstand gegen Aếšma mit verwundender Lanze und der Aếšma-mehrenden Gewaltthätigen, zum Widerstand gegen den von Aếšma gezogenen Hafs"; und durch Zam Y. 95, wo gesagt ist, dafs Aếšma sich vor den Freunden des Çaoêyãç, des Bewirkers der Auferstehung, fürchtet.

Wir lernten schon oben Çraoša als den Gegner des Aêšma kennen und er ist ausdrücklich als solcher Seroeh Y. 15 bezeichnet, wo es heißt: *yim dathaţ ahurô mazdaô aiaea aêšmahè khrvidraoš hamaêçtârem:* „welchen geschaffen hat Ahura-Mazda, der Reine, zum Zerstörer des Aêšma, des Lanzenverwundenden". Çraoša ist der Repräsentant des Offenbarungswortes und seiner Verbreitung und des Gehorsams der Gläubigen gegen dasselbe, daher sein Name: der Hörer; er beschützt durch das h. Wort alle Geschöpfe und bewahrt sie gegen die Anfälle des Geistes der Zerstörung. Er ist der moralische Bekämpfer des bösen Aêšma, während seinen höchst merkwürdigen Gegensatz mehr auf dem physischen Gebiet Haoma bildet.

Dies ist ausgesprochen Yaçn. X, 8: *viçpê zi anyê madhaôukô aêšma hacañtê khrvidrrô daţ hô yô haomahê madhô aia hacaitê urvdçmana rêñĝaiti haomahê madhô;* dasselbe Aehi Y. 5, nur steht nach *hacaitê* mit Weglassung des Uebrigen: *qaêpaithi aiaya vañhuya.* Neriosenh übersetzt: *viçvâh yatô anyâ vidydh krôdhenâçliûţâ hiṇuṣâçaṣtreña tatak sâ yâ hûmasya vidyâ puṇyenâ çliûţâ pramodinâ. Kâryaṃ puṇyaṃ manuḥyâńâṃ pramodena dhattê laghvī [1]) kumasya vidyâ na kiṇcidapi bhâritâ ityarthah.* Der Sinn ist: „alle andere Heilkunden sind von Aêšma gefolgt, dem Lanzenverwundenden; des Haoma Heilkunde aber ist von der Reinheit gefolgt, der erfreuenden; leicht ist des Haoma Heilkunde." Das Wort *madha*, welches N. mit *vidyâ* giebt und das sich weiter nicht findet, kommt von der Wurzel *madh* (*vinddh* Farg. VII, 38), welche Burnouf (*Études* p. 37) mit *mederi,* μήδομαι zusammengestellt hat; der Begriff *vidyâ* Wissenschaft, den Nerioaenh giebt, muß also hier im speciellen Bezug auf Heilkunde gefaßt werden.

So werden also alle andern Heilmittel dem Aêšma, dem Zerstörer, zugeschrieben; die einzige wahre Arzenei bietet Haoma, dessen Eigenschaft als Zubereiter der Leichname zur Auferstehung wir hier besonders ins Auge fassen müssen.

Nach dem Gesagten ist Aêšma der Hauptgenosse des Teufels, der böse Geist der Begierlichkeit und des Zornes, der

---

[1]) Mit diesem Wort übersetzt N. *rêñĝaiti,* was auch der Wurzel nach (da das Zend kein *l* kennt) mit *laghu* identisch ist.

Gegensatz der Reinigkeit und des gläubigen Gehorsams, der Zerstörer der Leiber, der Urheber aller schädlichen Mittel, der mit seiner Lanze die guten Geschöpfe vergewaltigt.

In genauer Uebereinstimmung mit den Urtexten giebt uns auch Bundehesch p. 67 an einer Stelle, die leider nicht vollständig ist, da ein Blatt fehlt, welches höchst wahrscheinlich Einiges über die Dämonen enthielt und vielleicht deſswegen aus dem Codex gerissen worden ist. Der Schluſs einer Auseinandersetzung über die Dämonen ist noch vorhanden: „*Tarmat Div* ist der Unhold *(druć)* des Stolzes, *Mitukhi* (Lüge) *Div* der Unhold des Ganâminui, *Arusk Div* der Unhold der Rache und des bösen Auges (vergl. Ardib. Y. 8) und sie sind Helfer des *Kasm Div*, wie gesagt ist: sieben Kräfte sind dem Kasm gegeben, womit er die Geschöpfe mindert. Die Kianischen Helden in ihrer Zeit tödten von diesen sieben Kräften sechs; eine bleibt; wo Lüge stirbt, bleibt Neid und Kasm kehrt Alles von unten nach oben; wo Kasm ist, da vermindert er viele Geschöpfe, da macht er vielen Schaden, er richtet alle seine Aufmerksamkeit auf die Geschöpfe Ahura's. Die Kianischen Helden sind wegen der Uebelthaten des Kasm offenbarer geworden, wie gesagt ist: *Kasm kroidrus* wurde bekämpft." Dann folgt eine Schilderung von zwei Div's: Vzis und Ida, wovon der erste die Seelen der Verstorbenen an die Pforten der Hölle führt und wahrscheinlich der Vizaresa Farg. XIX, 29 ist, der letztere aber die Menschen beim Essen versucht — sie stehen beide in keiner näheren Beziehung zu Kasm.

Betrachten wir nun den Asmodäus (אשמדאי) der Juden. Er ist im Buche Tobias als die Ursache des Todes der sieben Bräutigame der Sarah erwähnt; III, 8: *quoniam tradita fuerat septem viris et daemonium nomine Asmodaeus occiderat eos mox ut ingressi fuissent ad eam.* Dasselbe VI, 14 mit dem Zusatz im griechischen Texte: ὅτι δαιμόνιον φιλεῖ αὐτήν, ὃ οὐκ ἀδικεῖ οὐδένα πλὴν τῶν προσαγόντων αὐτῇ. Dieser Geist heiſst δαιμόνιον, πονηρὸν δαιμόνιον. Der Erzengel Raphael heiſst den jungen Tobias (VI, 5) Herz, Galle und Leber des Fisches bewahren und giebt v. 8 als Grund davon an: *Cordis ejus particulam si super carbones ponas, fumus ejus extricat omne genus daemoniorum sive a viro sive a muliere.* Und nach VI, 19 und VIII, 3 wird der Dämon durch jene Räucherung mit der Fischleber vertrieben und von Raphael in der Wüste gebunden.

Zu diesen einfachen Angaben des Buches Tobias, welche
den Asmodäus als einen die Menschen namentlich in ihrem
sexuellen Verhältnifs infestirenden und tödtenden bösen Geist
bezeichnen, der nur durch eine höhere geistige Gewalt gebunden werden kann, kommen sodann die Traditionen der Juden
hinzu, wie sie bei Lightfoot (Horae Hebr. in Luc. XI, 15)
und bei Eisenmenger (Entd. Judenth. I, p. 351 und p. 823)
angeführt werden. Asmodäus heifst bei ihnen ein König der
Dämonen und wird mit Samael identificirt, der, als Noah
hinging den Weinberg pflanzen, ihm zurief: „lafs mich Theil
haben an dir" (Beresch. Rabb. Fol. 70, 2), und Salomon zur
Sünde antrieb. Dieser fängt ihn, um den Wurm Schamir von
ihm zu erlangen; dann aber überlistet der Dämon den König,
wirft ihn vierhundert Meilen weit in ein fremdes Land, während
er sich selbst auf seinen Thron setzt und bei seinen Weibern
schläft. Diese Sage erinnert lebhaft an die Ueberwindung
Yima's durch Dahâka, wie sich überhaupt die orientalischen
Legenden von Salomo und Dschemschid vielfach berühren.

Die auffallenden Aehnlichkeiten dieses Asmodäus mit dem
Aêśmô daêva [1]) der Zendtexte, sowohl dem Namen, als auch
der Sache nach, würden indessen allein noch nicht berechtigen,
beide zu parallelisiren, wenn nicht noch andere höchst wichtige
Umstände hinzuträten. Ich meine Zeit und Ort der Geschichte
des Buches Tobias. Die Zeit ist die des assyrischen Königs
Asarhaddon, jene denkwürdige Periode des siebenten Jahrhunderts vor Christo, welche dem Falle Ninive's vorausging und
in welche die Entwicklung der medischen Macht fällt. Wir
haben aber oben gesehen, wie schon in diese Zeit die Blüte
des zarathustrischen Wesens gesetzt werden mufs. Der Ort
ist Medien und zwar die Städte Ekbatana und Rages [2]); erstere
wird in den griechischen Versionen der Wohnsitz des Raguel
und der Sara genannt (und wohl nur durch eine Verwechslung
in der lat. Uebersetzung III, 7 Rages). Rages dagegen mit dem
Beinamen *Medorum*, im Gr. Ῥάγαι oder Ῥάγη τῆς Μηδίας, der

---

[1]) Ich mufs hier bemerken, dafs ich die Zusammenstellung *Aêśmô-daêva* in
den Texten nirgends gefunden habe, was als Argument gegen die Parallele mit
Asmodäus angeführt werden könnte. Allein mit jedem speciellen Dämonennamen
pflegt sonst häufig das allgemeine *daêva* verbunden zu werden; und Bundehesch
p. 67, 8 ist *Kasm* von dem semitischen Homonym für *Daêva* wirklich begleitet.

[2]) Vergl. Reusch, das Buch Tobias p. 28.

Wohnort des Gabelus, ist die berühmte und alte Stadt, die bereits in der Bisituninschrift (II, 71 und III, 2) einer medischen Provinz *Ragâ* den Namen gegeben hat; neben dieser Provinz wird sodann *Hagmatâna* (Ekbatana) genannt. Aber auch im ersten Fargard des Avesta kommt Raga als zwölfter Segensort vor[1]), Farg. I, 16 *raghâm thrisańûm,* das dreiburgige Raga, wie sich denn nach Ritter VIII, 1 p. 598 iu den Trümmern von Rei noch Spuren dreier Citadellen finden sollen. Die parsische Tradition und alle bisherigen Erklärer halten diesen Ursitz magischen Wesens mit dem medischen Rhagâ für identisch. Kiepert (über die geogr. Anordnung der Namen arischer Landschaften im ersten Farg. Sitzungsber. der philos. hist. Kl. der Berl. Akad. Dec. 1856 p. 633) aber bestreitet die Identification und will dieses Ragâ in *Tayaü* oder *Tayala* des östlichen Parthiens suchen. So lange aber nicht die zwingendsten Gründe vorhanden sind, werden wir von der Tradition nicht abweichen, welche so stark ist, daß Manche selbst Zoroaster als von dort abstammend ansahen, wie die Huzvaresch-Uebersetzung versichert, welche die drei Burgen auf die drei Kasten der Priester, Krieger und Ackerbauer bezieht. Möge nun darüber wie immer geurtheilt werden, so viel bleibt gewiß: bei der Rolle, welche der Alburz im Avesta spielt, muß uns grade diese Gegend von Medien, die zu seinen Füßen liegt, als eine ächt zarathustrische gelten.

Und nun zum Schluß: es wäre gewiß einer der seltsamsten Zufälle, wenn der Aêśmô-daêva der Zendschriften und der Asmodäus des Buches Tobias dennoch zwei verschiedene böse Geister wären, obgleich Namen und Wesen des Dämons, sowie Zeit und Ort der religiösen Vorstellungen merkwürdig zusammen stimmen. Sind sie aber identisch, wie ich überzeugt bin, so ziehe ich daraus die Folgerung, daß der über ninivitische und medische Zustände wohl unterrichtete Verfasser des Buches Tobias, der offenbar aus Familienquellen schöpfte, für das sic-

---

[1]) Das Unheil, welches der böse Feind an diesem Segensort hervorbringt, ist großer Unglaube. Die dunkeln Worte *sadebańâd adis medis* enthalten vielleicht eine geographische Bestimmung, die ich nicht entziffern kann. Haug will auch Yaçn. XIX, 18 in *raghâ zarathustris* die Stadt *raghâ* erkennen. *Raghâ* könnte dort, wie *raģi* in der Zeile vorauS, Ordnung bedeuten und dem lat. *lex* entsprechen. Jedenfalls wird es nur von der Provinz (*daoyu*) Raga (`Tayiań`), nicht von der Stadt verstanden werden können. Wäre diese Deutung richtig, so hätten wir Rhagiana als ein zarathustrisches Land *per eminentiam* zu betrachten.

bente Jahrhundert die ganz speciell in den zarathustrischen Kreis gehörige Vorstellung von dem Dämon Aêšma bezeugt, während umgekehrt das Vorkommen des Asmodäus in den Zendschriften ein Zeugnifs ist für die richtige Kenntnifs, die der Verfasser des Buches Tobias von dem damaligen Medien hatte.

Ich habe hier zwei Einwendungen zu begegnen. Man könnte zuvörderst Anstofs daran nehmen, dafs die h. Schrift mit den Zendtexten im Namen eines Dämons gleich lauten soll. Hierauf ist zu entgegnen: Kein Volk der alten Welt hat mit der Offenbarungslehre von den bösen Geistern in Bezug auf ihre Existenz, Natur und Schädlichkeit so übereinstimmende Anschauungen gehabt, als die Medoperser. Die im Exil zu Ninive und in Medien befindlichen Israeliten konnten defshalb In diesem Punkte (nicht so in der Lehre vom dualistischen Gegensatz der beiden Urwesen) mit jenen, unter welchen sie lebten, fast harmoniren. Wenn daher durch die öffentliche Meinung unter Juden und Magiern der Tod der Freier Sarah's einem dämonischen Einflufs zugeschrieben wurde, so lag es sehr nahe, dem Dämon jenen Namen zu leihen, der unter der Gesammtbevölkerung gäng und gebe war. Hat sich ja doch der Heiland selbst zur Bezeichnung eines Dämons des populären Namens Beelzebub bedient, welcher ursprünglich einen Götzen der Ekroniter, den Fliegengott, bezeichnete.

Der zweite Einwurf ist: das Buch Tobias sei so spät, dafs es keinen Beweis für die Periode liefern könne, in welche seine Geschichte fällt. Es ist nicht dieses Ortes, die Zeit der schönen und wichtigen Schrift zu untersuchen: sie enthält aber nach meiner wiederholten Untersuchung nichts, was nicht in jene Periode vollkommen pafste, und hätte später schwerlich mehr ohne Anachronismen geschrieben werden können. Die rationalistischen Erklärer haben Anstofs genommen an den darin herrschenden Vorstellungen von Engeln und Dämonen und ihrer Wirksamkeit; und es ist wiederum nicht dieses Ortes, sie dogmatisch zu erörtern. Man wird aber doch nicht läugnen können, dafs grade an den Localitäten der Erzählung solche Vorstellungen herrschend waren und somit letztere nicht gegen das Alter des Buches angeführt werden dürfen. Dafs die Väter des zweiten Tempels das Buch, von welchem ohne Zweifel eine chaldäische Urschrift existirte, nicht in den Canon

aufnahmen, mochte wohl seinen Grund darin haben, weil die im
alten Bunde vorhandene, aber doch mit einer frommen Scheu
mehr verhüllte Dämonologie hier zu offen hervortrat, als daß
man dasselbe zur Lesung Aller für geeignet hielt. Auch
mochten jene, die selbst die geistigen Gefahren des Exils erlebt
hatten, grade in der Verwandtschaft mit medopersischen Vorstellungen etwas Bedenkliches finden, was für die christliche
Kircho wegfällt.

Zweites Capitel.
Die magische Tradition.

Zur Beantwortung der Frage, in welche Zeit die Parsen
selbst Zarathustra setzen, ist es nöthig, ihr chronologisches
System, wie es vorzüglich Bundehesch darstellt, näher zu betrachten. Hierbei diene uns das XXXIV. Capitel dieser Schrift
zum Ausgangspunkt, welches folgendermaßen lautet:

„Ueber die Berechnung der Jahre. Die Zeit besteht aus
zwölftausend Jahren. Es ist gesagt in der Din: Dreitausend
Jahre war der geistige Bestand (κτίσις): eine Schöpfung, die
unbeschädigt, unwandelbar, unergreifbar war. Dreitausend
Jahre war Gayomart mit dem Stier in irdischem Bestand; als
vorüber waren sechstausend Jahre ohne Widersacher, kam Hazar
(Tausend) der Herrschaft von Krebs, Aehre und Löwen, das
sind dreitausend Jahre. Als dann die Herrschaft an die Wage
kam, da lief der Widersacher herein und Gayumart lebte in
seiner Feindschaft dreißig Jahre. Nach diesen dreißig Jahren
sind Mesia und Mesianah aufgewachsen: fünfzig Jahre war
es, daß bei ihnen das Verhältniß von Frau und Mann nicht
war. Dreiundneunzig Jahre. Tahmurath dreißig Jahre. Gim,
bis die Gnade von ihm wich, sechshundertundsechszehn Jahre
und sechs Monate. Hierauf war er hundert Jahre in der Verborgenheit. Dann kam das Tausend der Herrschaft an den
Scorpion und Dahak machte tausend Jahre. Dann kam das
Tausend der Herrschaft an den Centauren, Fritun fünfhundert
Jahre. In der Zeit der fünfhundert Jahre des Fritun (ist
einbegriffen) Airic mit zwölf Jahren. Manuscihr hundertundzwanzig Jahre. In die Zeit der Herrschaft des Manuscihr

10*

(ist einbegriffen), als er in der Gefangenschaft war. Frâçio (Afrasiab) mit zwölf Jahren. Zab, Tahmâçpa's Sohn, fünf Jahre. Kikabât fünfzehn Jahre. Kikâus, bis er zum Himmel ging, fünfundsiebenzig Jahre; hierauf im Ganzen hundertund-fünfzig Jahre. Kihuçruv sechszig Jahre. Kirurâçp hundert-undzwanzig Jahre. Kivistâçp bis zum Kommen der Din dreifsig Jahre, im Ganzen hundertundzwanzig Jahre. Vahuman Çpandât hundertzwölf Jahre. Humâi, die Tochter Vahuman's, dreifsig Jahre. Dârâi Cibrâzâtân, das ist Vahuman, zwölf Jahre. Dârâ, des Dârâ Sohn, vierzehn Jahre. Skandar Arumak vier-zehn Jahre. Die Askaniden, in unbeständiger Herrschaft, Namen tragend, zweihundertundvierundsechszig Jahre. Die Sassaniden vierhundertundsechszig Jahre. Dann kam die Herr-schaft an die Tazier (Araber)."

Diese Stelle bedarf einiger erklärenden Bemerkungen. Die Aufeinanderfolge einer geistigen Schöpfung und einer noch ungetrübten irdischen, als der erste Mensch mit dem Urstier lebte, ist ächt und durch die Zendtexte beglaubigt, wo öftern von der *mainyava çti* neben der *gaêthya çti* die Rede ist; z. B. Visp. II, 4, wo Ahura, der Herr und Meister, *mainyaoyað çtôis*, Zarathustra, der Herr und Meister, *gaêthyayaô çtôis* genannt wird. Bundehesch hat selbst die Ausdrücke *mainyava* und *gaêthya* beibehalten und *çti* mit *ukuimnum* übersetzt, welches Zeitwort auch sonst dem altbaktr. *çtâ* entspricht; vergl. Spie-gel Huzv. Gramm. § 106. Die Epitheta, welche der geistigen Schöpfung beigelegt werden: *amuitâr arubâk agriftâr* finden sich auch Bund. p. 2, 15, welche Stelle überhaupt zu verglei-chen ist; *amuitar* entspricht dem Zendischen *antuyamna*, vergl. Farv. Y. 35, 133; Ashi Y. 17; Zam Y. 74. — L 20 ist offenbar *apatidrak* zu lesen, wie p. 5, 4. Dies erhellt auch aus Modjmil (Journ. As. 1841 T. XI, p. 148) nach Mohl's Uebersetzung: „*Dieu créa d'abord un homme et un taureau, qui vécurent sans éprouver de mal pendant trois mille ans dans les régions supérieures du monde; c'étaient les milliers d'années, qui appar-tenaient aux signes du Bélier, du Taureau et des Poissons. En-suite ils restèrent sur la terre d'autres trois mille ans sans souffrir des peines et des désagréments; c'étaient les milliers d'années des signes de l'Ecrevisse, du Lion et de la Vierge.*" Offenbar fehlt, was hier gesagt wird: dafs jene dreitausend Jahre überirdischer Schöpfung den Zeichen des Widders, des Stiers

und der Fische entsprechen, im Text des Bundehesch, dessen
wahrscheinlich nur von Abschreibern herrührende Lückenhaf-
tigkeit wir sofort öfters bemerken werden. So werden nach
den dreifsig Jahren Gayumart's die vierzig Jahre ausgelassen,
welche zwischen seinem Tod und dem Aufsprießen der Reivaspflanze verflossen sind und die Bundehesch p. 33, 8 selbst angiebt; so werden dreiundneunzig Jahre ganz ohne Angabe einer
Regierung oder Lebensdauer gesetzt, während Modjmil sagt:
das erste Kind des Masia sei neunzig Jahre sechs Monate vor
Huseng erzeugt; so wird letzterer, welchem Modjmil (l. c. p. 147
und p. 278) und Gamasp-Nameh bei Spiegel (Parsi-Grammatik p. 192) vierzig Jahre geben, ausgelassen, währen der doch
p. 77, 4 ausdrücklich erwähnt wird und in der Berechnung gar
nicht fehlen kann — p. 81, 12 ist statt Tumaçpân wohl Tumaçpân zu lesen. Zub ist nach Modjmil l. c. p. 158 der Enkel
Manuscihr's, von dessen ältestem Sohne Thamâçp. Modjmil
schiebt zwischen Manuscihr und Zub (Zab) noch Newder ein
mit sieben Monaten und giebt dem Zab nur drei Jahre; dagegen steigert dieses chronologische Werk im Einklang mit
Firdusi die Regierungsjahre des Kabât auf hundert Jahre. Das
Wort p. 81, 15, welches sich l. 16; p. 78, l. 4 und vielleicht
p. 77, 7 wiederholt, wird von Spiegel Huzv. Gr. § 151 fin.
besprochen: es entspricht z. B. Farg. VIII, 220, dort mit vorge-
setztem *pnn*, dem Zendischen *hakaṭ*. Es mufs hier: im Ganzen
bedeuten. — p. 81, 19 ist wohl in dem Namen, welcher Alexander den Macedonier bezeichnet, *k* vor *n* zu setzen: *Skandar*.

Was die Beglaubigung dieser Zeittafel durch ältere Zendtexte
betrifft, so stellen diese, wie anderswo erwiesen wurde (Mithra
p. 73 sqq.), ebenfalls Gayumart an die Spitze des Menschengeschlechtes. Ueber Masia und sein Weib, über Çiabmak und
Fravak etc. dagegen enthalten die uns vorliegenden Texte durchaus nichts, da die von Anquetil dahin bezogenen Stellen blofs
von den Menschen im Allgemeinen reden. Da aber das, was
Bundehesch p. 33 sqq. über den Ursprung der Menschen erzählt ist, ausdrücklich als aus der Din entnommen bezeichnet
wird (p. 33, 5), so können wir es als sicher annehmen, dafs
sich solche Texte zur Zeit der Abfassung des Bundehesch oder
seiner Quellen noch vorfanden, welche nach den dürftigen In-
haltsanzeigen über den Inhalt der Noska (vergl. Vullers Fragmente p. 18 sqq.) im 5., 16. etc. vorkommen konnten. Die

Aufeinanderfolge von Huśing, Tahmuraf und Ǵim ist durch
die Texte bestätigt; vergl. Ram. Y. 7—15, Zam Y. 28 und für
Tahmuraf auch die Zeit seiner Gewalt, nämlich die dreifsig
Jahre, während welcher er den Teufel ritt. An andern Stellen
dagegen folgt Yima unmittelbar auf Haośyanha. Die Gewalt
Dahâk's der aber noch durchaus als der Drache dargestellt
wird, und seine Ueberwindung durch Fritun ist ächt und
mehrfach bezeugt. Die Reihe: Yima, Thraêtaona, Manuscithra,
Uzava (Sohn des Tûmâçpa), Kavi Kavâta, Kavi Uçadhasa,
Kavi Haoçrava, findet sich Farv. Y. 130 ff. verglichen mit Zam
Y. 31—74, nur dafs dort einige Glieder mehr eingeschoben
sind, die man aber grade nicht als successive zu betrachten
braucht. Ruràçp, als Vater des Vistàçp, giebt etwas entstellt
den Namen Aurvaṭ-açpa wieder, der Ab. Y. 105 als Vater des
Vistàçpa vorkommt. Des Vistàçpa Sohn Çpeñtô-dâta wird
Farv. Y. 103 genannt, die Spätern kennen ihn als Isfendiar,
sein Sohn ist Vôhumanô oder, wie Bundehesch ihn nennt:
Vahuman; des letztern Tochter Humâi, die auch Cihrazât
(vergl. Zend. cithrem dsâtayaô Ab. Y. 78, 126; Farv. Y. 107)
genannt wird, kommt Farv. Y. 139 unter den heiligen Weibern
vor und zwar neben Hutaoça, der Frau des Vistàçpa. Damit
schliefst die alte traditionelle Reihe.

Fragen wir nun nach dem Schlüssel dieser Berechnung
der Jahre, so können wir eine gewisse systematische Gleich-
machung der Perioden nicht verkennen, wenn wir von unten
hinaufsteigen. Von Fritun an rechnet Bundehesch so:

Fritun (mit Einschlufs des Airic) . .	500
Manuscihr (mit Einschlufs des Fraçic)	120
Zub	5
Kikabât	15
Kikâus	150
Kihuçruv	60
Kiruràçp	120
Kivistàçp (bis zur Din)	30
	1000 Jahre,

welches Jahrtausend die Periode des Centauren (Schützen)
bildet. Gleich lang ist die vorhergehende des Unheils unter
Dahâk und dem Zeichen des Scorpions, welche ausdrücklich
als eine tausendjährige bezeichnet wird (p. 81, 8). Wir werden

daher berechtigt sein, auch für die erste Periode von Gayumart
bis Dahâk tausend Jahre anzunehmen, da ja dem Zeichen der
Wage nicht weniger zugetheilt werden durfte, als dem Scorpion
und Centauren.

Allein die specielle Berechnung, wie sie unser Text des
Bundehesch giebt, paſst hier nicht; sie lautet:

Gayumart nach dem Kommen des

Widersachers	30 Jahre	— Monate,
Maśia ohne Zeugung	50 „	— „
Anonym	93 „	— „
Tahmuraf	30 „	— „
Gim bis zum Fall	616 „	6 „
Derselbe verborgen	100 „	— „
	919 Jahre	6 Monate.

Es fehlen also, um das Jahrtausend zu füllen, 80 Jahre
6 Monate, welche sich aber von selbst ergeben, wenn wir die,
wie oben gesagt, ausgefallenen vierzig Jahre Huśing's und die
vierzig Jahre vor dem Aufsprossen der Raivaspflanze ein-
schieben. Woher aber die sechs Monate? Ich denke daher,
weil die Pflanze im Monate Mithra aufwuchs (Bundeh. p. 33, 9),
welcher der siebente des Jahres ist; also gingen sechs Monate
voraus, welche zu den obigen vierzig Jahren noch hinzuge-
rechnet werden müssen.

Minokhard (Spiegel Parsi-Gramm. p. 167) weiſs die
Zeit der Herrschaft Gim's noch genauer: 616 Jahre 6 Monate
16 Tage. Und warum? weil die Raivasstaude am Tage Mithra
des Monats Mithra erschien; der Tag Mithra ist aber der sechszehnte des Monates.

Endlich fragt sich, was die 93 Jahre ohne nähere Bezeichnung bedeuten? Wahrscheinlich sind es die Jahre Fravâk's
und Çiahmak's, die p. 77, 4 in der Genealogie ausdrücklich genannt sind und nicht unberechnet bleiben konnten. Da nun
Bundeh. p. 37, 9 sagt, daſs die Nachkommen Maśia's je im
fünfzigsten Jahre zeugten und im hundertsten starben, so gäbe
dies für die genannten zwei Urväter hundert Jahre; weil aber
Maśia sieben Paare zeugte, als deren letztes wohl Çiahmak
(p. 37, 11) betrachtet wurde, so zog man von den Jahren dieses Urvaters sieben ab und rechnete für ihn nur 43, im Ganzen
also 93.

Die richtige Chronologie des Bundehesch ist demnach:

Gayumart	30	Jahre	—	Monate,
Der Samen	40	„	6	„
Maśia	50	„	—	„
Çiahmak und Fravâk .	93	„	—	„
Huśing	40	„	—	„
Tahmuraf	30	„	—	„
Ĝim	616	„	6	„
Derselbe verborgen .	100	„	—	„
	1000	Jahre	—	Monate.

So haben wir also auch dieses Jahrtausend der Urwelt zusammengebracht. Weil aber, nach dem Text des zweiten Fargards, Yima neunhundert [1]) Jahre herrschte, so mußten einerseits zur Ergänzung des Milleniums hundert Jahre der Verborgenheit des gefallenen Yima hinzugefügt, andrerseits die ersten dreihundert Jahre (respect. 283 Jahre 6 Monate) auf jene Reihe urweltlicher Personen vertheilt worden, welche, wahrscheinlich anderer Sage und anderem theologischen Systeme entsprossen, mit der alt-arischen Legende von Yima dem Urmenschen verquickt wurden.

Zu demselben Ziele: dreitausend Jahre vom Anfang der jetzigen Welt (in ihrer Mischung von gut und böse) bis zum Gesetz zu ermitteln, führte auch die genealogische Reihe von Gayumart bis Zartust. Sie ist uns in den Capiteln XXXII und XXXIII des Bundehesch gegeben, deren Uebersetzung, von den nothwendigen Bemerkungen begleitet, deßhalb hier ihren Platz finden muß:

Cap. XXXII. „Ueber den Samen des Geschlechtes der Kianier: Huśing (Sohn) des Fravâk, des Çiahmak, des Maśia, des Gayumart. Tahmuraf, Çpitur, Narśi, welchen man auch den Helden von Cin nennt, waren alle Brüder. Von Ĝim und Ĝimak, welche seine Schwester war, wurde ein Paar erzeugt: Mann und Weib waren die gesammte Erzeugung; Mirk und Vouru-zairi-casma hießen sie, wovon das Geschlecht weiter ging. Dieser Çpitur war mit Dahâk, als er Ĝim verwundete. Dieser Narśi lebte auch nachher, man nennt ihn Çnergyâvan; man sagt: hätte er seine Hand hinein gethan, so hätte er alle Tage in Gesundheit zugebracht und alle Speisen rein gemacht.

---

[1]) Aśhi Y. 50 spricht von tausend Jahren der glücklichen Herrschaft Yima's.

Dahâk (ist Sohn) des Khrutâçp, des Zairigâw, des Virarcasni, des Tâz, des Fravâk, des Çiâmak. Eg, die Mutter Dahâk's, des Udaya, Bayak, Tambayak, Owokhm, Paiurvaêçm, Gac-withwi, Driwai, Yaçka, Ganâmainyô. Fritun Açpiân; Çiâk-turâ (Schwarzstier) Açpiân; Bôrturâ (Braunstier) Açpiân; Çiâk-turâ Açpiân; Çpit-turâ (Weifsstier) Açpiân; Gafr-turâ (Fettstier) Açpiân; Ramak-turâ (Heerdenstier) Açpiân; Vanra-cargesni (?) Açpiân; Gim Viraghân, so dafs sie, ungerechnet Açpiân Pur-turâ, zehn Generationen sind; jeder von ihnen lebte hundert Jahre, was tausend Jahre macht. Diese tausend Jahre waren die böse Herrschaft des Dahâk. Von Açpiân Pur-turâ wurde Fritun erzeugt, welcher der Rächer des Gim heifst, und die ganze Nachkommenschaft waren BarmÂyun, KatÂyun, Fritun, welcher von ihnen der frömmste war."

Bei Fritun angelangt, wollen wir eine rückblickende Pause machen. Vor Allem ist zu bemerken, dafs der Text dieses Stückes sehr dunkel und zum Theil schon defswegen verderbt ist, weil die unseligen Transscriptionen der Eigennamen in Zendbuchstaben stattgefunden haben, welche die Mehrzahl der-selben unkenntlich und unheilbar macht. Auch ist auf einzelne Züge der Urgeschichte angespielt, von denen wir keine weitere Kunde haben.

Ueber Tahmuraf wird an einem andern Ort die Rede sein. Die Stammtafel läfst es ungewifs, ob sie ihn als Sohn des Hufing bezeichnen wollte. Hamza macht ihn wie Modjmil zu einem Sohn Viranhaô's, der selbst Enkel Haôyaôha's genannt wird. Zwei Brüder werden ihm gegeben, Çpitur und Ars oder Aris, der Held von Cin, von dem in den Urtexten nichts vor-kömmt. Es wäre jedoch auch möglich, an beiden Stellen *nars*, *nariç*, *narisk* zu lesen und diesen Namen mit dem *Narêi Vicañgân* p. 69 zu identificiren, der wiederum dem *Aoînara* Farv. Y. 131 gleich sein dürfte; sein Beiname *pôurugira* der langlebige findet in unserer Stelle des Bundehesch seine Er-klärung. Vergl. Sskr. *jira* schnell, lebhaft. Afr. Zart. heifst es: sei *pôurugirô* wie *Aoînara*. Dies *Aoînara* oder *Aoînara* scheint mir aber: den unsterblichen Menschen zu bedeuten, *aoî* ist wohl = Huzv. *ahus* unsterblich, es ist *a* + *aoî*. — Vom erstern aber wird gesagt, er sei mit Dahâk gewesen und habe den Gim verwundet. Dies beruht auf einem Zendtext Zam. Y. 46, der neben *Dahâka çpityurem yimô-kerentem* erwähnt. So

wie nun Dahâk in der späteren parsischen Version der Ursage
aus der teuflischen Schlange ein Tyrann Irans geworden ist,
so müssen wir auch in Çpityura einen Dämon vermuthen, der
uns aber sonst nicht weiter bekannt ist. Uebrigens schimmert
die Ursage auch noch durch die Stammtafel Dahâk's durch,
wie sie Bundehesch giebt; seine Mutter wird nämlich durch
zehn Glieder auf Ganamainyô oder Ahriman zurückgeführt; so
viel wir von den entstellten Namen entziffern können, sind es
lauter ahrimanische Uebel: *Eǵ* erinnert an *dsis* oder *ithyêǵô*;
bayat Furcht; in *tambayat* ist vielleicht die erste Sylbe *temô*
Finsternifs; *pairiurvaiçma* Umherschweifen, vergl. Bahr. Y. 56,
wo *daêma pairiurvaiçayêiti* vom Umhüllen, Blenden des Ge-
sichtes gebraucht ist; *driwi* (so ist wohl zu lesen) Bettel; *yaçka*
Siechthum; *owokhmi* liefse sich auf N. Pers. *awihten* hängen
zurückführen; *gaswi thwi* könnte getheilt werden und *gaswi*
statt *kaçvi* Kleinheit, *thwi* statt *daiwi* stehen, wie auch Farg.
II, 20. XIX, 43 W. *driwis*, *daiwis* und *kaçvis* nebeneinander
folgen. Auffallend ist, dafs an letztgenannter Stelle ebenfalls
zehn ahrimanische Zeichen genannt werden, die sich auch zum
Theil Aban Y. 92—94 wiederholen. Damit ist die Notiz aus
Modjmil, J. As. l. c. p. 156, zu vergleichen: *Les Persans lui*
(Dahâk) ont donné le nom de Deh ak (les dix maux), parce-
qu'il a introduit dans le monde dix maux et coutumes cruelles,
comme la torture, la pendaison et autres actes hideux, car ak
signifie le mal, la calamité. Es ist hieraus offenbar, dafs diese
mütterliche Genealogie Dahâk's ihn lediglich als den Inbegriff
aller ahrimanischen Uebel, als eine teuflische Ausgeburt kennzeichnet. Dahin zielt auch Anquetils Uebersetzung: *de la mère*
de Zohâk sont venues dix hontes, (Zohâk) qui est la honte
même, plein de crainte, qui déchire, livré au péché de l'envie
inspiré par Ahriman. Diese Genealogie findet sich auch in
Ulemai-Islam p. 6 ed. Mohl, wo die zehn häfslichen Fehler in
Bezug auf Zohak angegeben werden und zwar: 1) *munkiri* Ver-
läugung, 2) Kleinheit, 3) Ungerechtigkeit, 4) Schamlosigkeit,
5) Vielfresserei, 6) Böszungigkeit, 7) Lügensprechen, 8) Ueber-
eilung, 9) Feigheit und 10) Unverstand. Vergl. Vollers
Fragm. der Rel. Zor. p. 57. Es ist am Tage liegend, wie hier
in modernerer Auffassung die Begriffe abgeschwächt sind.
Einige, wie Kleinheit, Lügensprechen (Betrug) lassen noch die
entsprechenden Begriffe im Zend: *kaçvi, daiwi* erkennen: die

Schamlosigkeit möchte am ersten mit *pairi urvaçmi* zusammen
stimmen. Hamzah II, p. 22: *Piveraspes Deh ac sive qui decem
scelera in terra commisit, quae commemorare hujus loci non est:
deh enim decem, ac scelus denotat. Denominatio summum vitu-
perium continet; in arabicum vero sermonem translata, summae
laudis significationem nacta est, cum Deh ac malalum sit in
Dhahac, sicuti in libris Arabicis scribitur. Verum ejus nomen
est Piveraspes filius Arvendaspis, filii Ricaven, filii Madeh
Sareh, filii Tadj, filii Firval, filii Siamec, filii Maschi, filii
Cajumrathis.*

Fritun ist nach Bundehesch ein Abkömmling Gim's im
zehnten Gliede.

Herbelot II, p. 467: *Feridoun — était fils d'Apiten ou Alkian,
Prince qui descendait de la lignée de Giamschid;* ib. p. 469:
*Cet Auteur (du Tarikh Cosideh) dit que Feridoun étoit petit-fils
de Giamschid;* ib. p. 470: *— Khondemir — dit que Feridoun
était fils d'Alkian et non d'Apiten.*

Die väterliche führt ihn durch Khrutaçp, Zainigâw oder
Zairigâw und Virarcesn auf Tâz zurück, den einen der Söhne
Fravâk's, den Stammvater der Araber. Khrutaçp heißt im
Modjmil: Nedasp oder Arvendasp und wird Minister des Tah-
murasp genannt, der das Fasten und den Gottesdienst eingeführt habe [1]). Ich vermuthe, daß Khrutaçp nur eine Verstel-
lung von Aurvaṭ-açpa ist, also so viel als Kurâçp (natürlich
ohne Identität der Personen), während in Nedasp die erste
Sylbe weggefallen ist. Zairigâw [2]) würde Gelbhub oder Gelb-
hand bedeuten. Aus Virarcesni macht Modjmil: Beiadsereh;
der Name ist seiner Endung nach dem des Açpiân Vauracar-
geśni ähnlich. Tâz kommt meines Wissens in unserm Urtexten
nicht vor; denn Dâhinâm Farv. Y. 144, verglichen mit Dâi
Bundeh. p. 38, 5 sind die Daher; vergl. M. Niebuhr Assur
p. 183; Herod. 1, 126. Der Namen ist mit N. Pers. *tâziden
vagari*, mit Zend *tac* strömen, laufen zu vermitteln und bedeutet: Nomaden; über die Tâgikn's s. Burnouf, Étud. p. 187.

Uralter Stammeshaß zwischen Persern und Arabern, durch
die mahomedanische Eroberung gesteigert, scheint mir die Ursache dieser Zurückführung des Dahâk auf den Stammvater der

---

[1]) Firdusi nennt ihn: *Schidasp;* Hamza: *Jadasp.*

[2]) Hamzah T. II, p. 22: *Piveraspes filius Arvendaspis, filii.*

Araber zu sein. Höchst merkwürdig ist es aber dabei, dafs
Dahâk, der bis zum Ende der Welt gefesselt bleibt und dann
seine letzten Gräuel verübt, grade so als arabischen Ursprungs
gedacht wird, wie man den Antichrist von Ismael ableitet.

Ueber die Verbindung Ǵim's mit seiner Schwester Ǵimak
haben wir keine ursprünglichen Texte; sie werden uns aber
reichlich durch den vedischen Mythus von Yama und Yamî
ersetzt. Was über ihre Nachkommen gesagt ist, ist sehr dunkel; ich nehme l. 7 das erste Wort für das oben besprochene
אבדון‎.

Açpiân ist offenbar der unten erwähnte Vanaragešni
Açpiân. Der letzte Theil des Beinamens sarcism ist klar; was
aber aus mirk (mdrk) und ozisoak [1]) zu machen ist, weifs ich
nicht. Anquetil giebt das Ganze mit: Ainsi vint la mère
d'Athvian, appellé Zatanêh Zargheschem. Allein es müssen unstreitig zwei Namen angegeben sein, wie der Plural des Ver-
bums beweist; mdrk für Mutter ist sonst im Bundehesch nicht
vorkommlich, und unten ist keine Spur, dafs Açpiân nur durch
die Mutter von Ǵim abstammt, da er unmittelbar sein Sohn
genannt wird. Uebrigens ist zu bemerken, wie treulich Bundehesch den Ursprung Yima's von Vivanhaô bewahrt hat, und
wie, wenn er denselben auch an Tahmuraf anreiht, er ihn doch
nicht einen Sohn desselben nennt. Was Modjmil l. c. p. 155
über die Nachkommen Ǵim's sagt (il eut de Peritchehreh, fille
du roi du Zabulistan, un fils nommé Tour; et de Mahenk, fille
du roi de Madjin, deux autres appelés Betoual et Humayoun.
Ce dernier eut pour fils Abtin le père de Feridoun. Les noms
de ces fils étaient selon une autre tradition Fanek et Noumek;
und p. 157: Feridoun fils d'Alfial, fils de Humayoun, fils du roi
Djemschid; sa mère était Ferireng) und was p. 280 von weiteren
Kindern Ǵim's in Indien erwähnt ist, vermag ich mit Bundehesch nicht in Einklang zu bringen.

Die Geschichte von der Verwundung Ǵim's ist äufserst
unklar: ich finde in den Zendtexten nur eine Anspielung darauf Farg. II, 7 W., wo die Huzvaresch-Uebersetzung die Worte:
môäu taṭ paiti akerenaoṭ aoiaṅhaṭ hva hisva auf den Verlust
der Unsterblichkeit Yima's bezieht.

---

[1]) Vielleicht ist zaak zu lesen, was p. 17, 7; p. 44, 18; p. 58, 11 im Sinn
von Gröfse vorkömmt. Zarcsim könnte = sairicaema sein; vanra aber = vôuru
und dieses = zaak, so dafs also der Name einmal zum Theil übersetzt wäre.

Doch wir gehen weiter: das Haus des Fritun stammt also nach dieser Genealogie von Ǵim, was die Urtexte wenigstens insofern bestätigen, als sie Fritun immer unmittelbar nach Ǵim stellen. Ich sage: Haus des Fritun, weil die Urtexte sich stets dieses Ausdrucks bedienen: *vîçô âthwyânôis vîçô çûrayaô* Ab. Y. 33; Zam Y. 36; Ram Y. 23; Ashi Y. 33, 35; Gosh Y. 13; Yaçn. IX, 7. *Thraêtaonô âthwyânô* Farv. Y. 131. Âthwiânô oder Huzv. Açpiân ist Familienname, welchem dann ein Beiname zur Bezeichnung der einzelnen Familienglieder beigefügt wird. Der Vater Fritun's, Açpiân Purtura (p. 78, 1 u. 3), ist nicht identisch mit Açpiân Dortura (p. 77, 18: *bor* wohl gleich *babhru*), theils weil ersterer, wie ausdrücklich bemerkt wird, nicht in die zehn Generationen eingerechnet ist, theils weil sein Name Zendisch *Pôuru-gâwô* lautete, was Visht. Y. 2 als ein Prädicat Âthwyân's vorkömmt. Die Urtexte bestätigen also eine Reihe von Âthwianiden und ich zweifle nicht, dafs auch die zehn Generationen ächt sind. Um letztere aber auszufüllen, reichen die Namen des Textes des Bundehesch nicht hin; denn es sind nur acht Âthwianiden genannt, und Ǵim oder gar Vivangân können wir doch nicht wohl zuzählen; vielleicht sind einige von den Stierfarben ausgefallen, die Bund. p. 80, 6 vorkommen: aschfarbig, roth, gelb etc.

Die auch bei Firdusi genannten Brüder Barmâyun und Katâyun klingen im Schlufs ihres Namens an den oben angeführten Vater Abtin's, Humayun an.

Ueber die Generationen von Fritun an führt der Text weiter fort:

„Von Fritun wurden drei Söhne erzeugt: Çalm und Tuz und Airic. Von Airic wurde eine Tochter und ein Paar erzeugt: Zwillingssöhne, Namens Vanitar und Anaçtokh; die Tochter war Ganga. Çalm und Tuz tödteten den Airic und seine unglücklichen Söhne, die Tochter brachte Fritun in die Verborgenheit. Von dieser wurde ein Paar (eine Tochter?) geboren; und als jene es erfuhren, tödteten sie die Mutter. Dieses Paar brachte Fritun in die Verborgenheit bis zum zehnten Geschlecht. Als Manushursit . . . .[1] fiel.

[1] [Der Text des Bundehesch bietet וירֵיק יֵן, was kaum etwas Anderes heifsen kann, als auf die Nase. Das Wort וירֵיק = neup. بینی Nase findet sich auch Bund. 28, 10 gebraucht. Sp.]

(Von) Manushursit (Vini), der Schwester, wurde Manusqarnar; von Manusqarnar: Manuscihr erzeugt, der Çalm und Tuz tödtete zur Rache des Airic. Von Manuscihr wurden erzeugt: Fris, Nôdar und Durâçrô. Also: 1) Manuscihr, 2) Manusqarnar, 3) Manusqarnak, 4) Kamâmçozak, 5) Dutârak, 6) Thritak, 7) Bitak, 8) Frazusak, 9) Zusak, 10) Fraguzak, 11) Guzak, 12) Airic. 1) (Afrasiab) (war Sohn): 2) des Pšeg, 3) des Zaêdhun, 4) des Turk, 5) des Çpaênaçp, 6) des Durosaçp, 7) des Turc, 8) des Fraêdaên (Thraêtaona). Er (Afrasiab) und Garçêvaz Kíkadânanavand und Agrêrad waren alle drei Brüder."

Die drei Söhne des Fritun kommen in unsern Zendtexten nicht vor, wohl aber Stellen, welche sie voraussetzen. So heißt es Farv. Y. 131: *manuscithrahê airyavahê*, was nichts anderes bedeuten kann, als Manuscithra den von Airya abstammenden. Der Name dieses Stammvaters der Iranier war also Airya, das angehängte c des Bundehesch ist wie das bei Turc, Fraçic etc. Deutlich kennbar sind die Söhne Fritun's in der Völkeraufzählung Farv. Y. 143 (vergl. Bund. p. 38, 3): *airyanãm daqyunãm, tûiryanãm d., çairimanãm* (vergl. Visht. Y. 56) *d., çâininãm d., dâhinãm d.*, wo die beiden letzten Namen auf die Sinesen und Daher zu beziehen sind, die drei ersten aber uns Airya, Tûirya oder Tûra und Çairima als die âchten Formen der Namen der Söhne Thraêtaona's voraussetzen lassen. *Tûirya* kommt Ab. Y. 54; *tûra* ebendaselbst 73; Farv. Y. 56; *tûra* Ashi Y. 54 vor. Die Huzv. Form *tus* ist wohl aus *turc* gekürzt. Çairima und seine Nachkommen sind die semitischen Bewohner Vorder-Asiens und die Solymer; s. Knobel Stammtafel p. 231; Nâke zu Chorilus. Von ihnen sagt Bundeh. p. 51, 18, daß der Tigris bei ihnen entspringe und in Huciçtân ins Meer fließe, und p. 38 ad marg. werden die Çarm mit Arum identificirt.

Die Tochter des Airic, Ganga, ist mit Guzak offenbar identisch; so heißt aber auch Hušing's Weib Bundeh. p. 38, 1. Die Namen der Söhne sind sehr zweifelhaft, und über die ganze Geschichte von Fritun bis Manuscihr schweigen unsere Texte; nur Aošnara der langlebende, Farv. Y. 131 und Afrin Zart. 2, könnte vielleicht mit Manusqarnar identisch sein. Zu Frazusag und Zusak vergl. Zam Y. 42, Zusta und Frâzusta. Modjmil (l. c. p. 158) giebt aus der Chronik von Thabari folgende Genealogie:

Minoutchehr fils de Meßajer, fils de Wttrek, fils de Scherouseng, fils d'Irak, fils de — —, fils de Ferseng, fils d'Ischek, fils de Fergousseh, fils d'Iredj, fils du roi Feridoun. Bei Anquetil II, p. 418 sind die Namen etwas anders gelesen. Jedenfalls sind mehrere Glieder ausgelassen.

Was die Söhne des Manuscihr betrifft, so ist Tûmaçpa, den Modjmil Thomasp nennt, ausgelassen, wahrscheinlich, weil für ihn Uzava, sein Sohn, erbte.

Was *Fris* bedeuten soll, weiß ich nicht; vielleicht *fryana*, was als Patronymicum Ab. Y. 81 vorkömmt, von *frya*, Gen. *fryéhé* Farv. Y. 120. Nôdar ist Newder, der Vater von Thur [Tuç] (Bund. p. 69, 7) und Kustehem. Die zendische Form des Namens ist wahrscheinlich Naotara, wovon das Patronymicum *naotairyâna* Ab. Y. 76; Farv. Y. 102; *naotairya* Ab. Y. 98, von diesem Sohn Mannscithra's leitete Vistâçpa sein Geschlecht ab. Durâçro erinnert an *duraê-çrûtahê* Farv. Y. 119.

Ueber die Genealogie des Afrasiab wird anderswo gehandelt werden, er stammt im achten Geschlechte von Fritun, während Manuscihr schon im dreizehnten entfernt ist.

Von Manuscihr's Sohn Duraçrô stammt nun Zartust, dessen Familiengeschichte uns das XXXIII. Capitel des Bundehesch giebt mit folgenden Worten:

„Ueber die Genealogie (des Zartust): 1) Pursaçp war ein Sohn 2) des Çpitaraçp, 3) des Haêendaçp, 4) des Casnus, 5) des Paitaraçp, 6) des Harsn, 7) des Hardâre, 8) des Çpetaman, 9) des Vidast, 10) des Ayazemn, 11) des Ragani, 12) des Durâçrun, 13) des Manoscehr. Paitiraçp hatte zwei Söhne: einer Porusaçp, einer Arâçti. Von Porusaçp wurde Zartust an dem Sitz des Dargßflusses erzeugt, von Arâçti Mitukmâh gezeugt. Zartust, als er das Gesetz brachte, erschien zuerst in Airânvic, Mitukmâh empfing das Gesetz von ihm. Die Mahupets in Persien gehen alle auf diesen Samen des Manuscihr zurück. Ich sage zum zweiten Male (weiter): Von Zartust wurden drei Söhne erzeugt: einer Içatvâçtar, einer Hurvatatnar, einer Hursitcihr, nämlich Içatvâçtar war der Meister der Açarvas (Athaurvans's) und der Mahupat der Mupets und er starb hundert Jahre nach der Din. Hurvat-nar ist der Meister der Vâçtryas (Ackerbauer) im Var-gem-kart unter der Erde. Horsit-cihr ist der Ratastâr (Krieger) Heerführer. (Pisutan, der Sohn Vistâçpa's, verweilt in Kandie.) (Zartust hatte) drei

Töchter: eine Frin, eine Çarit, eine Purçiçt mit Namen. Hurvat-nar und Hursit-cibr sind vom Weib Cakar geboren, die andern von dem herrschenden Weibe. Von Içatvâçtar wurde ein Sohn erzeugt, Namens Ururvaga, man nennt ihn Arangi Neiradâ; deſswegen, weil die andern von dem Kebsweibe sind, so werden sie in die Familie des Içaţ-vâçtar eingerechnet. Und dies ist bekannt: die Söhne des Zartust, nämlich: Hursit-dar und Hursit-mâh und Susius, sind von der Hvôw, wie gesagt ist: Zartust ging dreimal in die Nähe der Hvôw, allemal fiel jener Samen zur Erde, Niriusang der Izci .... ergriff all diesen Samen und übergab ihn zur Bewachung dem Izet Anâhit bis zur Zeit, wo er sich mit der Mutter vermischt. 9999 Myriaden Frohârs der Reinen sind zur Bewachung aufgestellt, d. h. sie wehren die Div's ab. Die Mutter des Zartust hieſs Dughdâ, der Vater der Mutter des Zartust Frahimravâ."

Glücklicherweise ist uns das Wesentlichste dieser Familiengeschichte in den Urtexten erhalten. Der Vater des Zarathustra, Pôuruš-açpa kommt vor Farg. XIX, 4, 6; Yaçn. IX, 13 sqq; über die Mutter und den Grofsvater mütterlicher Seite schweigen dagegen unsere Texte. Der Ort der Geburt wird hier Dargâ-hidainis genannt; p. 53, 5 heiſst es: der Fluſs Dâraga sei in Airân-vie und auf seiner Höhe (an seinem hohen Ufer) sei die Wohnung des Puraçp, des Vaters des Zartust, gewesen. Und p. 58, 5 wird der Fluſs Dâraga genannt, auf dessen hohem Ufer die Wohnung des Vaters des Zartust war: Zartust sei dort geboren. Diese Angaben stützen sich aber auf die Stelle Farg. XIX, 4: *Daregya paiti sbaraki nmânahê pôuruš-açpahê*, vergl. 11; *zbara* ist gleich Sskr. *hvaras* Krümmung, Buckel; ich nehme es daher für Hügel, hohes Ufer. Oder sollte es die Krümmung des Flusses bezeichnen? Die Huzvaresch-Uebersetzung giebt *sbar*, womit vielleicht das *bar* der Stelle des Bundehesch identisch ist. Der Fluſs Dâraga kommt auch p. 51, 3 vor, und floſs, wie die Dâitya, in Airânvie. Hidainis ist wahrscheinlich ein Zendwort, was ich auf *hidhaiti* (Yasht Fr. II, 2): sitzen, zurückführe; es bedeutet daher wohl einen Wohnsitz.

Von den Ahnen des Zarathustra ist in unseren Texten auſser dem Namen des Vaters und eines der Ahnen Haêcaţaçpa (Yaçn. LIII, 3) und dem mit dem Urahn gleichlautenden Beinamen Çpitama oder Çpitâma nichts gemeldet; die übrigens zum Theil noch in ihrer Zendform erkennbaren Eigennamen. Desselben Stamm findet sich übrigens im Doup Nireng (Zendav. II, p. 51) mit einigen Varianten; dort heifst nämlich die Reihe: 1) Pôro-schasp, 2) Peterasp, 3) Orouedasp, 4) Hetschedasp, 5) Tchakh-schenosch, 6) Peterasp, 7) Hederesné, 8) Herdaré, 9) Sopeta-mebé, 10) Vedest, 11) Ezem, 12) Rezesné, 13) Dorantchoun, 14) Minotcher. Hier ist ein Glied mehr: Orouedasp, Z. Aur-vaṭaçpa. Zu Casnus vergl. Cakbénôis Farv. Y. 114. Der Bruder des Vaters Zarathustra's und sein Sohn, der Vetter und erste Schüler des Propheten kommen vor Farv. Y. 95 *(maidhyô-maônkahê ârâçtayâhê idha aṣaonô aṣimca fravaṣimca yazamaidê yô paoiryô saraṭhustrâi mâthremca gûṣta çâçnaôçca)*: „des Maidhyô-maô, des Sohnes des Ârâçti Heiligkeit und Genius rufen wir an, der zuerst dem Zarathustra das Wort hörte und die Befehle." Die drei Söhne des Zarathustra werden ange-rufen Farv. Y. 98: *Içaṭ-vâçtrahê saraṭhustrôis aṣ. f. yas.* (Yaçn. XXIII, 2. XXVI, 5: *içaṭ-vâçtrahê saraṭhustrôis*). *Urvaṭaṭ-narahê s. aṣ. f. yas. Hvarecithrahê s. aṣ. f. yas.* Die drei Stämme der Priester, Krieger und Ackerbauer werden auf Zarathustra zurückgeführt Farv. Y. 88, 89. Urvaṭaṭ-nara ver-kündet nach Farg. II, 43 das Gesetz im Varem; vergl. übrigens auch Bundehesch p. 69, 4. Die Stelle über Paṣutan ist hier offenbar aus p. 68, 19 eingeschoben. Die drei Töchter des Propheten sind aufgezählt Farv. Y. 139 (*Frênyaô, Thrityaô, Pôuru-ciçtayaô,* vergl. über letztere Yaçn. LIII, 3) und die Söhne der ersteren ebendaselbst 97. Von den beiden Frauen des Zarathustra wird die eine als *cagar* oder *cagal*, was ich zu Hebr. שכבל halte, die andere als *pâtiṣaia* bezeichnet; zu letzterem Wort vergl. p. 2, 7; p. 68, 18; p. 78, 3: *paṭiyakhdiya Nakschi Rustam 19.* — *çturas* oder *çturia* erklärt Anquetil mit *fils adoptif*, was auch richtig ist; *stari* ist im Minokhard der Kunstausdruck für Adoption. Die Frau des Zarathustra, welche hier Hvôw genannt wird, erscheint als Hvôvi Farv. Y. 139; Din Y. 15. Die Sage von drei aus dem Samen des Propheten nach-gebornen Söhnen habe ich anderswo (Mithra p. 82) behandelt; sie wird bestätigt durch Farv. Y. 62, wo ebenfalls die Zahl der Myriaden reiner Geister angegeben ist, welche diesen Samen bewachen.

Wir haben also gesehen, dafs die Genealogie von Gayu-mart bis Zartust, wie sie Bundehesch bietet, im Wesentlichen alt ist, und daſs ihre Hauptglieder sich selbst in unsern verhältniſsmäſsig wenigen Texten finden. Alt ist auch die Vorordnung Gayumart's und seiner Nachfolger vor Gim, wobei jedoch nicht zu vergessen ist, daſs letzterer mit seinen neunhundert oder tausend Jahren eigentlich die ganze Periode umschlieſst.

Diese Genealogie nun, deren Schluſspunkte Zarathustra und der künftige Heiler Çaośyãç ist, zählt vom Vater des ersteren bis zu Manus-cithra einschlieſslich dreizehn Generationen; von letzterem (exclusive) bis Thraêtaona (inclusive) zwölf; von diesem bis Yima zehn; im Ganzen fünfunddreiſzig Generationen; rechnet man hierzu die fünf von Yima bis Gayô-maratha, so sind es vierzig bis auf den Propheten, und giebt man durchschnittlich jeder fünfundsiebenzig Jahre, so kommen wiederum dreitausend Jahre vom Anfang bis zum Gesetz heraus.

Höchst merkwürdig ist es nun, daſs die magische Lehre von Yima, dem gefallenen Urmenschen, bis auf Zarathustra gradeso 35 Generationen zählt, wie die biblische Chronologie von Adam bis David 34: d. i. von Adam bis Noah incl. 10, von Sem bis Abraham incl. 11, von Isaak bis David 13, und daſs nach eben dieser Chronologie auch David am Schluſs des dritten Jahrtausends nach Beginn der Welt als Prophet und König aufsteht, welche Qualitäten sich bei der zarathustrischen Religionsstiftung zwischen Zarathustra und dem König Vistâçpa theilen. Wir werden die zehn Geschlechter von Yima bis Thraêtaona den zehn Urvätern von Adam bis Noah parallel zu setzen haben; die zwölf von Thraêtaona bis Manuscithra, den eilfen von Sem bis Abraham (oder den zwölfen bis Isaak, den verheiſsenen Samen); die dreizehn von Manuscithra bis Zarathustra, den dreizehn von Isaak bis David. Die übrigen Parallelen zwischen Thraêtaona und Noah u. s. w. werden besonders besprochen werden, und ebenso die Frage, woher diese auffallende Uebereinstimmung rührt.

So haben wir uns denn überzeugt, daſs die chronologischen und genealogischen Berechnungen der Magier ihren Religionsstifter, den sie den Meister aller irdischen Dinge nennen, dreitausend Jahre nach dem Anfang der jetzigen Welt der Mischung von gut und böse setzen, sechstausend Jahre aber nach dem Beginn der irdischen Schöpfung. Das ist aber nach unserer

Chronologie etwa tausend Jahre vor Christus. Mit einfachen
Worten legt Sad-der diese Chronologie dem Schöpfer selbst in
den Mund: *Ego te (Zoroastrem) creati in medio temporis, quod
in mundo currit, scilicet a seculo Keioméras usque ad seculum.
imm sunt anni 3000: et ab hoc seculo tuo usque ad resurrec-
tionem erunt etiam anni 3000* (Porta XCI, Hyd. p. 481), wo die
3000 glücklichen Jahre des Gayumart nicht gerechnet sind.
Vergleiche auch die Huzv.-Uebersetzung oder vielmehr die
Glosse zu Yaçn. II, 41 bei Sp.

Leider ist die parsische Computation der Jahre, die seit
der Din verflossen sind, so verfälscht, daſs wir, von der unge-
fähren Zeit des Bundehesch zurückrechnend, nicht auf dasselbe
Resultat kommen. Dieses Buch, welches noch den Anfang der
arabischen Herrschaft über Iran erwähnt, giebt für die Periode
von da zurück bis Vistâçp folgende Reihe:

Vistâçp nach der Ankunft der Din .	90
Vahuman Çpendât	32
Humâi, seine Tochter, ...	30
Dârâi Cihrazâtân	12
Dârâi Dârân	14
Skander Harumak	14
Die Askaniden	264
Die Sassaniden	460.

Es fielen also zwischen den Propheten der Iranier und
zwischen den Propheten der Araber nur etwas mehr als neunhundert Jahre, während es nach der obigen Berechnung mindestens sechszehnhundert sind, und seltsamer Weise werden
zwischen Alexander den Grofsen und Zarathustra nur 178 Jahre
eingeschoben, während schon vom Regierungsantritt des Darius
Hystaspes (520), dessen Vater die Neueren für den Beschützer
des Propheten gehalten haben, bis auf Alexander (830) 190 Jahre
verstrichen sind. Wie undenkbar aber ein so kurzes Intervall
zwischen Alexander und Zarathustra ist, beweisen die griechischen Schriftsteller vor und unter dem Macedonier, die den
Propheten sechstausend Jahre vor ihrer Zeit setzten, was
nach Ablauf von höchstens zwei Jahrhunderten unmöglich gewesen wäre.

Aehnlich ist die von Modjmil gebotene Berechnung, nur
wird durch achtzig Jahre, die dem Vahuman (Bahman) mehr

11*

gegeben werden, und andere Zusätze die Periode zwischen Zarathustra und Alexander entsprechend verlängert.

Wir haben schon oben gesehen, daß die Regentenreihe bis zur Humâi einschließlich auf der Autorität der Zendtexte beruht; daß also die altbaktrische Sagenüberlieferung, die älter ist als die Achämeniden, mit dieser Fürstin abbricht, die, wenn wir Zarathustra um 1000 v. Chr. zu setzen berechtigt wären, etwa um 850 gelebt hätte; daß sie ohne alle historische Realität sei, ist kaum anzunehmen. Von Humâi nun macht Bundehesch ein Saltomortale über mindestens vier Jahrhunderte hinüber und knüpft Dârâi Cihrazâtân an erstere an, die zur Mutter dieses Darius gemacht wird, der kaum ein anderer sein kann, als Darius Nothus oder Ochus. Modjmil (l. c. p. 161) identificirt Bahman, den Sohn Isfendiars, mit Ardeschir Dirazdast, Artaxerxes Makrochir, läßt aber zugleich letzteren Aberdokht, die Tochter Roboams, des Sohnes Salomons heirathen, weshalb er auch den Tempel zu Jerusalem hergestellt habe. Seine Tochter, jedoch von einer andern Gattin, der Tochter des Königs Haret von Aegypten, sei die Humâi gewesen, die dann von ihrem Vater geschwängert, den Dârâi, Sohn des Bahman (Vôhumanô = Ὦχος), geboren habe.

Von diesem chronologischen Aberwitz ist nichts bemerkenswerth, als dies, daß der Enkel des Königs Vistâçpa und Vater der Humâ in die Zeit des Roboam gesetzt wird, also etwa um 960—920 v. Chr., was zu dem obigen Datum einigermaßen paßt.

Doch wir kehren zu Bundehesch zurück. Zwischen Humâi und Darius Nothus ist also die ganze Reihe der Achämeniden von Cyrus an (536—423) in der Dauer von 113 Jahren völlig ausgelassen; ferner ist die Zeit von Darius Nothus bis Alexander den Großen von 93 Jahren auf 26 gekürzt. Dazu kommt das bedeutende Intervall, welches jedenfalls zwischen Cyrus und Zarathustra gesetzt werden muß. Auch zwischen Alexander's Ende (316 nach den vierzehn Regierungsjahren, die ihm Bundehesch und Modjmil geben) und den Anfang der Sassaniden 226 n. Chr. setzt Bund. nur 264 Jahre der Askaniden: wiederum eine Kürzung von 278 Jahren.

Soll das nun Alles bloß crasse Ignoranz sein oder ist auch absichtliche Unordnung im Spiele? Die parsischen Schriftsteller konnten doch wohl von den Achämeniden nicht reden und nichts

wissen, wohl aber wäre es möglich, daß sie dieselben, die mit
den Magiern unter Darius Hystaspes in Opposition getreten
waren, absichtlich ignorirten, und daß erst Darius Ochus,
dessen Sohn ein Verehrer Mithra's und Anâhita's war, und
der nicht ebenbürtiger Achämenide gewesen, in ihren Augen
Gnade fand. Ferner: wenn, was mir sehr wahrscheinlich ist,
die Lehre von den drei Propheten aus Zarathustra's Samen,
welche in den drei Jahrtausenden nach dem Propheten kommen sollen, auf alter Tradition beruht, so mußten die Magier
wahrnehmen, daß das erste Jahrtausend ihrer Erwartung um
Christi Zeit erfüllt war, was sie genöthigt hätte, entweder den
Herrn als den wahren Retter anzuerkennen, oder zuzugeben,
daß aus Zarathustra's Samen keiner gekommen sei. Darum
beschnitt man die Chronologie gewaltsam und erwartete wahrscheinlich um jene Zeit, als die Herrschaft der Tazier (Araber)
anfing und der Parsismus, nach kurzer Blüte unter den Sassaniden, in den äußersten Nothstand kam, den Erlöser von dieser
Knechtschaft, welche wohl auch an das Loswerden Dahâk's,
des Taziers, aus seinen Banden erinnern konnte; ja, man kürzte
die Hazare des Oschederbami und Oschedermah zusammen auf
tausend Jahre herab, jedes auf fünfhundert, und identificirte
vielleicht die Periode sassanidischer Orthodoxie mit dem Hazar
des Oschederbami.

Diese Fälschung der späteren Geschichte aus systemati-
schen Interessen darf uns jedoch das Zutrauen zum Bundehesch nicht rauben, so lange das Buch aus den Urtexten
schöpft und von den Urtraditionen der baktrischen Lehre
handelt; auf diesem Gebiet wird sich seine Zuverlässigkeit um
so mehr herausstellen, je gründlicher es untersucht wird.

---

6. Paradies. Die zwei Bäume. Die vier Flüsse.

Zwei wunderbare Bäume kennen die h. Texte der Mazdayaçnier, nämlich den Baum Viçpa-taokhma (Allsamen), und
den Baum Gaokerenem oder den weißen Haoma. Der erste

kommt in den Urtexten nur einmal vor und zwar in dem
Yasht des Raśnu 17, wo es heißt: *yafcif aki raśnvô aldem
upa arâm canâm çaênahê, yâ histaiti maidhim srayanhô vôuru-
kaśahê, yâ hubis eredhwô-bis yâ raocê eîçpobis nâma yâm upairi
urvaranâm eîçpanâm taokhma nidhayaf.* „Oder wenn du bist,
o reiner Raśnu, bei jenem Baum des Falken, der steht in Mitten des Meeres Vôurukaśa, der Gutheil, Hochheil, der Allheil
mit Namen genannt wird, auf welchem aller Bäume (Gewächse)
Samen niedergelegt sind." Vana (femin., vergl. Vend. V, 1, 2)
bedeutet Baum, das entsprechend Sskr. *vana* Wald. Die Sylbe
bis in den drei Composita *hu-bis, eredhwô-bis* und *eîçpô-bis*
ist nicht ohne Schwierigkeit. Man könnte sie mit *fbis* hassen,
quälen in Verbindung bringen, welches im Parsi *bis* geworden
ist; allein dazu würde die Zusammensetzung *hu-bis* nicht rei-
men, und überhaupt paßt ein solcher Begriff nicht für den
wunderbaren Urbaum. Oder ist es eine Verstümmelung von
baoidhis, welches in ähnlicher Zusammensetzung vorkommt
(*hubaoidhis* Yaçn. X, 9)? aber es ist gewagt, ohne Varianten
der Handschriften eine solche Corruptel anzunehmen. So wird
also nichts übrigen, als *bis* für einen Stammes mit *baêdasa* zu
halten, was freilich auch seine Bedenken hat, aber, wie wir
sehen werden, von der parsischen Tradition bestätigt wird. Der
Baum wird näher bestimmt durch den Beisatz: *çaênahê* des
Falken, d. h. auf welchem der Falke horstet; *çaêna* kommt
öfters in den Texten vor und bedeutet an einigen Stellen (Ashi
Y. 13; Bahr. Y. 21; Farg. XXII, 3) Wipfel, Spitze (vergl. v.
N. P. *sineh*), wie es auch wohl in dem Namen *upairi-çaêna*
zu fassen ist, wenn dieser nicht den über den Flug der Falken
hinausragenden bedeutet. Daß aber *çaêna* auch gleich Sskr.
çyêna Falke ist, dafür bürgt nicht bloß das Huzv. und Parsi
çin, sondern auch Bahr. Y. 41, wo von dem *mereghô çaêna* die
Rede ist, was die zendische Form des Namens des mythischen
Vogel Simurg ist. Von letzterem redet Bund. p. 46, 16 als
von dem Thürhüter der Welt (*çin murvi kanbak pnn ahun bba).*
Dieser ist aber, wie uns die parsische Tradition lehrt, nicht
der hier gemeinte, wie aus der Stelle des Minokhard bei
Spiegel, P. Gramm. p. 143, erhellt: „25. Çinamrû hat seinen
Sitz auf dem Baum *gaśbês* (ohne Leiden); der *harviçp tukhma*
ist (der mit allen Samen versehene). 26. So wie er aufsteht,
wachsen tausend Aeste an diesem Baum. 27. Und wenn er

sich niedersetzt, bricht er tausend Aeste und diese zerstreuen ihren Samen hinab. 28. Und Çamrôs-murû sitzt immer in seiner Nähe. 29. Sein Werk ist dieses, daſs er diesen Samen, der von dem Baum Allsamen, der auch Gaṭbês heiſst, niederfällt, sammelt und dorthin, wo Tistar Wasser sammlet, hinbringt. 30. Bis dann Tistar das Wasser mit all diesen Samen aufnimmt und mit dem Regen in die Welt regnet." Aus dieser Stelle ergiebt sich, daſs es der *Çaĕna Amru* ist, der im Texte des Raśnu Yasht gemeint ist; es könnte übrigens auch *Camru* sein, da beide mythischen Vögel uns durch eine einzige Stelle der Urtexte bezeugt sind. Farv. Y. 109: *omraos aĕ. f. yas. camraos aĕ. f. yas.* „Laſst uns des Amru heiligen Genius opfern, laſst uns des Camru h. G. opfern"; ein Beweis, daſs die spätere Tradition nichts Neues erfunden hat.

Ueber *Camru* hat Bund. p. 40, 5 eine schwierige Stelle.

Derselbe Baum wird Farg. V, 19 W. erwähnt: *yaojdya taciñti âpô sraŋanhaṭ haca pûitikâṭ avi zrayô vôurukaśem aṭi vandm yâm hvâpâm athra mĕ urvaraô raodheñti viçpaô viçpoçaredhô çatavaitinãm hazaṅravaitinãm baĕvare-baĕvarandm.* 20: *tã hathra viôdrayĕṃi azem yô ahurô mazdaô qarethemca nairĕ aśaonĕ vôçtremca gavĕ hudhaŋhĕ. yavô mĕ maśyô qardṭ vôçtremca gavĕ hudhaŋhĕ.* „Gereinigt flieſsen die Gewässer aus dem See Puitika hin zum Meere Vôurukascha, hin zum Baume Hvâpa (Gutwasser), da mir die Bäume wachsen, alle, aller Arten, hundertfacher, tausendfacher, zehntausendfacher [1]), die laſs ich zusammen niederregnen, ich, der ich Ahura-Mazda bin, zur Speise dem reinen Manne, zum Futter dem verständigen Rind. Getreide esse mir der Mensch; Futter dem verständigen Rind." Daſs dieser Baum mit dem in Raśnu Y. identisch ist, beweist die Lage desselben im See Vôurukaśa und die Verbindung aller Bäume mit diesem einen; das Herabregnen ihrer Samen auf die Welt ist in den späteren Texten erhalten, und auch hier erwähnt die H. Ü. das Herabregnen mit dem Wasser des Tistar.

Aus diesen beiden Stellen nun läſst sich die spätere Tradition mit Leichtigkeit entwickeln. Sie sagen aus, daſs ein Baum, auf welchem die Samen aller Bäume ruhen und bei

---

[1]) Nach Bundehesch p. 19, 11 giebt es zehntausend Muttergewächse zum Abhalten der zehntausend Krankheiten Ahriman's, von denen wiederum weitere hundert zwanzigtausend Pflanzen stammen.

welchem letztere hundertfältig wachsen, in Mitten des Meeres Võurukaſa stehe, daſs ein Falke auf ihm horste, daſs Ahura die Pflanzen niederregnet zur Nahrung für Menschen und Rinder.

Betrachten wir nun die Stelle des Minokhard, so ist sie mit den Urtexten in allen Hauptsachen übereinstimmend. Sie beschreibt nur näher die Art und Weise, wie die Verbreitung der Pflanzen stattfindet und schiebt als Mittelglied dabei den Tistrya ein. Letzteres als eine Ausmalung der Späteren zu betrachten, wie Spiegel thut (Avesta I, p. 108 Anm.), ist irrig. Bei dem Verhältniſs, in welchem sich die zarathustrische Anschauungsweise Ahura den Ameſa-Çpenta's und Yazata's gegenüber dachte, welche seine Geschöpfe und zugleich die Mitbewirker seiner Schöpfung sind, ist es ganz passend, daſs schöpferische Handlungen bald ihm direct, bald seinen Werkzeugen zugeschrieben werden. Daſs Tistrya nicht bloſs die Gewässer auf die siebentheilige Erde verbreitet, sondern auch die Fruchtbarkeit, bezeugt Tir Y. 9, und 29 werden von ihm gradeso die Getreide und Futter verheiſsen, wie in der Stelle des Fargard Ahura sie giebt. Daſs auch der Falke etwas dabei zu thun hat, deutet die Stelle des R. Y. genugsam an und wir finden ja dieselbe Thätigkeit des Samenverbreitens durch die Vögel Yaçn. X, 11.

Aber auch Bundehesch geht nach meiner festen Ueberzeugung nicht über die Gränzen der Ursage hinaus, wenn er nachstehende Notizen über diesen Wunderbaum giebt:

Cap. IX, p. 19, 15: „Aus diesem Samen der Bäume wurde der Baum Allsamen hervorgebracht, der im Meer Frhânkrt aufwuchs; auf welchem der Samen aller Gattungen der Bäume ist, aus dem alle wachsen: und zunächst bei diesem Baume Allsamen ist der Baum Gokart hervorgebracht zum Abhalten des schlimmen Alters; die Fruchtbarkeit der Welt kommt daher.“

p. 43, 14: „Der Baum Vielsamen ist mitten im Meere Frhânkrt gewachsen; der Samen aller Bäume ist darauf; man nennt ihn bald Gutheil, bald Hochheil, bald Allheil; auf diesem einen Baum sind alle Güter geschaffen.“ Es ist offenbar, daſs diese Stelle gradezu eine Uebersetzung von R. Y. 17 ist; das oben besprochene *bis* wird hier mit *bcsh* gegeben, was dem N. P. *bcsh* und *bzsk* gleich ist, auch anderswo dem Zend *badiaoa* entspricht; *tchask* ist Yaçn. LVI, 6, 2 gleich Zend. *thrakhtisto*, hier antwortet es *eredhwó*. Der Schluſs der Stelle ist Parsi.

p. 63, 15: „Von all diesen Samen ist der Baum Vielsamen, Ohnegift in dem See Frhánkrt gewachsen, auf welchem sich alle diese Pflanzensamen befinden, die von diesem einzig geschaffenen Stier geworden sind. Jedes Jahr schüttelt jener Vogel diese Samen und vermischt sie mit dem Regenwasser, welches Tistar auf die Keávars regnet.“

Endlich p. 69, 4 heiſst es: „Der Baum Ohnegift ist in Airanvic.“

Der zweite Wunderbaum kommt in den Urtexten einigemal vor. Farg. XX init. ist zuerst die Rede von den Krankheiten, die Aûrô-mainyus gegen die Menschen hervorgebracht hat, und dann heiſst es: 4. *adha azem yó ahurô mazdaô urcaraô baêlasyaô usbarem paouruit pôuru çataô paouruis pôru baêcanô. ôim gaokerenem pairi.* „Da habe ich, Ahura Mazda, heilsame Bäume (Pflanzen) hervorgebracht, viele vielhunderte, viele vieltausende, viele vielzehntausende um den einen Gaokerena [1].“

Wie oben (Farg. V) alle Gattungen Bäume um den Baum Allsamen wachsen, so hier alle heilsamen Bäume um den einen Gaokerena.

Orm. Y. 30 heiſst es: *gaokerenem çûrem mazdadhâtem yaz.* „Wir rufen Gaokerena, den starken, von Mazda geschaffenen an.“ Ebenso Hapt. Y. 5 in naher Verbindung mit Haurvatât und Ameretât, den Genien der Pflanzen und der Unsterblichkeit. Ebenso Sirozah I, 7; II, 7.

Dieser Baum Gaokerena heiſst in den Huzvaresch- und Parsi-Texten in der Regel Gokart (auch die Form *gokarn* kommt vor B. p. 64, 3) und er wird hier als der weise Hom bezeichnet; er wächst, wie wir bereits aus Bund. p. 19, 15 sahen, zunächst dem Baume Allsamen.

Eine Reihe von Stellen des Bundehesch beschäftigt sich mit diesem Wunderbaume; die längste findet sich Bund. p. 42 L 12 sqq.: „Ueber die Beschaffenheit des Gokart, den man Baum (*drat*) nennt (*drdtahê* und *paitidrdtahê* Farv. Y. 109), ist

---

[1] Das Wort *gokarna* kommt auch im Sskr. vor, als Adjectiv „kuhohrig“ und dann als Eigenname von Thieren und Pflanzen, auch als Epitheton Çiva's.

in der Din gesagt: Am ersten Tag, als Gokart, Drâl genannt, im Meer Frhânkrt in diesem Schlund des Berges wuchs; bei der Neumachung ist er nöthig, denn sie bereiten die Unsterblichkeit (Seligkeit) aus ihm, da machte Ganâmino in diesem Wasserschlund eine Kröte (Eidechse) zum Verderben, damit sie den Hom vernichte. Um des Zurückhaltens dieser Eidechse willen schuf Ahura zehn Kar-Fische [1]) dort, welche um den Hom immer kreisen; immer hat einer dieser Fische den Kopf gegen die Eidechse und es ist die Eidechse ihre geistige Speise, d. h. sie haben keine Speise nöthig; bis zur Auferstehung (Neumachung) sind sie im Kleinwerden. Als Ort dieser Fische wird in den Texten auch das Wasser Arg geschrieben." Nachdem dann noch einiges nicht auf den Baum Gokart bezügliches eingefügt wird, folgt die schon oben mitgetheilte Stelle über den Baum Allsamen, welcher also auch hier als in der Nähe des Gokart befindlich gedacht ist. Die Situation beider Bäume wird dann aber noch durch den Zusatz anschaulich gemacht, wodurch der Berg näher erklärt wird. „Dieser Berg hat Löcher neuntausend neunhundert neunzig Myriaden (jede Myriade sind zehntausend). In diesem Berg ist die Beschützung (Aufbewahrung) des Wassers gemacht; nämlich das Wasser geht von dort auf dieser Brücke (diesem Canal) hervor in die sieben Keśvars der Erde (wie gesagt ist), so daß alles Wasser des Meeres in den sieben Keśvars der Erde seine Quelle von dort hat."

Welches Wasser hier gemeint sei, das sagt uns Bundeh.

---

[1]) Der Karfisch kommt in den Urtexten nur einigemal vor. Bahr. Y. 29 verleiht *Verethraghna*: *aomca çikem yim baruiti karô maçyô upapô yô ruśhayaô dôrai-pârayaô jafrayaô hazairivêlmyaô (eairyaô) careçô-çtarahkem âpô-erraiçem mârayûiti*, „den jenen Blick, welchen trägt der Karfisch, der wasserlebende, der in der weitufrigen, tiefen, tausendcanaligen Raôha, einer Haares Dicke sieht, das sich im Wasser bewegt." Dasselbe wiederholt sich Din Y. 7. Farg. XIX, 42 W. wird angerufen „der Karfisch, der wasserlebende auf dem Grund der tiefen Canäle oder Seen." Man sieht, wie gewissenhaft Bundehesch verfährt, wenn er nicht bloß in die Nähe des Hom, sondern auch in den Strom Raôha den Karfisch setzt; er hat offenbar obige Stelle des Bahr Y. vor Augen, wenn er fortfährt: „Dieser Fisch sieht so in diesem tiefe Wasser, daß er eine Nadel groß sehen muß, was als in's Wasser werfen oder wenn sie ein Haar hineinthun."

Minokhard (Spiegel, Parsi-Gramm. p. 172) bestätigt Bundehesch, wenn er sagt: „16. Hom, der Zubereiter der Leichname, wächst im See Var-Kasch am verborgensten Ort. 17. Zu seinem Schutz sind 99,999 Fervers der Heiligen bestellt. 18. Um ihn kreist der Kharmahi beständig herum und wehrt von ihm die Kröten und anderen Karfestern beständig ab." Was hier Minokh. von dem Schutz der Fervers sagt, ist wahrscheinlich aus Farv. Y. 59 geschöpft, wo 99,999 Fervers des See Vôurukasa beschützen, in dessen Mitte je der Hom wächst.

p. 64, 1, wo nach den bereits angeführten Worten über den Baum Vielsamen, Ohnegift, nachstehende Notiz folgt: „Zunächst diesem Baum ist der weiße Hom, der heilsame und unvergängliche gewachsen in der Quelle des Wassers Ardviçur; jeder der davon genießt, wird unsterblich; man nennt ihn Gokarndrat, wie gesagt ist: Hom, der Krankheitentfernende (dûraoša), von dem sie bei der Neumachung das Leben bereiten, ist der Bäume Herr (Meister)."

Also der Baum des Lebens wächst in dem Wasser des Lebens, in der Quelle Ardviçûra Anâhita. Dies bringt uns wiederum Licht bezüglich des vorhin genannten Berges, in dessen Oeffnung der Gokart entsprofst. Denn wir wissen aus den Urtexten, dafs Anâhita vom Himmel herabströmt auf den Berg Hukairya tausend Mann hoch. So sagt Aban Y. 85, 88, dafs Anâhita von den Sternen heruntersteigt auf die Ahurageschaffene Erde; 96 (121, 126, Rašnu Y. 24) heifst es: „anrufen will ich den Berg Hukairya, den ganz reinen, goldenen, von welchem herabfliefst Ardviçûra Anâhita, tausend Männerhäupter hoch, besitzt sie Majestät (Kraft), wie alle die Wasser, die auf der Erde hervorfliefsen.

Der Berg Hukairya erscheint Rašn Y. 24 verschieden von der Hara berezaiti oder dem Alburz; von ihm aus opfert Yima der Anâhita (Aban Y. 25), dem Gosh (Gosh Y. 8), dem Râma Qâçtra (Ram Y. 15), der Ashi (Ashi Y. 28). Haoma dagegen erscheint auf der Haraiti bereza (Ashi Y. 37; Yaçn. X, 28 S.; Gosh Y. 17).

Der Berg Hukairya kommt vor, aufser an den angeführten Stellen, Ab. Y. 3, wo von ihm Anâhita in das Meer Vôurukaša strömt. Allein die Stelle Mihir Y. 88 erklärt den scheinbaren Widerspruch: auch da opfert Haoma auf dem höchsten Berge, auf der Haraiti bereza, welcher genannt wird Hukairya mit Namen. Hukairya ist also eine bestimmte, zum grofsen Hara berezaiti gehörige Bergspitze, und es ist in der That dieselbe Localität, wo Yima opfert und wo Haoma wächst.

Von dem Berg Haraiti, dem vielbestiegenen, glänzenden aber wird Mih. Y. 88 erzählt, dafs dort Ahura den Wohnsitz des Mithra gebildet habe, wo keine Nacht und keine Finsternifs, kein kalter Wind und kein heifser sei, keine todvolle Fäulnifs, kein Daêvageschaffener Schmutz, noch steigen Wolken auf an der Haraiti Bereza. Diese Beschreibung des Wunderberges, welche sich Rashnu Y. 23 wiederholt, keunzeichnet einen paradiesischen Ort und es ist daher erklärlich, warum Yima während seiner glücklichen Zeit, deren Beschreibung ganz mit der so eben angeführten übereinstimmt, auf den Hukairya gesetzt wird, warum das Wasser des Lebens dort fliefst und der Baum des Lebens dort wächst.

Wir haben also gefunden, dafs das in den späteren Schriften enthaltene von den Urtexten vollkommen bestätigt wird; in ihnen ist der Berg Hara Berezaiti oder Hukairya einerseits der paradiesische Sitz Mithra's und Yima's; andererseits der Ort, wohin vom Himmel aus Ardvîçûra strömt tausend Mann hoch, und wo der wundersame Haoma wächst.

Aber wir sind mit der Beschreibung dieser wundersamen Localität noch nicht am Ende.

Auf dem Berg Hukairya ist das Var Urviç, Urvaêça (Bund. p. 56, 12). *Urvaêça* heifst im Zend: Weg; es könnte aber auch *Uru-vaêça* sein und *vaêça* dem gleichlautenden in *Çata-vaêça* identisch sein; = Gr. οἶκος — εὐρύοικος, der weite Wohnungen hat.

Von dem See Urviç und der Quelle Ardvîçûr, die ihn bildet, redet auch Bund. p. 25, 15: „Wie die Quelle Ardvîçûr auch Abunik var genannt wird; jedes *var* (See, Canal) ist eine Art Weg, bald grofs, bald klein, bald so grofs, wie wenn ein Mann zu Pferd in vierzig Tagen ihn umreitet, was 1600 Parasangen sind. Das Wasser von dieser Quelle ist in Hitze und Kälte reiner und fruchtbarer als die übrigen. Die Befruchtung aller Art kommt von der Quelle Ardvîçûr; wenn sie fliefst vom Mittag des Bergs Arburj; dort sind hunderttausend Canäle von Gold gemacht; dieses Wasser geht in Hitze und Kälte auf dem Canale zum Berg Bulvend; auf der Spitze dieses Berges ist ein See; in diesen See fliefst es und er wird rein davon; aufser diesem goldenen Canal geht es wiederum heraus in der Höhe von tausend Männern; von diesem Canal geht ein Zweig Gusat-Zerin auf den Berg Husindum, der in Mitten des See's Frhânkrt ist. Von dort fliefst ein Theil, um der Reinigung des Meeres willen, fort ins Meer, ein Theil geht in diese ganze Erde in den Wolken, und die ganze Schöpfung empfängt von dort Heilung und die Trockenheit des Andarvai tödtet er."

Nach Genesis II, 8 und 9 (Joel II, 3; Jes. LI, 3; Ez. XXVIII, 13. XXXI, 8) pflanzt Gott der Herr den גן עדן, was

die Vulgata mit *paradisus voluptatis* übersetzt, מִקֶּדֶם *a principio*
(V.) oder von Osten, wie es die LXX geben. גַּן umzäunter
Platz, wie das Varam dem Yima *pairidaêsa*. Und er läfst
dort „aufsprossen aus der Erde alle Bäume, lieblich zu sehen
und gut zu essen, und der Baum des Lebens war in der Mitte
des Gartens und der Baum des Wissens Gutes und Böses."
II, 16 und 17 gestattet Gott dem Menschen von allen Bäumen
des Paradieses zu essen: „vom Baum des Wissens Gutes und
Böses aber ifs nicht davon; denn am Tag deines Essens davon, wirst du des Todes sterben." Und III, 22 sagt Gott:
„Siehe Adam ist geworden wie einer aus uns, zu wissen Gutes
und Böses. Damit er nicht ausstrecke seine Hand und auch
vom Baum des Lebens nehme, und esse und lebe auf ewig."

Die jüdischen Erklärer meinen, weil das Unterscheiden
von Gutem und Bösem in der Schrift oft als Zeichen des Ge-
langens zur Vernunft steht, dafs der Baum die Kraft gehabt
habe, Adam und Eva mündig und vernünftig zu machen.
Josephus meint: es habe eine Schärfung des Verstandes durch
den Baum stattgefunden.

Die Hauptfrage ist die: haben die beiden Bäume die Wirkung des Todes und Lebens aus ihrer Natur, oder sind sie nur
Objecte, an welche die Erfüllung des Gebotes Gottes geknüpft
war? Ersteres scheint III, 22 vom Baum des Lebens ausgesagt. —

Die spiritualistischen Erklärer, wie Origenes, erklären das
ganze Paradies allegorisch und folglich auch die beiden Bäume.
Der Baum des Lebens ist ihnen die ewige Weisheit (Prov. III, 28),
Christus die ewige Seligkeit u. s. w.

Dagegen hält Augustinus (de Civ. Dei XIII, 21) die Wirklichkeit des Baumes des Lebens fest, ohne seine typische und
allegorische Bedeutung auszuschliefsen.

Sollte nun der Baum des Lebens wirklich ewiges Leben
geben? Einige Theologen, z. B. Tostatus, behaupten es wegen
III, 22. Bald wird dieses Wirken dem Baum des Lebens allein
zugeschrieben, bald in Verbindung mit der im Urmenschen liegenden Vitalkraft.

Wäre der Mensch im Stand der Gnade verharrt, so hätte
er den Tod nicht gekostet, sondern gerade der Baum des
Lebens hätte ihm als Speise und Medicin das Leben erhalten
(August. Quaest. vet. et novi test. 19; de Civit. Dei XIII, 20, 23.

Genes. ad litt. VI, 25; contra advers. leg. et proph. 15. Cyrill. adv. Jul. VIII. Chrysost. in Gen. hom. XVIII. Rupert. de Trin III, 30).

Einige nehmen an, die Menschen würden erst in dem Augenblick, wo sie ins höhere Leben eingehen sollten, vom Baum des Lebens genossen haben und dadurch unsterblich geworden sein, während andere die Wirkung des Baumes auf dieses Leben und die Abhaltung des Todes während desselben beschränken.

Iren. III, 37, 6: *quapropter et ejecit eum de paradiso et a ligno vitae longe transtulit: non incidens ei lignum vitae, quemadmodum quidam audent dicere, sed miserans eius, ut non perseveraret semper transgressor, neque immortale esset quod esset circa eum peccatum, et malum interminabile et insanabile.*

Dagegen behauptet Scotus (in libr. II, Sentent. Dist. XIX, 9, 1): der Baum des Lebens würde den Menschen nur bis auf eine gewisse Zeit erhalten haben; dann aber würde er in einen übernatürlichen Zustand erhoben worden sein. Ihm schließt sich Pererius an. Allein es läßt sich dagegen einwenden, daß die übrigen Bäume die Ernährung für eine gewisse, wenn auch noch so lange Zeit bewirken konnten, und daß damit III, 22 noch nicht erklärt ist. Bemerkenswerth ist es, daß die Theologen dem Baum besonders eine medicinelle Kraft zur Abwehr der Krankheit, des Alters und des Todes zuschreiben.

Eine weitere Frage ist: war die Kraft des Baumes eine in seiner Natur liegende, oder eine an ihn geknüpfte übernatürliche Wirkung Gottes?

Im letzteren Fall konnte der Baum von ähnlicher Art sein, wie andere Bäume, allein dann macht seine bevorzugte Situation und der Umstand Schwierigkeit, daß er auch nach dem Fall noch Leben bewirken konnte (III, 22); im ersteren mußte er eine ganz besondere Beschaffenheit haben. Diejenigen Theologen, welche die Bewirkung einer relativen Unsterblichkeit vertheidigen, nehmen letzteres an; die, welche vom Baum absolute Unsterblichkeit ableiten, stimmen für's erste. Zu diesen scheint Aug. VIII, de Genes. ad litt. c. 5 zu gehören. Aug. de C. D. XIV sagt, daß das *lignum vitae* dem Menschen im Paradies gegeben: *ne senectus eum dissolveret.* Es ist demnach, wie August. sich ausdrückt, eine sacramentalische Wirksamkeit. Ebenso Beda, Bonaventura. Die andere Meinung vertreten Strabus, Hugo v.

St. Victor und Thomas P. I. Q. 97 art. ult. — (Pererius erinnert
an das Kraut μῶλυ und νηπενθές).

Aben Esra versteht unter der *scientia boni et mali* die
Generation; andere halten den Baum selbst für das Bild des
amplexus venereus.

Die Wirklichkeit des Baumes der Erkenntnifs des Bösen
und Guten in der Erzählung der Genesis ist noch klarer ausgesprochen von Mabug, Isid. Pelus. I, p. 51; Philoxenus Moses
und Barcephen; Theodoret Qualest. 28 u. A. halten ihn für einen
Feigenbaum, wegen der Feigenblätter.

Tostatus aber meint: gerade von diesem Baum würden sich
die ersten Menschen keine Blätter genommen haben, aus Furcht
und Abscheu. Andere nehmen den Apfelbaum an, wegen Cant. 8.
Andere sind für Waizen oder Weinstock.

Augustin de C. D. XIII, 20 sagt: der Baum sei nicht selbst
verderblich gewesen und habe nicht durch seine natürliche Wirkung das Wissen des Guten und Bösen gegeben.

Die meisten Theologen sind der Meinung, dafs der Baum
von der Wirkung seinen Namen habe [1]. — Adam und Eva
hätten durch die Uebertretung des an ihn geknüpften Verbotes
die *scientia experimentalis* des Guten und Bösen erlangt.

Dagegen wird von andern angenommen, dafs der Baum
von der Lüge der Schlange ironisch den Namen habe; so
Rupert de Truit. II, 17, Tostatus und Pererius. Moses habe
ihn *per anticipationem* so genannt.

Delitzsch, Gen. p. 147, meint: Gott habe die durch den
Engelfall bereits vorhandene Macht des Verderbens an diesen
Baum gebunden.

Es ist wohl zu bemerken, dafs, so gewifs die Wirklichkeit
der beiden Bäume ist, doch die Schrift in dem, was sie von
ihnen prädicirt, vorzüglich das Typische und die vorgebildeten
Geheimnisse im Auge hat.

Der Baum des Lebens ist also allerdings Christus und die
ewige Weisheit und die ewige Seligkeit, und er steht in der
Mitte des Paradieses im übernatürlichen Sinn.

Und der Baum der Erkenntnifs ist das heilige Kreuz,
an welchem die Schlange getödtet wird, zu dessen Füfsen
eine neue Eva steht, während der neue Adam siegend, der

---

[1] Chrysost. Hom. in Gen. XVI, Homil. III, T. 8 p. 24.

alte Adam und die alte Schlange überwunden am Baume hängen.

Der eine Baum der Erkenntniß des Guten und Bösen ist das Sinnbild des irdischen Lebens der Fortpflanzung, die durch den Gehorsam eine heilige geworden wäre '), durch die Sünde aber ist dieser Baum zum Kreuz geworden. Deßwegen nimmt dieser Baum in der heidnischen Mythologie eine pantheistische kosmogonische Gestalt an. Der andere ist Sinnbild des höheren und ewigen Lebens.

Am schwierigsten ist die Erklärung von Gen. III, 22, wo ein Nehmen vom Baum des Lebens auch nach dem Fall als möglich vorausgesetzt wird.

Auch dem indischen Sagenkreis sind diese Wunderbäume nicht fremd. Wie Kuhn (die Herabkunft des Feuers etc. p. 126. 198) schön nachgewiesen hat, kennt der Rigveda einen Baum, aus welchem Himmel und Erde gezimmert sind (X, 31, 7; 81, 4), er ist offenbar mit dem der Kâthaka Upanischad VI, 1 identisch, dessen Wurzeln nach oben und dessen Zweige nach unten gehn; und Rigv. II, 164, 19. 22 findet sich ein in den späteren Upanischaden öfters nachklingender Hymnus: „Zwei Vögel-Gespanne und Freunde umschlingen einen Baum: „„von ihnen der eine ißt die süße Feige, nicht essend schaut der andere hin""", wo die Vögel den Theil des Amrita unaufhörlich preisen (umtönen). Der Herr des Alls, der Welt Hüter, der weise, der hat mich, den Schüler (nach dem Commentar: den Unreifen), dorthin eingeführt. Auf welchem Baum die Honig-(soma)essenden Vögel niedersitzen und alle pressen, auf dessen Spitze ist, sagen sie, die süße Feige, die kann nicht erlangen, wer den Vater nicht weiß." Dieser Baum steht nach dem Atharvaveda im dritten Himmel: „Der Feigenbaum (V, 4 u. VI, 95, 1), der Göttersitz, ist im dritten Himmel von hier, dort haben des Amrita Bildung, das Kraut Kuśţa gespendet." .Und Rigv. X, 135, 1 heißt es: „Bei welchem Baum Yama mit den Göttern trinkt, dorthin wünscht uns, die alten, der Vater, des Stammes Fürst." Aehnliches mit der so eben angeführten Stelle des Atharva findet sich auch in der Chândogya-Upani-

') Insofern ist an Aben-Esra's Ansicht etwas Wahres. Unmittelbar nach dem Essen kommt die Erkenntniß der Nacktheit — durch den Ungehorsam gegen Gott und die Botmäßigkeit gegen den Teufel wird das Essen ein Act der sinnlichen Lust — und die Speise bringt die Geschlechtslust hervor.

schade VIII, p. 558 der Calcuttaer-Ausgabe, wo es heifst: es
seien in der Brahmawelt die beiden Meere Ara und Ilya, im
dritten Himmel von hier der See Airam-madiya, der Feigenbaum *(açvattha)*, der Somaträufelnde, die Brahma-Stadt Aparâĝitâ (Unbesiegt), der vom Herrn gebildete goldene (Saal).
Çankara zu dieser Stelle zerlegt Airam-madiya in zwei Theile
und führt *airam* auf *irâ* Speise zurück: „der See, der durch
Speise erfreut"; „Somaträufelnd" aber durch: „Amrita nieder-
fliefsen lassend." Die Stadt Aparâĝitâ erklärt er als die von
andern, als Brahmacâris nicht zu erreichende.

In der Kaušîtaki-Upanischade bei Weber (Ind. Studien
I, p. 396 ff.) ist jenseits des See's Âra des elternlosen Stromes
viĝarâ nadî der Baum Ilpa, den Çankara ohne Weiteres mit
dem oben beschriebenen Feigenbaum identificirt, und von
wannen der Brahmaduft ausströmt. Die Brahmastadt Sâlaĝya
mit dem Palast Brahma Aparâĝitam; in dem Saale *(pramita)*,
Namens *vibhu*, ist der Thron mit dem Sessel Brahma's u. s. w.

Wir sehen, dafs hier aus den zwei Bäumen einer geworden ist, sofern Ilpa nicht von dem Açvattha unterschieden
werden darf. Dieser eine Baum aber ist vorwiegend Symbol
des ewigen unsterblichen Lebens.

---

7. Apãm napaõ. Ranha.

1) Apãm napaõ.

Betrachten wir zuerst die Formen, in welchen von diesem
Yazata die Rede ist. Seine erste Anrufung findet sich Yaçn.
I, 15: *nivaêdhayêmi haũkârayêmi berezatô ahurahê nafedhrô
apãm apaçca mazdadhâtayaõ*, damit übereinstimmend Yaçn.
III, 7; Siroz. I, 7. Die zweite Yaçn. II, 21: *berezañtem ahurem
khšathrîm khšaêtem apãm napâtem aurvaţ açpem dyêçõ
yêsti apeñca mazdadhâtãm etc.* Die gesperrten Worte sind
hier zu der Fassung der ersten Anrufung hinzugekommen und
es hat aufserdem eine Umstellung *(nafedhrô apãm — apãm
napâtem)* stattgefunden. Wörtlich mit II, 21 stimmt überein

VI, 14; LXIX, 19; ebenso Zamy. Y. 52.   Yaçn. LXIV, 53:
imaţ bereza ahura khśathrya apām napô auvoaţ-açpa, wo die
Anrufung im Vocativ ist und *khśaêtem* fehlt. Yaçn. LXX, 91
heisst es einfach: *apām napiôrem* (vergl. Vend. lith. LXIII,
p. 539); ebenso Tir. Y. 34 nur *apām napaô*, während Ab. Y. 72
wiederum die ganze Formel *upa berezañtem ahurem khśathrim
khśaêtem apām napātem auvaţ açpem* erscheint; ebenso Gah.
III, 8; Siroz. II, 7. Die einzelnen Epitheta sind uns wohlbe-
kannt (*ahura* ist in dem allgemeinen Sinne „Herr" zu nehmen),
nur *khśathrya* macht Schwierigkeit; es kommt sonst meines
Wissens nicht mehr vor. Das Femininum *khśathri* bedeutet
„Weib" (vergl. Spiegel in Weber's Indischen Studien III, p. 406);
es kommt vor Farg. XVIII, 77 Sp. *(khśathriśva)*; Bahr. Y. 12;
Yaçn. LXIV, 21 Sp. (LXV, 5 W.) *khśathrinām* oder *khśathrandm.*
Farg. II, 7 giebt W. gegen alle Handschriften *khśathryaô* und
übersetzt: im Tragen des Weibes. Die Hss. aber haben *khśa-
thrayaô*, welches Sp. als den Gen. eines Femininum Abstractum
khśathra nimmt, im Sinne von Herrschaft. Die Huzv. Uebersetzung giebt hier *hutai*, während sie Yaçn. LXIV, 21 *khśathrinām* mit *nkdan* giebt, ebenso XVIII, 77. *khśathrya*, welches
an den Stellen über *Apām napât* offenbar Adjectiv ist, muß
nun entweder von *khśathra* Herrschaft oder von *khśathri* Weib
(vergl. *dditya* von *dâtem*) abgeleitet sein; im ersteren Falle ist es
dem Sskr. *kśatriya* entsprechend. Vielleicht liefse sich Farg. II, 7
so deuten und *khśathryaô* mit *berethe* als Epitheton verbinden —
aber es würde eben eine Tautologie sein, wenn es hiefse: den
hohen Herrn, den herrschenden, und es wäre auffallend, daß
Apańm napaô so absolut das Prädicat eines herrschenden Herrn
haben sollte. (Die Am. Çp. werden *kukhśathra* genannt). Im
zweiten Falle hiefse es: auf die Weiber bezüglich, und wäre
eine Ableitung wie *aśya* (Beiname des Çraoša) von *aśi; nâśya*
von *nâbi.* Die parsischen Uebersetzer haben die letzte Bedeutung angenommen, indem sie *ahurô khśathryô* immer mit *hutai
nkdan* übersetzen. Neriosenh übersetzt Yaçn. I, 15 die Worte
berezaiô ahurahê naśedhrô apām mit *burǧǧasvâminaṃ nâbhiṃ
apāṃ* und setzt dann erklärend hinzu: *burǧǧasvâmî striṇâṃ
iyaǧdo ǧalamayaḥ.*

Die Huzv. Uebersetzung giebt Yaçn. I, 15: *burci kuddi
nkdani runmi apann apn u miaci ananmadat.* Sie hat also die
Worte *khśathrya* und *khśaêta*, welche im Text fehlen, einge-

schoben. II, 21 heifst es: *burci hutô i nkdani rusnni ap ann mia i aroôaçpn.* IV, 21: *burci hutô nkdann rusnni apanni api vniaç; etc.* VI, 14 stimmt damit genau überein, nur steht statt *mia ap*; ebenso LXIX, 19. Es ergiebt sich aus diesen Stellen, dafs *apann* dem *napaô* in seinen verschiedenen Casus entspricht und es entsteht nun die Frage, wie dieses Wort zu erklären sei. Hierzu helfen uns Yaçn. LXIV, 53, wo deutlich: *burci hutô nkdani rusnn n a p a n n api aroôaçpn* und Yaçn. LXX, 91: *napanni apn* (so ist statt *vapn* zu lesen); *nap* giebt in der Huzv. Uebers. das Z. *nôfyô*; *napann* oder vielmehr *napau* ist also eine genaue Transcription von *napaô*, wie Yaçn. I, 64 *raudinit.* Yaçn. III, 29 steht: *burci hutô nkdani rusnn napanik miaci anannadat,* es ist wohl zu lesen: *napan i mia miaci etc.* Dafs aber der Fehler *apann* für *napau* alt sein mufs, geht aus Neriosenh hervor, dessen *ôalamayaḥ* (wasserartig) aus *apann* zu erklären scheint, welches Neriosenh als Adjectiv von *ap* nahm. Auch *nkdann* könnte als eine Adjectivbildung (Spiegel, Huzv. Gr. §. 141, 2) angesehen werden, wenn nicht Neriosenh's *striṇâm* dagegen spräche.

Wer ist nun dieser hohe Herr der Frauen, der glänzende *Apâm-napaô* und welches sind seine Functionen? Wir wollen hierauf zunächst die Urtexte antworten lassen: Tir. Y. 33. 34 wird beschrieben, wie Tistrya nach seinem Sieg das befruchtende Wasser hervorbringt, wie ihm Haoma und der kräftige Wind dazu beistehen. Dann heifst es: *apâm napaôçe taô ôpô çpitama Zarathustra anuhê açtvaitê ôôithrô-bakhtaô vlbakhlaiti vâtaçca yô dariis avrj-dôtemca qarenô aôaonânca fravaôayô.* „Apâm napaô, o heiliger Zarathustra! vertheilt diese Wasser, in der bekörperten Welt nach Feldern vertheilt und der kräftige Wind und der ins Wasser gelegte Glanz und die Fravaśi's der Reinen." Auf diese Stelle schaut Bundebesch zurück p. 15, l. ult., wo es heifst: „Mithelfer mit Tistar waren Vbumn und Hum der Izitu zur Vermehrung, Burc Izit und die Krtâ Pruhar zur Mafsvertheilung." Burc ist eben hier kein anderer als Apâm napaô. Dieser Wassergenius hat hier also die Function, das von Tistrya hervorgebrachte Regenwasser in der Welt zu vertheilen, was bezüglich der Fravaśi's Farv. Y. 66 weitläufig beschrieben wird.

Die zweite und wichtigste Stelle findet sich Zam Y. 51. Es ist von dem Kampfe die Rede, welchen Ahura und seine

Genossen einerseits, andererseits Aûro-Mainyus, Aêšma, Ako-
mano und die Schlange kämpfen und zwar um den Besitz des
qarenô aqaretem, den untheilbaren, unergreifbaren Gnadenglanz.
Da zieht sich plötzlich der Glanz zurück in das Meer Vourukascha, und nun heifst es weiter: „zusammen ergriff ihn Apām
napaô, der Rosselenker, da wünschte Apām napaô, der schön-
rossige (Rosselenker): diesen Glanz will ich ergreifen, den untheilbaren im Grund des verborgenen Meeres, im Grund der
tiefen Wasser. Den hohen Herrn der Weiber, den glänzenden
Apām napaô, den schönrossigen lafst uns anrufen: den Mann
im Rufe glücklich, der die Menschen geschaffen, der die Menschen geordnet, der im Wasser befindliche Yazata, der der
ohrhörendste ist, wenn er angerufen wird.

Das Wichtigste in dieser Stelle sind die Worte: *yô neréus
dadha yô neréus tataja*; sie enthalten eine Reminiscenz an
Yaçn. I, 1: *yô nô dadha yô tatâja*. Es liegt nun am nächsten,
neréus gleich *naráç* zu nehmen und mit: Männer oder Menschen
zu übersetzen. Allein in einem zarathustrischen Buche wird
die Schöpfung der Menschen kaum einem untergeordneten
Yazata zugetheilt werden. Die Form *neréus* ist seltsam und
sieht aus, wie ein Genitiv Sing. von *nerus* (was aber nicht
existirt); der Zusammenhang fordert aber einen Accusativ des
Plural. Farg. VII, 76 W. findet sich *géus* als Plural (vergl.
Bopp, vergl. Gramm. N. Ausg. I, p. 465). Sonst hat *nô* im
Nom. Plural *naráç* Farg. VI, 1. Unstreitig ist *noréus* Farg.
V, 27 ebenfalls Acc. plur.

Wie beseitigen wir nun den Widerspruch mit der sonstigen
Schöpfungstheorie? Ich glaube dadurch, dafs wir annehmen:
jener Wassergenius, der den Glanz, d. i. das Lebensprincip in
den Gewässern bewahrt, sei der Urheber der Befruchtung bei
den Menschen, gradeso wie der weibliche Genius der Gewässer
Ardvî Çûra die Fötus der Weiber und den Samen der Männer
reinigt. Oder die hier genannten Menschen sind eine besondere Gattung, nämlich Wassermenschen, die Bund. p. 38, 9 neben
den Erdmenschen vorkommen. Es ist übrigens gewifs, dafs
hier in den orthodoxen Glauben ein Stück alt-arischer Mythologie hereinragt, wie unten deutlicher erhellen wird.

Ist diese Auffassung von Apām napaô als dem Befruchter
richtig, so erklärt sich einerseits, warum er *khiathrya*, d. h. auf
die Weiber bezüglich, oder mit Emphase *arîd*, der Männliche

genannt wird. Dafs die Wassergötter am beſten hören, ist
eine aus Naturerscheinungen hervorgehende Vorstellung der
Mythologie.

Apām napaô heiſst wie die Sonne *aurvaṭ-açpa*, was Huzv.-
Uebers. einfach transeribirt, während Neriosenh daran die Erklärung knüpft: Apām napaô heiſse deſshalb Nabel der Gewässer, weil von ihm der Same des Wassers, Arvand genannt
komme, durch welches schönere Pferde erzeugt werden; nach
ihm hieſse also *aurvaṭ-açpa* so viel als: der Pferde aus der
Quelle Arvand besitzt. Allein abgesehen davon, daſs *aurvaṭ-
açpa* auch von der Sonne gebraucht wird, wo es Nerios. mit
regaradaçpam giebt, gebrauchen die Zendtexte selbst (Yaçn.
XI, 2. IX, 22 W.) *aurvaṭ* im Sinne von Renner, Schlachtroſs
(die Huzv.-Uebers. Yaçn. XI, 8 erklärt *arvandan* mit *açp kari-
ar*, Kriegspferd) in Uebereinstimmung mit dem vedischen
Sprachgebrauch; so heiſst *aurvaṭ-açpa* eben der, welcher Renn-
pferde besitzt, oder wenn man *aurvaṭ* als Lenker fassen will:
der Pferdelenker. — Jedenfalls wird dem Wassergotte eine besondere Beziehung zu den Pferden beigelegt.

Woher hat nun Neriosenh seine Quelle Arvand? Burnouf, indem er voraussetzte, der Burǵǵn des Nerios. sei der
Alburz, ist dadurch verwirrt worden; wir wissen nun, daſs
Burǵǵa eben nichts ist, als der persische, aus *beresaṭ* entstan-
dene Name des Genius Apām napât. Die von Bundeh. trotz
jenes Miſsverständnisses aufgestellte Hypothese: es sei damit
eine mit dem Berg Arvand (Alvend) Ὑρόττης zusammenhän-
gende Quelle gemeint, ist dagegen sehr wahrscheinlich. Möglich, daſs *Kupi airo (Airya?)* Bundeh. p. 21, lin. pen. u. p. 23, 4
hierher gehört, der in Mitten Hamadans liegt, wohin auch der
Berg Alvend gesetzt wird.

Dafs es aber eine Localität gegeben haben muſs, an welche
jener Wassergott geknüpft war, das beweist Ab. Y. 72,
wo von drei Helden Aśavazdaô, dem Sohn des Pourudâkhsti,
Aśavazdaô und Thrita, den beiden Söhnen des Çâyuzdri gesagt
ist, sie hätten der Anâhita geopfert, auf oder an dem hohen
Herrn der Weiber, dem glänzenden Apām-napât, dem rosse-
lenkenden. — Apām-napât muſs hier gradeso Ortsbezeichnung
sein, wie in den voransgehenden und nachfolgenden Anrufungen
immer der Ort angegeben wird, von wo der betreffende Held
sein Gebet an Anâhita gerichtet hat. Einer der hier genannten

182

drei Helden bei Apām-napāt ist, beiläufig gesagt, jener Asa-
vazdaō, welcher zu den Unsterblichen gehört, die bis zur Auferstehung leben.

Nachdem wir so die Natur des Genius ermittelt haben,
übrigt es, den Namen Apām napaō zu erklären. Wir haben
gesehen, dafs die Huzv.-Uebers. ihn nur transcribirt, während
Neriosenh ihn consequent mit *nābhih apām* übersetzt und *nābhi*
wiederum mit *mūlasthānam* erklärt.

Sehen wir uns im Zend selbst um, so heifst Farg. XII, 9
u. 11 *napô*, *neptis* und *napti* (seltsamer Weise fehlen im Huzv.
die entsprechenden Worte) Enkel = lat. *nepos*, *nâfô* Farv.
Y. 87, mit der Variante *nâpo*, *nâpayô*, *nafrô* oder *nâfyô* ib. 120
(zu *nâfyo* vergl. den Genitiv *nafedhro; nâfyāi* ib. 66) heifst
Geschlecht, Verwandtschaft; *hama nâfaēnê* Ab. Y. 13, von demselben Geschlecht. Die Wurzel *nap* heifst aber auch befeuch-
ten, benetzen; *napta* benetzt Farg. VII, 29 (Gr. νᾶπος ein Wald-
thal). Vielleicht entsprang aus dem Begriff der befruchtenden
Feuchtigkeit jener der Erzeugung und der Verwandtschaft.
Sskr. *nābhi* Nabel hat zunächst damit nichts zu thun. Dagegen
hat Sskr. die Verwandtschaftsworte *napât*, *naptṛ*, *napti* Enkel,
Enkelin.

Wir sind demnach berechtigt, *apām napât* als eine Bezeichnung der im Wasser liegenden Befruchtungskraft zu fassen —
ob wir aber berechtigt sind, die Worte mit Enkel der Wasser
zu übersetzen, ist eine sogleich zu behandelnde Frage. Eben
so wenig ist es zulässig, ohne Weiteres den Namen mit Nabel
der Wasser zu geben.

Die aus den iranischen Quellen gewonnenen Nachrichten
sind also folgende:

Ein Genius, dessen Name Apām napāt bereits auf die im
Wasser liegende Kraft der Belebung und Fortpflanzung deutet,
der mit andern Genien die Prädicate erhaben, glänzend
und Herr theilt, der einerseits mit Nachdruck Mann heifst,
andererseits zu den Weibern in besonderer Beziehung steht
und ihre Befruchtung bewirkt, wohnt unter den Gewässern und
hört am besten die Anrufungen der Menschen. Bei dem Streit
Ahura's und Aṅro-Mainyus' um den Gnadenglanz ergreift er
letzteren und birgt ihn in der Tiefe des Meeres; er schafft die
Menschen (auf dem Wege der Befruchtung); er besitzt treffliche Rosse und er wohnt, wie es scheint, auch an einer

Quelle, welche eben deſshalb die Roſsquelle heiſst. Er ist es,
der mit den übrigen den Regen bewirkenden Kräften diesen in
der Welt vertheilt.

Erst jetzt, nachdem wir objectiv und ohne Einmischung
fremdartiger Begriffe diesen Genius in seiner iranischen Gestalt
kennen gelernt haben, ist eine Vergleichung mit nichtiranischer
Mythologie zulässig.

Schon längst ist anerkannt, daſs dieser Apām-napaō des
Avesta mit dem Apām-napāt der Veda's wörtlich congruirt.
In letzteren wird nämlich das Feuer mit diesem Beinamen be-
zeichnet, der den dem Wasser entsprungenen bedeutet, durch
die spielende Phantasie der Indier aber ganz eigentlich als:
Enkel des Gewässers ausgedeutet wird, weil das fruchtbare
Wasser die Bäume, diese aber das Feuer erzeugen. Daſs *napāt*
Abkömmling im Allgemeinen bedeute, geht nicht nur aus Naigh.
II, 2 hervor, wo das Wort als *apatyandma* angegeben ist, sondern auch aus andern Verbindungen, wie *ûrĝô napāt* (Sohn der
Kraft) als Beiname des Feuers, *dieô napātô* (Rigv. I, 117, 12.
174, 1) von den Açvin's, *napātaḥ çacasaḥ* (Rigv. IV, 35, 8) von
den Ribhu's und *apām napāt* von Saviṭr (Rigv. I, 23, 6, wo
sich der Scholiast bemüht, dem Worte eine andere Deutung
zu geben) gebraucht; denn in allen diesen Fällen kann von
einer eigentlichen Enkelschaft nicht die Rede sein, obgleich
auch bei *ûrĝô napāt* die Spielerei der Scholiasten (s. Benſey ·
z. Sâma Veda I, 1, 1, 5, 1) die Speise als Groſsmutter, die Kraft
als Mutter, das Feuer (welches durch die Kraftanstrengung des
Reibens entzündet wird) als Enkel herauspreſst.

Apām napāt wird aber auch als eine selbständige Gottheit neben Agnis gesetzt; vergl. Rigv. VI, 13, 3. (Ich citire
nach Mandala's und der Nummer des Hymnus.) An diese findet
sich ein eigener Hymnus Rigv. II, 35 (T. II, p. 590 ed. M.), den
wir näher betrachten müssen:

1. „Hinflieſsen laſs ich, Nahrung begehrend, diesen Lobes-
wunsch: Speise verleihe der tönende mir, dem Sänger, Apām
napāt, der rasch eilende (die Renner rasch antreibende) im
Ueberfluſs; er macht (uns) wohlgestalt; denn erfreut ist er
(durch das ihm dargebrachte Lob).

2. Dies wohlgefügte Opferlied laſst uns von Herzen
wohl ihm sprechen: ganz kenne er es — Apām napāt der

Herr *(arya ¹))* hat durch der Göttlichkeit Kraft die Wesen erzeugt.

3. Zusammen gehen die einen (Gewässer), her gehen die andern; zusammen Flüsse geworden, erfreuen sie das Meeresfeuer; um ihn, den reinen und glänzenden Apâm napât, stehen die reinen Wasser.

4. Ihn, den Jüngling, wohlreinigend, umgehen die Wasser züchtige Jungfrauen, und er glänzt in den Wassern, ohne Holz-Spenden gereinigt, in reinen Strahlen und Ueberfluß.

5. Ihm, dem unversehrten Gott, bringen drei göttliche Frauen (eine Anspielung auf die Apsarasen) Speise; denn sie wandeln wie gemacht in den Wassern einher, und er trinkt den Nektar der früher gebornen (Gewässer, nämlich den Somatrank).

6. Hier ist des Rosses Geburt und sein der Himmel; vor des Unholden, des Feindes Begegnung schütze die Frommen. Den in rohen (milchlosen) vollen (Wassern) unzerstörlichen erreichen nicht Ungiebige und Unwahrheiten.

7. Im eignen Hause (ist er); wohlbemerkbar seine Kuh; den Nectar mehrt er und gute Speise ißt er. — Dieser Apâm napât kräftigt sich in den Wassern: zum Gütergeben erglänzt er dem (Opfer)-Bereiter.

8. Der in den Wassern mit göttlicher Reinheit wahrhaftig unvergänglich weithin strahlt. Wie Zweige entspringen von ihm die andern Wesen und wie Pflanzen durch ihre Sprossen.

9. Denn Apâm napât erhob sich auf zur Feste der schlängelnden (Wolke), in Blitz gekleidet; seine fürtrefflichste Größe tragend (verkündend), gehen umher die mächtigen goldfarbenen (Flüsse oder vielmehr Wolken).

10. Goldengestaltig ist, goldnen Antlitzes, Apâm napât; ja, er ist goldenfarbig; in goldner Wohnung niedersitzend; es gebe ihm der Goldgeber (Opfrer) Speise.

11. Seine Gestalt ist lieblich und der Name des Napṭ apâm, wächst verborgen, bedeckt sie; welche Jungfrauen recht anzünden, dem goldenfarbigen — Wasser (Opferbutter) seine Speise.

12. Ihm, dem ersten vieler (Götter), dem Freunde, dienen

¹) So der Scholiast; *arya* wird übrigens von B. und R. mit gütig übersetzt.

wir mit Opfern, Preis und Gaben. Ich schmücke seinen Sitz; ich nähre ihn mit Reisern, ich erhalte ihn mit Speise und lob' ihn mit Gesängen.

13. Er, als Befruchter, erzeugte in jenen (Wassern) den Embryo; er saugt als Kind; sie netzen ihn; dieser Apām napāt von unverwelkter Farbe ging wie mit dem Leibe eines andern hier ein.

14. Den auf jenem höchsten Orte stehenden und allerzeit mit unversehrten Strahlen Glänzenden umgeben die mächtigen Wasser mit ihren Gewändern, dem Napt̨ Wasser zur Speise bringend.

15. Genahet bin ich, Agni, deinem schönen Haus, zur Erzeugung; genahet bin ich deinem Lied für die Reichen (Opfrer), das Glück, das die Götter alle schützen, werde uns zu Theil — hoch mögen wir loben im Opfer — guter Söhne theilhaftig geworden."

Dafs Apām napāt die in den Gewässern der Flüsse und des Oceans sowohl, als der Wolken befruchtend wirkende Wärme sei, ist offenbar. — Die vedische Anschauung stellt mehr die Feuernatur des Genius in den Vordergrund, während die zendische die Wassernatur betont. Allein letztere kennt das im Wasser wohnende Feuer ebenso — es ist eben jenes *qarnaḥ*, welches in den Tiefen des Meeres verborgen wird. Wie der vedische Gott zu den Wolken hinaufsteigt, in Blitz gekleidet, so vertheilt Apām napaô im Tir Y. befruchtenden Regen auf der Erde. Wie im Vedalied gesagt wird: er, der Herr, habe alle Wesen gezeugt: die Wesen entsprossen aus ihm, wie Zweige, — so heifst es im Zend: er habe die Menschen geschaffen: Wie er dort als *vŗid*, Befruchter bezeichnet wird, welcher den Embryo hervorbringt, so heifst er hier *arŗd*, was eine ganz analoge Bedeutung hat.

Dort werden die Wasser als züchtige Jungfrauen geschildert, die ihn umgeben, die ihn säugen, ihn anzünden; drei himmlische Frauen bringen ihm Speise, nach dem Scholiasten: Ila, Saraavati, Bhārati, nach dem im Text selbst liegenden Wortspiel, drei Apsarasen. Hier wird Apām napaô beständig der Herr der Weiber genannt, was sich theils auf die Befruchtung der weiblichen Wesen, theils auf jene Wasserjungfrauen bezieht.

Bedeutsam wird dort Apām napāt *áçuhemo* genannt, der

raschlaufende oder antreibende, was sich auf sein Einherfahren
mit Rennern bezieht und es wird ihm die Erzeugung des Rosses
zugeschrieben. — Hier heißt der Genius beständig *aurvaṭ-açpa*,
und Neriosenh's Glossen von der Quelle, aus welcher schöne
Rosse hervorgehen, zeigt sich durch die vedische Parallele als
gerechtfertigt.

Nach dem Gesagten ist es wohl außer allem Zweifel, daß
Apãm napãõ der Zendtexte und Apãm napãt der Veda's nicht
bloß dem Namen nach identisch sind, sondern daß auch die
Anschauungen über das Wesen dieses Genius bei Iraniern und
Indiern ganz übereinstimmen; wo aber eine solche über die
zarathustrische Periode hinaus in hohes Alterthum gehende
Uebereinstimmung stattfindet, da pflegt. die Anschauung mehr
oder weniger Gemeingut der Japhetiden zu sein. Dies finden
wir auch hier. Den Griechen ist Poseidon nicht bloß der
Meerbeherrscher, dessen goldner und schimmernder Palast in
der Tiefe des See's (Il. XIII, 10), sondern er ist auch der Herr
der irdischen Fruchtbarkeit, indem er die Quellen entspringen
läßt, und er heißt deßhalb *φυτάλμιος*, und wenn auch sein
Dreizack sich bei den Griechen zunächst auf die Erderschüt-
terungen bezieht, welche dem Gott zugeschrieben werden, so
ist er doch ursprünglich nichts anderes als der Blitz, der aus
der Feuchtigkeit entsteht, und das Feuer, das im Meere wohnt.
Das Pferd ist ganz vorzüglich dem Poseidon entstammend und
geweiht (Virg. Georg. I, 12: *tuque o cui prima frementem fudit
equum magno tellus percussa tridenti*), weßhalb der Gott *ἵππιος*
heißt und mit geflügeltem Gespann einherfährt. Pegasus ist
das berühmteste dieser poseidonischen Rosse. Jedoch erscheint
in Böotien auch das von Poseidon erzeugte Roß *Ἀρείων*, dessen
Name an das vedische Epitheton des A. N. *aryaḥ* erinnert.

Jene Frauen, welche im Veda und Avesta den Wassergott umgeben, finden sich um Poseidon als die Nymphen des
flüssigen Elementes, die N a j a d e n, und als die Meernymphen,
die N e r e i d e n [1]), deren Namen an die *nãrya's*, die Frauen,
erinnert, welche den Apãm napãt nähren; *νηρεΐδες* verhielte sich
dann zu *ἀνήρ*, wie *nãrī* zu *nã*.

Der italische Neptunus deutet mit seinem Namen unver-
kennbar auf den Apãm napãt zurück.

---

[1]) Gewöhnlich wird *Νηρεύς, Νηρεΐδες* von *νηρός*, flüssig abgeleitet.

2) Raṅha.

Der Fluſs Raṅha kommt vor Farg. I, 77 Sp. (Huzv. *mam pan ocdi arvaçtan i arum*), wo der sechzehnte Segensort geschaffen ist: *upa aodhaêśu raṅkayaô*, eine Formel, die sich wiederholt Raên. Y. 18: *upa aodhaêśu raṅhayaô*, im Gegensatz zu 19: *upa çaṅkê raṅhayaô*. Es bedeutet: am Ufer oder an den Strömungen der Raṅha.

Daſs der Eigenname einen Fluſs bedeute, beweist Ab. Y. 63: *avi apem yãm raṅhãm yêsi ǵum frapayêmi*, wenn ich lebendig zum Wasser gelange (auf diese Stelle bezieht sich Vist. Y. 2). In demselben Opferhymnus 81 opfert *Yôista: paiti pêdvaêpê raṅhayaô*, am Ufer der Raṅha. Afrin Zart. 4: *raṅhãm dûraê-pârãm baêdhi yatha yô enfrô naedsô*. Mih. Y. 104: *yaṭciṭ çaṅkâ raṅhayaô yaṭciṭ eîmaidhîm aṅhaô semô*: was in der Tiefe der Raṅha und was in der Mitte dieser Erde. Bahr. Y. 29 ist vom Fische Karô-maçya die Rede: „der sieht, wenn etwas von der Dicke eines Haares in die fernufrige, tiefe, mit tausend Teichen versehene Raṅha fällt“, was sich gradeso Din Y. 7 wiederholt. Und Ran Y. 27 ist der verborgene Abfluſs der Mazdageschaffenen (daher im Bundehesch immer *arg-rut aṅhma*) Raṅha erwähnt.

Im Bundehesch kommt der Fluſs Raṅha öfters vor und zwar unter der etwas entstellten Gestalt Arg-rut; so wird der Name meistens geschrieben; zweimal p. 28, 3 heiſst er *arang* und dies ist wohl die bessere Lesart. Der Vorschlag von *a* findet sich bereits in Visht Y. 2: *araṅhãm*.

p. 18, 1 heiſst es: „Hierauf flossen nach der nördlichen Seite zwei (so ist zu schreiben) Flüsse, der eine nach Westen, der andere nach Osten, nämlich der Arg-rut und der Vasrut; wie gesagt ist: in der Gröſse eines Fingers . . . . . Ahura, zwei schnelle Wasser. — Diese beiden Flüsse kreisen am Rand der Erde umher und vermischen sich wieder zusammen im Meer Vourukascha. Als diese beiden Flüsse hervorströmten, entstanden aus derselben Quelle mit ihnen achtzehn schiffbare Flüsse und hierauf strömten die andern Wasser aus diesen schiffbaren Flüssen. Diese alle gehen wieder zum Aring-rut und Vas-rut zurück. Von ihm rührt die Fruchtbarkeit der irdischen Erde her.“

p. 28, 1 heiſst es: „Von der Beschaffenheit der Flüsse

wird gesagt in der Din: Diese beiden Flüsse flossen von der
nördlichen Hälfte des Arburé Ahura's hervor: einer ging
gegen Westen, nämlich Aring, einer gegen Osten, nämlich
Vas-rut."

p. 43, 2 wird als Ort, wo der Fisch Karmahi sei, das
Wasser Arc genannt, die weiter beigefügten Worte (l. 7):
„Dieser Fisch sieht so in die Tiefe dieses Wasserschlundes,
dafs er bemerkt, wenn sie eine Nadel grofs ins Wasser werfen
oder ein Haar grofs hinein thun", die offenbar aus Bahr. Y. 29
übersetzt sind, beweisen, dafs hier von der Rañha die Rede ist
und dafs wir sonach statt Arc: Arg zu lesen haben.

Die Hauptstelle ist p. 49: „Ueber die Beschaffenheit der
Flüsse ist in der Din gesagt: Diese beiden Flüsse strömten
von der nördlichen Hälfte vom Arburé des Abura hervor, einer
nach Westen, nämlich der Arg-, und einer nach Osten, nämlich der Vas-Flufs. Nach ihnen flossen achtzehn Flüsse aus
derselben Quelle, wie die andern Gewässer von ihnen in
grofser Zahl hervorflossen, wie gesagt ist: so schnell ist einer
vom andern geflossen, wie wenn ein Mann ein Ašem-Vohu
beim Opfer ausspricht. Diese Flüsse alle mit ihrem Wasser
mischen sich wieder mit den beiden Flüssen, nämlich dem Arg-
rut und dem Vas-rut, welche beide um die beiden Gränzen der Erde kreisen und ins Meer gehen, und alleKešvar's
trinken aus ihnen beiden; dann kommen beide im Meer
Praankut zusammen und kehren zu ihrem Ursprung zurück.
Wie gesagt ist in der Din: So wie das Licht am Arburé aufgeht und am Arburé untergeht, kommt auch das Wasser am
Arburé hervor und kehrt zum Arburé hin."

p. 50, 16 kommt nach Arg-rut: Vah-rut und dann nach
Einschiebung des Tigris: Vas-rut, man könnte auch vis oder
viš lesen.

Endlich p. 54, 9. p. 59, 2: „Denn das Wasser Ardviçur,
das unversehrte, ist aller Wasser zwischen Himmel und Erde
werth, aufser dem Arg-Flufs, dem Ahurageschaffenen. Hierzu
vergl. die Huzv.-Uebers. von Yaçn. LXIV, 12: „Ardviçur ist
gröfser als die übrigen Wasser, aufser dem Arang und Arang
mit Ardviçur und Ardviçur mit Arang; ich habe sie nicht
gemacht."

Der Verfasser des Bundehesch nahm offenbar den Arg als
den Indus, den Vas als den Ganges.

Die Späteren aber scheinen mir statt Aring oder Ar(a)ng: Arvad gelesen zu haben (woraus denn das Arvaçtan des ersten Fargards corrumpirt ist), welches sie dann wiederum mit Arvad von Aurvaṭaçpa verwechselten und jene Quelle Arvand daraus machten, welche bei Neriosenh vorkommt. Dies beweist der Afrin der sieben Ameša-Çpentas (II, p. 78): *Soyez toujours fort (par) le roud Oroû-ând (l'Arg)*, vergl. über diese Stelle Burnouf Y. Addit. p. CLXXXI sqq., und weil man diese mit dem syrischen Orontes identificirte, so erklärt sich die Glosse Farg. I, 77: i *arum*.

In den Veda's kommt ebenfalls der Name *rasâ* vor; einigemal, wie es scheint, in der allgemeineren Bedeutung: Flut, Naſs, Sâmav. II, 6, 3, 16, 1: „setzet den Stier in die Flut", wo der Scholiast *rasâ* mit *âǰam* und *payas* erklärt.

Ebendaselbst II, 3, 1, 6 heiſst es: „umrinne uns von allen Seiten, o Strom, mit deiner beglückenden Flut, wie die Rasâ (der Ocean) die Feste (die Erde oder Welt)."

Rigv. I, 112, 12 werden die Açvina's angerufen, mit jener Hülfe beizustehen, mit welcher sie die Rasâ (die ausgetrocknet war) mit Wasserschwall angefüllt haben.

Rigv. IV, 43, 6 Anrede an die Açvina's: „der Ocean besprengt mit seinem Naſs *(rasayâ)* eure Pferde."

Rigv. V, 53, 9 werden die Marut's gebeten: „nicht möge euch Rasâ-Anitabhâ und Kubhâ, nicht der umschreitende Ocean euch aufhalten." Kubhâ wird von B. R. s. v. dem Κώφην gleichgestellt, einem Nebenfluſs des Indus, vergl. Roth Nir. p. 43; X, 9, 91. N. XI, 25 wird Saramâ angeredet: „wie hast du die Gewässer der Rasâ überschritten?" *(katham rasâyâ ataraḥ payâṅsi)*, wo der Scholiast sagt: *rasâ nadî*.

Ueber Rasâ vergl. Weber, Indische Studien I, p. 399. Eine der unterirdischen Welten *rasâtala* hat den Namen von dem Fluſs Rasâ, vergl. Mih. V, 602—16; Rigv. VIII, 6, 5, 1; 7, 3, 4. —

8. Pischdadier.

1) Haośyaṅha.

Ueber Haośyaṅha berichten uns die Urtexte wenig. Im Hymnus an die Anáhita heißt es: (21) *tām yazata haośyaṅhô paradhātô upa upabdê harayaô çatêt açpanām arinām hazaṅrê gavām baêvare anumayanām.* (22) *daṭ him ǵaidhyaṭ avaṭ ǵyaptem dazdi mê vaṅuhi çêvistê ardvi çûra anáhitê yatka asem upemem khlatkrem bavdui viçpanām daqyunām daêvanām masyd-nāmca ydthwām pairikanāmca çdtkrām kaoyām karafnāmca yatka asem niǵandni dva tkriûva māsainyanām daêvanām varenyanāmca drvatām.* „Ihr opferte Haośyaṅha, der zuerst gesetzte, an dem Fuße der Hara mit hundert männlichen Pferden, mit tausend Kühen, mit zehntausend Kleinvieh. Dann flehte er sie an mit dieser Bitte: Gieb mir gute, heilsamste Ardvi-Çûra-Anáhita, daß ich oberster Herrscher sei aller Länder, der Daêva's und der Menschen, der Zauberer und Pairika's, der Feinde, der Blinden und Tauben; daß ich niederschlage zwei Drittel der Mazanischen Daêva's und der Varenischen Unholde." Dasselbe wiederholt sich Gosh Y. 3, bezüglich eines Opfers des H. an Drvâçpa, fast wörtlich, nur mit einigen unwesentlichen Zusätzen und mit folgender Fassung des Gebetes: „gieb mir gute, heil-samste Drvâçpa, daß ich sei ein Bekämpfer aller mazanischen Daêva's, daß ich nicht erschreckt fortfliehe aus Furcht vor den Daêva's, daß fort vor mir alle Daêva's unwillig erschreckt fliehen, erschreckt in die Finsterniß laufen." Ganz dieselbe Fassung bietet Ashi Y. 24. Ram. Y. 7 wird der Ort, von wo H. den Wind anruft, der Taêra der Hara genannt, ein beson-derer Gipfel des Alburg, wie wir anderswo sehen werden; von der Bitte aber wird nur der zweite Theil: „daß ich nieder-schlage zwei Drittel u. s. w." vorgetragen.

Zamy. Y. 26 ist die Rede von der starken „Königs-Majestät (Gnade), welche gefolgt sei (begleitete, anhing) dem Haośyaṅha, dem erstgesetzten, lange Zeit, als er herrschte auf der sieben-theiligen Erde über Daêva's und Menschen, über Zauberer und Pairika's, über verderbliche Feinde, Blinde und Taube; der geschlagen hat zwei Drittel der Mazanischen Daêva's und der Varenischen Unholde."

Endlich in der denkwürdigen Stelle des Hymnus an die Fravaśi's, welche über die Genien Yima's und seiner Nachkommen bis Huçravas und einigen anderen Heroen handelt, wird an vorletzter Stelle der Genius Haośyanha's, des starken, angerufen, zum Widerstand gegen die Mazanischen Daêva's und gegen die Varenischen Unholde, zum Widerstand gegen den Daêva's stammenden Haſs (Plage).

Dies sind meines Wissens alle Stellen, die in den Zendtexten über Haośyanha vorkommen. Die Züge seines Bildes, welche sie andeuten, sind wenige. Sein Name Haośyanha kann von der Wurzel huś gleich Sskr. suś (wovon huśka, śuśka, siccus) trocknen kommen; er könnte aber auch aus dem gunirten hu (su, sū), welches wir auch in Hao-çravas finden, und śyanha componirt sein; allein ich wüſste dann für den zweiten Theil. Wir werden daher über die Bedeutung dieses Helden aus dem Namen (den die neueren Perser mit huś Verstand in Verbindung bringen) nichts Sicheres schließen können. Dagegen ist die Stelle, welche er in den Aufzählungen von Heroen in den Yasht's (mit Ausnahme des Farv. Y.) einnimmt, bezeichnend: er ist immer der erste und wird sonach als Stammvater der iranischen Völker betrachtet; selbst der glänzende Yima steht nach ihm, ohne daſs aber letzterer und Takhmô Urupi irgendwo seine Söhne genannt werden. Das Epitheton *paradhâta*, aus welchem die Späteren den Namen der Pischdadier oder der ersten sogenannten Dynastie von Persien gemacht haben, könnte sonach als ein Ausdruck dieses Vorangestelltseins Haośyanha's in der Geschichte gelten. Dieses Beiwort kommt indessen Farg. XXI, 1 W. noch einmal vor und zwar unter den Epithetis jener urweltlichen gewaltigen Menschen, unter welchen Thrita, der Vater des Kereçâçpa, zuerst die Heilmittel erfunden habe. Die Huzvaresch-Glosse zu dieser Stelle sagt: „die zuerst gesetzliche, wie Ilusing, dessen Zuerstgesetzlichkeit darin bestand, daſs er das Gesetz der Herrschaft zuerst ausbreitete." Demzufolge wäre der Sinn nicht: der zuerst gesetzte (wie Mihir Y. 18 *fratemadhâtô*), sondern der zuerst das Gesetz geübt hat. Neriosenh übersetzt *paradhâta* an der unten anzuführenden Stelle des Minokhard mit *pûrvôcdrakrt*, was auf dasselbe hinauskommt. Hamzah p. 20 sagt: *significatio vocabuli*

Pischdad est judex primus, quoniam primus fuit, qui in regno judicavit. Ebenso Modjmil und Herbelot III, p. 248: *Pischdad, qui signifie le Juste où le Législateur, parce que il fut l'auteur des plus anciennes Loix de l'Orient.*

Der Ort, wo H. seine Gebete an die verschiedenen überirdischen Wesen richtet, ist der Fufs der Hara (des Alburć) oder ein besonderer Gipfel desselben, der Taéra. Die Daéva's und Unholde (Drvañta's), die er bekämpft, werden Mâzainya's und Varenya's genannt, d. h. die im Lande des Mâzana's und in Varena befindlichen; ersteres ist Mazenderan, wie wir oben gesehen; letzteres ist das vierzehnte Segensland Farg. I, 18 W.: *varenem yim cathru-gaoſem yahmâi zayata thraëtaonô gaſta ajôis dahâkôi.* „Varena, das viereckige, wo geboren ist Thraëtaona, der Tödter der Schlange Dahâka." Dies ist aber der Tradition nach Taberistan (vergl. Spiegel zu der Stelle). Die Huzv.-Uebersetzung schwankt zwischen Patashvargar und Kirmân; der erstere Berg wird in Bundehesch als in Taberistan liegend aufgeführt.

Somit wurde als der Schauplatz der Kämpfe Haſ's der Nordrand von Iran gedacht.

Der unerschrockene Held jagt die Teufel in Furcht und Finsternifs, schlägt zwei Drittel derselben und bemächtigt sich der höchsten Herrschaft über die siebentheilige Erde und über alle dem Lichtreich entgegenstrebenden Dämonen, Unholde und böse Menschen.

Diesen wenigen Zügen setzen die Späteren fast nichts hinzu. Bundehesch (p. 37) läfst, wie wir sahen, Haoſyañha durch Fravâk und Çyâmak von Maſia und sonach von Gayumart abstammen: er ist das erste jener fünfzehn Zwillingspaare des Fravâk, von welchen sechs in Qaniratha bleiben: er und sein Weib Ganca, von denen die Iranier stammen. Es ist kein Zweifel, dafs diese Angaben des Bundehesch aus ächter Quelle entnommen sind. In der Stammtafel der Kaianiden (p. 77) steht H. zuerst, der durch Fravâk, Çiamak und Maſia auf Gayumart zurückgeführt wird; dann kommt Tahmuraf. In der Chronologie (p. 81) ist H. mit seinen vierzig Jahren wahrscheinlich nur durch einen Irrthum der Schreiber ausgelassen.

Minokhard (Sp. P. Gr. p. 135) weifs von Haoſyañha nichts zu sagen, als dafs von Hôsang dem Pésdât der Nutzen gekommen sei, dafs er von drei Theilen der Mâzandarischen Dévs, welche die Lebendigen tödten, zwei Theile getödtet hat.

Hamzah (A. C. 961 p. 20) weifs von ihm, dafs er der erste Richter gewesen und in Istakhr (welches Bumi Schah, Königssitz, geheifsen) zum König gemacht worden sei. Er und sein Bruder Vigert (Modjmil: Yegret) seien Propheten gewesen; er habe zuerst Eisen gegraben und die Kunst, Waffen und andere Geräthe zu verfertigen, erfunden und den Menschen die Jagd gelehrt. Er leitet ihn ebenso, wie Bundehesch, von Gayumart ab (p. 17: *Uschendj filius Firralis, filii Siamee, filii Maschia, filii Cajumrathis*) und giebt ihm vierzig Jahre Regierung; endlich macht er ihn durch Einschiebung zweier Glieder Huneahd und Aiuneahd (Modjmil: Hourkebed, Abourkebed) zum Urgrofsvater des Veivendjehan (Vivanhaô). Dasselbe sagt Modjmil: *Aouschendj était donc fils de Ferawek, fils de Siamek, fils de Meschi, fils de Kaioumors*, und fügt hinzu: *On dit aussi, dans un livre de traditions, qu'il était fils de Mahlaiel et petit-fils d'Adam. Firdousi le donne dans son livre des Rois, pour fils de Siamek*. P. 278 wird dann weiter angegeben, II. habe vierzig Jahre regiert, zuerst die Baukunst eingeführt, Kanäle gegraben und Istakher gebaut, das Scharestan von Rei gegründet, welches jetzt in Trümmern liege, Damghan und eine Stadt in Koufah. Die vom Propheten Idris erfundene Astronomie habe er befördert; die Perser nennen ihn Kedaboum-Schah [1]).

Wir finden in all diesen Notizen zwar Erweiterungsversuche der Genealogie (den Bruder Yegret, die Nachkommen Hurœhd und Abourœhd), Parallelisirung mit biblischen Personen und Zutheilung gewisser Bauwerke und Erfindungen, was wohl Alles mehr oder minder willkürlich ist und über Bundehesch hinausgeht. Aber trotz Allem dem ist doch keine Erweiterung der Sage bemerkbar. Daraus können wir zweierlei schliefsen: erstens, dafs die persische Tradition nicht über das Wesentliche der Urtexte hinausging, sodann, dafs ihr keine andern Texte vorgelegen sein müssen, welche mehr von Haošyanha sagten, als wir so eben aus den uns erhaltenen kennen

---

[1]) Herbelot III, p. 247 sqq. macht II. zum Gründer von Susa und zum Zeitgenossen Henochs. Im Huschenk-Nameh wird erzählt, dafs H. das furchtbare Thier Rakhsche, einem Crocodil und Nilpferde entsprungen, gefangen und gezähmt habe und dafs er auf diesem geritten sei.

gelernt haben. Auch ist wohl zu bemerken, daſs in H. nicht
der geringste Zug zu finden ist, der eine Ausdeutung auf eine
physikalische Abstraction oder eine arische Gottheit zuliefse: er
ist eben ganz einfach der Stammvater der Iranier.

Man könnte einwenden, daſs ja Firdusi noch so Manches
von H. erzählt, was zum Theil mit obigen Angaben Hamzah's
übereinstimmt, zum Theil für den ersten Anblick als Fragment
älterer Sagen gelten könnte. Allein so treu uns Firdusi andere Theile der altiranischen Heldensage berichtet haben mag,
Huscheng hat er mit ungewöhnlicher Willkür behandelt. Nach
dem Dichter ist Kaiumars der erste König, der dreiſsig
Jahre herrscht, in den Bergen lebt, sich und sein Volk in
Tigerhäute kleidet und vor dem sich die wilden Thiere beugen.
Er hat einen Sohn Siamak, den er über Alles liebt. Ahriman aber trachtet, den Siamak zu tödten, und sein Sohn,
an der Spitze einer mächtigen Armee, verkündet aller Welt,
daſs er Kaiumars und Siamak stürzen will. Der Engel Serosch benachrichtigt Kaiumars davon. Siamak stellt sich an
die Spitze seiner Armee und ergreift den Dev, Ahriman's Sohn;
allein dieser zerreifst und tödtet ihn, wodurch Kaiumars und
sein Heer in die äuſserste Trauer versetzt werden, die ein Jahr
dauert. Da läfst ihn Gott durch Serosch auffordern, gegen
die Dev's zu kämpfen. Huscheng, der Sohn Siamak's, welcher Destur des Groſsvaters ist, zieht mit einer Armee von
Peri's, Vögeln und wilden Thieren gegen den Dev, welcher
vor ihm zittert und von ihm getödtet wird. Er setzt sich
nun auf den Thron und herrscht über die sieben Keśvar's
und übt allenthalben Gerechtigkeit (ddd). Er erfindet das Eisen
und die Kunst, es vom Stein zu trennen, und die Schmiede-
kunst zu Verfertigung von Werkzeugen; er gräbt Kanäle und
bewässert das Land; er lehrt die Menschen säen, pflanzen und
ernten, die bisher nur Früchte genossen hatten.

Eines Tages wandelt er in den Bergen und sieht einen
schwarzen, sich schnell fortbewegenden Körper mit zwei furchtbaren Augen und einem rauchspeienden Rachen. Er schleudert
einen Stein gegen die Schlange; sie flieht und der Stein fällt
auf einen andern gröfseren, aus welchem ein Funke sprüht.
Der König dankt Gott, der ihm diesen Feuerfunken gegeben,
und zündet ein groſses Feuer an und begeht mit seinem Volk
in dieser Nacht ein Fest mit Weingelage, das er Sedeh nennt.

Er bildet die Viehheerden und führt die Bekleidung mit den Fellen der wilden Thiere ein.

Es ist interessant zu sehen, wie hier die auf den Urtexten beruhende Tradition der Parsen von Firdusi zusammengewürfelt worden ist. Er weifs von den dreifsig Jahren Gayumart's, läfst aber Maśia zwischen ihm und Çyamaka aus. Den Kampf Ahriman's und Gahi's gegen Gayumart, wie er im Bundehesch erzählt ist, richtet er gegen Siamek und läfst statt G. diesen getödtet werden. Der Krieg Huschengs gegen die Dev's und das Zittern letzterer vor ihm ist ächt, nur haben sich die Pairika's, Zauberer etc., von denen die Urtexte als H. unterworfen sprechen, in eine Armee des letztern verwandelt. Aecht ist das Herrschen über die sieben Keśvars und die durch den Beinamen *paradhâta* angedeutete Ausübung der Gerechtigkeit. Die Erfindung des Eisens, die Bekleidung der Menschen mit Thierfellen sind Züge, die aus der Erzählung des Bundehesch von Maschia und seinem Weib entnommen sind. Woher aber die eigenthümliche Wendung der Erfindung des Feuers durch das Steinwerfen und die Einführung des Festes genommen ist, vermag ich nicht anzugeben, es scheint lediglich die Volkssage gewesen zu sein, welche das Fest an diese That Haośyaṅha's knüpfte.

An und für sich trägt diese Sage das Gepräge des Alterthümlichen an sich und man könnte geneigt sein, den Drachen, den H. in den Bergen findet, für jene grofse Schlange zu halten, welche Ahriman am ersten Segensort, in Airyanem Vaêgô, hervorbringt, sammt dem unmittelbar neben ihm genannten Daevageschaffenen Winter. Diese Schlange wird nämlich als der Repräsentant des Winters zu betrachten sein; im Kampf gegen den Winter wird das Feuer gefunden. Das Fest Sada aber ist ein Winterfest, das in den Monat December oder Januar fällt. Liefse sich diese Erfindung des Feuers durch H. als ächt nachweisen, so würde die oben aufgestellte Behauptung, H. habe durchaus nichts Physikalisches, eine gewisse Einschränkung leiden.

Das Fest Sadah (nach den Angaben Burhankati's bei Vullers s. v.) ist der zehnte Tag des Monats Bahman, an welchem die Perser viele Feuer anzünden, ihre Könige aber gefangenen Vögeln Kräuterbüschel an die Füfse binden, die angezündet werden, damit die losgelassenen Vögel das Feuer in Wald und

13 *

Feld tragen. (Vergl. Kuhn: die Herabkunft des Feuers.) Nach
Einigen hat Gayumart zu Ehren seiner hundert *(sad)* Söhne
und Töchter in der Nacht, wo sie zur Mannbarkeit gelangten,
viele Feuer anzünden lassen. Nach Andern hat Huscheng,
Siamak's Sohn das Fest eingesetzt zum Andenken an den
Tag, wo die Zahl der Kinder Adam's hundert erreichte; oder
wo der von ihm auf den Drachen geworfene ungeheure Stein
auf einen andern fiel und das Feuer zuerst aussprühen machte,
welches die Halme entzündete und so den Drachen verbrannte.
Ueber dieses Fest handelt weitläufig Hyde, Rel. Vet. Pers.
p. 255 sqq. Von diesem Fest scheint auch Bundeh. p. 61, 9 zu
sprechen; er setzt es in den Monat Dei am Tag Athro (dem
9. des Monats).

2) Takhmô-urupis (Tahmuraf).

Eine der räthselhaftesten Gestalten iranischer Ursage ist
in Tahmuraf, wie ihn die Späteren nennen, während die Urtexte, in denen er jedoch nur dreimal vorkommt, ihn mit den
Worten: *takhmô urupa azinavaô* bezeichnen. So liest Westergaard (Zam. Y. 28): *yaţ (qarenô) upaňhačaţ takhmem urupa
azinavantem yaţ khšayata paiti bůmim haptaithyām daěvanām
maśyānāmca yāthwām pairikanāmca çāthrām kaoyãm karafnāmca
yaţ bavaţ aiwivanyaô viçpā daěva maśyāca viçpā yātavô pairikaôçca yaţ barata aňrem mainyùm framitem açpahě kehrpa thriçatem aiwigamanām va pairi semô karana.*

Ram. Y. 11: *tem yazata takhmô urupa azinavaô — aom
ğaidhyaţ araţ ğyaptem dazdi mě rayô yô uparô-kairyô yaţ bavāni aiwi-vanyaô viçpā daěva maśyāca viçpā yātavô pairikaôçca
yaţ bavāni aňrem mainyùm framitem açpahě kehrpa thriçatem
aiwi-gamanām va pairi semô karana.*

An der ersten Stelle geben die Hss. neben der von W.
gewählten Lesart *urupa* die Varianten *urupi* und *urupě*. Das
Wort *urupis* kommt als Bezeichnung einer Hundeart vor Farg.
V, 32, 34: *çpā urupis*; XIII, 16 im Genitiv: *urupis tiji —
dātahě* neben der andern Gattung *raopis*, diese Genitivform
ist altpersisch, vergl. Bopp I, p. 393; N. P. *rubah* Fuchs, lat.
vulpes; *azina* könnte mit Skr. *ağina*, Fell, zusammengestellt

werden '), uud da dieses am Ende von Zusammensetzungen, die Personennamen sind, vorkommt, so ergübe sich der Eigenname: der starke Fuchsfellbekleidete. Bedenken gegen diese Deutung erregt nur die dritte Stelle Afrin Zart. 2, wo unter andern Segenswünschen steht: *pôuruĝirô yatha aosnarô sênañhutem bavdhi yatha takhmô urupa*. Eine Hs. giebt *saénañhukañtem* und *urupis*; W. vermuthet: *asinavañtem*. Ist etwa *saénañhuñtem* zu lesen? Sei bewaffnet wie T. Urupa. In jedem Fall hat der Schreiber dieser Stelle *urupa* (oder *urupi*) von *asinuvaô* getrennt nud *t. urupa* allein als Namen genommen, was die Tradition bestätigt. Anq. II, p. 93 übersetzt: *très riche en or comme Hoschoer, soyez plein de vie comme Tehmourets*. Er hat einerseits *ĝirô* mit *zara* und *saénañhuñtem* mit *ĝi* leben zusammen gehalten. — Auch p. 90: *Vives longtemps comme Tehmourets, soyez riche en or comme Hoschoer*. — Mih. Y. 61, wo ebenfalls *saénañhuñtem* vorkommt, scheint Anq. es mit *ferme* zu geben. Es kann nichts Anderes heifsen als: bewaffnet, und so haben es denn auch die Späteren verstanden, wenn sie es mit *sibdvend* wiedergeben.

Die beiden ersten Stellen bezeichnen uns den Tahmuraf als einen rechtgläubigen Herrscher über die siebentheilige Erde, der die Daêva's, Menschen, Zauberer und Pairika's beherrscht und sie gewaltig niederschlägt, ja der selbst den Añro-Mainyus, nachdem er ihn in die Gestalt eines Pferdes gebannt hat, dreifsig Jahre um die beiden Enden der Erde reitet.

Die Urtexte bieten uns also nachstehende Züge Tahmuraf's:
1) ordnen sie ihn (Zam. Y. 28; Ram Y. 11) zwischen Haoäyañha und Yima;

___

') Cf. *urépaĝiäti* Yaçn. XLVII, 10, wo es Sp. mit „schützen" übersetzt. — *arupa* könnte ein Comp. sein, wie *svrákhäyô* — *satpámŋs* vergl. *svithrapa* — allein dann müfste ein Acc. *aupanem* oder *urupôzem* erwartet werden; *urupa* spricht für Zusammensetzung.

Herbelot V, p. 451 s. v.: *Thahamaroth est deux surnoms; le premier est Beniavead, c'est à dire en Persien armé de toutes pieces, à cause qu'il fut l'inventeur des armes complétas: et le second Div bend le vainqueur ou dompteur des Divs*.

Spiegel, Beitr. II, p. 159, glaubt *zibavend* oder *ribavend* seien Entstellungen von *dirbend*. —

Im Minokh. (P. Gr. p. 185, 13) heist T. *bernist* der wohlgewachsene.

Für *Ribavend* bietet Hamza p. 20: *zibávend, quod cognomen virum significat armis probe instructum*; es ist wohl mit dem N. Pers. *ornatus zibâ convenient* verwandt.

Modjmil (Journ. As. 1841. II, p. 154)t *Thahmouras Ribavend. — Le sens de Ribavend est un homme qui a une armure complète; on l'appelle aussi Divbend (le vainqueur des Divs).*

2) steht er im Afrin. Zart. unmittelbar neben Aosnara;

3) wird ihm ein Beiname beigelegt, der entweder den Fell-
bekleideten oder Bewaffneten bedeutet, und im ersteren
Falle ist er als ein gewaltiger Jäger angedeutet;

4) er beherrscht die siebentheilige Erde und bezwingt alle
Daeva's und Menschen, alle Zauberer und Pairika's;

5) er reitet auf dem in die Gestalt eines Pferdes verwandel-
ten Ahriman dreifsig Jahre lang um die beiden Enden
der Erde.

Den ersten Punkt verstehen einige der Späteren (Doup
Nereng II, p. 52 und Firdusi) so, dafs sie T. zum Sohne
Huscheng's machen; vorsichtiger nennt ihn Burhankati einen
Nachkömmling Hutenk's. Bundehesch p. 77, 3 setzt, den Ur-
texten getreu, T. zwichen Hufing, den er durch seinen Vater
Fraväk und seinen Grofsvater Siahmak auf Mafia und Gayu-
mart zurückführt, und zwischen Yima, während in der kurzen
Chronologie p. 81 offenbar nur durch ein Versehen des Schrei-
bers Hufing und seine Ahnen ausgelassen sind; Tahmuraf ist
aber auch hier mit seinen dreifsig Jahren vor Yima gesetzt.
In den Irrthum aber, dafs Tahmuraf Sohn des Hufing sei, fällt
Bundehesch nicht, vielmehr ergiebt sich aus der Vergleichung
mehrerer Stellen, dafs dem Verfasser eine andere Genealogie
vorlag. Er nennt nämlich p. 77, 5 neben Tahmuraf: Çpitur und
Nars, den man auch den Helden von Cîn nennt, als dessen
Bruder. Von Çpitur wird dann l. 8 gesagt, er sei mit Dahák
gewesen, als dieser Yima verwundet habe, und wirklich finden
wir Zam. Y. 46 Çpityura, der dort ein böses Wesen ist, im
Bundehesch mit Dahāka. Von Nars [1]) oder wie l. 9 gelesen
wird: Nari (sk ist wohl das Pronomen) wird dann gesagt: „er
habe fortgelebt, man nenne ihn auch suçr gydvdn und es sei
ihm die Gnade gegeben gewesen, dafs er alle Tage in den Ha-
ćara's zubrachte und alle Speise rein machte." Das Epitheton
suçr gydvdn ist unstreitig als: lebendiger Samen zu deuten;
suçr entspricht dem Zendischen khitdra Samen (vergl. Bund.
p. 28, 17; 53, 8; Yaçn. LXIV, 7). Nochmals kommt Nars in
der Form Narêi vor p. 69, 6, er wird hier als der erste derer

---

[1]) Der Name Nars, Nari, Narei scheint im Bundehesch demselben Varianten
unterworfen zu sein, wie Nare in Naremanao Ab. Y. 88, wo die Hss. nairi, nairi
und narre bieten; ebenso Yaçn. IX, 11. Nars findet sich auch Bundeh. p. 56, 16,
wo es wohl auch dem Sahr. nr oder narn entsprechen mufs.

aufgezählt, die unsterblich sind und dem Çaoéyäç zu Hülfe
kommen: *num ahus aumud cigum Narêi Virôñgâna*. Hier wird
er also gradeso ein Sohn Vivañhaô genannt, wie Yima p. 77
l. ult. und es wird ihm beständiges Leben beigelegt. Sind aber
Nara und Yima beide Söhne des Vivañhaô, so sind sie auch
Brüder und es ist daher zu vermuthen, dafs p. 77, 5 der Name
Yima's ausgefallen ist, und dafs die Sage alle vier: Tahmuraf,
Yima, Çpitur und Nara, sich als Brüder dachte. Dafs dem so
sei, beweisen die erst durch diese Combination bestätigten
Aussagen späterer Schriftsteller, z. B. Hamzah's, welcher sagt
(p. 17): *Thahmurath filius Veivendjehani, filii Ainucahd, filii
Huncahd, filii L'schhendj*, und p. 21: *Djem filius Pincengehani,
filii Ahuncahd, filii Ainucahd, filii Uschhendj Pischdadae*, und
ausdrücklich bezeugt (p. 9), dafs Thahmurath und Djem Brüder
und Söhne Veivengdjehan's seien (*Thahmurath filius Veivendjehani — Djem frater eius et filius Veicendjehani*). Dazu stimmt
Modjmil (J. A. 1841. XI, p. 154) indem er sagt: *Le livre des
Rois en fait le fils de Houscheng, nos propres recherches nous
en donnent la généalogie suivante: Thahmouras fils de Widjehan,
fils d'Abourkehed, fils de Hourkehed, fils d'Aouschendj*, was bis
auf abweichende Lesarten der Namen mit Hamzah's Genealogie
identisch ist. Herbelot (Bibl. Or. V, p. 451) sagt von Tahmuraf, er sei: *fils d'Anugihan* (offenbar Vivañhaô), *fils de Martakend, fils de Houschenk; et selon d'autres fils de Zeilan Schah,
fils d'un autre Thahamurath, qui ne regna point et qui étoit fils
de Siamek, fils de Caiumarath. Il y a aussi des Auteurs, qui
le font fils de Houchenk son prédecesseur.*

Man sieht, wie diese späten einerseits ächte Ueberlieferungen vor sich hatten, andererseits um jeden Preis durch Ein-
legung von Mittelgliedern (Abur-cehd, Hur-cehd, Martakend)
die Söhne Vivañhaô's mit Haośyañha verknüpfen wollten.

Doch wir kehren zu Nara, Narêi oder Narī zurück und
fragen, ob sich in den Urtexten gar keine Spur von ihm erhalten hat. Oben sahen wir, dafs Afr. Zart. 4 neben Tahmuraf
ein Aosnara erwähnt ist: sei *pourugirô* wie Λοσnaρô, und Farv.
Y. 131 wird nach Yima und Thraêtaonô auch der Genius des
Aośnarahê pôurugirahê angerufen. Der zweite Theil des Namens, *nara*, ist dem in Frage stehenden identisch. *Aos* oder
Aoi könnte dem *Ahus* Bundeh. p. 69 entsprechen. Aber auch
das Epitheton *pôurugira* pafst; *gira* bedeutet im vedischen Sskr.

munter, lebhaft und *Aoénara* hieße sonach lebensvoll. Wären wir berechtigt anzunehmen, daß Anquetil in seiner oben angeführten Uebersetzung die beiden Epitheta Aoénara's und Takhmó Urupa's vertauscht hat, so würde sein *plein de vie* vortrefflich zu *póuru-girô* passen. Daß letzteres aber ebenso zu jenen Dingen vollkommen stimmt, die im Bundeh. p. 77, 9 von Nari erzählt werden, ist von selbst einleuchtend. Damit wäre aber auch die Stellung Tahmuraf's neben Aoénara im Afrin Zartust bestätigt und erklärt.

Die erweiternden Zusätze, welche die Späteren zu diesen Fragmenten unserer Urtexte geben, sind meiner Ueberzeugung nach theils wirklich ächte Reste, die auf uns verloren gegangenen Texten beruhen, theils Versuche, ihn mit den Ueberlieferungen anderer Völker zu combiniren.

Bei weitem am wichtigsten ist, was Bundehesch über Tahmurap berichtet (p. 40, 15): „Vom Anfang der Schöpfung hat Ahura wie drei Glänze (Lichter) geschaffen, unter ihrer Bewahrung und ihrem Schutz sind die Welten alle gewachsen. Unter der Herrschaft des Tahmuraf nämlich, als die Menschen auf dem Rücken des Rindes Çarçaok von Qaniras zu den andern Keśvar's übersetzten, und der Wind in einer Nacht mitten im Meer das Atrogas auslöschte (das Atrugas: Feuerbehälter, in dem sich das Feuer befand), welches man nämlich auf dem Rücken des Rindes an drei Orten gemacht hatte, welche der Wind sammt dem Feuer in das Meer warf, da erschienen statt aller drei Feuer jene drei Lichter (Glänze) auf dem Ort des Feuerbehälters, auf dem Rücken des Rindes, bis der Tag kam und diese Menschen auf dem Meer weiter fuhren. Und Gim. in seiner Herrschaft hat alle Werke mit Hülfe dieser drei Feuer besonders gefördert.“

Jedem Unbefangenen muß diese Erzählung schon an und für sich als eine alterthümliche erscheinen. Ueber das Rind Çarçaok habe ich anderswo gesprochen und es ergab sich, daß damit höchst wahrscheinlich die Çaoka der Texte gemeint ist [1]). Daß die Keśvar's von einander getrennt sind und nur auf außerordentliche Weise von einem zum andern gelangt werden kann, behaupten Bundehesch und Minokhard. Die drei Feuer oder Lichter sind theils an und für sich eine uralte

---

[1]) [Vergl. die Abh. über Çaoshyañs and die Auferstehung. Sp.]

arische Vorstellung (man vergleiche nur die drei Feuer der Veda's), theils werden sie uns durch die drei Gnaden oder Glanzlichter bestätigt, die von Yima bei seinem Falle weggehen (s. oben p. 27 den Text des Zam. Y.), und auf welche Bundehesch am Schluſs obiger Stelle anspielt.

Die wichtigsten Momente letzterer, bezüglich Tahmuraf's, sind aber, daſs unter seiner Herrschaft die Vertheilung des Menschengeschlechtes auf der Erde (vergl. Bundehesch p. 37, 16) und der Beginn des Feuercultus gesetzt wird. Hieraus folgt, daſs, wenn Tahmuraf durch zwei Mittelgenerationen von Haosyanha abgeleitet wird, dies eine spätere Interpolation sein muſs, da ja die Spaltung des Menschengeschlechtes, wie wir oben sahen, dem Haosyanha gleichzeitig gedacht wurde.

Minokhard erwähnt von Tahmuraf zweierlei (Spiegel, Parsi-Grammatik p. 135 und 149; ich setze den Urtext und Neriosenh's Uebersetzung her): 13. *ej takhmùraf i hùraçi çùi iâ bùt.* 14. *kns gasaçta gand i darcañt çi çâl pa bâr dâst.* 15. *u hapidina nêxi i divêri i ôi darcañt pa nagân dâst bê ô pêdal dward.* — 13. *takhmùraphâcca râjnah çubhoditât lâbhak ayaṃ saṃbhûtah.* 14. *yat nikritaṃ gandyaṃ durgatimantam trinçadvarśâni vdhanaṃ akarot.* 15. *saptaprakârâçca axarânâṃ siddhayah ydk anêna durgatimatâ nikhdtikritâ prakataiâydṃ samânayat.* Hier haben wir also zuerst das in den Urtexten bezeugte, daſs Tahmuraf den Ahriman dreiſsig Jahre lang ritt und die etwas dunkel klingende Notiz: er habe die sieben Arten der Schreibekunst, die Ahriman verborgen habe, wieder an's Tageslicht gebracht. Erst die folgende Erzählung des Firdusi wird uns klar machen, was damit gemeint ist. Dieser Dichter macht Tahmuraf zu einem Sohne Huschengs. Bei seiner Thronbesteigung verkündet er, daſs er das Böse und die Macht der Dev's zerstören wolle. Er läſst zuerst die Wolle der Schafe scheeren und Kleider daraus bereiten. Er nährt und zähmt die Thiere, namentlich auch die wilden, die ihm gehorchen, wie Schakal, Leopard und Falke. Er hat einen Destur, Namens Schidasp, dem er in allem folgt: dieser betete Tag und Nacht, war gottesfürchtig und allen Menschen lieb, und durch seine Leitung hatte Tahmuraf göttlichen Glanz. Tahmuraf bezaubert Ahriman, besteigt ihn als schnelles Roſs und macht auf ihm die Reise um die Welt. In seiner Abwesenheit empören sich die Dev's und führen ein gewaltiges Heer gegen ihn; allein zwei Drittel davon band er durch Magie, die andern verwundete er mit seiner Keule; sie baten um's Leben und versprachen, ihn dafür ein Geheimniß zu lehren. Nachdem er sie befreit, lehren sie ihn die Schrift und zwar dreißigerlei Art.

Die Zähmung der wilden Thiere durch Tahmuraf erinnert theils an den oben erwähnten Zug, daß er mit Fuchsfell bekleidet ist und wahrscheinlich als Jäger gedacht wurde, theils könnte man in dieser Zähmung und in dem Namen Urupis einen Anklang an Orpheus finden, den ich aber für einen täuschenden halte. Die Herrschaft über die Dev's, der Kampf gegen sie, das Reiten Ahrimans um die Welt ist wörtlich den Texten entlehnt. Der Destur Schidasp, wie ihn Firdusi nennt, ist eine merkwürdige Persönlichkeit, die wir unten näher kennen lernen werden. Während Minokhard von der durch Ahriman vergrabenen Schreibekunst spricht, die Tahmuraf wieder an's Licht zieht, lehren hier ihn die Dev's das Geheimniß der Schrift von dreißig Arten. Halten wir dazu, daß die Verbreitung der Völker in die sieben Keßvar's unter Tahmuraf's Herrschaft gesetzt wird, so ergiebt sich, daß, mindestens von Bundehesch an, Tahmuraf als ein Herrscher gedacht wurde, der in jene Periode zu setzen ist, die nach unserer Zeitrechnung unmittelbar nach der Sündflut und dem Thurmbau folgt.

Höchst interessante weitere Fragmente der Sage liefert ein Rivaïet bei Spiegel [1]). Ahriman sucht sich der Gewalt des ihn reitenden Tahmuraf zu entziehen; er erfährt von dem Weibe des letztern, wie bei dem Ritt um die Welt der kühne Reiter nur an einem Punkte des Alburg Schauder empfinde; er wirft ihn sofort an jenem Ort nieder und verschlingt ihn; Gim, sein Bruder, aber zieht ihn unter dem Vorwand, mit Ahriman Päderastie treiben zu wollen, wieder aus dem Bauche des Teufels hervor. Es wäre sehr wichtig zu wissen, wie viel davon alt, wie viel spätere Fabelei ist. Anquetil hat die Notiz, daß Dschemschid Tahmuraf's Körper aus dem Bauche eines Dev's zieht, der des letzteren Frau betrogen, und daß seine Hand dadurch geschwärzt wird (I, 2 Notic. p. XXVII), wahrscheinlich aus demselben Mspte. wie Spiegel gezogen. Vielleicht liegt eine Reminiscenz an diese Sage in der Stelle des Minokhard (bei Sp. P. Gr. p. 136), wo gesagt ist: der dritte Nutzen des

---

[1]) [Einleitung in die traditionellen Schriften der Parsen II, p. 117 flg. Sp.]

Gem sei gewesen, dafs er den Vertrag der Lebendigen, welchen der übelwissende gottlose Ahriman verschlungen hatte,
wieder aus seinem Leibe hervorholte. Wahrscheinlich wurde
das Verschlingen dieses Vertrags mit dem Tahmuraf verbunden
gedacht, wenn nicht ein Wortmifsverständnifs obwaltet.

Uebrigens scheint eine Bestätigung dieser Sage in jenem
Fragment eines Zendtextes zu liegen, welches Westergaard
im Texte des Farg. II, 6 eingeklammert gegeben hat und welches auch die Huzvaresch-Uebersetzung dieser Stelle enthält.
Letztere sagt: Gem und Kaus waren beide unsterblich geschaffen; wegen ihrer Uebelthaten sind sie sterblich geworden. Bezüglich des Gem ist es aus dieser Stelle deutlich: *maśu taṭ
paiti* (von Sp. ausgelassen) *akerenaoṭ aośaṇhaṭ hvd hiśra*,
schnell that er das entgegen: „er brannte (?) ihn mit seiner
Zunge (oder: er wurde krank)." Wegen des Kaus ist es aus
dieser Stelle deutlich: „da liefs er ihn fallen, da wurde er
krankhaft (sterblich)"; letzteres bezieht sich wahrscheinlich auf
die versuchte Himmelfahrt des Uça. Das Fragment über Gem
aber erhält seine natürlichste Deutung, wenn wir es auf jenen
päderastischen Act des Yima beziehen, durch welchen er den
Leib des Tahmuraf hervorzog. Möchten nur die Texte, welche
den Huzv.-Uebersetzern offenbar noch vorlagen, auch uns erhalten sein!

Was in späteren Schriften (Modjmil und Hamzah) über
den Beinamen Tahmuraf's und über seine Genealogie enthalten
ist, wurde schon oben angeführt. Modjmil epitomatisirt den
Firdusi, wenn er sagt (Journ. As. 1841. XI, p. 279), Tahmuraf's Reich habe dreifsig Jahre gedauert; er habe die Div's
besiegt und zu seinen Bauten gebraucht. Man habe zu seiner
Zeit angefangen zu schreiben und zu lesen nach Anweisung
der Div's. Er habe viele wilde Thiere gezähmt und den
Menschen die Jagd gelehrt. Das Schlofs (*Kohendis*) von
Merv, die Citadelle von Babel, das grofse Girdabad, die
sieben Städte von Madain, die jetzt in Ruinen liegen, Mahrin
und Sarvieh, zwei Städte vor den Pforten von Ispahan, deren
Spuren man in Schariātan sehe, endlich die Stadt Balkh seien
alle von Tahmuraf gegründet. Tausend Jahre später sei die
Mauer gebaut worden, die man noch sehe, die Mahrin und
Sarvieh umgebe. Tahmuraf sei natürlichen Todes gestorben.

Der ältere Hamzah weifs noch weit mehr von Tahmuraf

zu erzählen. Es ist nothwendig seine Stellen ganz zu geben
(p. 20 u. p. 151):

Hamzah Ispah. p. 151 Gottwaldt: „Anno CCCL (a. Ch.
961) latus eius aedificii, quod Saravieh nominatur atque intra
urbem Djei situm est, corruit et domum retexit, in qua fere L
utres erant e coris confecti atque inscripti litteris, quales antea
nemo viderat. Quando ibi depositi fuissent, ignotum erat. Cum
a me quaesitum esset, quae de mirabili illo aedificio scirem,
hominibus promisi librum Abu-Mascharis, astrologi Balchensis,
cuius nomen est: Liber de diversitate Tabularum astronomica-
rum. Ibi ille: Reges (Persarum), inquit, tanto studio teneban-
tur disciplinas conservandi, tanta cupiditate eas per omne aevum
perpetuandi, tanta sollicitudine eas ab injuriis aëris et humi
defendendi, ut iis inter materias scriptorias eam eligerent, quae
illas injurias optime ferret, vetustati diutissime resisteret ac
mucori et obliterationi minime obnoxia esset, id est librum
(corticem interiorem) fagi, qui liber vocatur tûz. Hoc exemplum imitati Seres et Indi atque populi iis finitimi ad arcus,
quibus ad sagittandum utuntur, illud lignum propter duritiem,
laevitatem ac firmitatem vetustati diutissime resistens prae cae-
teris adhibuerunt. Nacti igitur optimam materiam, quam recon-
dendis disciplinis in rerum natura invenire potuerant, inter orbis
terrarum regiones et provincias eam quaesiverunt, quae sanissi-
mae humi, mucori minime obnoxia, a terrae motibus et hiatibus
tutissima, solo tenacissimo et aedificia diutissime sustinente prae-
dita esset. Perquisitis regni provinciis ac regionibus nullum
sub firmamento coeli locum invenerunt, in quo illae virtutes
magis conjunctae essent, quam provinciam Ispahanensem, deinde
ex locis ejus praestantiorem non repererunt, quam in pago Djei,
neque denique in eo pago locum plura eorum, quae requirebant,
continentem quam eum, ubi sat longo tempore post urbs Djei
condita est. Ad arcem igitur, quae nunc intra Djei sita est,
profecti ibi disciplinas deposuerunt. Illud aedificium nomine
Saravieh, ad nostra usque tempora perduravit; atque ex eo
ipso cognitum est, quis id condiderit, propterea quod abhinc
multos annos latere ejus aedificii collapso camera in conspectum
venit, ex argilla secta constructa, ubi multi majorum libri in-
venti sunt, in quibus depositae erant variae eorum disciplinae,
omnes lingua persica antiqua scripti in cortice tûz. Nonnulli
ex his libris cuidam obligerunt, qui cum iis operam dedisset

eosque legisset, inter eos librum invenit ab aliquo antiquorum
regum Persiae conscriptum, in quo haec narrabantur: Thahmurath rex, qui disciplinas non minus quam doctos amabat, calamitatem illam occidentalem ex aëre imminentem jam ante cogno-
verat proventuram esse ex imbribus continuis diuturnitate ac
copia omnem modum ac consuetudinem excessuris; porro a
primo regni sui die ad initium istius calamitatis occidentalis
praeterituros esse annos CCXXXI cum diebus CCC; Astrologi
autem ab ipso imperii exordio ei denuntiabant, eam calamitatem
a regione occidentali ad contiguas usque Orientis regiones pro-
cessuram esse.   Quamobrem ille geometras locum Orientis et
terra et aëre sanissimum quaerere jussit; qui locum aedificii,
nomine Saravieh elegerunt, quod etiamnum intra Djei urbem
exstat. Firmissimum igitur hoc aedificium condendum curavit;
cum autem eo perfecto ab hac cura otium nactus esset, libros
multarum ac variarum disciplinarum ex sua bibliotheca illuc
transtulit, ubi in corticem tûz transscripti et in quadam parte
ejus aedificii reconditi sunt, ut calamitati illi superstites in usum
hominum conservarentur. Inter eos libros erat unus, qui anti-
quo cuidam sapienti tribuebatur atque annos et circulos conti-
nebat, quorum scientia in inveniendis siderum intervallis et
motuum eorum causis necessaria est. Persae tempore regis
Thahmurath et antea viventes eos appellare solebant Annos et
Circulos Millenarios; plerique Indorum sapientes et reges, qui
antiquitus vixerunt, primi Persarum reges et antiquissimi Chal-
daei, qui inter Babylonios primis temporibus tentoria habitabant,
tantum ex illis Annis et Circulis siderum intervalla inveniebant.
Ex tabulis astronomicis, qui Thahmurathis tempore habebantur,
illum librum propterea recondendum elegit, quod ipse (rex) et
aequales ejus illum et verissimum et compendiosissimum usu
experti erant, atque astronomi, qui illis temporibus inter pro-
ceres regios versabantur, inde tabulam astronomicam excerpse-
rant eamque Zigi-Schahriar id est reginam et principem tabularum nominarant. Omissis igitur reliquis tabulis hac sola
utebantur, quando reges scire cupiebant, quae in hoc mundo
eventura essent. Ita factum est, ut tabula astronomica Persarum illud nomen et pristino et recentiore tempore conservarit,
utque ea illo aevo ad hunc usque diem apud multos populos
haec de ea sententia obtinuerit: judicia astrologica tum demum
vera esse, si nitantur thematis siderum ex illa petitis. — Hac-

tenus oratio Abu Mascharis de aedificio, cuius reliquiae Ispahanae exstant. Abu Maschar de camera ejus aedificii loquitur, quae, ut plus minus, abhinc mille annos corruit; quo facto ibi Zigi-Schahriar inventum est. Quae vero anno CCCL a fuga corruit, ea alia camera est, cujus locus ignorabatur, quia siquis in tecto ejus stabat, eam solidam esse existimabat. Quum tandem corruisset, multi illi libri retecti sunt, quos nemo legere poterat, nec scriptura eorum ulli aliorum populorum similis erat. Omnino id aedificium e miraculis est, quae in Oriente exstant, sicuti moles illa Aegyptiaca, quae Pyramis appellatur, refertur in Occidentis miracula, quae supersunt. Ceterum Deus melius novit."

Merkwürdiger Weise setzt Hamzah unter Tahmuraf den Anfang des Götzendienstes und zugleich das Entstehen des Sabismus durch Judasp, welcher offenbar mit dem oben erwähnten Schidasp des Firdusi identisch ist. Dies wird nun von einer Reihe der Zeugen über den Sabismus bestätigt, die ich aus Chwolsohn's verdienstlichem Werke einschalte.

Chwolsohn, die Ssabier und der Ssabismus 1, p. 207 sqq.

Nach Masûdî in seinem 943 verfassten Morûg eds Dscheb. Cap. 21: „Budasp tritt zur Zeit des persischen Königs Thahmurath auf und stiftet die Religion der Ssabier — er lehrt, die Sterne seien die Lenker und Leiter aller Dinge." — Im 61. Capitel berichtet er: „Budasp stamme aus Indien, sei nach Sind, Segestan und Zabulistan gewandert, dann sei er wieder nach Sind und Kerman gegangen, bis er zuletzt nach Persien kam. — Er habe sich für einen Propheten ausgegeben und sei nach den Einen am Anfang der Regierung des persischen Königs Thahmûrath, nach Andern aber zur Zeit des Königs Gemschid aufgetreten. Er habe die Glaubenslehren der Ssabier zuerst zum Vorschein gebracht. — Er sei mit einer neuen Lehre in Bezug auf die Enthaltsamkeit und die Seele aufgetreten und habe die Anbetung der Götzenbilder und die Verehrung derselben bei den Menschen erneuert."

Masudi ib. II, p. 376 § 10: „Im Jahre .... der Regierung des Thamûrath ist ein Mann aufgetreten, Namens Bavadasp, und gründete die Glaubenslehren der Ssabier."

Dimeschqui II, p. 402 § 11: „Zu denjenigen, welche sich zur Religion der Ssabier bekannten, gehörten ebenfalls die Perser. Diese bekannten sich in der ersten Zeit zur Einheit

Gottes nach der Religion Noah's — Friede sei über ihm —
bis Bijuråsp unter ihnen mit der Religion der Sabier aufgetreten ist, an welche sie dann 1800 Jahre glaubten. — Darauf
nahmen sie den Magismus an und verehrten Feuer, nachdem
der Perser Zerdascht unter ihnen aufgetreten war. Sie blieben
dem Magismus ergeben, bis ihr Reich zur Zeit des Othman ben
Affan im Jahre 32 vernichtet wurde."

Chowarezmi bei Chwolson II, p. 506: „Die Samanen halten den Jawadsåsp, welcher in Indien aufgetreten ist, für ihren
Propheten. Bawodsåsp lebte aber zur Zeit des Königs Thahmûrath und hat die persische Schrift erfunden."

Eutychius ib. p. 507: „Zur Zeit Nahor's trat ein Perser,
Namens Zeradoscht, auf, welcher die Religion der Ssabier gegründet hat, als der König Thahmûrat in Persien regierte."

Gregor. el Makin ib. p. 509: „Zur Zeit des Patriarchen
Nachor erschien der Perser Nawasîb und gründete die Religion der Ssabier. In Persien war ein König, Namens Tha-
chûrit, von dem man sagte, dafs er die Religion der Ssabier
gegründet hätte."

'Hag'î Chalfa ib. p. 523 § 2: „Die Perser waren ursprünglich Einheitsbekenner nach der Religion Noah's, bis Thahmûrath
die Lehre der Ssabier annahm und die Perser zur Befolgung
derselben zwang. Daran hielten sie dann gegen 1000 Jahre
fest, bis sie durch die Vermittlung des Zeraduscht sämmtlich
Magier wurden."

El Qorthobi ib. p. 527: „Alle Sabier aber erkennen die
Prophetie des Nawadåschp an."

Schahrastâni ib. p. 625: „Ihm (dem König Oschheng) ben
Faråwal folgte Thahmûrat, in dessen erstem Regierungsjahr
die Ssabier aufgetreten sind."

Der Name des Religionsstifters der Ssabier heifst bei den
arabischen und persischen Schriftstellern bald Bûdåsp, bald
Jûdaasp, bald Bawådast, Bûråsp, Bûdåschp, Nûdåschp und
Nawåssib. I, p. 783. Auch Bijûråsp kommt vor.

Chw. I, p. 799 hält Bûdåschp für das Richtige und identificirt den Namen mit Buddha — weil er aus Indien stamme
und die Samanen seine Anhänger seien.

Chw. II, p. 690 bemerkt zu obiger Stelle des Dimeschki:
„Nach Masudi lebte Zoroaster nach den Angaben der Magier

280 Jahre vor Alexander, also 516 v. Chr.; demnach müßte Bûdâsp 2316 v. Chr. gelebt haben."

Es ist offenbar, daß einigen dieser Berichterstatter Buddha, andern Bivaraçp oder Zohak, andern ein uns sonst unbekannter Judasp oder Nudasp als Stifter des Heidenthums vorschwebte, welchen Modjmil in seiner Genealogie als Nidasp (bei Hamzah Arvendasp, im Bundehesch Khrutasp) zum Vater des Zohak macht. Ich glaube aber, daß allen diesen Fabeleien Dahâk Bivarasp zu Grunde liegt, welcher ja der Glanzperiode des wahren Glaubens und Tahmuraf und Gim ein Ende machte und den Sieg des bösen Princips herbeiführte.

Gehen wir nun zu den Bauwerken über, so haben Hamzah [1]) wie Modjmil dem Tahmuraf offenbar jene Städte beigelegt, welche Genesis X, 8 in Beziehung zu Nimrod gesetzt sind. Dort werden ihm sieben Städte zugeschrieben: Babylon, Erech, Accad, Calne im Lande Sennaar, Ninive, Calah und Resen [2]).

Was Hamzah nach Abu Maskur von Tahmuraf erzählt, daß er 231 Jahre und 300 Tage vor der Fluth gelebt und eine Burg bei Ispahan in der Stadt Djei gebaut habe, um dorthin die kostbarsten Bücher, namentlich astrologische, zu bringen um sie vor der Fluth zu retten — das klingt seltsam und würde Tahmuraf einigermaßen neben Noah stellen. Wir sind indessen nicht berechtigt, es ohne Weiteres als modern-orientalischen Kram zu verwerfen; denn Syncellus I, p. 54 und 55 (vergl. M. Niebuhr Assur p. 486) weist uns, wie mir scheint, die Quelle nach. Berosus hatte nämlich aus babylonischer Tradition berichtet, daß König Xisuthros, nachdem ihm von Bel die Flut angekündigt worden war, auf Befehl dieses Gottes aller Schriften Anfang, Mitte und Ende in der Sonnenstadt Σισπαροι niederlegte und ein Schiff baute. Nachdem sodann die Flut vorüber war, stieg Xisuthros mit Frau und Tochter und mit dem Baumeister aus, errichtete einen Altar und brachte

---

[1]) Auch Herbelot V, p. 451 schreibt ihm die Gründung von sieben Städten zu, wovon Babel, Niniveh und Ispahan die bedeutendsten sind. Auch Merw, Amida und Cara-emit gehören dazu.

[2]) Vergl. Delitzsch an der Stelle und Knobel Kl. p. 339: Ὀρχόη südlich von Babel in der Nähe des Euphrat; Ἀκκήτη nördlich von Babylon; Calne ist Ctesiphon in der Landschaft Chalonitis, womit noch Herbelot IV, p. 5 Madani identificirt wird; Calah ist Korsabad in der Landschaft Καλαχινή; Ninive ist das heutige Nimrud, Resen Mespila oder Kujjundschik.

den Göttern ein Opfer dar, worauf er verschwand und mit den
genannten unter die Götter versetzt wurde. Seine Stimme befahl den Zurückgebliebenen, nach Babylon zu gehen und aus
der Stadt der Sisparier die dort verborgenen Werke auszu-
graben und sie den Menschen zu geben.

Die Uebereinstimmung beider Erzählungen von Tahmuraf
und von Xisuthros ist so augenfällig, daſs sie keines Beweises
bedarf und es ist sonach auch gewiſs, daſs Hamzah oder sein
Gewährsmann sie nicht erfunden haben. Gegen die Voraussetzung aber, daſs Hamzah die altbabylonische Geschichte willkürlich auf Tahmuraf übertragen habe, spricht Alles das,
was wir oben aus ganz unabhängigen parsischen Quellen ent-
nahmen: daſs Tahmuraf von den überwundenen Div's drei-
ſsigerlei Schrift empfangen, daſs er die von Ahriman verborgene siebenfache Schreibekunst wieder an's Licht gebracht
hat. Den Mazdayaçniern, welchen die Flut nicht als eine von
Gott geschickte Strafe, sondern als eine ahrimanische Plage
erscheinen muſste, wurde deſshalb auch Ahriman zum Verber-
ger der Schriften, was bei den Babyloniern Xisuthros — Noah
ist. Die spätere Quelle des Hamzah mag nur das verfälscht
haben, daſs sie Tahmuraf, während er nach der ächten Sage
der Wiederhersteller der Schriften ist, zum Vergraber derselben machten.

Die Bauten, welche oben von Hamzah, Modjmil u. A. dem
Tahmuraf zugeschrieben werden, lassen nicht zweifeln, daſs
diese Späteren den Tahmuraf mit Nimrod identificirten. Wir
wären natürlich versucht, dies ohne Weiteres als eine jener
unseligen Combinationen zu verwerfen, von welchen neuere
orientalische Schriften über die alte Geschichte voll sind. Allein
folgende Gründe gebieten Vorsicht. Nach Firdusi zähmt Tahmuraf die wilden Thiere, nach Modjmil lehrt er den Menschen
die Jagd, ja möglich sogar, daſs sein Zendname eine Anspielung auf die Jagd enthält; endlich Bundehesch setzt unter seine
Herrschaft die Theilung der Völker. Alles dies sind aber Züge,
die auf Nimrod, den gewaltigen Jäger vor dem Herrn, der den
Thurm zu Babel baut [1]), wo sich die Sprachen verwirren und
die Völker trennen, vollkommen passen. Zu Nimrod paſst dann
auch der Baevarasp oder Zohak, und es ist bemerkenswerth,

---

[1]) Diese Folgerung aus der Vergleichung von Gen. X u. XI scheint unbeweisbar.

14

daſs Modjmil den Cusch seinen Bruder nennt; ferner die Entstehung des Götzendienstes und Sabismus. Mit einem Wort: es ist sehr wahrscheinlich, daſs in verhältniſsmäſsig alter Zeit ein Stück vorderasiatischer und cuschitischer Sage in die iranische eingedrungen und von dieser in ihrer Art verarbeitet worden ist, und daſs wir es hier nicht bloſs mit den Combinationen der Spätesten zu thun haben. Darum erscheint der Held so eigenthümlich eingeschoben in die iranische Urgeschichte. Zohak aber, von dem erst bei Yima die Rede sein kann, der ursprünglich ein teuflisches Ungethüm ist, wird, wie ich glaube, auch schon in früherer Zeit ein Repräsentant der unglücklichen Periode, in welcher das bessere iranische Wesen den Gräueln und der Gewaltthätigkeit des westlichen cuschitischen Götzendienerstaates unterlag.

Zum Schlusse wollen wir noch sehen, was Herbelot V, p. 451 aus verschiedenen Quellen, worunter namentlich ein Thahamurath Nameh, über Tahmuraf zusammengestellt hat. Nach ihm hat Tahmuraf die überwundenen Div's in unterirdische Grotten gesperrt. Er trug die Namen Pehlwan Zaman, Held seines Jahrhunderts, und Saheb-Keran, Herr der glücklichen Conjunction der Planeten. Man schreibt ihm die Gründung der sieben Hauptstädte des arabischen und persischen Irak zu, namentlich von Babylon, Ninive und Ispahan. Merw in Chorassan und Amida in Mesopotamien rühmen sich, von ihm herzurühren. Er gewährte seinen Unterthanen volle Gewissensfreiheit und unter seiner Regierung, die Einige in die Zeit vor der Flut neben die Patriarchen Seth und Henoch setzen, verbreitete sich der Götzendienst. Bei einer Hungersnoth in Persien verordnete er, daſs sich die Reichen mit einer Mahlzeit begnügen und das so Ersparte den Armen geben. Daher ist das Fasten entstanden.

Im Berge Kaf, der um die Welt geht, ist das Reich der Ginn's oder Dev's; dorthin wird Tahmuraf durch den Vogel Simorg gebracht, der ein vernünftiges Wesen ist, allerlei Sprachen spricht und der Religion fähig ist. Nach Caherman Nameh wird Simurg über sein Alter befragt und antwortet: „Diese Welt ist sehr alt, denn sie ist schon sieben Mal mit Creaturen erfüllt und wieder davon geleert worden. Das Zeitalter Adam's, in dem wir sind, soll 7000 Jahre dauern, den groſsen Jahrcyclus; ich habe schon zwölf solche Umwälzungen gesehen, und weiß nicht, wie viel ich sehen werde." Simurg ist ein großer Freund Adam's und seines Geschlechtes und ein großer Feind der Dämonen. Er hat den ersten Menschen gekannt, ihm Treue geschworen und denselben Gottesdienst, wie er, bekannt. Er sagt Tahmuraf und Caherman alles voraus, was sie treffen werde und verspricht ihnen seine Hülfe in allen Fällen. Zum Zeichen dessen reißt er einige Federn aus seiner Brust und schenkt sie ihnen, Tahmuraf steckt sie auf seinen Helm, was von nun an Sitte der Krieger geblieben ist. Simurg ist unüberwindlich gegen die Dämonen und hilft seinen Lieblingen zu großen Siegen über sie. Tahmuraf kämpft im Berge Kaf für die Peri's und gegen die Dämonen. Der Riese Argenk, der seine Uebermacht fürchtet, schickt den Imlan als Unterhändler zu ihm, der die Div's verläßt und Tahmuraf mit seinen Zauberkünsten den Berg Kaf gewinnen und nicht bloß Argenk, sondern auch den Riesen Demrusch überwinden läßt. Dieser Riese hat in seiner Höhle eine Menge geraubte Schätze und namentlich die Peri Mergian als Gefangene. Tahmuraf besiegt ihn und befreit Mergian, die ihn zu einem weiteren Krieg gegen einen andern Riesen Hondkonz bewegt, in welchem Tahmuraf das Ende fand. Tahmuraf soll zuerst Reis gebaut und die Seidencultur in Taberistan eingeführt haben.

Es ist sehr zu bezweifeln, daß in alten Texten sich solche Ausschmückungen der Sage von Tahmuraf gefunden haben. Namentlich klingt es verdächtig, daß er von Simurg zum Kaf gebracht wird, während der ächte Tahmuraf auf Ahriman reitet. Dagegen ist das, was von Simurg, seinem Reden und seiner Frömmigkeit gesagt wird, wirklich alt, wie Bundehesch beweist, und der Zug von der Feder des Vogels, welche den Helden Hülfe in allen Nöthen bringt, findet sich im Allgemeinen ohne Beziehung auf Tahmuraf im Bahr. Y. 36, einer höchst merkwürdigen Stelle; wo jedoch nicht von Simurg, sondern vom Vogel des Sieges Varaghna oder Varenȝana die Rede ist.

9. Urmenschen.

Diese Erzählung des Bundehesch von dem Fall der Menschen hat eine so augenfällige Aehnlichkeit mit jener der Genesis, daß man auf den ersten Blick geneigt wäre, eine Entlehnung von dort zu vermuthen. Allein nähere Betrachtung zeigt ebenso große Discrepanzen und so eigenthümliche Züge, daß diese Version der Urtradition zwar als originell gelten muß, an edler Einfalt aber der Genesis nachsteht. Es ist nämlich ein Stück der Sage von den Weltaltern mit hineinverwebt und das eigentliche *punctum saliens*, die Freiwilligkeit der Sünde durch eine Einwirkung Ahrimans verwischt, die nicht näher erklärt ist.

Die Sage von den Weltaltern, behaupte ich, ist eingemischt. Die ersten Menschen trinken vor dem Falle Wasser und essen Früchte; dann, als Ahriman ihre Gedanken verwirrt hatte, suchen sie Nahrung und trinken zuerst Milch. Die Sinnlichkeit bei diesem Trinken der Milch bringt den Tod und die Uebel des Leibes hervor; und es wird ihnen die frühere Früchtenahrung großentheils genommen. Sodann finden sie ein Thier, tödten, rösten und zerschneiden es; die Yazata's helfen ihnen zum Feuer, und sie geben ihnen dafür einen Antheil an der Speise. Da essen sie zuerst Fleisch, ziehen Thierfelle an und gehen auf die Jagd wilder Thiere. Dann finden sie Eisen und werden gewaltthätig gegen einander u. s. w. Die stufenweise Verschlimmerung der Nahrung hat ihr Analogon in der umgekehrten Abnahme der Nahrung vor dem Kommen des Heilers und der Auferstehung. Daß die Nahrung der Menschen im goldenen oder paradiesischen Zeitalter die Früchte der Erde gewesen seien, sagen die Mythen des classischen Alterthums in Uebereinstimmung mit der Genesis; ebenso, daß das Fleischessen erst später eingetreten sei; es wird erst nach der Flut förmlich autorisirt [1]).

---

[1]) Bei Hesiod *E. x. H.* v. 115: τίμτουτ' ἐν Θαλίῃσι κακῶν ἔκτοσθεν ἁπάντων; v. 117: καρπὸν δ' ἔφερε ζείδωρος ἄρουρα Αὐτομάτη πολλόν τε καὶ ἄφθονον; v. 180: beim zweiten Geschlecht Kindeskost (Milch?). Vernachlässigung

Höchst merkwürdig ist das Zeigen des Feuers durch die
Yazata's, es erinnert an das Bringen des Feuers durch Pro-
metheus, so wie die dunkle Erwähnung des Fleischantheils der
Yazata's an die bekannte Erzählung der Theogonie erinnert.
Diese Erzählung bezieht sich aber auf das zweite Weltalter.

Wiederum ist die Auffindung des Eisens und der daran
sich knüpfende Streit aus Neid einerseits eine Reminiscenz
an den Neid und Mord Kain's, andererseits an das eherne
Zeitalter.

Die unmittelbar nach der Unterweisung des Ahura-Mazda
eintretende Generation, ihre Unterbrechung durch den Teufels-
dienst und ihr endliches Wiedereintreten ist ganz originell. Der
erste Act der geschlechtlichen Verbindung ist noch ein gehei-
ligter; an ihn knüpft sich sogleich das Lob Ahura's, vergl.
Gen. II, 23. 24.

Bezüglich der Kleidung vergl. Gen. III, 7. 21.

Ueber das Wachsen der Menschen aus Bäumen vergl.
Preller, Myth. I, p. 57; Virg. Aen. VIII, 313; Juv. Sat. VI, 11;
Simrock, Myth. p. 32.

Text

§ 1. Von der Beschaffenheit der Menschen ist im Gesetz
gesagt: Gayumart ließ beim Sterben Samen. Dieser Samen
wurde im Laufe des Lichtes der Sonne gereinigt und zwei
Theile erhielt Niriusing zur Bewahrung und einen Theil ergriff
Çpendomat. (Nach) vierzig Jahren wuchsen sie (Maschia und
Maschiana) aus der Erde in der Gestalt einer Reivaspflanze,
einstämmig, fünfzehnjährig, fünfzehnblättrig, am Mitbragan des
Monats Mithra in der Weise, daß ihre Hände um's Ohr zu-
rückgeschlungen waren; eines war mit dem andern verbunden;
sie waren von gleicher Gestalt und gleichem Aussehen und die
Mitte beider war zusammengebracht; so gleicher Gestalt waren
sie, daß es nicht deutlich war, welches von beiden Mann, welches Weib, und welches der Glanz Ahura's war wiederum nicht
(offenbar?); wie gesagt ist: was (von beiden) ist zuerst geschaffen: die Seele oder der Leib? Hierauf sprach Ahura: die

---

der Götter; beim dritten Geschlecht v. 140: οὐδέ τι σῖτον Ἡσθον, ἀλλ' ἀδά-
μαντος ἔχον κρατερόφρονα θυμόν. Essen des Fleisches.
Die Früchte der Erde und der Bäume Nahrung der ersten Menschen Gen. I, 29;
II, 9. 16; III, 2. Fleischessen nach der Flut Gen. IX, 3.

Seele ist zuerst gemacht und der Leib nachher für diese geschaffen; sie ist in den Leib gelegt: nämlich der Gutwirkende wurde geschaffen und der Leib zur Gutwirksamkeit gemacht. Hieraus ist dieser Schluß: die Seele wurde zuerst gesetzt und der Leib nachher. — Als hierauf beide von der Pflanzengestalt zur Menschengestalt gewachsen waren, kam jener Glanz geistiger Weise in sie, welcher die Seele ist; und auch jetzt wuchs in dieser Weise der Baum empor, als Früchte tragend zehn Arten von Menschen.

Bemerkungen.

Dieser erste Abschnitt über das Emporwachsen des ersten Menschenpaares in Pflanzengestalt erinnert zwar lebhaft an ähnliche Vorstellungen der griechischen Mythologie vom Ursprung der Autochthonen, aber er unterscheidet sich auch wesentlich davon. Nicht die Erde an und für sich ist es, aus welcher die Menschen hervorsprießen, sondern die Schöpfung des Urmenschen Gayumart durch Ahura, sein Tod durch Ahriman gehen voraus, und aus dem im Tode von Gayumart entlassenen Samen, der von der Sonne gereinigt und von der Erde aufbewahrt wird, wächst das neue Geschlecht hervor. Die Anschauung, mit welcher wir es hier zu thun haben, ist also geistiger, als das, was einer der edelsten und gläubigsten Sänger griechischer Mythen: Pindar[1], vom Ursprung der Menschen redend, berichtet: „Zuerst habe die Erde den Menschen hervorgebracht als ein schönes Geschenk, indem sie nicht der empfindungslosen Pflanzen, noch auch der unvernünftigen Thiere, sondern eines sanften und gottliebenden Lebenden Mutter werden wollte. Es sei aber schwer, zu finden, ob bei den Böotern über dem kephisischen See Alalkomeneus als erster Mensch aufgestanden, oder ob es die idäischen Kureten gewesen, ein göttlich Geschlecht, oder die phrygischen Korybanten, welche die Sonne zuerst sah, als sie baumartig emporsproßten, oder ob (zuerst) Arkadien den vormondlichen Pelasgos, oder Eleusis den Bewohner Raria's Diaulos, oder Lemnos den Kabeiros, unaussprechlicher Orgien Vater, gebar, oder Pallene den phlegräischen Alkyoneus. Die Libyer aber wiederum sagten, der

erstgeborne starke Jarbas, der älteste der kühngliedrigen Gi-
ganten, sei aus den dürren Gefilden hervorgetaucht und habe
angefangen, die süfse Eichel des Zeus zu essen; in Aegypten
gebe aber der Nil auch jetzt noch, Schlamm zurücklassend, der
sich in nasser Hitze bekörpere, lebendige Leiber von sich."

Zu dem baumartigen Emporwachsen der Korybauten
bildet eine Parallele der Ursprung des Attis aus einem
Mandelbaum, der aus den abgeschnittenen αἰδοῖα des Agdistis
wächst [1]), der des Adonis aus einer Myrte, wie Apollodor [2])
aus Pangasis erzählt, nach zehn Monaten sei der Baum gebor-
sten und Adonis geboren worden. Die italische Sage liefs
ebenfalls die Menschen aus Bäumen wachsen (Virg. Aen. VIII,
131; Juvenal. Sat. VI, 11; Preller, Römische Mythologie
p. 341) und die deutsch-nordische leitet die ersten Menschen
aus Bäumen her (Simrock, Deutsche Mythologie p. 32).

Wie hier der Samen des Urmenschen im Laufe des Sonnenlichtes gereinigt wird, so heifst es in einer Stelle des Avesta,
welche Bundeh. p. 28, 14 citirt wird: Der Same des Urstiers
sei in den Mondkreis getragen und dort gereinigt worden,
worauf aus ihm die Thiere vielerlei Arten geschaffen worden seien.

Die Yazata's Nairyô-Çañha und Çpeñta-Ârmaiti bewahren
den Samen Gayumart's, wie Bundeh. p. 80, 9 derselbe Nairyô-
Çañha und die Anâhita den Samen des Zarathustra beschützen;
an die Stelle der Ârmaiti tritt bei letzterem Anâhita, das heilige Urwasser, weil jenes σπέρμα des Propheten im See Kaçvi
ruht, und es überhaupt der Anâhita attribuirt wird, dafs sie
den Samen der Männer und den Embryo der Weiber reinigt.
Uebrigens ist die Stelle des Farg. XVIII, 108 sqq. Sp. zu vergleichen. Nairyô-Çañha entspricht dem Narâ-Çañsa der Veda's,
der bald als eine Personification des Opfers, bei welchem die
Menschen (nardh) die Götter preisen (çaṃsañti), bald als das
Feuer in seiner Opfer-Qualität, welches von den Menschen gelobt wird, bezeichnet erscheint [3]). Die Hauptstellen des Avesta

---

[1]) Pausan. VII, 17, 5.

[2]) III, 14. 4: διαμηνιαίῳ δὲ ὕςερον χρόνῳ τοῦ δίνδρου ῥαγέντος γιν-
νηθῆναι τὸν λεγόμενον Ἄδωνιν.

[3]) Rigv. III, 29, 11; V, 5, 2. I, 142, 3 heifst es: „Narâçañsa sei glänzend,
reinigend und wunderbar, ein Gott unter den Göttern zu verehren mischt er das
Opfer mit Süssigkeit dreimal vom Himmel her." In derselben Eigenschaft erscheint

über diesen Genius sind: Farg. XIX, 34; XXII, 7 ed. W. Yaçn. XVII, 68; LXX, 92 Sp. Farv. Y. 85. An der ersten Stelle heißt N. ein Genosse oder Freund *(açtô*, die Huzvaresch-Uebersetzung transcribirt *asto)* Ahura's; an der zweiten dient er, wie der griechische Hermes als Bote des Gottes, und hat den Beinamen *vydkhana* (Weiser oder Versammler). Yaçn. XVII, 68 steht Nairyô-Çañha unmittelbar neben dem Feuer und seinen verschiedenen Arten und hat den Beinamen: *khsha-threm nafedhrem*, was H.-Ü. mit *hutai i nap* giebt und was ich den König der Verwandtschaft oder der Fortpflanzung übersetzen möchte. Neriosenh sagt in einer Glosse zu Yaçn. XXII, 30: *rdjandbhe nairivsañghasya iaçlasya rdjandbhitô ca ayam yat nôbhe rdçndṃ deçapatinâṃ ancayasya ca prabhûtra-maidṃ mahattardidṃ bîjaṃ etasmdt*. Es ist diese Stelle aus Siroza I, 9 entnommen. Ebendaselbst LXX, 92 steht N. neben dem Genius Apâm-Napât (welche Zusammenstellung auch in den Veda's vorkommt) und Farv. Y. 85 ist er mit dem Feuer und Çraoša verbunden. Ich halte N. für die den Verkehr zwischen Göttern und Menschen vermittelnde Opferflamme, welche zugleich als das Princip der Belebung und Generation gedacht wurde; woher denn auch die Rolle sich erklärt, die N. beim Samen Gayumart's und Zarathustra's spielt.

Die Reivaspflanze ist ein von selbst wachsendes, säuerlich schmeckendes Gewächs: *rheum ribes*. Das Einstämmig-sein der Pflanze versinnbildet den einen Ursprung beider Geschlechter oder ihre anfängliche Ungetrenntheit. Der Stamm ist aber fünfzehn Jahre alt, weil dieses das dem Gayumart selbst beigelegte paradiesische Blütealter ist (vergl. meinen Mithra p. 75); er hat fünfzehn Blätter, weil so viel Geschlechter der Menschen die Kesvara bevölkern. Nach vierzig Jahren kommt die Pflanze zum Vorschein, weil vierzig Jahre das Normalalter der Generation im Varem sind; vergl. Farg. II, 41. Der Ursprung des menschlichen Geschlechtes wird auf das Hauptfest des Mithra im Monat Mithra verlegt, was die Beziehung dieses Gottes auf die Generation, welche bei Späteren vorkommt, zu rechtfertigen scheint.

Die Verbindung der beiden ersten Menschen wird durch

---

er II, 3, 9; I, 15, 6; I, 18, 9. Roth, Nirukta p. 115 erklärt Narâçaŋsa durch Mžmmenberrscher, womit auch Benfey Gl. zum Sama-V. s. v. übereinstimmt.

mehrere Züge als die engste dargestellt. Sie sind eines an das andere gebunden oder befestigt *(patvçt)*; sie umarmen sich so, daſs sich die Hände des einen um die Ohren des andern schlingen; ihre Mitte ist zusammengebracht — was einer der *copula* ähnliche Vereinigung vermuthen läſst. Auf jeden Fall haben wir uns zwei auf's engste zusammengeschlossene Zwillinge zu denken. Maſia und Maſiane sind Zwillinge, wie Yama und Yamî in den Veda's, Yima und seine Schwester in dem aus älteren Quellen schöpfenden Bundehesch (p. 77, 6).

Die Aehnlichkeit beider wird mit zwei Worten bezeichnet, welche wahrscheinlich dasselbe ausdrücken, was Modjmil p. 151 (vergl. Spiegel, Einleit. II, p. 105) sagt: sie hatten eine Gestalt und Ansehen, und Hamzah p. 48: sie waren *eadem statura et eodem vultu*. Das zweite Wort ist wohl von *did* sehen abzuleiten; auch an das Armenische: *hanged similis* lieſse sich denken. *Humbiss* erinnert an *patças* Gestalt, wenn der Uebergang von *p* in *b* erlaubt wäre. — L. 14: *ngdmn i anhuma* bedeutet wie l. 16 und wie Bundeh. p. 9, 3. das von Gott stammende Lebenselement, die Seele. Der Sinn des Satzes ist übrigens nicht klar, besonders wegen des *ktam* vor *ngdmn*; fiele dies weg, so könnte übersetzt werden: der Glanz Ahura's war wiederum (noch?) nicht da. — L. 16 ist statt *ndat* wohl auch *ngdmn* zu lesen. Sehr merkwürdig ist die Lehre von dem Frühergeschaffensein der Seele, wozu man die Parallelstelle p. 42, 7 vergleiche: „Wenn der Leib des Menschen im Schooſs der Mutter gebildet ist, so wird eine Seele von der Geisterwelt hineingesetzt, welche diesen Leib, so lange er lebendig ist, regiert; wenn der Leib stirbt, so wird er mit der Erde vermischt, die Seele geht wiederum zur Geisterwelt zurück." — *Heiskar* und *heiskars* entsprechen nach Spiegel's Bemerkung dem Parsischen *qéskâri*, was Neriosenh mit *satkâryaid* übersetzt, *hvis* könnte aber auch das N. P. *hriš* selbst, eigen sein, und also hier der Selbstthätige, die Selbstthätigkeit verstanden werden. p. 34 l. 2 *andusit;* vergl. p. 15, 7; 19, 3; 42, 6; 68, 14. — *kes* oder *gis* erinnert an *his* p. 21, 19 in *vat-gis* (vergl. p. 23, 12 *vatgis — vatgiçan*), welches dem Zendischen *tâiti-gaçō* Zam. Y. 2 entspricht. Oder ist es gleich N. P. *gisu* Locke, Sskr. *keça? keſaō* Ashi Y. 14 ist mir unverständlich.

Text.

§ 2. Es sprach Ahura zu Maschia und Maschiane: „Menschen seid ihr; Väter der Lebendigen (Welten) seid ihr; ihr seid von mir vollkommenen Sinnes und rein erschaffen; die Werke der Vorschrift thut vollkommenen Sinnes; gute Gedanken denkt, gute Worte redet, gute Werke wirkt und den Dev's opfert nicht. Sie alle beide dachten dies: sie freuten sich einer an dem andern: das ist ein Mensch. Und sie thaten dies als ihr erstes Werk: als sie zusammengingen, da vermischten sie sich; und hierauf sprachen sie dies als ihre erste Rede: Ahura hat geschaffen Wasser, Erde, Pflanzen, Thiere, Sterne, Mond und Sonne und alles Gute, was durch Reinheit offenbar ist, sammt und sonders. Hierauf lief der Feind in ihren Sinn (in ihr Denken); er befleckte (verfinsterte) ihr Denken und sie logen sodann: Ahriman hat geschaffen Wasser, Erde, Pflanzen, Thiere und alles Andere. Weil gesprochen wurde diese Lügenrede, wurde sie nach Wunsch der Dev's gesprochen; Ahriman machte sich zuerst Freude von ihnen von da an zu eigen. Durch diese gottlose Rede wurden beide gottlos *(darrad)* und ihre Seelen sind bis zum künftigen Körper in der Hölle.

Bemerkungen.

Die Lesung der Namen Mašiᴏ und Mašianeh ist durch die Tradition sicher; Hamzah II, p. 48 nennt sie Mascha und Maschiana. Modjmil, J. As. 1841. XI, p. 150 u. 151. Im Zend müssen die Namen Mašyô und Mašyâna gelautet haben; letzteres ist wie die Patronymica auf *na* gebildet.

Es ist bedeutsam, daß, nachdem Ahura den ersten Menschen gute Gedanken, Worte und Werke befohlen hat, sie ihren ersten Gedanken auf das gegenseitige Wohlgefallen richten, dann ihr erstes Werk thun: die Vereinigung, und dann erst das Wort des Dankes gegen den Schöpfer aussprechen. In dieser Inversion und in der zu mächtigen Begierde, mit welcher sie sich verbanden, vor dem sie dem Schöpfer die Ehre gegeben hatten, ist die Ursache angedeutet, warum Ahriman sogleich Einfluß auf sie gewann.

Die Worte des Dankes, in welche die Urmenschen ausbrechen, erinnern an Yaçn. V, 1. Yaçn. VIII, 11 (XXII, 11) Sp. werden die Zendworte *vîçpa vôhu ašacithra* in der H.-Ü. grade

so gegeben, wie hier der Text lautet: *asacithra* verstanden
die Uebersetzer in dem Sinn, durch Reinigkeit kennbar oder
offenbar.

Das Wort, welches l. 14 jene Wirkung ausdrückt, die
Ahriman auf die Seele der Menschen hervorbrachte, wiederholt
sich öfters im Bundehesch; so p. 11, 12, wo erzählt wird, wie
Ahriman Rauch und Finsterniſs mit dem Feuer vermischte und
die ganze Schöpfung so befleckte (verfinsterte), wie wenn das
Feuer einen ganzen Ort befleckt (schwärzt) und der Rauch
aufsteigt. Auch p. 54, 11 muſs der Begriff: beflecken (Sp.
II, p. 244, 335 liest *ahokinit*) damit verbunden sein, wie denn
auch Yaçn. X, 14 und Farg. XI, 32 *dhiti* Schmutz mit dem
Adjectivum verbale dieses Zeitworts gegeben wird. Es scheint
dem N. P. *ahu* Sünde zu entsprechen. — l. 17: *pan apaçi*;
vergl. p. 2, 13; p. 7, 12 und Spiegel, Z. d. D. M. G. XI, p. 104.

Das Wort, welches mit Freude übersetzt ist, findet sich
auch Bundeh. p. 55, 17 und entspricht Yaçn. X, 19 dem Zendischen *urdçmana*, dessen Transcription es sein könnte. *ap
damn (damu)*, wofür sich auch *apdum* zuletzt vermuthen lieſse,
kann auch *ac* (die N. P. Präposition *as*) *damn* gelesen werden:
von da an eignete er sie sich an. Das erste Menschenpaar ist
der Seele nach bis zur Auferstehung in der Hölle, nimmt aber
an letzterer nach p. 72, 11 Theil.

Text.

§ 3. Hierauf gingen sie dreiſsig Tage lang ohne Speise
und zogen schwarze Kleider an. Nach den dreiſsig Tagen
giugen sie auf die Jagd und kamen zu einer weiſshaarigen
Ziege. Hierauf molken sie mit dem Mund Milch aus den
Zitzen. Als sie diese Milch genossen hatten, sagte Maschia zu
Maschiane: Freude war vor dem, als ich diese Milch noch
nicht gegessen hatte; aber gröſsere Freude ist es mir nun wohl,
wenn ich sie genieſse. Zum Schaden des Körpers war diese
zweite gottlose Rede; die Dev's kamen mit Gewalt herbei
und nahmen ihnen den Geschmack der Speise, so daſs von
hundert Theilen nur einer verblieb.

Bemerkungen.

p. 34 l. ult. vermuthet Spiegel mit Recht für *huran usrunt
pan ahuran n.;* jedoch könnte, wie ich glaube, *pan* fehlen: sie

gingen speiselos. Dies ergiebt sich auch aus der Parallele
p. 71, 4, wo vor der Auferstehung das Menschengeschlecht zum
Nichtessen zurückkehrt; p. 28, 20 bleiben die Thiere tausend
Tage und Nächte ohne Nahrung.

Warum das Fasten grade dreifsig Tage, d. i. einen per-
sischen Monat, dauert, ist nicht gesagt; vielleicht ist es eine
Erinnerung an die dreifsig Jahre, die Gayumart nach dem
Eindringen des Feindes noch lebte. Farg. XII, 1 sqq. wird die
Trauerzeit, welche Eltern für Kinder, Kinder für Eltern
und Geschwister für einander zu beobachten haben, auf dreifsig Tage angegeben. Diese Trauerzeit ist unstreitig gemeint,
wie auch das Anlegen schwarzer Kleider beweist. Dafs die
Perser πενθίμην ἰσθῆτα bei der Trauer anzogen, zeigt Diodor
XI, 57 und Curtius V, 1. X, 5, 19 [1]).
 - Nach der Trauerzeit gehen die Urmenschen auf die Jagd.
nskr das N. P. šikidn jagen, šikar Jagd. Farg. XVIII, 131
steht in der H.-Ü. für das Zendische asrō nskr; ersteres ist
gleich Gr. ἀγρά. Es ist offenbar, dafs die Jagd [2]) als ein bedeutender Weiterabfall vom Urzustand gelten soll. Im Vergleich mit Bundeh. p. 70, 13 ist es klar, dafs Maschia und
Maschiane zuerst Wasser, dann Früchte und sodann erst Milch
genossen haben. Das Milchgeniefsen ist der Anfang animali-
scher Nahrung und eine stufenweise Verschlechterung gegen
den früheren Zustand.

Es möchte zu weit gehen, in der Hesiodischen Darstellung
des silbernen Geschlechts, welches hundert Jahre bei der
Mutter kindisch genährt wird (E. 103), einen Anklang an
diese Milchnahrung zu vermuthen. Dagegen ist wohl die Ab-
stufung der Nahrung zu vergleichen, wie sie sich in tibeta-
nisch-buddhistischen Quellen vorfindet [3]). Im Gegensatz gegen
das Fleischessen aber ist die Milch immer noch das Ursprünglichere, wie dies im Minokhard bezeugt ist, wo p. 169 ff.
folgende Stelle über die Nahrung vorkommt:

Der Weise fragt: „von der Speise, welche die Menschen

---

[1]) X, 5, 19: *Ad Darii quoque matrem celeriter perlata est. Abscissa ergo veste,
qua induta erat, lugubrem sumsit.* X, 5, 17: *Persae comis suo more de tonsis in
lugubri veste cum conjugibus et liberis lugebant.* Drisson. de regno Pers. II, p. 564.

[2]) Nimrod, Ismael und Esau werden als Jäger in der Schrift nicht gut gekennzeichnet.

[3]) Schiefner, Bulletin de la classe historico-philologique de l'Académie
impér. de St. Pétersbourg IX, p. 2.

essen, und der Kleidung, mit welcher sich die Menschen bedecken, welche ist die werthvollere und befste?" Die himmlische Weisheit antwortet: „von der Speise, welche die Menschen essen, ist die Milch der Hausthiere die befstgeschaffene. Denn Menschen und Vierfüfser, wenn sie von der Mutter geboren werden, haben, so lange sie nur wenig Speise geniefsen können, ihre Befriedigung und Erhaltung durch die Milch und von Muttermilch können sie am befsten leben. Und ferner: wenn man einen Menschen von der Muttermilch entwöhnt, so gewöhnt man ihn an die Milch von Ziegen, Schafen und Kühen. Nichtsdestoweniger pafst auch das Getreide für sie, was offenbar ist. Die Menschen, welche in den sechs Keśvar's (aufser Qaniratha) sind, deren Speise ist Milch von Ziegen, Schafen und Kühen, und sie essen keine andere Speise. So ist denn auch der Leib jenes Menschen, der Milch geniefst, schöner und kräftiger und die Erzeugung von Kindern ungehinderter." Hiermit stimmt augenfällig überein, was von Zoroaster in classischen Quellen erzählt wird: er habe von Milch und Käse gelebt. Bundehesch spricht von der Nahrungsänderung, die durch den Fall der Menschen eingetreten, Minokhard von dem, was nach dem Fall noch das Relativ-Befste ist.

Die Bosheit der Rede Maschia's liegt darin, dafs er trotz der Einsicht: es wäre besser gewesen, nicht von der Milch zu geniefsen, diesen Genufs dennoch vorzieht. Wie die erste gottlose Rede die Seelen der Urmenschen in die Hölle stürzt, so verdirbt die zweite den Leib. *mick* erklärt Spiegel wie das N. P. *miseh* mit Geschmack; unstreitig richtig. In der Huzv.-Uebersetzung des Yaçna wird öfters, wo von Râma-Qâçtra die Rede ist, dessen Wesen näher erklärt mit den Worten: wenn man den Geschmack der Speise *(mick hurm)* erkennt, so ist es seinetwegen (Yaçn. I, 9 und anderswo); wie dort der Wohlgeschmack und die Nahrung aus der Speise der Wirksamkeit eines guten Genius, und zwar desjenigen, der die gute Lebensluft repräsentirt, des Genossen Mithra's, des Lichtes, so nehmen hier die Dämonen den Geschmack der Nahrung hinweg. Dafs die Dämonen bei dem, der ohne Kosti geht, Abmagerung bewirken, findet sich Farg. XVIII, 115 Sp.; vergleiche dazu Minokhard p. 86: „geh ohne Kosti nicht aus, damit dich nicht bei den Zweifüfsigen und Vierfüfsigen Schaden und bei den Kindern Unglück trifft."

Text.

§ 4. Hierauf in tausend Tagen und Nächten kamen sie zu einem fetten, weißen Widder; sie tödteten ihn und machten von dem Baum Kunar und Samsir nach Anweisung der himmlischen Yazata's Feuer herabsteigen, weil diese beiden Bäume feuergebender sind. Sie bliesen sodann das Feuer mit dem Munde an und verbrannten darin zunächst Ciba, Lorbeer, Sandelholz, Kenar, Palmenholz, Dattelholz und Myrte. Hierauf zertheilten sie das Thier, drei Fäuste groß, mit der einen Hälfte zeigten sie gen Himmel und sagten: das ist der Theil der Yazata's. Von vorn kam ein Vogel Kahrkas herbei, von ihm wurde er fortgetragen, da er früher Hundefleisch gegessen. Hierauf zogen sie zuerst Kleider von Pelz an und sie gingen auf die Jagd der wilden Thiere (jener Thiere, von welchen man Kleider macht).

Bemerkungen.

Die tausend Tage und Nächte, nach welchen die Urmenschen den Widder treffen, sind zu vergleichen mit den tausend Tagen und Nächten p. 28 l. ult., während welcher die Thiere vom Nichtessen zum Genuß des Wassers und der Pflanzen voranschreiten. Die Menschen fangen nämlich erst dann an, das Fleisch der Thiere zu genießen, nachdem diese durch Pflanzennahrung gefüttert sind. Tausend ist eine runde Zahl, die an die tausend Jahre Yima's (Farg. II, 20 W.) erinnert. Uebrigens ist wohl zu bemerken, wie die hier vorgetragene Erzählung vom Ursprung des Fleischessens neben jener nicht minder alten steht, welche Yima die Menschen das Fleischessen lehren läßt (Yaçn. XXXII, 8).

Daß mit dem Wort guçpud hier ein Widder bezeichnet werden soll, schließe ich theils aus der Beschreibung des Thiers: fett, weiß, welche Bundeh. p. 57, 10 genau ebenso vom vornehmsten der Widder (mis = Z. maêša Nahr. Y. 23) gegeben wird. Das Wort guçpud steht im Allgemeinen für die Heerdenthiere, weßhalb z. B. Neriosenh im Minokhard goçpend mit Ziegen, Schafen und Kühen wiedergiebt. gpr findet sich transcribirt p. 77, 19; trotz des N. P. dafsak Fett dürfte es kaum dpr gelesen, vielmehr mit N. P. garb Fett verglichen werden; das entsprechende zendische Wort ist, wie mir scheint, garebus

Afrig. Gahamb. 3, wo es mit *paçus* verbunden ist. *airrar* wiederholt sich auch p. 57, 10 und wird an beiden Stellen von Anquetil mit: *l'oreille gauche* übersetzt, jedoch mit dem Unterschied, daß er hier das Wort mit dem Folgenden verbindet (*ils lui coupèrent l'oreille gauche*), während er es dort mit *çpit* construirt: *qui a l'oreille gauche blanche.* Es ist mir nicht möglich, diese Uebersetzungen sprachlich zu begründen. Yaçn. XI, 16 u. 17 entspricht *aircark* dem Z. *hañuharene*, welches nach Anq. I, 2, p. 118 im Parsi *ke ast har tshis* lauten soll und was Spiegel mit: zum Essen übersetzt.

Daß die himmlischen Yazata's die Urmenschen im Feuermachen unterrichten, erinnert auf's Klarste an die Prometheussage.

Die Bäume, welche als besonders Feuergebend bezeichnet sind, finden sich auch p. 64, 10, wo jedoch statt *smsir smsar*, das N. P. *simiad* oder *simiar*, was mit *buxus* gegeben wird. *Kunar* oder *kenrar* steht *knar* geschrieben p. 64, 12 neben der Myrte. Anquetil übersetzt den Namen nicht, sondern transcribirt *Konar.*

Merkwürdig sind die sieben Holzarten, welche in das erste Feuer geworfen werden. *cibá* bedeutet im N. P. Brennholz im Allgemeinen, kommt übrigens auch p. 68, 19 vor. *Dapde* oder *Kapke* ist vielleicht das Gr. δαφνη. *Kendár* ist nach p. 65, 16 das Sandelholz; *kendr* ist wahrscheinlich mit dem so ebengenannten *kunar* identisch; *pesi* ist das N. P. *pis* oder *pil*, eine Palmenart; *hoermd*, N. P. *Churmá* ist der Dattelbaum; vergl. p. 64, 12 *hurmá*, wo ebenso, wie hier, die Myrte darauf folgt. Höchst wahrscheinlich stehen diese Holzarten in Beziehung auf die h. Reiser des *bareçma*, zu welchem Granaten, Tamarinthen oder Dattelzweige genommen werden (Anq. Usages II, p. 532) und auf die wohlriechenden Hölzer, mit welchen das h. Feuer geschürt wird; vergl. Farg. XIV, 3.

Bezüglich der Uebersetzung von p. 35, 16 bin ich nicht gewiß, das letzte Wort kann kaum *mian* gelesen werden, eher *misan*; aber was hätte es dann für einen Sinn? Oder ist *musaan* zu lesen, wie die Pariser Hs. bietet? *muçt* Faust findet sich so geschrieben p. 48, 8; dagegen *must* p. 17, 7; Verbalbedeutung hat *bna muçt* p. 16, 11, wo es Spiegel mit: wegfegen übersetzt. Vielleicht ist *muçt* mit dem Folgenden zu verbinden: drei Faustgroß von dem zweiten Theile. *er* l. 19

ist wohl das Pronomen; vergl. Spiegel p. 81. Der Antheil
der Yazata's, der auch hier, wie es scheint, knapp zugemessen
war, erinnert wiederum an den Opfertrug des Prometheus. Das
Wegtragen des Fleisches durch den Vogel Kâhrkâc findet sich
auch Bundeh. p. 7 und im Urtext Dahr. Y. 88, wo *khrûm* das
rohe Fleisch bedeutet. Auch die Worte *cigun prium gusti kiba
hurt* sind mir nicht klar; Anquetil bezieht sie auf die Menschen und verbindet sie mit dem Folgenden: *D'abord ayant
mangé de la chair de chien, ils se couvrirent de la peau de cet
(animal). Ils se (livrèrent) ensuite à la chasse et se firent des
habits de poil de bêtes fauves.* Allein das Essen von Hundefleisch durch die Menschen scheint mir sehr problematisch.
Man könnte auch *prium* im Gegensatz von *ini park* nehmen
und *i* nach *gust* als Relativ: wie den ersten Theil der Hund
fraß. Dann wäre den Menschen ein Theil des Fleisches geblieben, während einen Kahrkas und einen der Hund weg-
trug. — Das Anlegen von Kleidern aus Fellen entspricht genau
Gen. III, 21. — *aßabê* ist das Z. *asabana* oder *açabana* Ab.
Y, 78. *tad* oder *tada* wird p. 47, 14; p. 57, 18 *dtdn* geschrieben. *jamk* (جامه) kommt p. 64, 7; 65, 11; 76, 8 in der Bedeutung Kleider vor.

Text.

§ 5. Hierauf gruben sie in der Erde ein Loch und sie
stießen auf Eisen und sie schlugen es auf einen Stein und
schärften es zu einer Axt. Sodann behieben sie einen Baum
und bereiteten eine hölzerne Hütte. Durch diese Undankbar-
keit (Gottlosigkeit) thaten sie sich Schaden. Die Dev's wurden
mächtiger. Hierauf brachten sie selbst gegen sich selbst jenen boshaften Neid zum Vorschein; eines ging gegen das andere, sie
schlugen sich und zerrissen sich Haare und Gesicht. Hierauf
erhoben die Dev's von der Tiefe ihre Stimme: „ihr seid Menschen: opfert den Dev's, bis sich euch der Neidteufel legt."
Maschia schritt vor; Kuhmilch molk er; nach Norden hin
spritzte er sie; dadurch wurden die Dev's noch gewaltiger.

Bemerkungen.

Das Wort *gar* übersetzt Anquetil mit *trou*; man könnte
dabei an Sskr. *gartu* Grube, Loch, Denken. Spiegel (Einleit.
II, p. 94) erklärt es mit Höhle und hält es für semitischen

Ursprungs. Farg. VIII, 118 Sp., wo dasselbe semitische Verbum für graben gebraucht ist (vergl. Bundeh. p. 41, 17; p. 51, 17; Farg. III, 123 und Spiegel, II. Gr. § 93) wie hier, ist das Wort: Loch durch Transscription des zendischen *magha* gegeben. Ovid (Met. I, 138: *itum est in viscera terrae etc.*) setzt das Graben des Metalls ins eiserne Zeitalter.

Bei Hesiod kennt das eherne gewaltthätige Geschlecht das Erz, nicht das Eisen; hier ist das Bekanntwerden mit letzterem die Ursache des Streites unter den Menschen. Uebrigens scheint *ayah* im Sskr. und Zend auch Erz bedeuten zu können; vergl. Farg. VIII, 74. Im Kurdischen heifst *asen*, im Bulbasischen *asin* Eisen; im N. P. ist *âhn* daraus geworden. Für *dipt* vermuthe ich *supt*, welches p. 0 l. ult. und p. 11, 4 vorkommt und „durchbohren" heifst, wie N. P. *suften*. — Das Wort *tick* ist wohl das N. P. *tick* Axt; der folgende Satz ist offenbar verwirrt; das zweite *bna* st hat kein Object. — *pishur* ist nur vermuthungsweise übersetzt: es könnte mit N. P. *pishur artifex* sein, müfste aber dann im Sinn von *artificium* genommen werden. Das Wort *ançpas* ist das Parsische *anaçpas*, welches von denen gebraucht wird, welche keinen Gottesdienst verrichten und undankbar gegen Gott sind; vergl. Rückert, Z. d. D. M. G. VIII, p. 240; Spiegel ib. VI, p. 417.

Die Gottlosigkeit scheint hier darin zu liegen, dafs der Baum verletzt und eine Wohnung gemacht wurde. Nach Ovid kannte das goldene Geschlecht keine Wohnung, das silberne sucht sie in Höhlen und Bäumen. Consequent mufste das Bauen von Wohnungen ins dritte Geschlecht fallen. — Der Neid wird stets als der von den Dev's geschaffene bezeichnet, wefshalb er auch in der goldenen Zeit Yima's nicht existirte Yaçn. IX, 18. Er heifst *aparun*, wie anderswo *Bulyâçta*, was Neriosenh (Spiegel, Pars.-Gramm. p. 200) mit *asadoyápárin* übersetzt. — *vars* ist das Zendische *vareça* Haar; *rat* giebt Spiegel mit Gesicht und nimmt es gleich Z. *raodha* Yaçn. IX, 19.

Erst jetzt kommt der Gipfelpunkt des Abfalls; die Urmenschen hatten zwar schon Ahriman gepriesen und waren von dem Urzustand in Bezug auf Nahrung und Kleidung abgewichen — allein durch den Neid, der sich ihrer bemeistert, kommen sie zu gegenseitiger Verletzung und zum Opfer an die Dev's. Letztere fordern sie direct dazu auf, wie Ahura es

15

oben ausdrücklich verboten halte. Das Opfer wird lügenhafter
Weise von den Dev's gefordert, damit der Neid sich lege.
Der Mensch giebt nun den Dev's jene Milch zum Opfer, die
ihm selbst zur Verschlechterung gedient hatte; er spritzt sie
nach Norden, weil dort der Sitz des Bösen ist; vergl. Farg.
XIX init.

Text.

§ 6. Hierauf wurden beide trocken am Hintern; in fünfzig Jahren hatten sie kein Verlangen nach Vermischung; und
hätten sie Vermischung gemacht, so hätte keine Kindererzeugung stattgefunden. Am Ende der fünfzig Jahre kam ihnen
Zeugungslust, zuerst dem Maschia und dann der Maschianah.
Und es sprach Maschia zu Maschianah: *Quando hoc tuum
genitale video, meum magnopere se levat. Deinde dixit Maschianeh: frater Maschia quando hoc tuum genitale magnum
video, meum genitale madefit. Deinde ipsorum desiderium coëundi; deinde ipsorum desiderium declaraverunt; generationem
fecerunt et cogitaverunt: Nos hoc per quinquaginta annos facere
debuissemus.* Von ihnen wurde in neun Monaten ein Paar
geboren, Mann und Weib. Von der Ernährung der Kinder
wurde eines Mutter und eines Vater genannt. Und nachher
nahm Ahura die Ernährung der Kinder von ihnen wieder weg,
als die Kinder genährt waren, und die Kinder verblieben.
Hierauf entstanden von ihnen sieben Paare, männlich und weiblich, alle Bruder und Schwester, Mann und Frau. Jedes von
diesen Paaren erzeugte in fünfzig Jahren Kinder und sie selbst
starben in hundert Jahren.

Bemerkungen.

p. 36, 13: *kuskstmn* enthält das chaldäische r-ij Hintern
mit dem gewöhnlichen Kennzeichen aramäischer Worte: **m**.
— l. 15 ist auch *kngusicsns* zu lesen. — Das Wort, womit
l. 16 die Generationslust bezeichnet ist, kehrt auch p. 39, 15
wieder, ist aber hier wie dort durch Transcription entstellt;
wahrscheinlich heißt es *pskvahisns* von *ps* hinten und *kva-
hisn* = N. P. *chvasten desiderare*. Das Wort *kervim* oder
kraём, welches zur Bezeichnung der Genitalien gebraucht ist [1],

---

[1] [Es ist wohl neup. ڪس *membrum virile*, was sich auch im Huzvâresch
Vd. III, 48 m. A. gebraucht findet. Sp.]

wird von Anquetil mit *serpent* übersetzt. Tir. Y. 8 giebt
derselbe das Epitheton der Pairika's: *çtdrt keremaô* mit *l'astre
serpent*; vielleicht sind dort die Kometen gemeint. Am nüch-
sten anklingend ist das Sskr. *krmi* Wurm. Das Verbum *drpsit*,
welches Anquetil zu der, wie es scheint, irrigen Deutung:
comme un drapeau Veranlassung gab, ist vielmehr mit dem
Sskr. *drapsa* tropfend zusammen zu halten. Oder sollte es zu
N. P. *drfsiden* in der Bedeutung: „zittern" gehören? *drfs* Yaçn.
X, 39 ist gleich dem N. P. Wort für Ochsenstachel.

p. 37 l. 8 ist eine offenbare Corruptel, es ist zu lesen:
ak vahtmn nr nismn; übrigens ist es auffallend, daß *ahtmn* hier,
p. 56, 15 und p. 77, 6, *r* nach sich hat, welches an den beiden
letzten Stellen etwa ein Pronomen *possessioum* sein könnte.

Begannen die ersten Menschen nach fünfzig Jahren zu
zeugen und zeugten sie hinter einander sieben Paare, so sind
dies die merkwürdigen sieben und fünfzig Jahre, von welchen
ich anderswo reden werde.

Text.

§ 7. Von diesen sieben Paaren war eines Çiahmak der
Name des Mannes und Çiahmaki die Frau. Von ihnen wurde
sodann ein Paar erzeugt, welche der Mann Fravâk und die
Frau Fravâkain hiefsen. Von ihnen wurden fünfzehn Paare
erzeugt; jedes Paar wurde eine Gattung; von ihnen entstand
der volle Fortgang des Geschlechtes der Lebendigen, von allen
fünfzehn Gattungen der Erzeugung. Neun Gattungen gingen
auf dem Rücken des Rindes Çarçaok auf diesem Meer Vourukaša nach den sechs übrigen Keśvar's und blieben dort. Und
sechs Gattungen Menschen blieben in Qaniras. Von diesen
sechs Gattungen war ein Paar, der Mann Tac und das Weib
Tack mit Namen; sie gingen in die Wüste der Tacik's. Ein
Paar war: Husing der Mann und das Weib Ganca mit Namen.
Die Airakan (Iranier) stammten von ihnen und ein Paar, von
welchem die Macdran geworden sind, in Amr. Die in den
Erai-Gegenden und die in den Anir-Gegenden; die in den
Torischen-Gegenden und die in Cenistan; die in den Daischen
Gegenden; die in den Çini-Gegenden (nämlich Arum); die in
den Çind-Gegenden und die in den sieben Keśvar's sind alle
von der Familie (dem Geschlechte) der Fravak, Çiahmak und
Maśia, so daß die zehn Arten Menschen und die fünfzehn

15*

Arten, welche von Fravak geworden, entstanden. Fünfund-
zwanzig Arten sind alle vom Samen Gayumart's entstanden,
nämlich: Erdmenschen, Wassermenschen, Einohrige, Einäugige,
Einfüßige, solche, welche Flügel tragen, wie die Fledermäuse,
die Geschwänzten, und die Haare auf dem Leib tragen.

Bemerkungen.

    p. 37 l. 1: In Çidhmk oder Çidhmk scheint das erste *k*
oder *h* bloß die Länge des Vocals anzudeuten oder wegen des
N. P. *siak* eingeschoben zu sein; *siamk* soll N. P. auch *liber,
solutus* bedeuten. Im Sâma-Vêda II, 5. 13, 2 kommt der Eigenname *Çydvaka* vor. Im Rigv. I. Wils. p. 315 der Rishi *Çydva*
ib. p. 319. Das Wort *çydmdka* Weber I. St. I, p. 50. II, p. 300;
Vâg. Sanh. XVIII, 12 eine Getreideart. *çydma* und *çydva* bedeuten „schwarz"; ib. p. 297. — Offenbar ist zu lesen *cwismn
çiakmhi* — der Name des Sohnes Maßia's lautet offenbar im
Zend *Çydmaka* oder *Çydvaka*. — Es ist merkwürdig, daß der
Sohn des ersten Menschenpaars mit einem Namen bezeichnet
ist, der auf dunkle Hautfarbe hinweist, wie der Name Cham's,
des Sohnes Noah's, auch auf die dunkle Farbe geht (Knobel,
Völkertafel der Genesis p. 13, 239 sqq.).

    Das dritte Paar heißt Fravâk und Fravâkain *(Fravdhi)*.
Das Wort *fravdka* kommt als Appellativum in den Zendtexten
vor: Visp. XVIII, 7, 13 ed. Sp.; Yaçn. XIX, 37, 57; Din Y. 3;
Y. fr. II, 38; Y. fr. I, 1; Bahr. Y. 28 (hier mit dem Gegensatz
paitivdke) vor; überall bezieht es sich auf das Aussprechen des
heiligen Wortes. Fast möchte es also scheinen, daß dieser
Stammvater etwa so aufgefaßt wurde, wie Enosch, zu dessen
Zeit sie anfingen, den Namen Gottes anzurufen. — l. 14 ist
wohl *lna* statt *lnar* zu lesen.

    Es wird wiederholt versichert, daß man auf natürliche
Weise nicht von einem Keßvar zum andern gehen könne, so
p. 21, 2. Minokh. p. 135: *yat dolpdt dvipe vind sdhagyena ca
lagdândm athard sdhagyena ca derdnâm anyathâ gantum na
çakyate.* Die Verbreitung der Menschen von Qaniratha aus
wird daher als eine wunderbare auf dem Rücken des Rindes
Çarçaok (p. 40, 17) beschrieben und in die Regierungszeit
Tahmuraphs gesetzt. Die Verbreitung des Menschengeschlechtes
auf einem Rind erinnert an die von Sidon nach Kreta vom
Stier gebrachte Europa, welche dort Mutter des Minos und

Rhadamanthys wird — und an die Irren der Jo. — Die Zahlen
6 und 9 werden in den Zendtexten öfter neben einander gestellt. Von den sechs Paaren, welche in Qaniras bleiben, werden nur drei auf ihre Stammeltern zurückgeführt: die Tácik's
oder die Araber auf Tác, von welchem auch Dahák stammt
(p. 77, l. 14); die Iranier auf Huáing; die Mácdrán auf ein
Paar, dessen Namen nicht genannt werden, wahrscheinlich hießen sie im Zend Máza und Mázi. Der Name *Mácdrán* oder
Mácindrán (p. 44, 16) entspricht dem Zend. *Másainya*, welches
öfters als Beinamen der Dämonen einer Gegend vorkommt;
másainya ist aber von *mása másana* gebildet, welches mit
dem Namen *Máda* Medien in der Bisitun-Inschrift identisch
ist, da der Wechsel von altpers. *d* mit Zend. *s (adam = asem)*
keinem Zweifel unterliegt. Der Zusatz *pnn dar* scheint noch
zu den Medern zu gehören. Spiegel nimmt *Aar* für *Amol*.
Die drei übrigen Paare werden nicht namentlich aufgeführt.
Dagegen folgen sofort sieben Völker und Gegenden: Irak,
Aniran, Tur, Ciniçtán, Dái, Çlm, Çind. Der Text ist hier
verwirrt. Der Kopenhagner Codex giebt die Worte: die in
den Çlm-Gegenden das ist Arum, die in den Sind-
Gegenden am Rande mit einem Einschiebungszeichen vor:
die in den Sind-Gegenden. Letztere Worte sind durch Versehen, wie es scheint, zweimal geschrieben. Die Pariser Hds.
giebt die unterstrichenen Worte erst nach: Erdmenschen,
Wassermenschen, wohin sie offenbar nicht gehören.

Von den obigen sieben Völkerschaften gehen zwei: Çlm
und Tur, da sie von den Söhnen Fritun stammen, auf Huáing
zurück; und da auch Irak und Aniran (vergl. p. 46, 6) allge-
meinere Namen sind, so werden wir die übrigen drei Stämme
wohl in Ciniçtán, Dái und Çind zu suchen haben. An einer
sehr merkwürdigen Stelle der Farv. Y. 143, 144 werden die
Genien der Männer und Weiber der iranischen *(airyanãm)*,
turanischen *(túiryanãm)*, Çairimanischen *(çairimanãm,*
vergl. Visht. Y. 52), Çaininischen *(çdininãm)* und Dahi-
schen *(dáhinãm)* Länder angerufen. Sie schwebte dem Verfasser des Bundehesch vor, und sie giebt uns die ächten Formen der im Bundehesch entstellten Namen. Çlm; der im Zend
wohl Çarma Çairima heißt, der Sohn Thraētaona's, und die
von ihm abstammenden Çairima's, ist offenbar mit den Soly-
mern identisch, mit welchen Bellerophon kämpfte und sie von

Lycien in das Hochland auf der Gränze von Lycien und Pisi-
dien zurückdrängte (Preller, Gr. Myth. II, p. 58). Sie werden von Chörilus erwähnt. Der erklärende Beisatz: „das ist
Arum“ wiederholt sich öfter in der Huzv. Uebersetzung; so
Farg. I, 77, wo das sechszehnte Land an den Ufern der *Ranha
areaçtan i arwm* (ib. p. 6 l. pen. *çrwdi*) genannt wird. Bei
Firdusi ist Harum die Stadt der Amazonen. Und in der That
kämpfte Bellerophon nicht blofs gegen die Solymer, sondern
auch gegen die Amazonen bei Themiskyra, die jedoch ihre
Sitze von Kleinasien bis zum Kaukasus hin haben (Preller
I, p. 197) und auch in den Sagen des Herakles und des
Theseus erscheinen, und nach Arktinus bei Troja mitkämpfen
(Preller II, p. 162, 200, 306).

Ueber die Bedeutung der Çäina's, deren Stammvater
wohl Çäna hiefs, kann kein Zweifel sein. Die Huzv. Form
Ciniçtan stimmt zu der Sanskritischen Bezeichnung der Sinesen
Cina. — Die Dâhina's sind höchst wahrscheinlich die *daos*
Herodots (I, 126), die Bewohner von Dahistan. Ihr Name
stimmt zu Sskr. *dasa* Feind, Sclave, und bezeichnet wohl eine
unterjochte Urbevölkerung.

Die Indier *(Çind)* kommen bekanntlich im ersten Fargard
unter den sechszehn Segensländern vor: es sind dort offenbar
die Bewohner des Flufsgebietes des Indus gemeint.

Die sechs Völker von Qaniras sind also unstreitig die
Nachkommen Husching's, welche sich in drei Linien: Iranier,
Turanier und Solymer theilen; die Araber, die Meder, die
Daer, die Sinesen, die Indier. Qaniras umfaßt sonach ganz
Mittelasien von Syrien bis nach Sina hin. Wir werden die
sechs übrigen Kesvar's im hohen Norden von Asien, in Europa
und Afrika zu suchen haben. Von den neun Gattungen, die
in diesen sechs Erdtheilen wohnen, erfahren wir nichts, und
die Stelle über die sechs Meister der andern Kesvar's (Bundeh.
p. 68, 3), deren Namen unheilbar corrumpirt sind, bietet auch
keine näheren Anhaltspunkte.

Es folgt sodann eine Notiz über die zehn Gattungen von
Menschen, von welchen schon § 1 die Rede war: es sind
menschliche Mifsbildungen, welchen das eigentlich Geistige,
die Seele abgesprochen zu werden scheint. Einige von ihnen
stimmen genau zu jenen fabelhaften Völkern, über welche die
Griechen von Scylax und Ktesias an zu erzählen wissen; so

die Einäugigen, die Einfüfsigen: *ekalocana*, *ekapâda* (Lassen, Ind. Alterth. p. 651 sqq.); die geschwänzten entsprechen den Hundeköpfen (ib. p. 693); die Einohrigen sind vielleicht mit den Mantelohren: *karňa-pracaraňa* identisch. Es werden übrigens nur acht Arten genannt, was vermuthen läfst, dafs zwei Namen ausgefallen sind.

10. Çaosyâc. Auferstehung.

Die Nachricht der Alten, dafs Zarathustra die Auferstehung der Todten gelehrt habe, schien durch Anquetil's Uebersetzung der Zend- und Pehlevi-Texte auf's vollkommenste bestätigt, da sie eine Reihe von Stellen enthält, in welchen die Auferstehung ausdrücklich genannt ist, während das XXXI. Capitel des Bundehesch mit der gröfsten Ausführlichkeit die Umstände dieser Wiederherstellung schildert. Als aber die philologisch-kritische Analyse der Zendtexte begann und Anquetil's Uebersetzung an gar vielen Orten unzuverlässig befunden wurde, da wendete der unvergefsliche Begründer des Zendstudiums, Burnouf, seine so gewissenhaft untersuchende Aufmerksamkeit sogleich auf jene höchst wichtige Lehre, und er prüfte eine Anzahl jener Texte, in welchen Anquetil die Auferstehung bezeugt gefunden hatte. Leider ist uns nur der negative Theil der Forschung Burnouf's mitgetheilt worden (Études p. 1—82), in welchem er unwiderleglich nachweist, dafs eine sich öfters wiederholende Redensart (*yarae yaoaidité*), welche Anquetil mit: *jusqu'à la résurrection* zu geben pflegt, einfach: für immer heifst. Dafs Burnouf, dem übrigens die wichtigen Texte des Zamyad-Yasht wohl nicht bekannt waren, auch die positive Seite der Untersuchung: Nachweis von Texten, welche die Auferstehung wirklich bestätigen, zu liefern beabsichtigte, deuten seine Aeufserungen Élud. p. 2 und Comment. s. l. Y. I, p. 100 N. 75 an. Manche dürften dies übersehen haben: und auf die Autorität des grofsen Gelehrten hin fing man um so mehr an,

das Vorkommen der Auferstehung in authentischen Texten zu
bezweifeln, als man seit dem Bekanntwerden der Anquetil'schen
Uebersetzung des Bundehesch dieses Buch für eine Sammlung
späterer parsischer Fabeleien zu halten gewohnt war und somit auch bezüglich jener Darstellung der Apokatastase ein
schlimmes Vorurtheil faßte.

Und doch war der ehrwürdige und ehrliche Anquetil in
seiner Uebersetzung der oben angeführten Phrase dem Sinne
nach nicht so weit von der Wahrheit entfernt. Denn wenn
auch *yaraèca yaraèidiaèca* nach dem Wortsinn nur: „für immerdar" bedeutet, so ist dieser Ausdruck an mehreren Stellen,
doch mit dem Begriff: „bis zur Auferstehung" identisch. Es
findet ja nach parsischem System, wie wir sehen werden, bei
der Auferstehung eine Apokatastase statt, welche alle Sünden
und alle Unreinigkeit in dem Feuerbrande sühnt. Wenn es
daher heißt: dieser oder jener Verbrecher, diese oder jene
Sache bleibe unrein für immerdar, so kann letzteres nicht in
unserm Sinne der Ewigkeit verstanden werden, sondern die
Auferstehung ist der Zielpunkt, wo auch diese Uebel verschwinden.

Was aber den Bundehesch betrifft, so wird die ungünstige
Meinung, die bezüglich der Ursprünglichkeit seines Inhaltes
bisher gehegt worden ist, bei näherem Studium dieses merkwürdigen Buches und bei genauerer Vergleichung mit den uns
erhaltenen Urtexten einer sehr günstigen weichen müssen, indem ich berechtigt zu sein glaube, anzunehmen, daß sein Verfasser im Wesentlichen nur die alte Lehre überliefert hat, die
er aus Urtexten schöpfte, von denen uns leider ein beträcht-
licher Theil verloren gegangen ist. Dies bezüglich des XXXI.
Capitels des Bundehesch, welches von der Auferstehung handelt und durch Spiegel's treffliche Uebersetzung bereits dem
größeren Publicum bekannt geworden ist, nachzuweisen und
hiermit zugleich das Alter dieser Lehre darzuthun, ist der
Gegenstand der folgenden Blätter.

Als Ausgangspunkt der Untersuchung muß aber vorausgeschickt werden, was das classische Alterthum über die zarathustrische Auferstehungs-Lehre überliefert hat, während bei
der Erklärung des Bundehesch die einzelnen Momente dieser
Ueberlieferung wiederholt zur Sprache kommen werden.

Daß Theopompus, der berühmte Verfasser der Phi-

lippika, die Lehre von der Auferstehung als eine magische bezeugt hat, und zwar im achten Buch dieses Werkes, wissen
wir aus dem Proömium des Diogenes von Laerte [1]): Die
Menschen, so sagt er, würden nach der Lehre der Magier
wieder aufleben und unsterblich sein und die Dinge nach
ihren Benennungen fortdauern. Es wäre zwar wohl auch möglich αἰτῶν auf ἀνθρ. zurück zu beziehen und τ. α ἐπικλ. mit:
durch ihre Anrufungen, d. i. vermöge derselben zu übersetzen,
wie es wirklich von einigen Auslegern geschehen ist; allein
der Sinn, der dadurch gewonnen wird, ist ein durchaus un-
passender. Mit letzterem kann wohl nichts anderes gemeint
sein, als daſs die Geschöpfe nach ihrem jetzigen Bestand
und ihrer jetzigen Benennung neu hergestellt werden und fortdauern, nicht etwa im Sinne einer heraklitischen oder stoischen
Apokatastase, wo ein Weltsystem untergeht, um einem ganz
neuen Platz zu machen. Und kürzer Aeneas [2]) von Gaza:
Zoroaster sage voraus, daſs eine Zeit sein werde, wo aller
Todten Auferstehung stattfinde — das wisse Theopompus.

Bei weitem das Wichtigste von den Nachrichten des
Historikers aber hat uns Plutarch [3]) aufbewahrt. Ich übergehe absichtlich das Uebrige dieses kostbaren Fragments, weil
es anderswo besprochen werden wird und führe nur das an,
was sich direct auf die Apokatastase bezieht. „Es kommt“, so
sagt Plutarch, „nach der Lehre der Magier die vorbestimmte
Zeit, in welcher Areimanios Pest herbeiführend und Hunger,
von diesen ganz und gar zu Grunde gerichtet und verschwinden gemacht werden müsse, und wo, nachdem die Erde eben

---

[1]) p. 2 ed. Müller, Fr. H. G. I, p. 200: Ἀριστοτέλης δ' ἐν πρώτῳ περὶ
φιλοσοφίας καὶ πρεσβυτέρους εἶναι (τοὺς Μάγους) τῶν Αἰγυπτίων, καὶ δύο
κατ' αὐτοὺς εἶναι ἀρχάς· ἀγαθὸν δαίμονα καὶ κακὸν δαίμονα, καὶ τῷ μὲν
ὄνομα εἶναι Ζεὺς καὶ Ὡρομάσδης, τῷ δὲ Ἅδης καὶ Ἀρειμάνιος. Φησὶ δὲ τοῦτο
καὶ Ἕρμιππος ἐν τῷ πρώτῳ περὶ Μάγων, καὶ Εὔδοξος ἐν τῇ Περιόδῳ καὶ
Θεόπομπος ἐν τῇ ὀγδόῃ τῶν Φιλιππικῶν· δς καὶ ἀναβιώσεσθαι κατὰ τοὺς
Μάγους φησὶ τοὺς ἀνθρώπους καὶ ἔσεσθαι ἀθανάτους, καὶ τὰ ὄντα ταῖς
αὐτῶν ἐπικλήσεσι διαμενεῖν. Nach dieser Stelle scheint es, daſs Aristoteles der
Auferstehungslehre der Magier keine Erwähnung gethan. Ueber die Schrift des
Aristoteles περὶ φιλοσοφίας und seinen Magikos, vergl. Brandis, Gesch. der
Phil. II, 2 p. 84 sqq.

[2]) Dial. de animi immort. p. 77: Ὁ δὲ Ζωροάστης προλέγει, ὡς ἔσαι ποτὲ
χρόνος, ἐν ᾧ πάντων νεκρῶν ἀνάστασις ἔσαι· οἶδεν ὁ Θεόπομπος.

[3]) De Iside et Os. 47: ἔπεισι δὲ χρόνος εἱμαρμένος, ἐν ᾧ τὸν Ἀρειμάνιον,
λοιμὸν ἐπάγοντα καὶ λιμόν, ὑπὸ τούτων ἀνάγκη φθαρῆναι παντάπασι καὶ
ἀφανισθῆναι, τῆς δὲ γῆς ἐπιπέδου καὶ ὁμαλῆς γενομένης ἵνα βίον καὶ μίαν
πολιτείαν ἀνθρώπων μακαρίαν καὶ ὁμόγλωσσον ἁπάντων γενέσθαι.

und glatt geworden, ein Leben und eine Gemeinschaft glück-
seliger und gleichsprachiger Menschen sein werde." Theopomp
aber sagt: „nach den Magiern herrsche abwechselnd der eine
dieser Götter (Oromazes und Arcimanios) und der andere
werde beherrscht dreitausend Jahre lang; andere dreitausend
Jahre aber kämpften sie und kriegten mit einander und einer
löse die Werke des andern auf; zuletzt aber werde der Hader
aufhören und die Menschen glückselig sein, weder der Speise
bedürfend, noch Schatten werfend; der Gott aber, der dies zu
Wege bringen werde, sei ruhig und raste eine Zeit, die zwar
wohl lang sei, dem Gott aber wie einem schlafenden Menschen
mäßig (vorkomme)." Θεόπομπος δέ φησι κατὰ τοὺς μάγους
ἀνὰ μέρος τρισχίλια ἔτη τὸν μὲν κρατεῖν, τὸν δὲ κρατεῖσθαι
τῶν θεῶν· ἀλλὰ δὲ τρισχίλια μάχεσθαι καὶ πολεμεῖν καὶ ἀνα-
λύειν τὰ τοῦ ἑτέρου τὸν Ἀΐδην καὶ τοὺς μὲν ἀνθρώπους εὐδαίμονας ἔσεσθαι, μήτε τροφῆς δεομένους μήτε σκιὰν ποιοῦντας·
τὸν δὲ ταῦτα μηχανησάμενον θεὸν ἠρεμεῖν καὶ ἀναπαύεσθαι
χρόνον, καλῶς μὲν οὐ πολὺν τῷ θεῷ ὥσπερ ἀνθρώπῳ κοιμωμένῳ μέτριον. Die letzten offenbar corrupten Worte haben
vielfach zum Theil gewaltsame Verbesserungsversuche hervor-
gerufen; es dürfte zu lesen sein: χρόνον καλῶς μὲν οὖν πολύν,
τῷ δὲ θεῷ ὥσπερ ἀνθρώπῳ κοιμωμένῳ μέτριον. Daß μηχανησάμενον hier, wo von einer zukünftigen Sache die Rede ist,
nicht passe, hat bereits Markland gesehen, der mit Recht
μηχανησόμενον corrigirt. Doch wäre eine Möglichkeit, daß
Theopompos eine magische Vorstellung vor Augen hatte, wie
jene des Bundehesch, wo Ahura durch seine Allwissenheit den
ganzen Verlauf der Dinge voraussieht und durch den mit
Ahriman abgeschlossenen Vertrag die Möglichkeit der Wieder-
bringung der Dinge begründet; dann bezöge sich μηχανησάμενον auf jenen schon geschehenen Act, der die künftige Auferstehung herbeiführt. Dabei bleibt es aber immer auffallend,
daß Oromazes als ruhend und schlafend dargestellt wird, während doch Theopompos selber von dem Kampfe redet, der
zwischen den beiden Göttern stattfindet, und der natürlich am
Ende der Dinge am heftigsten sein muß. Es wäre daher
(die Richtigkeit der Conjectur μηχανησόμενον vorausgesetzt)
möglich, daß Theopompos mit diesem hiergenannten θεός gar
nicht den Oromazes meinte, sondern ein anderes göttliches oder
übernatürliches Wesen, welchem die Magier den Sieg am Ende

der Dinge zuschreiben, und daſs damit entweder Çaoſyáç gemeint ist, dessen Proexistenz im ruhenden Samen Zarathustra's
als ein Schlafen miſsverstanden werden konnte, oder Çam, der
ja nach der Lehre der Magier in der Wüste schläft, bis er
aufsteht und durch die Tödtung des Dahâk die Vernichtung
der Gewalt Ahriman's bewirkt.

Man könnte bezüglich dieser Stelle Plutarch's freilich behaupten, nur das, was ausdrücklich als Citat aus Theopompos
bezeichnet sei, dürfe diesem zugeschrieben werden. Allein die
sämmtlichen von Plutarch an dieser Stelle gegebenen Notizen
über die Lehre der Magier sind so gleichartig und zusammen-
hängend, daſs wir wohl berechtigt sind, für alle eine Quelle
anzunehmen. Und hätte Plutarch anderswoher geschöpft, so
müſste dies allenfalls Dino sein, den ersterer anderswo benutzt
und citirt, oder Aristoteles in dem oben erwähnten Werke,
oder Hermippus, womit aber bezüglich des Alters und der
Authenticität der Notizen nichts verschlechtert wäre.

Verweilen wir nun etwas bei dem hier gewonnenen Resultat. Gegen Ende des vierten Jahrhunderts vor Christo ist uns
durch einen Historiker, der in Folge der Feldzüge Alexander's
wohl befähigt war, genaue Kunde über Persien und die Weisheit
der Magier zu besitzen, nicht bloſs das System der Weltalter,
wie es der Parsismus giebt, sondern auch die Lehre von der
Auferstehung mit Einzelnheiten überliefert, die genau mit den
Texten des Bundehesch übereinstimmen. Hieraus folgt unwiderleglich, daſs Zendtexte und der Inhalt von Huzvaresch-
texten, welche der Redaction oder Uebersetzung nach
später fallen können und müssen, deſswegen, weil sie die Auferstehung enthalten, nicht unter das Ende des vierten Jahrhunderts vor Christo herabgedrückt zu werden brauchen, sofern
nicht andere historische oder philologische Gründe spätere Zeit
darthun, und daſs also der Schluſs: weil in ihnen die Auferstehung genannt ist, sind sie spätere parsische Fabelei, ein
durchaus unzulässiger ist. Vielmehr sind wir berechtigt, anzunehmen, daſs dem Theopompus Referate aus Texten vorlagen,
welche mit den uns vorliegenden ähnlich oder identisch waren.

Die auch über den historischen Ueberlieferungen waltende
Vorsehung hat uns in der kurzen Stelle Theopomp's eine Basis
für die Religionsgeschichte der Perser gegeben und ein Zeugniſs für die Aechtheit der Zendtexte, welches deren Bekannt-

werden in Europa um mehr als einundzwanzig hundert Jahre
vorausgeht. Wäre neben Theopomp's Philippika auch Plutarch's Schrift oder die des Diogenes von Laerte durch die
Ungunst der Zeit verloren gegangen, wie scheinbar könnte
dann die Meinung gemacht werden: die Auferstehung sei spätere Zuthat!

Ist aber die Auferstehungslehre der Magier von einem
griechischen Schriftsteller des vierten Jahrhunders v. Chr. bestätigt, dann dürfte es auch wohl zulässig sein, eine Stelle
Herodot's hierher zu ziehen, welche bisher nicht beachtet
worden zu sein scheint. Kambyses hatte den Prexaspes mit
dem Morde seines Bruders Smerdis beauftragt. Als nun die
Kunde vom Aufstand des Pseudosmerdis anlangt, erhebt sich
in seinem argwöhnischen Gemüthe der Verdacht: Prexaspes
habe den Befehl nicht ausgeführt; dieser rechtfertigt sich und
versichert, Smerdis ermordet und mit eignen Händen begraben
zu haben; „wenn dann die Todten auferstehen," so fügt er
bei [1]), „so mach' dich gefaſst, daſs auch Astyages, der Meder,
gegen dich aufstehen wird; wenn's aber ist, wie vordem, so
wird dir von ihm nichts Neues ersprieſsen." Es ist wahr:
diese Worte beweisen nicht, daſs Prexaspes an die Auferstehung der Todten geglaubt habe, ja, eher das Gegentheil;
daſs aber überhaupt von der Auferstehung die Rede ist, welche
hellenischen Begriffen so ferne lag, erklärt sich am ungezwun-
gensten, wenn Herodot das persische Dogma kannte und
sich seiner zur Colorirung der Rede eines persischen Mannes
bediente.

Die Lehre von der Auferstehung war im 5. Werk Namens
Duazdeh Hâmâst behandelt; cf. Vullers, Fragm. p. 19.

Betrachten wir nach dieser Erörterung auswärtiger Zeugnisse sofort die unzweifelhaft von der Auferstehung handelnden
Urtexte.

Die fraśó-kereti (das neuere fraśhégard), das ist die Neu-
oder Frischmachung (Neriosenh vrddhikaritâ), kommt einigemal,
beiläufig erwähnt, vor; so z. B. Farg. XVIII, 51 W.: imem té
narem niçerenaomi imem mâ narem niçrdrayó upa çúrem fraśó-
keretim; „diesen Mann übergebe ich dir, diesen Mann übergebe

---

[1]) III, 62: εἰ μέν νυν οἱ τεθνεῶτες ἀνιστᾶσι, προσδόκιό τοι καὶ Ἀστυάγεα
τὸν Μῆδον ἐπαναστήσεσθαι εἰ δ'ἔστι ὥσπερ πρὸ τοῦ, οὐ μή τι τοι ἐκ γε ἐκείνου νεώτερον ἀναβλαστήσει.

mir bei der starken Neumachung", welche Stelle unten ihre
vollständige Erklärung finden wird. Die Redensart *yavaêca
yavaêtâtaêca* ist in der Huzv.-Uebersetzung gegeben mit *ad an
hama hamdi rubeêni* Farg. VII, 98. 103 Sp.; Farg. V, 113,
VII, 71; Yaçna LXII, 3 (*dareghemciṭ aipi srednem upa çûrdm
fraðhôkereitim ladha çûrayðo vaghuyðo fraið keretôiṭ* lange Zeit
hindurch bis zur starken Auferstehung, die starke Auferstehung
mit eingeschlossen). Farv. Y. 57. 58: „Lafst uns der Reinen
gute, starke, heilige Genien opfern, welche den Sternen, dem
Mond, der Sonne, den anfangalosen Lichtern den Weg weisen,
die reinen; welche (die genannten Himmelskörper) vorher lange
auf demselben Ort stehen bleiben, unbeweglich wegen des
Hasses der Dämonen, wegen der Anfälle der Dämonen. Hierauf (nach der Befreiung durch die Genien) fahren sie schneller
fort den weiten Lauf, den Lauf ihres Weges erreicht habend,
welcher da ist der Weg der Neumachung." Diese Stelle ist
sehr wichtig, weil sie die Neumachung als Zielpunkt der durch
die Bewegung der Gestirne gemessenen Zeit hinstellt. Eine
Reminiscenz an die Apokatastase ist auch wohl der Name
eines Sohnes Vistâçpa's *fraið-kereta* Farv. Y. 102. Damit hängt
ferner zusammen das Epitheton Verethraghna's *fraið-karem* Bahr.
Y. 28 und das Epitheton der Çaošyañta's Farv. Y. 17, wo von
den Genien die Rede ist: „der ungebornen Männer der *fraið-
carethrām çaošyañtām*", das ist, wie ich glaube: „der neu-
machenden Heiler", d. h. jener, welche, wie wir bald sehen
werden, bei der Auferstehung und Neumachung sich betheiligen.
Die Worte wiederholen sich Zam. Y. 22. Yaçn. XXIV, 5;
XXVI, 6. Visp. XI, 7.

Eine sich öfters in den Texten wiederholende Phrase enthält ebenfalls eine Anspielung auf die Apokatastase: es sind
die Worte *fraðem vaçna ahûm daðhâna* Yaçn. LV, 6, wo
von den Opferliedern gesagt wird: dafs sie die frische Welt
nach Wunsch machen. Yaçn. XXX, 9: Möchten wir diejenigen sein, welche diese Welt neu machen werden (*yôi im
fraðem herenaon ahûm*). Die Redensart *hyaṭ vaçnd fraið-temem*
Yaçn. XLVI, 19; L, 11; LXIV, 7. Fragm. IX, 2 (W. II,
p. 334). Nyaish. I, 2.

Ganz ausdrücklich aber spricht von der Auferstehung und
dieser Neugestaltung der Welt und von denjenigen, welche sie
bewirken, Zam. Y. 10: „Welche (Majestät, Gnade) des Ahura

Mazda ist, als die Geschöpfe schuf Ahura Mazda, die vielen und guten, die vielen und schönen, die vielen und nützlichen, die vielen und frischen (neuen), die vielen und glänzenden." 11: „Wann sie machen werden die neue Welt unalternd, unsterblich, unverweslich, unfaulend, ewig lebend, ewig glücklich, frei herrschend, wann die Todten auferstehen werden; wann kommen wird die lebendige Unsterblichkeit, die nach Wunsch die frische Welt schafft." Man sieht, die Neubelebung ist hier nicht dem Ahura direct zugeschrieben, wie der Plural *kerenaoda* beweist; wir werden unten den Grund davon vernehmen. Dagegen ist 19—20, wo sich dieselbe Stelle von 11 an, in Bezug auf die Ameśa-Çpeñta's, wiederholt, statt: „wann sie machen werden" gesetzt: „jene, welche nach Wunsch die neue Welt schaffen werden etc." Und ebenso 23—24, wo dasselbe von sämmtlichen geistigen und irdischen Yazata's und allen Çaośyañta's gesagt ist. Und endlich 89, wo es von dem *Çaośyãç per eminentiam* heifst: „Welche (Gnade) begleitet den Çaośyãç, den Siegreichen, und die andern Freunde, wann er machen wird die neue Welt unalternd, unsterblich, unverweslich, unfaulend, ewig lebend, ewig glücklich, frei herrschend, wann die Todten auferstehen" etc., wie oben. Und dann wird fortgefahren 92: „Wann der Körpererheber vorschreitet vom Wasser Kaçvi, der Genosse Mazda Ahura's, der *Viçpa taurvairi* Sohn, Kunde verkündend, siegreiche." 94: „Er wird blicken mit des Geistes Blicken auf alle Geschöpfe, entgegen schauen wird er der bössamigen Unholdin; er wird die ganze bekörperte Welt anschauen mit den Blicken des Segens und sehend wird er unsterblich machen die ganze bekörperte Welt. Seine Freunde werden hervorkommen, des Körpererhebers, des Siegreichen, die gutdenkenden, gutredenden, guthandelnden, die der guten Lehre zugethanen und nicht irgendwie falschredenden mit ihrer eignen Zunge." Diese Stelle ist von mir anderswo (Mithra p. 83) erläutert worden und ihr für die Auferstehungslehre so höchst wichtiger Inhalt ist an und für sich klar.

Ein höchst merkwürdiges Fragment über die Auferstehung findet sich Misc. Fr. IV, p. 332 W. Es enthält das Lob des *Airyaman Iśyô*, eines Wesens, welches im zarathustrischen System nach Farg. XX eine dem bösen Einfluss des Teufels entgegengesetzte Heilkraft zu bedeuten scheint, den apollini-

schen Heilgöttern entsprechend. Diesem Lob wird beigefügt:
„in die Erde verborgen sei (wird sein) Anrô-Mainyus, in die
Erde verborgen mögen (werden) sein die Dämonen. Auf
stehen die Todten wieder, in den reinen [1]) Leibern wird be-
körpertes Leben erhalten." Bei der grofsen Corruptel, in welcher die Hss. dieses Fragment darbieten, ist die Uebersetzung
zum Theil eine vermuthungsweise; der Sinn im Ganzen steht
aber wohl fest. Die Worte *uo iriçta paiti araonti* scheinen
mir von Westergaard glücklich hergestellt; *ui* mit *ar* bedeutet
auch im Sanskrit „sich erheben", „aufsteigen"; zu *uo — paiti*
vergl. Zam. Y. 11: *yaf iriçta paiti uçtkistûn*. Das Adjectiv
uisvaônku scheint sich, wie ich aus W.'s Schweigen über Varianten dieser Codices schliefse, in K. 19, K. 15, L. 11 und
Pr. 13 zu finden. Zum Vergleich damit bietet sich der Superlativ *visvôiçtûm* Farg. VIII, 10, welchen Spiegel mit „rein"
übersetzt; ferner der Hundename *visus* Farg. V, 32, Genit.
visaos oder *visdus* Farg. XIII, 16. Spiegel übersetzt: „der
eben zum Leben gekommen ist." Möglich, dafs es eine Com-
position von *vi* mit *su* ist, welches letztere dann etwas Unreines
bezeichnen müfste, wenn *visvôista* oben richtig gegeben wurde.
Aber möglich auch, dafs wir an eine Wurzel *vis* denken müssen, die mit Sskr. *vîja* Samen zusammenhängt.

Diese Urtexte nun, deren Abfassung schon aus sprach-
lichen und anderswo zu entwickelnden historischen Gründen
vor die Zeit der persischen Könige zu setzen sind, im Zusammenhalten mit der Erzählung Theopomp's, welche natürlich
nicht blofs von einer gestern entstandenen, sondern von der
traditionellen Lehre der Magier aufgefafst werden mufs,
und mindestens einige Jahrhunderte vor dem Historiker selbst
zurückbezeugt, berechtigen uns zur Behauptung: die Apokatastase und die damit verbundene Auferstehung ist ein altes, der
Bildungs-Periode der Perserkönige vorausgehendes zarathustrisches Dogma; spätere parsische Texte, welche es behandeln,
können daher bezüglich dieses Dogma's mit vollem Rechte benutzt werden, wobei freilich stets zu untersuchen ist, ob sich
in die Einzelheiten der Darstellung nichts Unächtes eingeschli-
chen hat.

---

[1]) *visvaônku* scheint ein Epitheton zu *tanus* zu sein; es erinnert an *visvôistûm*
Farg. VIII, 10, wo es Spiegel mit „rein" übersetzt.

Vordem wir jedoch zur näheren Erörterung des Capitels XXXI des Bundehesch schreiten, wollen wir durch Theopomp's oder des sonstigen gleichtüchtigen Gewährsmanns, des Plutarch, Nachrichten veranlaßt betrachten, was nach der Lehre der Magier der Apokatastase vorausgeht: „Es kommt die vorbestimmte Zeit", so heißt es, „wo Areimanios Pest herbeiführend und Hunger von diesen gänzlich zu Grunde gerichtet und verschwinden gemacht werden muß." Die letzten Zeiten sind also durch gewaltige Katastrophen bezeichnet, und zwar zunächst durch Hunger und Pest; der böse Geist führt sie herbei: es ist sein letztes Wüthen. Diese Nachricht ist ganz gestützt und bestätigt durch die einheimischen Autoritäten. Es wird nämlich in der letzten Zeit vor der Auferstehung der gefesselte Dahâk los Bundeh. p. 69, l. 16: „Zu jener Zeit, wenn die Schlange Dahâk los wird, steht jener (Çam) auf, der ihn tödtet. Zehntausend Frohar's der Reinen bewachen ihn (den Çam). (Dahâk, den man Bivarâçp nennt.) Auch das wird gesagt: Fritun, als er den Dahâk überwand, konnte ihn nicht tödten; er band ihn an den Berg Demâvand; wenn er los werden wird, steht Çam auf, der da Mazdayaçna ist, und wird ihn tödten." Daß aber dies Loswerden Dahâk's mit großen Plagen der Menschheit verbunden ist, versteht sich von selbst. Vergl. Spiegel, Avesta I, p. 32 u. 33, wo ausdrücklich die Seuchen bezeichnet sind und zwar diese vor Oschederbami — der Hunger aber vor Oschedermah durch den Winter oder Regen Malkosch; dieser Winter ist aber ausdrücklich genannt Farg. II, 47—61 Sp., wo die Huzv.-Uebersetzung zu vergleichen ist. Ganz analog ist, was die deutsche Mythologie lehrt; am Ende der Welt werden der gefesselte Loki, der Fenrirwolf und die Midgardschlange los und es treten dann die dreijährigen Fimbulwinter (Simrock, Myth. I, 138. 162) ein.

(Bundehesch Capitel XXXI, cf. p. 113 fig.)

Gleich der Eingang des Capitels, welcher eine stufenweise Beschränkung der Nahrung der Menschen lehrt, bis sie zur Zeit des Çaoşyâç ganz aufhören werden, zu essen und zu trinken, ohne zu sterben, kündet sich als ein Citat aus der Din an, und wir haben die Stelle also unzweifelhaft als eine Uebersetzung aus dem Urtexte zu betrachten. Glücklicher Weise ist uns aber auch grade das Charakteristische derselben durch das Zeugnifs Theopomp's als alt und ächt bestätigt, welcher sagt: καὶ τοὺς μὲν ἀνθρώπους εὐδαίμονας ἔσεσθαι μήτε τροφῆς δεομένους μήτε σκιάν ποιοῦντας (Plut. de Is. et Os. 47).

Es folgt hierauf das wirklich schöne und erhabene Gespräch Zarathustra's mit Ahura über die Möglichkeit der Auferstehung, welches ebenfalls aus der Schrift entnommen ist. Defswegen finden sich denn auch bei der durchgängigen Gleichförmigkeit des Gedankens und der Sprechweise, welche in den Urtexten herrscht, mehrfache Reminiscenzen an diese. So sind, wo von dem Leib die Rede ist, den der Wind fortträgt oder das Wasser wegführt, die zendischen Worte *cató-bereta* (Farg. V, 3) genau übersetzt. Die Beschreibung der Himmelsfeste ist eine Reminiscenz an Farv. Y. 2, 3; *rik knark* ist wohl gleich *dúraé karanó*, *rusnn* gleich *uçca raokhānó*, während die Worte *ma guhri krandhni* eine eigenthümliche Vorstellung enthalten, nach welcher der Himmel aus Edelstein gebildet ist.

Der Passus über die Erde enthält deutlich die Worte aus Farv. Y. 9: *yá viçpem ahūm açívañtem baraiti*. Die Worte über die Befruchtung der Mütter l. 17 sind die Uebersetzung einer Stelle, die mit Farv. Y. 11. 22. 28 die gröfste Aehnlichkeit hat und schon durch den Ausdruck *dr burtar = baretkritva* sich als solche kennzeichnet.

Die Beschreibung der Wasserwolke, welche das Irdische Wasser trägt und dort herabregnet, wo sie will, erinnert an Tir. Y. 40; die des Windes gebraucht die Worte: *pnn vat niruk rasit*, welche an das Zendische (Tir. Y. 33) *vasaiti váto daršis* anklingen.

Für die Stelle über die Rückkehr der einzelnen Körpertheile aus den Elementen kann ich zwar keine Zendtexte anführen; sie trägt aber den Charakter uralter Parallele zwischen Mikro- und Makrokosmus, wie sie in den Upanischaden häufig zu finden ist. Auch die nordische Mythologie hat denselben Zug aufbewahrt; vergl. Simrock, D. M. p. 21.

Es folgt hierauf die Schilderung der Auferstehung, bei welcher es ganz dem Systeme angemessen ist, dafs Gayomart zuerst ersteht; denn er ist ja in der nächsten Beziehung zu Çaošyãç. Höchst interessant wäre es, die Ursache zu finden, warum für die Auferstehung sieben und fünfzig Jahre nöthig

16

sind? ¹).   Vielleicht ist es eine Parallele zur Geschichte der

¹) Epimenides schläft 57 Jahre in der Höhle (Plin. VII, 52. 53).   Die 57
Jahre kommen vor in der Ilusvaresch-Uebersetzung Yaçn. LIX, 1, Cap. LVI, 10, 8.
XLII, 5, e.
  Plin. II. N. VII, 52: *Quem equidem (fabulositatem) et in Creade Epimenide
simili modo accipio. Puerum eum et itinere fessum in specu septem et quinquaginta
annis; rerum faciem mutationemque mirantem velut postero experrectum die; hinc
pari numero dierum senio ingruente, ut tamen in septimum et quinquagesimum atque
centesimum vitae duraret annum.*
  Varro (de L. L. VII, p. 288) giebt dem Schlaf nur 50 Jahr Dauer, ebenso Plin.:
An seni gerenda sit resp.; Pausanias, Attic. 14 vierzig; Suidas sechs.
  Paus. Attic. XIV, 4: πεποίηται δὲ καὶ καθήμενος Ἐπιμενίδης Κνώσιος, ὃν
ἐλθόντα ἐς ἀγρὸν κοιμᾶσθαι λέγουσιν ἐσελθόντα ἐς σπήλαιον· ὁ δὲ ὕπνος οὐ
πρότερον ἀνῆκεν αὐτὸν πρὶν ἢ οἱ τεσσαρακοστὸν ἔτος γενέσθαι καθεύδοντι· καὶ
ὕστερον ἔπη τε ἐποίει καὶ πόλεις ἐκάθηρεν ἄλλας τε καὶ τὴν Ἀθηναίων.
  Plut.: *An seni resp. gerenda sit* (Moral. ed. Dubner. II, p. 957, 46): ὥσπερ
Ἐπιμενίδην λέγουσι κατακοιμηθέντα νεανίαν, ἐξεγρέσθαι γέροντα μετὰ πεν-
τήκοντα ἔτη.   Varro de L. L. VII, p. 288 ed. Spengel: *Nec mirum quom non
modo Epimenidem post annos L experrectus a multis non cognoscatur, sed etiam
Tuncer Livii post annos XII a suis qui ait ignoretur.*
  Suidas s. v.: Ἐπιμενίδης — οὐ λόγος ὡς ἐξίοι ἡ ψυχὴ ὁπόσον ἤθελε
καιρὸν καὶ πάλιν εἰσῄει ἐν τῷ σώματι· τελευτήσαντος δὲ αὐτοῦ, πόρρω
χρόνου τὸ δέρμα εὑρῆσθαι γράμμασι κατάστικτον — οὗτος ἔζησεν ρ΄ ἔτη, τὰ
δὲ ἑξ ἑκατὸνθῆσειν.   Wolf, Menage, Küster und Galsford lesen ξ (ἑξήκοντα)
nach Schol. Luc. Timon 6. ἑπτὰ Prov. App. Vat. IV, 97.
  Maximus Tyrius (Diss. XXVIII) hält den Schlaf des Epimenides für von ihm
selbst ersonnen, um seinen Anhängern allegorisch zu zeigen: das Leben sei ein
Schlaf. Er steigt mit Pyth. in die Idäische Grotte und heisst Curet (Diog. L. VIII.
Vita Pyth. 3). Er rühmt sich des Umgangs mit den Göttern und ihrer Belehrung
während der Zeit seines Schlafes. Er wird von den Nymphen mit Speise versehen.
Er heisst καθαρτής und seine wichtigste Thätigkeit sind die καθαρμοί. Die Rei-
nigung von Athen findet Ol. XLVI, 1 statt. Er trieb schwarze und weisse Schafe
auf den Areopag und liess sie dort frei geben; wo sie sich niederlegten, wurden sie
τῷ προσήκοντι θεῷ geschlachtet; daher werden die βωμοὶ ἀνώνυμοι abgeleitet.
Er errichtet das Heiligthum der Eumeniden. Er soll ein Gedicht von 4000 Versen
περὶ Μίνω καὶ Ῥαδαμάνθυος geschrieben haben; ferner καθαρμοί.
  Von Epimenides erzählt die Sage (Diogenes v. Laerte I, 10, 2) Folgendes:
Von seinem Vater auf's Landgut geschickt nach einem Schafe, bog er um Mittag
vom Wege ab und ruhte schlafend in einer Höhle sieben und fünfzig Jahre. Dann
stand er auf und suchte das Schaf, in der Meinung: er habe nur kurz geruht. Als
er es aber nicht fand, ging er auf's Landgut, traf Alles verändert und den Besitz
in andern Händen, weshalb er in die Stadt zurückkehrte, um sich zu erkundigen.
Und als er in sein Haus trat, begegnete er solchen, die ihn fragten, wer er sei,
bis er seinen jüngeren Bruder fand, der damals schon ein Greis war, und er von
diesem die ganze Wahrheit erfuhr.
  Theopompus Chius in seinem Buch Θαυμάσια hatte überdiess erzählt: er sei
in eben so viel Tagen gealtert, als er Jahre geschlafen habe. Er lebte nach
Phlegon 157 Jahre, nach der Tradition der Creter 299, nach Xenophanes von Co-
lophon 154 Jahre. Einige sagten: er habe nicht geschlafen, sondern er sei eine
Zeit lang umhergewandert, mit Wurzelsammeln beschäftigt. — Es ist offenbar, dass
die Zahl 57 die ursprüngliche ist: fünfzig bei Plutarch und Varro und sechzig
beim Scholiast des Lucian sind die runden Zahlen — vierzig bei Pausanias wahrscheinlich ein Gedächtnissfehler.
  Die Reinigung zu Athen fällt in das Jahr 596.
  In 57 Jahren stellt Çaoşyļç bei der Auferstehung die Todten her.
  Der wahre Heiland vollbringt die erste Auferstehung in 57 Tagen (von Palm-
sonntag bis Pfingstsonntag); sein Leiden und Tod dauert ungefähr 57 Stunden.

Entstehung des Menschengeschlechtes, wo fünfzig Jahre verlaufen, ohne daß Maschia und Maschiane zeugen, worauf sie dann sieben Paare hervorbringen, was sieben Jahren entspricht.

Es folgt dann die Zusammenkunft aller Menschen, bei welcher ihre guten und bösen Werke offenbar werden. Der Urtext, welcher dem Verfasser des Bundehesch vorlag, bediente sich hierbei desselben Wortes *hañgamanem*, welches von den Versammlungen Ahura's mit den Himmlischen und Yima's mit den Irdischen Farg. II gebraucht ist, von den Zusammenkünften Ahura's und Zarathustra's Yaçn. XII, 5. Serosh Y. 4: *narãm aiaonãm hañgamandis.*

Diese Zusammenkunft aber erhält den Beinamen *Çiçaçiran* oder, wenn wir das *i* noch zum Worte ziehen: *Içivaçiran.* Dieses Wort ist ein vom Namen des ersten Sohnes des Zarathustra gebildetes Adjectiv. Der Name *Içaçdçira* findet sich Farv. Y. 98. Bund. p. 79, 16 heißt er der Meister der Athauruna's, der Mopet der Mopets, der hundert Jahre nach der Din starb. Auch diese Qualification ist gewiß ächt; Farv. Y. 88 wird Zarathustra der erste Athauruna, der erste Krieger, der erste Ackerbauer genannt; es ist daher sehr natürlich, daß seine drei Söhne als die Häupter der drei Stände gedacht wurden. Daß aber jene Versammlung der Auferstandenen nach *Içaçdçira* benannt wurde, ist begreiflich: es ist eine Art geistlichen Gerichtes, welchem der oberste Mopet vorsitzt; findet ja auch das Sündenbekenntniß vor den Desturs statt.

Auffallend könnte es sein, daß hier der Gottlose unter den Gerechten erscheint, wie ein weißes Thier unter einer schwarzen Heerde. Plutarch (Quaest. Rom. p. 270 E.) bezeugt aber, daß „weiß“ die Trauerfarbe der Weiber war, was er mit dem Magismus in Verbindung bringt.

Die drei Tage der Pein der Gottlosen in der Hölle und der Freude der Gerechten im Himmel entsprechen für die Gesammtheit der Menschen jenen drei Nächten nach dem Tod, welche nach Y. Fr. II der Gerechte und der Gottlose in Freude oder Schmerz zubringen.

---

57 = 7 + 10 + 40, also drei mystische Zahlen.
57 = 3 + 6 × 9, die drei zarathustrischen Grundzahlen.
Die Höhle des Epimenides erinnert an die des Zoroaster, an die Mithrischen Höhlen.

Seltsam ist der Ausdruck für jene Angst, welche am Tag des Gerichtes stattfinden wird: An jenem Tag, wo die Reinen von den Gottlosen getrennt werden, wird jeder Mann Urin an seinem Fusse hinablassen. Allein er wird verständlich durch Farg. XVIII, 40, wo das Uriniren durch Abschlagen des Wassers vor dem Fuß als ein Verbrechen bezeichnet wird; vergl. Sadder LX und Minokhard p. 37: „Vor den Füßen urinire nicht, damit du in der Lehre der Dev's nicht ergriffen wirst und damit dich um dieser Sünde willen die Dev's nicht in die Hölle ziehen."

„In dieser Bewirkung der Neumachung werden jene reinen Menschen, von welchen geschrieben ist, daß sie lebendig sind, fünfzehn Männer und fünfzehn Frauen zur Hülfe des Çaoçyâç kommen." Es ist offenbar *frshtari* zu lesen, wie sich aus der Vergleichung von p. 69, 9 und p. 15, 10 ergiebt.

Die Lehre von den Helfern des Çaoçyâç bei der Auferstehung ist in den Urtexten bezeugt; denn Zam. Y. 89 werden neben dem, die Apokatastase bewirkenden Çaoçyâç dessen andere Freunde *(anyaoççiç hakhayô)* genannt, und 95 heißt es: Dessen Freunde kommen herbei, des Körpererhebers, des Siegreichen, die gut denkenden, gut redenden, gut handelnden, von guter Lehre und nicht irgend unwahrredend mit ihrer eignen Zunge.

Daß es aber Menschen gebe, die nicht gestorben sind und an verborgenen Orten harren bis die Auferstehung kommt, davon giebt Bundehesch in dem Capitel XXX, welches dem von der Auferstehung vorausgeht, Zeugniß; p. 68, 10 (cf. pg. 111).

Die noch Lebenden, welche hier genannt worden, sind also Pasutan, Vistaçp's Sohn. Er findet sich in der Aufzählung der Söhne des Vistaçp nicht, wie sie uns im Farv. Y. erhalten scheint, wahrscheinlich wird sein Fravaši nicht angerufen, weil er lebt. Dagegen nennt ihn der allerdings spätere Vishtasp Y. 4: „Sei ohne Krankheit und Tod wie Peśôtanus." Seltsam, daß dieser so begnadigt gedachte Sohn des Königs den übeln Namen Peśôtanus hat, der sonst einen Sünder bezeichnet. Er lebt in jenem paradiesischen Aufenthalt Kandic, welchen unsere Texte Ab. Y. 54. 57 bezeugen. Die Unsterblichkeit wird ihm zu Theil durch die Opfermilch, welche ihm Zartust zu trinken gab. Vie de Zor. (Anquetil: ZAv. I, 2 p. 40).

Ganz irrthümlich bringt Anquetil den Paschutan in die

Stelle Farg. II, 42, wo er behauptet: *Paschoutan (excellent corps) est la Traduction parsie du zend Veschkerespéete.* Dieser Sohn des Vistaçp heifst aber auch Catruminui. Ein Flufs in Kandic p. 53, 4: Der Flufs *Pitakmian catrumian* ist in Kandic (p. 51, 4: *Peddmeyan Catrumeyan*).

Der zweite Unsterbliche ist Agriric Psengai, der im Lande Çaokavaçta herrscht. Von diesem Agriric wird p. 79, 4 mit einer kleinen Modification des Namens Agrêrad gesagt, dafs er Afrasiab's und Garçêvaz's Bruder war [1]); ebendaselbst wird aber als Afrasiab's Vater, Pseg genannt, was auch Modjmil bestätigt und was im Schahnameh (Newder 75. 79. 102) des weitern enthalten ist, wo Afrasiab, Agrirets und Gersivez Brüder sind, Söhne des Peschengh, Enkel des Zadschem. Diese ganze spätere Tradition ist aber bezeugt durch Farv. Y. 131: *aghraêrathakê nararakê*, wo letzteres Wort ein Patronymicum zu sein scheint.

Die Stellen, an welchen Sijawusch vorkommt, sind folgende:

Farv. Y. 132: *kavôis çydvaridnô*, worauf sogleich *kavôis haoçravanhô* folgt; voraus geht *kavôis uçadhanô* [1]) zwischen ihn und Çyâvarêanô sind jedoch drei Glieder eingeschoben: *kavôis arênô kavôis piçananhô* — *kavôis bydreidnô*. Destur Darab (Anq. II, p. 279) nimmt sechs Söhne des Kaous an, welche mit dem auf Manuscithra folgenden Namen beginnen.

Ebenso Zam. Y. 71: *yimca kavaêm uçadhanem yimca kavaêm arênem yimca kavaêm piçinem yimca kavaêm byaridnem yimca kavaêm çydvaridnem*, worauf 73: *kavaêm huçravanhem* folgt.

Gosh Y. 18 wird erzählt, wie Haoma den Franraçiana gebunden und ihn zu Huçrava geführt und dieser ihn getödtet

---

[1]) Afrasiab wird von dem zweiten Sohn des Fritun, Tur, abgeleitet:

habe am Ufer des See's Caëcasta, er, der Sohn, zur Rache
des Sijawusch: *paihrō kainė çydcarėdnahe surō-gatahė narahė
aghraėrathahė ca naravahė*. *kainė* steht für *kainyo* oder es ist
kaėna zu lesen Ram. Y. 28. Dies ist ganz dem Firdusi entsprechend. Huçrava tödtet den Afrasiab zur Rache für den
Mord seines Vaters Sijawusch, den Gerwi (wahrscheinlich *sūrō*
oder *gūro* der Ilss.) auf Befehl Afrasiab's gemordet hat und
zur Rache für Agrirets, den Bruder des Afrasiab, Sohn des
Pescheng, der hier *Aghraėrathahė naravahė* heifst, wie er auch
Farv. Y. 131 genannt ist. Er war ein edler Fürst und Onkel
des Sijawusch, den Afrasiab wegen seiner Vertheidigung der
Iranier mit eigner Hand ermordet. Vielleicht steht *narahė* und
naravahė für Vater und Onkel. — Dasselbe wiederholt sich 22;
Asbi Y. 38. 42; Zam Y. 77.

Afrin Zart. 3: *çrirem kehrpem audçtraranem bavāhi yatha
kava çyàvarėdnō*. Anq. II, p. 93: *Soyes pur de corps et sans
péché comme kė Siavakhsch; grands comme kė Siavakhsch* II, 90.
Voyes le bien comme Siavakhsch II, 99.

Im Minokhard kommt über Çyàv. vor (Sp. P. Gr. p. 138,
p. 151) III, 46: „Und von Kai Uç ist dieser Nutzen entsprungen, dafs der König Çyawakhs aus seinem Leib geschaffen;"
und 49: „Und von Çyawakhs ist dieser Nutzen: die Geburt
des Kai Khaçraw und das Machen des Kandij."

Im Bundehesch kommt Çyàv. nicht vor, wohl aber sein
Onkel Aghraėratha; p. 79 init. ist die Genealogie des Afrasiab
gegeben: ... *dvi pėrg saėsm turk çpaėnaçp durcsaçp i tuf fraėdaãn*.
Dies stimmt mit Modjmil: *Afrasiab voici sa généalogie: Afrasiab, fils de Pescheng, fils de Raiesck, fils de Zadsckem, fils de
Tour, fils de Aferidun — sa mère*. Und mit Schah N. Newder
75. 79. 102, wo Afrasiab, Sohn des Pescheng, Enkel des Zed-
schem, genannt wird. Seine Brüder sind Agrirets und Gar-
siwez. Wefshalb im Bundehesch fortgefahren wird: *sė v gar-
çėvas kėkadãn agrėrad kna 3 brdė bui armnd*. Und Bundeh.
p. 68 fin.: *Agririci Psengdi pnn dmik çaokdvaçta*.

Doup Nirengh II, p. 53: *Je rappelle ici l'âme pure et
heureuse de Kė Khosro (fils) de Kė Siavakhsch*. Afrin des sept
Amschaspands II, p. 79 ist Siavakhsch ebenfalls zwischen Kaous
und Kė Khosro genannt.

Das Land, wo Aghraėratha in Unsterblichkeit waltet, ist
Çaokavasta, von welchem p. 70 l. 9 gesagt ist: „Das Land

Çaokavaçtan ist auf dem Weg von Turkestan nach Tschinastan auf der nördlichen Seite." Ich glaube die folgenden Worte (p. 69, 1) noch als eine Epexegese zu dieser Ortsbestimmung betrachten zu sollen: *acs guftiha kritund parsadgå*. Anquetil übersetzt die ersten drei Worte mit: *c'est à dire où l'on prononce la parole* und zieht Parsadgå zum Folgenden, indem er es als Namen des Sohnes des Khembić nimmt. Hierfür könnte angeführt werden, dafs Farv. Y. 96 der Genius des Parsatgåus angerufen wird: *parsaṭ-gẽus frālahě aíaonô fravaším yasamaidě;* dafs also möglicher Weise Parsatgåus Eigenname eines Individuums ist, obgleich es auch ein Land oder einen andern Gegenstand bezeichnen könnte. Anquetil meint an dieser Stelle in Parsatgåus den Stier Hadayus finden zu können und giebt es mit: *du boeuf, qui a servi de monture.* Dagegen ist Parsaṭgava an einer zweiten Stelle von Farv. Y. 127 ganz offenbar die Bezeichnung eines Landes: *parsaṭ-gavaô dåsgarô-gavaô apakhšírayaô daṅhẽus aš. fr. yas.* Anquetil: *Je fais iseschné au saint Ferouer de celui, qui rend abondant les troupeaux, les troupeaux de montagnes, ceux des grandes Provinces.* Das Wort *parsaṭ-gava* ist ganz ähnlich dem Vedischen *prśad-açva* Rigv. I, 89, 7, wo es der Scholiast erklärt: Die Maruts, welche Pferde, die weifse Tropfen haben; und dem *prçnigo*, was ebenfalls ein Beiwort der Maruts ist; die tropfende (kleine) Kühe haben. Ihre Mutter heifst Prçni (vergl. Benfey, Glossar s. v.) und wird als Kuh vorgestellt, bald mit der Erde, bald mit dem Himmel identificirt. Was *dåsgarô* bedeutet, weifs ich nicht; vielleicht könnte man an Sakr. *dahara*, klein, denken. Alle Epitheta zusammen scheinen mir auf ein Land mit kleinen Rindern und wenig Milch zu deuten, was zu der nördlichen Lage pafst. Çaokavaçta bedeutet wohl der Aufenthalt der Çaoka.

In der Wüste Peśiauçe [1]), wo auch der Leib Çam's liegt,

----

[1]) Die Lage der Wüste Peśiauce wird näher bestimmt p. 70, 51 „Die Wüste Peśiâçai ist in Kabulistan, wie gesagt ist: die offenbarste Höhe in Kabulistan ist Peśiâçai. Dort ist es wärmer; in der höchsten Höhe ist keine Hitze."

Die persische Tradition setzt das siebente Land Vaêkereta, wo die Pairika Knäthaiti den Kereçâçpa verfolgt, nach Kabul (vergl. die Huzv.-Uebers. Farg. I, 34 Sp. und Anquetil's Note zu der Stelle) — und ebendaselbst in der Wüste Peśiance liegt der Leib des Helden bis zur Zeit der Auferstehung. Wir werden gut thun, bei dieser Tradition so lange stehen zu bleiben, bis uns das Gegentheil bewiesen ist; die Gründe Vaêkereta nach Segestan zu setzen, sind keineswegs so schlagend, dafs wir Ursache hätten, von der Meinung der Parsen abzuweichen.

Minokhard bei Sp. P. Gr. p. 141, 8. 9. 10 (cf. Bundeh. p. 24 lin. ult.) sagt, dafs der Leib Çam's sich in der Wüste *pusi-gusiâçpân* nahe am Berg Damâvant

ist der dritte Unsterbliche, den Bundehesch Hvembya nennt.
Er ist unstreitig Khumbya, dessen Genius Farv. Y. 138 angerufen wird; *fradákhstóis khumbyêhê aš. f. yaz.*, wo einige Handschriften Humbyêhê geben. Dieser Khumbya wird aber angerufen zum Widerstand gegen Aêšma und seine Genossen. Daß
Khumbya ein Beiname ist, geht auch aus unserer verdorbenen
Stelle hervor, deren Sinn mir zu sein scheint: Khumbya wurde
aus Furcht vor Chasm (Aêšma) in einer Grube *(khumba)* erzogen
und heißt deßwegen *khumbya* '); *kumbá* heißt Sskr. Schutz-
wehr um einen Opferplatz: *kumbha* Topf; *kumbika* ein Volks-
name. Im Zend bedeutet *khumba* einen größern Topf, resp.
Kessel oder Ofen; vergl. Farg. VIII, 84. Wir haben es also
hier mit einem Mythus zu thun von einem Frommen, Namens
Fradákhsti (was übrigens auch Patronymicum sein kann), der
in einem großen Kessel, vor dem Dämon verborgen, erzogen
wurde. Wir haben ein Analogon davon in der Vedischen Sage
von Agastya, der in einem *kumbha* aus dem Samen Mitra's und
Varuna's erzeugt wird. Vergl. Muir, Original Sansk. Texts
p. 76 sqq.

In Airanvić wird kein unsterblicher Mensch als Meister
angegeben, wohl deßwegen, weil Zarathustra dort Meister ist,
welchem aber die Gabe der Unsterblichkeit nicht beigelegt wird.
Es steht daher hier der Baum Ohnegift.

Der vierte Unsterbliche endlich, in dem von Yima gemachten Var, ist Urvatad-nara, der auch in den Urtexten dorthin gesetzt wird; vergl. Farg. II, 41.

Zu diesen vier Lebendigen kommen nun noch weitere Helden
der iranischen Stammsage, und zwar Narêi Vivañgän (Anq.:
Neriman), es könnte der Sohn Kereçaçpa's sein, der nach der von
Modjmil (J. As. T. XI, 155) angegebenen Genealogie von Yima und
anderer Linie als Fritun abstammt und somit auch von Vivañbaô.
Aber wahrscheinlicher noch ist es Aoenarn (Anq. II, p. 93. 99).

---

befinde; in dieser Wüste sei, außer dem zum Leben nöthigen Getraide, kein
Baum; es seien viele guldene Füchse dort. Ueber den Berg Demavend vergl. Bund.
p. 24 l. 7 u. 12, p. 70, 1, wo der Berg Demavend neben den Berg Pâšbvangar gestellt wird, woraus jedoch noch keine Nähe folgt. Vom Berg Govand heißt es
Bundeh. p. 24 l. ult., er sei dort in Pusi-Vstaspân beim Atro-Durzin Mithro, dreißig Parasangen nach Westen. Aber p. 23, 10 heißt es vom Berg Raêvand, daß
er in Chorasan sei und daß dort das Feuer Atrobursin daranf sei; und p. 42, 8
heißt der Berg Raêvand ebenfalls Pusi-Vstaspan.

') *hvembya . . . bîmi chasmi rô ôr hvembê frerit.* Was aus den Resten *acáô*
zu machen sei, weiß ich nicht; vielleicht steckt der Name *fradákhsti* darin.

Afrin Zart. 2. — Newder = Naotara; cf. Ab. Y. 76. 98. Toç
Nodarâ, der im Schahnameh berühmte Tus, der Sohn Newder's
(Schahn. Newder 515), der Aban Y. 54 als Erstürmer von
Kandic erscheint. Er ist der Enkel Manuscithra's, von dessen
zweitem Sohn. Gim ist ebenfalls einer der Helden des Schah-
nameh (Kâous 45); sein Vater ist Godarzâ (Zend. wahrschein-
lich Gao-derezô), welcher Bairezi tödtet. Aehnlich lautet
Berezisnûs Farv. Y. 110 (bursi nomen Athletae Turanensis. Vall.
burscial). Γωτάρζης Γεοπόθρος kommt auf einer Inschrift bei
Bisitun vor (vergl. Ritter IX, p. 355). Asavand, der Sohn Pôu-
rudakhsta's, der Aban Y. 72 und Farv. Y. 112 als Asavazdanhô
Pôurudâkhstayanahô vorkommt.

Im Ganzen sind es vier Helden, somit zu jenen obigen
vier gezählt: acht, welche unter den fünfzehn Helfern des
Çaosyâç einbegriffen sind. Hierzu können wir dann allenfalls
noch Çam und Huçrava rechnen.

Die Zahl fünfzehn aber steht wiederum mit den fünfzehn
Jahren der Raivasstaude und ihren fünfzehn Blättern in Beziehung.

Es ist eine tiefsinnige Anschauung, daß die Unsterblichkeit der Auferstandenen durch ein Opfer vollbracht wird, und
zwar durch jenes Opfer, welches bereits während der irdischen
Weltdauer das Hauptopfer des zarathustrischen oder vielmehr
arischen Cultus war, nämlich durch die Darbringung des Haoma.
Der in der Liturgie dargebrachte Haoma, dessen Saft (para-
haoma) ausgepreßt wird, ist der gelbe Haoma, weßhalb er
auch immer das Prädicat zairi gelb hat (Yaçn. IX, 16 sqq.);
gelbaugig Mih. Y. 88. Mithra hat zuerst das Haoma dargebracht: Mih. Y. 90; Wirkungen des Haoma. Der Haomasaft
wird mit Milch vermischt: Yaçn. X, 13. „Preis dem Haoma,
weil er des Armen Geist eben so groß macht, wie den des
Reichsten. Preis dem Haoma, weil er des Armen Geist groß
macht, wie den Verstand der Weisen. Den vollen Mann
machst du heiliger und unterrichteter, der dich fürwahr, o
gelber Haoma, geniefst, der du mit Milch vermischt bist."
gava-iriçlahé übersetzt Neriosenh mit gô samçliştam, zu iriçlahé
vergl. hâmiriçta Farg. XVIII, 72; in den Veda's bedeutet aber
go nicht bloß die Kuh, sondern namentlich auch die mit dem
Somasaft zu vermischende Milch. Daher kommt denn auch
die sich öfter wiederholende Formel haoma yô gava Ardib.

Y. 18; Ab. Y. 17; Mih. Y. 6.   Wahrscheinlich bedeutet *gao-sastô* (Mih. Y. 91) auch Milch in der Hand und dies sich öfter wiederholende *gâm giryâm* eben die mit dem Haoma zu vermischende Milch, an allen diesen Stellen giebt Anq. *gâm giryâm* (Yaçn. III, 8; VII, 3; XXII, 1, 20; XXV, 1. Visp. XI, 3.) *lait des bestiaux*, während er Visp. XI, 4 *gaomavaiti* wieder mit *riande* übersetzt, da *myazdem* schon vorausgenannt ist.   Auch das Adj. *gaomavaiti* Yaçn. XXII, 1, 20; LXVI, 1 u. LXVIII, 1. Farg. XIV, 8; XVIII, 143 Sp., könnte mit Milch versehen bedeuten; allein die Pehlevi-Uebersetzung und nach ihr Sp. und Anq. geben es mit Fleisch, was Asht. Y. 1 und Y. Fr. II, 16 als richtig beweisen.   Auch Anquetil übersetzt Fleisch *yo yara* (Khursh. Nyaish. II, p. 13. Ardib. Y. II, p. 160. Mih. Y. II, 221).   Genug, sowohl das Fleisch als auch die Milch der Kuh gehörten zum Haomaopfer, erstere als *myazda*, die zweite mit dem Safte vermischt.

Das Opfer, welches hier dargebracht wird, ist aber das allervorzüglichste.   Defswegen werden auch die vorzüglichsten Ingredienzien dazu verwendet, nämlich statt der irdischen gelben Haomapflanze der weifse Haoma, von welchem Bundeh. p. 64, 1 gesagt ist, zunächst diesem Baum wächst der heilsame unvergängliche weifse Hom, der an der Quelle des Wassers Ardviçur ist; wer davon geniefst, wird unsterblich; man nennt ihn den Baum Gokart, wie gesagt ist: Hum Duroš, von welchem man bei der Neumachung das Leben bereitet, ist der Erste der Bäume (cf. p. 58, 10).   In den Texten kommt der Baum Gaokerenem nur einigemal vor, aber bezeichnend genug Farg. XX, 4, wo gesagt ist, dafs Ahura die heilsamen (?) gegen die Krankheiten hervorgebracht habe, viele vielhunderte, viele vieltausende, viele vielzehntausende um den einen Gaokerena herum.

Orm. Y. 30: *gaokerenem çûrem masdadhâtem yas.*

Hapt. Y. 3 u. 4 ebenso in naher Verbindung mit Haurvatât und Ameretât, ebenso Siroza 1, 7. II, 7.

p. 19 l. 17: Zunächst bei diesem Baum Allsamen ist der Baum Gokart gesetzt zur Zurückhaltung des übeln Alters und es wird die Wiederherstellung der Lebendigen davon sein.

p. 42 l. 10: Ueber die Beschaffenheit des Baumes, den man Gokart nennt, heifst es in der Din: Am ersten Tage war es, als der Baum, den man Gokart nennt, im Meere Ferankart in jener Tiefe des Berges wuchs.   Bei der Neumachung ist er nöthig; denn sie bereiten daraus die Belebung. Ahriman hat in diesem Wasserschlund eine Kröte (Leviathan?) zum Verderben gemacht, welche dort um diesen Hom bewegt wird. Wegen dieser Kröte hat Ahura zehn Kar-Fische *(Kara maçyó)* geschaffen, welche rings um den Hom beständig alle herumkreisen. Immer hat einer von diesen Fischen den Kopf auf den der Kröte, es ist diese Kröte dieser Fische geistige Speise. Sie haben keine Speise nöthig bis zur Neumachung in der 'Kleinheit eines Haars. Als der Ort dieser Fische ist das Wasser Arc (Rañha) geschrieben, wie es heifst: das gröfste der Geschöpfe Ahura's ist dieser Fisch, dafs gröfste der Geschöpfe Ahriman's ist diese Kröte dem Leibe nach und es ist ein Abgrund zwischen ihnen.

Der überirdische Ort dieses Baumes ist der Berg *hukairya*, die Spitze des Hara berezaiti, von wannen ihn die Vögel nach den verschiedenen Gegenden hintragen. Vergl. Yaçn. X, 10: „Dich, den grofsen und weisegeschaffenen, hat der Gott gebildet, der wohlthuende; den grofsen, dich, und weisegeschaffenen hat der Gott niedergesetzt, der wohlthuende, auf die Höhe Haraiti, dann haben dich dort heilig bezeichnete Vögel nach allen Seiten auseinander getragen nach den bewipfelten Wohnungen, nach den weilsfarbigen Bergen. Darum erscheint Haoma auch immer an die Localität des Paradiesberges geknüpft, von dort ruft er Gosh und Ashi an (Gosh Y. 17 u. Ashi Y. 37). Auf dem Hukairya aber, das ist auf der Spitze des Hara Berezaiti, ist das Paradies und Mithra's Wohnung; vergl. Rašn. Y. 23 u. Mih. Y. 50.

p. 59, 4 aufser dem Baum Gokart, aus welchem sie das Leben der Todten bereiten.

Neben dem Baum Gokart steht der Baum Allsamen, von welchem alle Pflanzen stammen (Bundeh. p. 19, 15; p. 63, l. 15; p. 43, l. 14). Der Baum Vielsamen ist in Mitten des See's Frankard gewachsen und die Samen aller Bäume sind auf ihm; er wird bald trefflich heilend, bald sehr heilend, bald alles heilend genannt.

Hierdurch erweist sich der weise Haoma oder der Baum Gokart *(Gaokerenem)* als der Baum des Lebens, der im Paradiese wächst. Diesen Baum beschreibt Jalkut Schimoni bei Eisenm. II, p. 311, und es ist der Baum des Lebens in der Mitte, dessen Aeste das ganze Paradies bedecken. Er hat fünf-

hunderttausend Geschmäcke und es ist keiner dem andern gleich;
so ist auch eines Geruch dem andern nicht gleich. Es sind
sieben Wolken der Herrlichkeit über demselben, und er wird
von den vier Seiten der Welt geschlagen, dafs sein Geruch
von einem Ende der Welt bis zum andern geht.

Wie nun der Haomasaft dieses Auferstehungsopfers von
dem vortrefflichsten Haoma, vom Baum des Lebens, genommen
wird, so Milch und Fleisch von dem trefflichsten Rinde, von
der Kuh Hazayos oder Hadayàokâ (Bundeh. p. 45, 19; p. 57, 8),
der auch Çarçaok heifst (p. 37, 16; p. 45, 19). Der erstere
Name mufs im Zend Hazàyus gelautet haben und seine Ableitung ergiebt sich aus dem Zendischen *has* [1]) = Sskr. *sak*
tragen, bewältigen; *sahas* Kraft; es kann eine Zusammensetzung
sein von *sah* und *dyus*: der das Leben trägt, oder einfach den
Geduldigen *(sahidnu)* oder Tragenden bedeuten. Dieser Name
dürfte in nächster Beziehung zur urweltlichen Function dieses
Rindes stehen; denn an der oben angeführten Stelle (p. 37, 16)
heifst es l. 16: „Neun Gattungen Menschen gingen auf dem
Rücken des Stiers Çari-Caok auf dem Meer Ferankart nach
den andern sechs Keśvar's und sind dort, und sechs Gattungen
Menschen blieben in Qaniras." Und p. 45, L. 19: „Vom Stier
Hazayos, den man Çarcvk nennt, ist gesagt: am Anfang gingen
die Menschen (auf ihm)´von Keśvar zu Keśvar."

Wahrscheinlich ist jenes Paar gemeint, von dem p. 20, 3
gesagt ist: „Der lichte und kräftige Samen des Stiers wurde
in den Mondkreis gebracht und dieser Samen wurde im Lichte
des Mondes gereinigt und in aller (Weise) bereitet und Hauch
in den Leib gemacht; von da entstanden zwei Stiere, einer männlich und einer weiblich, und dann wurden von dieser einzigen
Gattung zweihundert zwei und siebenzig auf der Erde offenbar."
Dieselbe Stelle wiederholt sich p. 28, 13. Wie in dem Avesta
offenbar ist: „Der Same des Stiers wurde zum Mondkreis getragen und dort gereinigt. Thiere vieler Art wurden daraus
geschaffen, zuerst zwei Stiere: einer Mann und einer Weib,
und dann von jeder Art wurde ein Paar auf die Erde gelas-

[1]) Der Wechsel von *s* und *d* kommt auch anderweitig im Zend vor; vergl.
sharetha und *sharetha*. Von der Wurzel *has* kommt meines Wissens nur das Sub-
stantiv *hasas* Häuber vor. Eine Vergleichung mit *hasaoia* ist wegen des in letzterem mangelnden y nicht möglich. Dagegen könnte auch an Sskr. *saha*, mit,
gedacht werden, obgleich ein entsprechendes *hana* im Zend fehlt.

sen, ein Haçar (was drei Parasangen sind) wurden sie von
Airanvič offenbar, wie gesagt ist: wegen des Werthes des
Stiers wurde er zweimal geschaffen, einmal als Stier und einmal
in den Thieren allerlei Art. Tausend Tage und Nächte genossen sie nichts." (Vergl. Siroza I, 12: *maðñkahé gaocithrahé
géusca aðvo-dátayað géusca pouruçaredhayað*.) Möglich auch,
dafs der Gopatischah des Minokhard hierher gehört.

Der Name Çar-çaok (Kopf des Nutzens oder nützlicher
Kopf und Glanz) erklärt sich entweder dadurch, dafs diese
Rinder in Bezug zur Çaoka, einem noch ziemlich unklar da-
stehenden weiblichen Genius des Gedeihens, gedacht wurde,
oder sollte Çaoka selber jene Kuh sein, die geschlachtet wird?
Vielleicht hat auch jene Kuh, welche die Erde trägt (Farg.
II, 18), hierher Bezug.

Die gute, mazdageschaffene reine Çaoka wird angerufen
Farg. XXII, 3 (wenn die Stelle richtig verstanden). Farg.
XIX, 37 heifst es: *nisbayêmi çaokäm vañuhîm ćôurudôithräm.*
Sie ist Ardib. Y. init. mit *Aša-vahista* und *Airyama-išya* verbun-
den. Ebenso Haptan Y. 2, 7. Farv. Y. 42 steht sie neben andern
Genien: *çaokämća baraț-avaretäm baraț-ayaptäm ašaonïm thrâ-
fedhäm yêçnyäm çahmyäm* Rašn. Y. 4.

Noch weiter ist im Bundehesch die Rede vom Stier Çarçaok p. 40, 17: „Unter dem Reich des Tahmuraf, als die Menschen, welche auf dem Rücken des Stiers Çarçaok von Qanirao
nach den übrigen Kešvar's alle übersetzten, da in einer Nacht
in Mitten eines Meeres löschte der Wind den Feuerplatz
aus (Feuerplatz, wo sich das Feuer befindet), da auf dem
Rücken etc."

Ueber die Art und Weise der Herstellung der Todten
folgt sodann eine weitere Erklärung, die sich als ächt zarathustrisch bewährt.

„Auch dieses ist gesagt (in der Schrift): Wer im Mannes-
Alter gewesen, den stellen sie dann in dem Maafse eines Vier-
zigjährigen wieder her; die aber, welche klein gestorben sind
(nicht erwachsen gewesen sind), die stellen sie im Maafse eines
Fünfzehnjährigen her."

Das Alter von vierzig Jahren ist das normale zur Zeugung
nach dem Texte Farg. II, 41: „Sie (die Bewohner des Varem)
halten für einen Tag, was ein Jahr ist, und nach vierzig Jahren werden von zwei Menschen zwei Menschen geboren, ein

Paar: Mann und Weib.« Darum wird denn auch der Same Gayomart's erst nach vierzig Jahren belebt.

Das Alter von fünfzehn Jahren aber ist das blühende Jünglingsalter, von welchem Yaçn. IX, 5 gesagt ist, daß zur Zeit Yima's „fünfzehnjährig einherschritten Vater und Sohn, an Wuchs ein jeder.« Es ist das Alter, in welchem Gayomart erscheint (Tir. Y. 13, 14; Bundeh. p. 10, 14; vergl. auch Farg. XVIII, 54. Es ist die Zeit, wo einer das Kosti anlegen muß. Sad-der L; Anq. II, p. 551. 552; Spiegel, Einleit. p. 9).

Bei der Auferstehung wird also das Menschengeschlecht in Vollkommenheit hergestellt — die Kinder im Vollmaaß jugendlicher Schönheit, die Erwachsenen im Vollmaaß der Reife und Zeugungsfähigkeit.

Weiter wird von der Beschaffenheit der Auferstandenen gesagt: „Und jedem Mann werden sie eine Frau geben und Kinder mit der Frau werden sie ihm zeigen, sie werden so thun wie in der Welt, nur wird keine Erzeugung stattfinden.« Dies scheint mir mit der Stelle Farg. XVIII, 51 zusammen zu hängen, wo von unfreiwilligen Vorkommnissen im Schlaf die Rede ist und von den Gebeten, welche ihre schlimmen Wirkungen aufheben.

„Dann soll er sprechen zu Ârmaiti-Çpenta: Çpeñta Ârmaiti, ich übergebe dir diesen Mann; diesen Mann gieb mir wieder bei der starken Neumachung *(fraśôkereti)* als einen die Gâtha's wissenden, das Opfer wissenden, die Antwort gehört habenden, verständigen, immer freundlichen, gehorsamen. Dann gieb ihm einen Namen Âtare-dâta (Feuergegeben) oder Âtare-cithra (Feuersamen) oder Âtare-zañtu (Feuerburg) oder Âtare-daqyu (Feuerland) oder einen der vom Feuer gegebenen Namen.« Das sind wohl jene Kinder, welche bei der Apokatastase gegeben werden. Bemerkenswerth ist es, daß hier der Çpenta-Ârmaiti der Keim anvertraut wird, wie auch sie es ist, welche den Keim des Gayomart bewahrt (Bundeh. p. 33, L 8).

„Dann wird Susius auf den Befehl des Schöpfers Ahura allen Menschen die Lohnvertheilung geben, nach Maaßgabe der Werke.« Es ist hier der für den ewigen Lohn der Werke in den Zendtexten stets gebrauchte Terminus angewendet. Vergl. Yaçn. XXXIV, 13. XL, 1. XLVI, 19. XLIX, 9. LI, 15. LIII, 7; Farg. VIII an mehreren Stellen; Visp. XXIV, 2; Mih.

Y. 62. Ebenso ist *pat-daism* der *terminus technicus* für die Vergeltung, resp. Vertheilung des Lohnes (vergl. Mih. Y. 109; Farg. XXII, 1).

Die Stelle über den Ersatz der guten Werke nach dem Tod ist ebenfalls ihren Bestandtheilen nach alt.

Das, was Anquetil *Guetikherid* nennt oder richtiger nach unserem Text *Gitekrit*, müßte zendisch *gaethya-kriti* oder *kereti* lauten. Sadder, Porta V, übersetzt es mit *mundi emtio* und bezieht es auf das Almosengeben; Anquetil hingegen auf jene Zahlung an den Mobed, welche für das Opfer geleistet wird, was der Parse zur Erreichung des Grades *Nosoudi* verrichten sollte, aber nicht verrichten kann (II, p. 554). Auch er übersetzt es mit Erkaufung der (andern) Welt. Ich glaube, es heißt: um das Irdische gekauft, wie Sskr. *açta-krita.* Der Zendische Name beweiset die Ursprünglichkeit der Sache, wenn auch kein Text darüber vorliegt.

Das Verschenken von Kleidern an Fromme als ein besonders verdienstliches gutes Werk ist bezeugt Farg. XVIII, 34, wo es als ein grofses Vergehen bezeichnet wird, wenn ein Mann von kleinen und werthlosen Kleidern, darum gebeten, einem reinen Manne in guter Reinheit nichts giebt. Vergl. Sad-der P. LXIV.

Die Bekleidung jener, welche das Opfer vollbracht haben, durch die himmlischen Gâtha's (die beim Opfer recitirten Gesänge) Gahân kommt vor Yaçn. LV, 2, wo von den Gâtha's gesagt ist: „sie sind uns Erhaltung gebend, Nahrung gebend, geistig speisend, sie sind für unsere Seele beides: Speise und Kleidung; sie werden uns sein wohlbelohnend, sehr belohnend, rein belohnend in der überirdischen Welt nach der Trennung von Leib und Seele."

Dafs aber *gahân* hier die Gâtha's bezeichne, ist im Vergleich mit l. 12 gewifs, wo der Teufel durch die Kraft der Lobgesänge geschlagen wird. Das Wort *Gâthâ* wird in den Huzvaresch-Texten sonst mit *gas,* Plur. *gaçan,* gegeben; vergl. die Uebersetzung von Farg. XIX, p. 127 sqq. Spiegel p. 219: *gaçanbar.* Bundeh. p. 59, 13 stehen beide neben einander. Die Form *gahân* ist die parsische, wie sie sich Minokh. bei Spiegel, Parsigramm. p. 130 l. 1. findet.

Der letzte Theil dieses Capitels enthält die sehr wichtige Lehre von dem am Ende der Dinge eintretenden Verhältnifs

des guten und bösen Princips. Wäre Anquetil's Uebersetzung
richtig, nach welcher Ahura und die Amesa-Çpenta's einerseits
und die bösen Geister andrerseits mit einander Opfer darbringen, so würde eine dem zarathustrischen System sehr wider-
sprechende Art von Apokatastase zu Stande kommen. Allein
schon Anquetil bemerkt, daß es Desturs giebt, die einen andern Sinn annehmen, nach welchem die bösen Geister bekämpft
und vernichtet werden.

Die richtige Uebersetzung ist:

„Dann wird Ahura den Ahriman, Vohuman den Akuman,
Asvahist den Ander, Satvar den Çawr, Çpendomat die Taromat, welche Naöngbaith ist, Hurdat und Amundat Taric und
Zarić, rechte Rede die falsche Rede, Çroś den Chasm schlagen;
dann werden zwei Unholde übrig bleiben: Ahriman und die
Schlange. Ahura wird auf die Erde kommen, selbst Opferer,
und Çroś als Raçpi wird er das Aiwisönhana in der Hand
halten. Ahriman und die Schlange werden die kräftigen Lobgesänge geschlagener Mittel und kraftloser machen. Auf jener
Brücke des Himmels, auf welcher der Böse hineinlief, wird er
wieder in die tiefste Finsterniß laufen. Die bössamige Schlange
wird in dieser Metallauflösung verbrennen. Der Gestank und
die Unreinigkeit, die in der Hölle waren, werden in dieser
Metallverbrennung rein werden; jene Brücke, auf welcher Ahriman hereinlief, wird in dem Metall vernichtet werden. Diese
Erde der Hölle wird wieder zur Fruchtbarkeit der Lebendigen
zurückkehren. Neumachung in den Wesen nach Wunsch der
Lebendigen, Unsterblichkeit für immerdar. Und das wird gesagt: diese Erde (wird) rein und . . . . sein; außer dem Berg
des Gipfels Cinvar wird Emporsteigen und Herabsteigen nicht
sein."

Glücklicher Weise ist uns die Quelle eines Theils dieser
Darstellung in den Urtexten erhalten. Zam. Y. 96 ist von der
Herstellung der Dinge durch Çaośyaç die Rede und es wird
gesagt: „Er wird tödten die sehr üble Drukhs, die bössamige,
finstere. Er tödtet das böse Gemüth (Akuman); das gute Gemüth (Vôhumanô) wird dasselbe tödten. Er tödtet die falsch-
gesprochene Rede; die recht gesprochene Rede tödtet sie; es
tödten Hunger und Durst; Haurvatât und Ameretât werden
den bösen Hunger und Durst tödten: es beugt sich der böse

Werke wirkende Aṅro-Mainyus ohnmächtig." [1]). Bundebesch
hat dieser Stelle die Namen einiger anderer Dämonen eingefügt, die übrigens ebenfalls in den Texten vorkommen. Farg.
X, 9, 10 heißt es: „ich vertilge den Indra (Andra), ich vertilge den Çauru, ich vertilge den Daêva Naôṅhaithya, ich vertilge den Tauru, ich vertilge den Zairiĉa." Und Farg. XIX, 43:
„Es sprach aus und sprach entgegen, es befahl und befahl
entgegen Aṅrô-Mainyus, der todvolle, der Dämonen Dämon;
Indra der Dämon, Çauru der Dämon, Naôṅhaithya der Dämon,
Taurui und Zairi." Burnouf (Y. p. 528 sqq.) hat längst bemerkt, wie an diesen Stellen die indischen Götter Indra, Çarva
(ein in den Veden noch nicht vorkommender Name Çiva's),
zu Dämonen geworden sind. Der Gegensatz von Çpendomat
(Çpenta-Armaiti) und Tarômat (Taromaiti), Demuth und Hoffarth (welche zugleich Verachtung Gottes und seines Gesetzes
ist) ist ganz in den Urtexten begründet; vergl. Yaçn. LX, 5:
cainti ahmi nmânê çraoŝô açrustim dkhŝtis andâkŝtim râitis
arditim ârmaitis taromaitim; artukhdhô vdkhs mithaoktem vdcim
aŝa-drugem. Da eine Unterbrechung in der Aufzählung der
Ameŝa-Çpenta's nicht wohl zulässig ist, so müssen die Worte
afaiçt naonhaç als eine Glosse zu *taromat* betrachtet werden,
welche durch das Isafat angehängt ist. Anquetil übersetzt:
Tarmad, qui est Naôṅghes; Spiegel: Naonghaithi, die mit
schlechten Gedanken begabte. Vielleicht: welche gehalten wird
für Naonghas.

Diese Zusammenstellung des Dämons der Hoffarth mit dem
Naôṅghaithya beweist wohl im Zusammenhalten mit der einfachen Zahl, in welcher dieser Dämon erscheint, daß an die in
den Zendtexten als gute Wesen vorkommenden Açpin's [2]) (die
Açwin's der Veda's) nicht zu denken ist. — Der Gegensatz

---

[1]) Dieser Gegensatz der sechs Amescha-Cpenta's und der sechs von Ahriman
geschaffenen Dämonen ist ausdrücklich bezeugt Plut. de Is. et Os. 47: ὁ δὲ τούτοις
ὥσπερ ἀντιτέχνους ἴσους τὸν ἀριθμόν, welche Stelle genau dem Bundeh. p. 5,
l. 11 sqq. entspricht, wo als Gegensätze erscheinen:

Vahuman.	Akuman.
Aśvahist.	Andr.
Satvir.	Savar.
Çpendomat.	Nakait.
Hurdat.	Taric.
Amdat.	Zaric.

[2]) Cf. Siroz. II, 7, wo die Stellung der *açpiaĉâ yarint* nach *Haurvatât* und
Ameretât mich vermuthen läßt, daß diese beiden letzteren darunter verstanden sind.

zwischen Çraoéa und Aèśma ist in den Texten vollkommen
begründet; vergl. Yaçn. LVII, 10. Etwas abweichend ist die
Vorstellung Zam Y. 1. c., daſs Çaośyâç die böse Drukhs tödtet,
womit die Ueberwindung des Todes und der Verwesung (denn
das ist jene Drukhs) gemeint ist, während hier die bössamige
Schlange im Metallschmelz verbrannt wird.

Das letzte Wort l. 10, welches oben mit Ahriman gegeben
wurde, kann auch Aśmaogho bedeuten; vergl. Sp. Huzv.-Gramm.
§ 24, Anm. 4.

Daſs Çraoéa neben Ahura als dessen Raçpi erscheint, ist
ebenfalls ein âchter und alter Zug. Sein Yasht, Yaçna LVII, 2. 5.
8. 23. nennt ihn den ersten Opferer; den ersten, der die heiligen
Reiser streute; den ersten, der die Gâtha's sang; auf seinen Ruf
kommen die Ameśa-Çpenta's auf die siebengetheilte Erde.

Ueber die Schmelzung der Metalle durch das Feuer des
Kometen liefern uns die Urtexte keine Stellen, wohl aber ist
der Name *ayusaçti* (p. 74, 12 u. 16) oder *ayukausuçt* (p. 76, 16
u. 17) ein âcht zendischer. Das Wort *ayaokhsuçtem*, Metall,
kommt vor Siroza II, 4 neben *khẏathrem cairim*, es bedeutet
dort offenbar Metall; ebenso Yaçn. LI, 9. Ashi Y. 20: *ayaokhsuçtem raêhô. Vitakhti* findet sich Farg. II, 24: vom Schmelzen
des Schnees. Ist aber der Name dieses Metallschmelzens ein
âcht zendischer, so sind wir auch zur Annahme berechtigt,
daſs er eben aus Zendtexten entnommen ist, welche von diesem
Brande erzählten.

Ueber den Kometen Gurçr (*Vasra-çâra*, Keulenkopf,
oder ist *durciâr* ') zu lesen?) enthält der Bund. p. 13 folgende
Stelle: „Der keulenköpfige und bösgeschwänzte Muspar, der
Komet, kam zu Sonne, Mond und Sternen; die Sonne hat den
Muspar an ihrem Weg gebunden, dergestalt, daſs er wenig
Böses thun kann." Es sind offenbar zwei Epitheta, welche
dem Namen vorausgehen, das zweite liest Spiegel *Dujdum*, es
heiſst aber *ducis*. Dann kommt noch ein Eigenname *Muspr*
mit der Zendtranscription *mûs*. Diese *mûs* kommt aber vor
Yç. XVI, 5 u. LXVIII, 8: *avaghdo mûs avaghdo pairikdo*. Es

') Es könnte auch *gurgciâr* gelesen werden, vergl. Ardib. Y. 8: *vehrko citâra*,
wobei dann etwa so eine Vorstellung wie die vom Wolf Fenris zu denken wäre.
Dafür könnte angeführt werden, daſs die Erde vor ihm wie vor einem Wolf zittert.
Das Zittern der Erde, die sich fürchtet wie das vom Wolf ergriffene Schaf, ist eine
Phrase der Urtexte Farg. XIX, 33: *yatha maêni vehrkavaiti vehrkaf haca frateresaiti*.
Und wie, wenn *Muspar* oder *Muspel* geradezu das altdeutsche *Muspel, Muspilli* wäre?

scheint also dies eine Psirika zu sein, in Gestalt eines Kometen. Vielleicht ist *ducdis* zu lesen *dujdaena*, was als Epitheton ahrimanischer Wesen steht, oder *ducdum*, mit bösem Schwanz. Jedenfalls haben wir wiederum Namen, die aus zendischen Texten entnommen sind. Die Bindung des Kometen an die Bahn der Sonne ist eine Vorstellung, die bei Aristoteles, Meteor. I, 6, wissenschaftlich entwickelt ist.

Die Lehre vom Weltbrand selbst ist uralt. Ich will auf Herakleitos und die ihm später folgenden Stoiker kein Gewicht legen; hier könnte der Weltbrand eine Folgerung aus dem physischen System sein. Wir haben als das älteste Zeugnifs von solchem Herabfallen der Sterne und einem Weltbrand Jesaias XXXIV, 4. 9; LXVI, 15. Deuteron. XXXII, 22 (vergl. auch 2. Petr. III, 3). Die ἐκπύρωσις weist Justin, Apol. I, 60, aus Deuteron. XXXII, 22 nach und Apol. II, 7 sagt er, die Christen lehrten die ἐκπύρωσις, aber nicht, wie die Stoiker, eine bloſse Verwandlung. Die Lehre vom Weltbrand bezeichnet Lactantius als die des Propheten Hystaspes: (Div. Instit. VII, 18.) *Hystaspes enim quem superius nominavi, descripta iniquitate saeculi hujus extremi, pios ac fideles a nocentibus segregatos aiſ cum fletu et gemitu extenturos esse ad coelum manus et imploraturos fidem Jovis; Jovem respecturum ad terram et audituras voces hominum atque impios extincturum. — Quae omnia vera sunt, praeter unum quod Jovem dixit illa facturum quae Deus faciet.* Idem l. c. 15: *Hystaspes quoque qui fuit Medorum rex antiquissimus, ex quo amnis quoque nomen accepit qui nunc Hydaspes dicitur, admirabile somnium sub interpretatione vaticinantis pueri ad memoriam posteris tradidit, sublatum iri ex orbe Imperium nomenque Romanum multo ante praefatus est quam illa Trojana gens conderetur.* (Dieser Hystaspes muſste augenfällig für weit älter als die Gründung Roms und somit als Darius Hystaspes gehalten worden sein.) Ferner Justin. Apol. I, 20: καὶ Σίβυλλα δὲ καὶ Ὑστάσπης γενήσεσθαι τῶν φθαρτῶν ἀνάλυσιν διὰ πυρὸς ἔφασαν; ibid. 44: κατ᾽ ἐνέργειαν δὲ τῶν φαύλων δαιμόνων, θάνατος ὡρίσθη κατὰ τῶν τοὺς Ὑστάσπου ἢ Σιβύλλης ἢ τῶν προφητῶν βίβλους ἀναγιγνωσκόντων. Origenes (in Matth. C. S. 48) schreibt: *sic in consummatione mundi ab igne qui accendendus est, obscurabuntur etiam luminaria magna* und ib. 56 vergleicht er den Weltbrand mit dem Untergang von Sodom und Gomorrha.

17*

9. Stellen der Alten über Zoroastrisches.

Die älteste Berührung griechischen und magischen Wesens, von welcher uns berichtet wird, ist der mehrjährige Umgang des Pythagoras mit Magiern. Während ältere und neuere Schriftsteller über das Geburtsjahr des Weisen schwanken und es bald 608 oder 605, bald 570 setzen, so steht doch so viel fest, daß seine kräftigsten Jahre noch unter Cyrus fallen und daß er vor dem Tode des Gründers der persischen Monarchie sein Vaterland verließ, um wissenschaftliche Reisen zu machen. Wären die Angaben der Chronisten [1]) richtig, nach welchen Pythagoras bereits in Assarhaddon's Heer gedient haben soll, so würde er schon in früher Jugend Gelegenheit gehabt haben, mit Magiern zusammen zu kommen; allein das ist ein offenbarer Anachronismus. Andere [2]) dagegen berichten: während seines Aufenthaltes in Aegypten habe der Feldzug des Kambyses dahin stattgefunden: Pythagoras sei dort gefangen genommen und mit dem persischen Heere nach Babylon geführt worden, wo er mit den Chaldäern und Magiern zwölf Jahre verkehrt habe; von dort sei er, 56 Jahre alt, nach Samos zurückgekehrt. Der Zug des Kambyses nach Aegypten fällt Ol. 63, 4 (525 v. Chr.), sein Tod Ol. 64, 4 (521); zwischen dieser Zeit müßte also Pythagoras nach Babylon gekommen sein, wo er bis 513 blieb. Daß Pythagoras in Aegypten gewesen, ist uns durch Herodot und Isokrates bezeugt; daß aber ein Mann von seinem religiösen Wissensdurst eben so gut auch Babylon, den Hauptsitz asiatischen Wissens, besucht und dort Chaldäer und Magier kennen gelernt hat, ist eine an und

---

[1]) Chron. Euseb. p. 26 ed. Aucher aus Abydenus. Vergl. M. Niebuhr, Assar p. 497 u. 501; B. G. Niebuhr, Kl. Schriften p. 206.

[2]) Theolog. Arithmet. ed. Ast. p. 40: Ἐπὸ Καμβύσου γοῦν ἱστορεῖται Αἴγυπτον ἑλόντος συγχμαλωτισθῆναι ἐπὶ συνδιατρίβων τοῖς ἱερεῦσι, καὶ εἰς Βαβυλῶνα μετελθὼν τὰς βαρβαρικὰς τελετὰς μυηθῆναι. Jamblichus Vita Pyth. c. 19 erzählt dasselbe und fügt bei: ἀφικεῖ τοῖς Μάγοις ἀσμένως συνδιατρίψας καὶ ἐκπαιδευθεὶς τὰ παρ' αὐτοῖς σεμνὰ καὶ θεῶν θρησκίαν ἐντελεστάτην ἐκμαθὼν ἀφικθὼν τε καὶ ῥουσική καὶ τῶν ἄλλων μαθημάτων ἐπ' ἄκρον ἐλθὼν παρ' αὐτοῖς ἄλλα τε δώδεκα συνδιατρίψας ἔτη εἰς Σάμον ὑπέστρεψε περὶ ἕκτον πού καὶ πεντηκοστόν ἔτος ἤδη γεγονώς.

für sich so wahrscheinliche Sache, daſs ich nicht begreife, wie
man ohne Weiteres die so zahlreichen Zeugnisse des Alterthums
dafür bloſs deswegen verwerfen konnte, weil sie sich bei Späteren [1]) finden.

Sehr wichtig ist es aber bei Benutzung dieser Zeugnisse
zu beachten, wie die bedeutenderen unter denselben zwischen
Chaldäern und Magiern unterscheiden. Porphyrius [2])
sagt in seinem Leben des Pythogoras: „er habe vor Allem das
Wahrhaftigsein eingeschärft; das allein könne den Menschen
gottähnlich machen, da auch bei Gott, wie er von den Magiern
erfahren, den jene Oromazes nennen, der Körper dem Licht,
die Seele aber der Wahrheit gleiche“ und weiter: „die Heil-
thümer der Götter und die übrigen Lebensvorschriften habe er
von den Magiern gehört und genommen.“ Was hier Porphyrius von den Magiern berichtet, ist aus trefflicher Quelle
geschöpft. Abgesehen von der anderweitig vielfach bestätigten
Hochschätzung der Perser und Magier für die Wahrhaftigkeit,
ist der Unterschied eines Leibes und einer Seele Gottes ächt
zarathustrisch. Farv. Y. 80. 81 heiſst es von Ahura-Mazda:
„sein Genius sei der intelligenteste und wohlbekörpertste; seine
Seele sei Mâthra Çpeñta (das heilige Wort) der röthliche, glänzende, vorblickende, und die Leiber, die er annehme, seien die
schönen der Ameśa-Çpeñta's, die festen der Ameśa-Çpeñta's —
laſst uns die starkrossige Sonne verehren.“ Das heilige Wort

---

[1]) Cicero de Gn. V, 29: *Ipse Pythagoras et Aegyptum lustravit et Persarum
Magos adiit.* Valerius Maximus VIII, 7 extern. 2: *Inde ad Persas profectus
Magorum exactissimas prudentias et formandam tradidit.* Plinius H. N. XXX, 1.2:
*Certe Pythagoras, Empedocles, Democritus, Plato ad hanc (magicam) discendam navi-
gavere, exiliis verius quam peregrinationibus susceptis.* Apulejus Florid. p. 19 ed.
Altib.: *Sunt qui Pythagoram aiunt doctores habuisse Persarum magos* (vergl. unten
die Stelle vollständig). Clemens Alex. Strom. I, p. 355: Χαλδαίων δὲ καὶ
Μάγων τοῖς ἀρίστοις συνεγίνετο. Diog. Laert. VIII, 1, 3: νέος δὲ ὢν καὶ φιλο-
μαθὴς ἀπεδήμησε τῆς πατρίδος καὶ πάσας ἐμυήθη τάς τε Ἑλληνικὰς καὶ βαρβαρικὰς τελετάς· ἐγένετο οὖν ἐν Αἰγύπτῳ, ὁπηνίκα καὶ Πολυκράτης αὐτὸν
Ἀμάσιδι συνέστησε δι᾽ ἐπιστολῆς· καὶ ἐξέμαθε τὴν φωνὴν αὐτῶν, καθά φησιν
Ἀντιφῶν ἐν τῷ περὶ τῶν ἐν ἀρετῇ πρωτευσάντων, καὶ παρὰ Χαλδαίοις ἐγένετο καὶ Μάγοις. Daſs Pythagoras selbst in Persien oder gar in Indien gewesen
sei, ist wohl übertrieben und aus Miſsverständniſs seines Umgangs mit Magiern
entschlossen.

[2]) Vita Pyth. 41: Τοιαῦτα παρήνει, μάλιστα δὲ ἀληθεύειν· τοῦτο γὰρ
μόνον δύνασθαι τοὺς ἀνθρώπους ποιεῖν θεῷ παραπλησίους· ἐπεὶ καὶ παρὰ
τοῦ θεοῦ, ὡς παρὰ τῶν Μάγων ἐπυνθάνετο, ὃν Ὡρομάζην καλοῦσιν ἐκεῖνοι,
ἐοικέναι τὸ μὲν σῶμα φωτί· τὴν δὲ ψυχὴν ἀληθείᾳ. Und c. 7: περὶ δὲ τὰς
τῶν θεῶν ἁγνείας καὶ τὰ λοιπὰ τῶν περὶ τὸν βίον ἐπιτηδευμάτων παρὰ τῶν
Μάγων φησὶ ἀκοῦσαι καὶ λαβεῖν.

ist eben die Wahrheit, die Ameša-('penta's aber sind die Licht-
schöpfungen, weßhalb auch gleich nach ihnen bedeutungsvoll
die Sonne angerufen wird. Außerdem sind wir berechtigt, an
Mithra zu denken, der moralisch Wahrheit, physisch Licht ist
und als ein Ebenbild Ahura's betrachtet werden kann. Orm.
Y. 31 (vergl. Y. Fr. II, 38) ist von dem Geist und Verstand
und der Zunge Ahura's die Rede, welche das heilige Wort
tragen, gedenken und sprechen, und an mehreren Stellen wird
der Körper Ahura's neben seinem Geist genannt; vergl. Yaçn.
I, 1: *khrathwistahê hukereptemahê*. Yaçn. LXXI, 4 ist von dem
vîçpem herefs ahurahê (dem ganzen Körper Ahura's) die Rede.
Auch der Anfang des Bundehesch entspricht ganz der Stelle
des Porphyrius.

Dagegen erzählt derselbe Gewährsmann [1]) Anderes von des
Pythagoras Umgang mit den Chaldäern: „er sei sowohl mit
den übrigen Chaldäern zusammen gewesen, als auch zu Zabratas
gekommen, durch den er von den Sünden seines früheren
Lebens gereinigt und darüber unterrichtet worden sei, wovon
sich die Eifrigen rein halten müssen; auch die Lehre von der
Natur und den Urgründen des Alls habe er dort gehört."
Was hier Prophyrius sagt, scheint er aus Aristoxenus (um
320 v. Chr.) genommen zu haben, aus welchem uns bei Hip-
polytus (Refut. Haeret. p. 8 ed. Oxon.; vergl. Origen. ed.
Lommazsch T. XXV, p. 296 sqq.; auch Diodor der Eretrier
wird als Quelle genannt) ein größeres Fragment erhalten ist.
Zaratas habe, so berichtet Aristoxenus, dem Pythagoras aus-
einandergesetzt: es seien von Anfang zwei Ursachen der Dinge,
Vater und Mutter: Vater sei das Licht, Mutter die Finsterniß;
des Lichtes Theile seien das Warme, Trockne, Leichte und
Schnelle, der Finsterniß aber das Kalte, Nasse, Schwere und
Langsame; aus diesem Allem aber bestehe die Welt, aus Weib-
lichem und Männlichem. Es sei aber die Welt eine musika-
lische Harmonie, weßhalb auch die Sonne einen harmonischen
Umlauf habe. Von dem aus der Erde und der Welt Gewor-
denen aber lehrte, wie Aristoxenus sagt, Zaratas Folgendes:
„Zwei Dämonen gebe es: einen himmlischen und einen irdischen;

---

[1]) Vita Pyth. 12: Ἐν τε Βαβυλῶνι τοῖς τ' ἄλλοις Χαλδαίοις συνεγίνετο
καὶ πρὸς Ζάβρατον ἀφίκετο, παρ' οὐ καὶ ἐκαθάρθη τὰ τοῦ προτέρου βίου
λύματα, καὶ ἐδιδάχθη ἀφ' ὧν ἁγνεύειν προσήκει τοὺς σπουδαίους· τόν τε περὶ
φύσεως λόγον ἤκουσε καὶ τίνες αἱ τῶν ὅλων ἀρχαί.

der letztere habe seinen Ursprung aus der Erde und sei das
Wasser, der himmlische aber sei Feuer mit Luft verbunden,
Warmes und Kaltes." Dann folgt eine Motivirung des Verbotes
des Bohnenessens wegen der Beziehung der Bohne [1]) auf's
Geschlechtliche. Noch einmal kommt Hippolytus auf Zaratas
zu sprechen (p. 178), wo er sagt: Zaratas, der Lehrer des
Pythagoras, habe das Eins Vater, das Zwei aber Mutter ge-
nannt. Dies findet sich auch bei Plutarch [2]).

Es ist klar, dafs dieser Unterricht des Zabratas oder
Zaratas des Chaldäers, wie ihn Aristoxenus und Porphyrius
schildern [3]), durchaus nichts specifisch Zarathustrisches enthält,
vielmehr in sehr wichtigen Punkten dem magischen System
gradezu widerspricht. Es ist daher sehr absichtlich, wenn Porphyrius den Unterricht der Magier von dem der Chaldäer
unterscheidet und den Zabratas ausdrücklich einen Chaldäer
nennt, während Jamblichus an der oben angeführten Stelle
(Vita Pyth. 19) sichtlich beide Lehren confundirt. Dieselbe
richtige Unterscheidung zwischen Magiern und Chaldäern,
Zoroaster und Zaratas finden wir auch bei Clemens von
Alexandrien sowohl an der bereits angeführten Stelle, als
Strom. I, p. 357 ed. Potter [4]), wo er den Zaratus ganz ausdrücklich einen Assyrier nennt, während er einige Zeilen
vorher sagt [5]): „Pythagoras habe Zoroaster dem Magier,

---

[1]) Es ist höchst merkwürdig, dafs das Verbot des Bohnenessens, welches
Pythagoras vom Chaldäer Zaratas gelernt haben soll, sich in den althabylonischen
oder chaldäischen Schriften findet. Vergl. Chwolson, Ueberreste der althabylon. Litteratur p. 93 sqq.

[2]) De animae procr. in Timaeo Cap. II, 2: Ζαρήτας ὁ Πυθαγόρου διδάσκαλος
ταύτην (δυάδα) μὲν ἐκάλει τοῦ ἀριθμοῦ μητέρα, τὸ δὲ ἓν πατέρα.

[3]) Es versteht sich von selbst, dafs wir nicht anzunehmen brauchen, die
Späteren hätten den Inhalt des Unterrichts des Pythagoras authentisch gewufst;
es genügt uns, dafs sie den Unterschied zwischen Magischem und Chaldäischem
kannten.

[4]) Ἀλέξανδρος δὲ ἐν τῷ περὶ Πυθαγορικῶν συμβόλων Ναζαράτῳ τῷ
Ἀσσυρίῳ μαθητεῦσαι ἱστορεῖ τὸν Πυθαγόραν. Ἰεξεκιὴλ τοῦτον ἡγοῦνταί τινες·
οὐκ ἔστι δὲ, ὡς ἔπειτα δηλωθήσεται. Dafs Ζαράτῳ zu lesen sei, haben die
Erklärer des Clemens längst bemerkt. Der erwähnte Alexander ist der Polyhistor, wie Cyrillus adv. Julian. IX, p. 138 bezeugt: ἱστορεῖ γοῦν Ἀλέξανδρος ὁ
ἐπίκλην Πολυΐστωρ ἐν τῷ περὶ Πυθαγορικῶν συμβόλων Ἀσσυρίῳ τὸ γένος ὄντι
τῷ Ζάρῃ φοιτῆσαι τὸν Πυθαγόραν.

[5]) Ζωροάστρην δὲ τὸν Μάγον τὸν Πέρσην ὁ Πυθαγόρας ἐζήλωσεν · βίβλους
ἀποκρύφους τἀνδρὸς τοῦδε οἱ τὴν Προδίκου μετιόντες αἵρεσιν καυχῶσι κε-
κτῆσθαι. Dafs ἐζήλωσεν statt ἐδήλωσεν zu lesen sei, ergiebt sich aus der Nach-
ahmung des Cyrillus adv. Jul. III, p. 87, wo Pythagoras der παρώρισος ζηλωτής
des Zoroaster heifst. Allerdings wird ζηλωτής auch von einem eigentlichen Schüler

dem Perser, nachgeeifert, dessen geheime Schriften die Anhänger des Gnostikers Prodikus zu besitzen prahlten", worunter
spätere gnostische Producte unter Zoroasters Namen zu verstehen sind. Daſs mit: Nacheifern ein persönlicher Umgang
des Pythagoras mit Zoroaster nicht ausgesprochen ist, versteht
sich von selbst.

Es ist daher eine Ungenauigkeit, wenn Suidas [1]) von
einem Magier Zaras redet, der des Pythagoras Lehrer gewesen sei, oder wenn Plinius [2]) einen medischen Zaratus
nennt. Wir haben vielmehr anzunehmen, daſs der Chaldäer
oder Assyrier Zaratus eine von Zoroaster völlig verschiedene
Persönlichkeit ist und daſs sein Name ein semitischer war, etwa
wie Zaret, Chron. IV, 7. Daſs einige spätere Schriftsteller,
wie Agathias und Photius (s. unten), den Zoroaster auch
Ζαράδης oder Ζαράσδης nennen, beweist nichts; denn theils ist
diese Namensform nicht mit Ζάρατος identisch, theils könnte
bei ihnen eine Verwechslung der verschiedenen Persönlichkeiten
stattgefunden haben [3]).

Der widerliche Schönredner Apulejus [4]) steht also ganz
vereinzelt da, wenn er Zoroaster den Lehrer des Pythagoras
nennt. — Die besser unterrichteten Schriftsteller wuſsten zu
gut, daſs eine solche persönliche Berührung zwischen Zoroaster und Pythagoras unmöglich war.

Das Resultat unserer Untersuchung ist also dieses: Daſs

---

gebraucht; vergl. Hermippus bei Diog. Laërt. VIII, 56. Dagegen heiſst bei Strabo
XVI, p. 762 Lykurg ζηλωτής des Minos.

[1]) s. v. Πυθαγόρας· οὗτος ἤκουσε — Ζάρητος τοῦ μάγου. Schol. in Plat.
Rep. X, p. 600 B. bieten Ζάρατος.

[2]) H. N. XXX, 1. 2: Quotus enim quisque credita saltem cognitos habet, qui
soli nominatur Apusorum et Zaratum Medos Babyloniosque Marmarum et Arabanti-
phocum aut Assyrium Tarmoendam, quorum nulla exstant monimenta?

[3]) Vergl. Cotelier ad Recogn. Clem. IV, 27 und die daselbst mitgetheilten
Anathematismen gegen die Manichäer, worin es heiſst: ἀναθεματίζω Ζαράδην, ὃν
ὁ Μάνης θεὸν ἔλεγε πρὸ αὐτοῦ φανέντα παρ' Ἰνδοῖς καὶ Πέρσαις, καὶ ἥλιον
ἀποκαλεῖ· σὺν αὐτῷ δὲ καὶ τὰς Ζαραδείους ὀνομαζομένας εὐχάς, und weiter
werden die anathematisirt, welche Zaraden, Buddha, Christus, Manes und die Sonne
identificiren.

[4]) Florid. p. 19 ed. Altlb.: Sunt qui Pythagoram aiunt eo temporis inter
captivos Cambysae regis Aegypto cum adveheretur, doctores habuisse Persarum
magos ac praecipue Zoroastrem omnis divini arcani antistitem. Verum eo ante
celebrior fama obtinet, sponte eum petisse Aegyptias disciplinas, atque ibi a sacerdo-
tibus caerimoniarum incredendas potentias, numerorum admirandas vices, Geometriae
solertissimas formulas didicisse; sed nec his artibus animi expletum; mox Chaldaeos
atque inde Brahmanas (hi sapientes viri sunt, Indiae gens est) eorum ergo Brach-
matum Gymnosophistas adiisse.

Pythagoras nach Babylon gekommen und dort nicht blofs mit
Chaldäern und ihrem Weisen Zaratus, sondern auch mit eigentlichen Magiern verkehrt und mit zarathustrischer Lehre bekannt geworden sei, ist sehr wahrscheinlich; dafs er dagegen
Zoroaster selbst kennen gelernt habe, ist von keiner Autorität
bezeugt, und es ist ein blofser Irrthum der Neueren, wenn sie
Zaratus mit Zoroaster verwechseln. Wenn aber Pythagoras
spätestens unter Kambyses (denn die, welche sein Geburtsjahr
früher setzen, müssen seine Reisen um eben so viel höher gegen
den Anfang des persischen Reiches unter Cyrus hin rücken)
nach Babylon kam, so folgt daraus, dafs die zarathustrische
Reform nicht eine eben aufgetauchte Neuigkeit war; denn die
Quellen geben dies mit keiner Sylbe zu verstehen, stellen vielmehr die Weisheit der Magier, nach welcher Pythagoras strebte,
ohne Weiteres neben die altberühmten Wissenschaften der
Aegyptier und Chaldäer. Und wollten wir zugeben, dafs die
ganze Erzählung von Pythagoras Bekanntwerden mit dem zarathustrischen System eine spätere, jedoch gewifs schon bei Aristoxenus vorfindliche Amplification seiner Reisen sei, so haben
diese Amplificatoren es als historisch sicher vorausgesetzt, dafs
der zarathustrische Magismus zu Pythagoras Blütezeit längst
existirte, und sie bezeugen uns somit indirect die Existenz
Zarathustra's lange vor dem Vater des Darius.

Dafs Pythagoras zu Babylon mit Magiern bekannt wurde
und dafs in dieser Hauptstadt unstreitig zarathustrische Schulen
in Folge der persischen Eroberung bestanden, gab Späteren
Veranlassung, Zoroaster und Ostanes gradezu Babylonier zu
nennen. So sagt der Verfasser der Theologumena Arithmetica
p. 43 ed. Ast, Ostanes und Zoroaster, die angesehensten Babylonier, nannten die Sternsphären Heerden (ἀγέλας) oder in ihren
heiligen Sprüchen ἀγέλους und mit Hineinschiebung eines γ
verderbt ἀγγέλους, wefshalb sie auch die über diese ἀγγέλοι
herrschenden Sterne und Dämonen Engel und Erzengel nannten, die sieben der Zahl nach seien. Es kann dies eine Uebertragung von Chaldäischem auf Zoroaster sein; doch kommen
ähnliche Vorstellungen über die Heerführer der Sterne auch im
Bundehesch Cap. V vor.

Zu untersuchen, ob und was in den Lehren des Pythagoras etwa Zarathustrisch sei, ist bei der grofsen Dunkelheit
darüber, was Pythagoras selbst lehrte und spätere Schüler zu-

fügten, fast unthunlich. Unter den pythagorischen σύμβολα kommen einige vor, welche an Zarathustrisches erinnern; z. B. πρὸς ἥλιον τετραμμένον μὴ ὀμιχεῖν (was freilich auch Hesiod kennt); ἀπονυχίσμασι καὶ κουραῖς μὴ ἐπουρεῖν μηδὲ ἐφίζασθαι — allein es ist darauf kein besonderes Gewicht zu legen.

Ich füge an diesem Orte ein, was uns über des Demokrit Reisen berichtet ist. Geboren um 460 v. Chr. und, hundert und vier Jahre alt, gestorben 357 v. Chr., reiste er nach seinem eignen Zeugniſs bis zum achtzigsten Jahre umher und sah den gröſsten Theil der bekannten Erde und verkehrte mit den meisten Menschen (s. sein Fragment bei Clem. Alex. Strom. I, p. 304). Es kann daher nicht dem geringsten Zweifel unterliegen, daſs richtig ist, was Aelian [1]) bezeugt: er sei zu den Chaldäern und nach Babylon und zu den Magiern und zu den Weisen der Inder gekommen. Die Zeit, in welcher Demokrit mit den Magiern verkehrte, fällt unter die Regierung Artaxerxes des ersten. Er soll sich nach Tatian [2]) des Magiers Ostanes gerühmt haben. Man könnte vermuthen, dieser unbestreitbaren Wanderung Demokrits sei jene des Pythagoras etwa nachgedichtet; allein mit eben so viel Recht läſst sich annehmen, Demokrit sei grade durch des Pythagoras Beispiel angeeifert worden, die Weisheit aller Völker an der Quelle aufzusuchen. Ueberhaupt haben wir von der Lebhaftigkeit des Verkehres zwischen Orient und Occident schon in früherer Zeit eine zu geringe Vorstellung, und bringen die rührigen Vermittler zwischen beiden, die kleinasiatischen Griechen, zu wenig in Anschlag; als aber durch die Perserkriege und noch mehr durch Alexander den Groſsen bezüglich persischer Zustände immer reichere und verlässigere Nachrichten nach Europa gelangten, da steigerte sich die Aufmerksamkeit gelehrter Hellenen auch für Zarathustra und sein System. Der älteste griechische Schriftsteller, welcher seiner erwähnt, ist Xanthus, der Lydier, sofern Zeit und Autorschaft desselben gewiſs wären. Ueber die Zeit nämlich, in welche Xanthus zu setzen ist, bestehen

---

[1]) Var. Hist. IV, 20: ἦσαν οὖν καὶ πρὸς τοὺς Χαλδαίους καὶ εἰς Βαβυλῶνα καὶ πρὸς τοὺς Μάγους καὶ τοὺς σοφιστὰς τῶν Ἰνδῶν. Suidas s. v. Δημόκριτος· μαθητὴς κατά τινας Ἀναξαγόρου καὶ Λευκίππου· ὡς δέ τινες καὶ Μάγων καὶ Χαλδαίων (καὶ) Περσῶν. Clem. Alex. Strom. I, p. 357 ed. Potter: ἐπῆλθε γὰρ Βαβυλῶνά τε καὶ Περσίδα καὶ Αἴγυπτον, τοῖς τε μάγοις καὶ τοῖς ἱερεῦσι μαθητεύων, was Eusebius Praep. Ev. X, 4 ausschreibt.

[2]) Orat. ad Graec. p. 74 ed. Otto: ὁ τὸν μάγον Ὀσάνην κατηχάμενος.

gegründete Zweifel. Da in seinem Werk noch ein Factum erzählt war, welches unter Artaxerxes I. fällt [1]), also mindestens nach Ol. 78, 4 oder 79, 1 (465 a. Chr.), so muß er nach dieser Zeit geschrieben haben. War er, wie Suidas berichtet: γεγονώς ἐπὶ τῆς ἁλώσεως Σάρδεων, so würde er, wofern die Einnahme von Sardes unter Krösus 546 v. Chr. und mit dem Worte γεγονώς die Geburt gemeint ist (Ol. 58, 3) [2]), grade zwanzig Olympiaden später achtzig Jahre alt gewesen sein, was durchaus nicht unmöglich ist. Da aber Sardes auch unter Darius Hystaspes Ol. 70, 2 (499 a. Chr.) von den Joniern und Atheniensern genommen wurde, so haben wir von da bis Ol. 70, 2 nur fünfunddreißig Jahre, und es steht uns frei, γεγονώς entweder im Sinne von „geboren" zu fassen: dann wäre Xanthus beim Regierungsantritt des Artaxerxes noch nicht vierzig Jahre alt gewesen; oder im Sinne des „Blühens": dann müßte er zur Zeit der genannten Eroberung von Sardes etwa 30 Jahre alt gewesen sein, was seine Geburt ins Jahr 529 v. Chr. rückt, so daß er zur Zeit des Artaxerxes 64 Jahre alt war, was wiederum annehmbar ist. Das Zeugniß des Dionysius von Halikarnaß [3]), welches von ihm sagt: er gehöre zu jenen Historikern, die ὀλίγῳ πρεσβίτεροι τῶν Πελοποννησιακῶν καὶ μέχρι τῆς Θουκυδίδου παρεκτείναντες ἡλικίας seien, könnte es wahrscheinlich machen, die Eroberung von Sardes Ol. 70, 2 als sein Geburtsjahr zu betrachten; dann war er beim Anfang des peloponnesischen Krieges (Ol. 87, 2) noch kein Siebenziger und bei Thucydides Geburt 28 Jahre alt. War Xanthus aber etwa 529 geboren, so wäre er beim Beginn des peloponnesischen Krieges 98 Jahre alt gewesen (— ein Alter, das er erreichen konnte) und um 58 Jahre älter als Thucydides. Wir sind jedoch nicht gezwungen, anzunehmen, daß Xanthus beim Anfang des peloponnesischen Krieges noch lebte, da es mit jenen Worten durchaus nicht behauptet ist. Jedenfalls steht fest, daß er vor Ol. 79 sein Werk nicht vollendete und daß er ein älterer Zeitgenosse des Herodot war,

---

[1]) Strabo I, p. 49 C. citirt eine Stelle des Eratosthenes (blühte um 250 v. Chr.), welcher des Xanthus erwähnt: ταῦτα δ᾽ εἰπὼν τὴν Ἐρατοσθένους ἐπαινεῖ δόξαν τοῦ φυσικοῦ, καὶ ὅτι Ξάνθου τοῦ Λυδοῦ · τοῦ μὲν Ξάνθου λέγοντος ἐπὶ Ἀρταξέρξου γενέσθαι μέγαν αὐχμόν.

[2]) Niebuhr, Assur p. 64, setzt diese Einnahme von Sardes (Ol. 58, 1) 548 v. Chr. Ich folge der Gleichmäßigkeit wegen den Fasten Clintons.

[3]) De Thucyd. Ind. Th. VI, p. 817 ed. Reiske.

und nach dem Zeugniſs des Ephorus [1]) auf den Vater der Geschichte anregend wirkte.

Bezüglich der Authentie der Schriften des Xanthus regte
ein späterer Kritiker: Artemon von Kassandra Zweifel an, und
glaubte, sie seien von Dionysius Skytobrachion untergeschoben.
Allein schon Athenäus (l. c.) macht dagegen den Umstand
geltend, daſs bereits Ephorus (v. 333 v. Chr.) den Xanthus er-
wähne; und der Gebrauch, welchen Schriftsteller wie Eratosthenes, Dionysius von Halikarnaſs und Strabo unbedenklich von
Xanthus machen, sowie die Meinung, die sie von seinem Alter
hatten, wiegt schwerer als jene vereinzelte Behauptung des
Artemon, über dessen eigene kritische Befähigung wir gar
nichts wissen.

Ueber die Zeit dieses Dionysius sind wir eben so wenig im
Klaren: Suetonius in seinem Buche de grammaticis Cap. 7
sagt von M. Antonius Gnipho: *Alexandriae quidem, ut aliqui
tradunt, institutusque in contubernio Dionysi Scytobrachionis;
quod equidem non temere crediderim, cum temporum ratio vix
congruat.* Da Gnipho nur fünfzig Jahre alt wurde und Cicero
als Prätor seine Vorlesungen gehört haben soll, so werden wir
seine Geburt etwa um 100 a. Chr. zu setzen haben; und geben
wir, um den Bedenken Suetons gegen die Möglichkeit der Er-
ziehung Gnipho's bei Dionysius Rechnung zu tragen, für Dionysius etwa noch weitere 50 Jahre zu, so erreichen wir dennoch für letzteren nur die Mitte des zweiten Jahrhunderts vor
Chr. Hätte also Dionysius wirklich *Λυδιακα* unter Xanthus
Namen geschmiedet, so sind wir zu der Annahme gezwungen,
daſs ächte *Λυδιακα* dem Ephorus und Eratosthenes vorlagen,
und daſs Spätere, wie Dionysius von Halikarnaſs und Strabo,
entweder aus diesem ächten Werke schöpften, oder aber sich
durch ein Buch täuschen lieſsen, welches kaum einige Menschenalter vor ihnen fabricirt war, wobei noch überdieſs die
Λυδιακα des Xanthus, welche Eratosthenes noch kannte, so
von den unächten des Dionysius verdrängt worden sein müſsten,
daſs Alles, was Spätere aus Xanthus citiren, nur dem Fälscher
angehört.

Der Beweis für die Fälschung, welchen mein verehrter

---

[1]) Bei Athen. XII, p. 515: ὅτι Ἔφορος ὁ συγγραφεὺς μνημονεύει αὐτοῦ ὡς
παλαιοτέρου ὄντος καὶ Ἡροδότῳ τὰς ἀφορμὰς δεδωκότος.

Lehrer F. G. Welcker[1]) aus den Fragmenten des Xanthus
zu führen sucht, hat gar nichts zwingendes, ja, er selbst muſs
gestehen, daſs mehrere derselben volksthümliche und alte Sagen
überliefern. Besonderen Anstoſs nimmt der ausgezeichnete For-
scher grade an den Nachrichten, welche dem Xanthus über
Zoroaster und seine Zeit zugeschrieben werden, und an dem
Umstand, daſs Xanthus *Magixà* geschrieben haben soll, aus
welcher Sohrift Clemens von Alexandrien[2]) eine Nachricht über die blutschänderischen Ehen der Magier entnimmt.
Aber warum sollte ein Mann, der sein ganzes Leben unter persischer Horrschaft und somit im täglichen Contact mit magischem Wesen zugebracht hat, kein solches Buch haben schreiben
können, während Herodot bald nach ihm ausführlich über persische Religion handelt?

Welcker und nach ihm Müller halten es ferner für ein
Zeichen der alexandrinischen Zeit, daſs Xanthus von Diadochen
des Zoroaster rede — allein im zarathustrischen System ist grade
diese Tradition durch die Urschriften bewiesen (doch sind es
wahrscheinlich Worte des Hermodorus, nicht des Xanthus). —
Daſs der Schluſs des Fragmentes bei Diogenes: *μέχρι τῆς Περσῶν ὑπ' Ἀλεξάνδρου καταλύσεως* sich auch in einem dem Xanthus von Lydien untergeschobenen Buche so wenig finden konnte,
als in einem ächten, leuchtet von selbst ein: so dumm konnte
kein Betrüger sein — schon Creuzer (Hist. Gr. Fragm. p. 224)
hat gesehen, daſs dieser Schluſs ebenfalls auf Hermodorus
zurückgeht.

Was aber den Inhalt der Nachrichten des Xanthus über
die Verwandten-Ehen und über die Zeit des Zoroaster betrifft,
so sind die ersteren in den Zendtexten unläugbar vorhanden[3]),
und wir werden unten sehen, daſs Xanthus, mag er *ἰξαχισχι-*

---

[1]) In Seebode's neuem Archiv für Philologie und Pädagogik, Jahrg. 1830
p. 45 — 50. Ihm stimmen bei Müller in seiner trefflichen Sammlung der Fragmente griechischer Historiker und Schwegler, Röm. Gesch. I, p. 202.

[2]) Strom. III, p. 515 ed. Pott.: *Ξάνθος ἐν τοῖς ἐπιγραφομένοις Μαγικοῖς,
μηνύεται δέ φησιν, οἱ μάγοι μητράσι καὶ θυγατράσι· καὶ ἀδελφαῖς μίγνυσθαι
θεμιτόν εἶναι· κοινάς τε εἶναι τὰς γυναῖκας, οὐ βίᾳ καὶ λάθρα, ἀλλὰ συναι-
νούντων ἀμφοτέρων, ὅταν θέλῃ γῆμαι ὁ ἕτερος τὴν τοῦ ἑτέρου·* Clemens
giebt dem Xanthus nicht den Beinamen ὁ Λυδός: dagegen nennt Diogenes Laertius
(Prooem. 2) jenen Xanthus, dessen Angabe über das Alter des Zoroaster er erwähnt,
ausdrücklich den Lydier, womit die Identität des von Clemens und Diogenes
angeführten freilich noch nicht stringent bewiesen, aber doch wahrscheinlich gemacht ist.

[3]) [Cf. z. B. Vsp. III, 8 (III, 18 nach Spiegel's Uebersetzung).]

λια oder ἑξακόσια geschrieben haben, aus guten, wenn auch vielleicht mifsverstandenen Quellen über Zoroaster's Zeit berichtete.

Wenn wir aber auch hypothetisch zugäben, dafs die *Αυδιακά* des Xanthus von Dionysius Scytobrachion herrührten, was bewiese das gegen die *Μαγικά*? Artemon's Zweifel bezieht sich ja nur auf die erstere Schrift.

Allerdings ist ein Grund für die Aechtheit der *Μαγικά* von Creuzer (l. c.) auch daher entnommen, dafs in der Erzählung von Cyrus und Krösus, wie sie Nikolaus von Damascus offenbar aus Xanthus' *Αυδιακά* entlehnt, ebenfalls Zoroaster, ja seine *λόγια* vorkommen — allein auch ohne diese Beihülfe werden wir so lange berechtigt sein zu glauben, dafs Xanthus, der Lydier, über magische Dinge gehandelt habe, als das Gegentheil nicht bewiesen ist. Welcker's Einwendungen gegen jene Erzählung sind in der That übertrieben, ja sie schieben dem Text einen Irrthum unter, der offenbar nicht in demselben enthalten ist. Dafs die theatralische Ausschmückung der Geschichte der Verbrennung des Krösus nicht auf Rechnung des Xanthus zu setzen ist, versteht sich von selbst: sie ist des citelen Rhetors Nikolaus Werk. Der Widerspruch aber, den Welcker darin findet, dafs einerseits die Perser bei dem eintretenden Sturme sich der *λόγια* des Zoroaster erinnern, während andererseits Zoroaster selbst noch am Leben sei, um das Todtenverbrennen zu verbieten, und dafs hier Zoroaster dem Krösus gleichzeitig gesetzt werde, während er von Xanthus in den Magika 600 oder 6000 Jahre vor den Feldzug des Xerxes gesetzt werde — dieser Widerspruch ist nicht vorhanden. Denn die *λόγια* des Zoroaster, welche den Persern zu Sinne kommen, werden grade dadurch als etwas Aelteres, Vergessenes bezeichnet, und in der weitern Stelle: τὸν γὲ μὴν Ζωροάςρην Πέρσαι ἀπ᾽ ἐκείνου διεῖπαν μήτε νεκροὺς καίειν, μήτ᾽ ἄλλως μιαίνειν πῦρ, καὶ πάλαι τοῦτο καθεςὸς τὸ νόμιμον τότε βεβαιωσάμενοι: sind es offenbar die Perser, welche die künftige strenge Beobachtung eines schon lange bestehenden Gesetzes des Zoroaster neuerdings einschärfen, nicht Zoroaster selbst; dafs aber nach den Worten: τὸν γὲ μὴν Ζωροάςρην etwas ausgefallen ist, wie αἰδούμενοι, haben schon Valesius und Corny vermuthet (vergl. Orelli, Supplem. not. p. 42), während Müller erklärt: was Zoroaster betrifft, so haben die Perser etc. Einen Widerspruch aber

zwischen den *Μαγικά* und zwischen den *Λυδιακά* geltend zu
machen, ist Welcker nicht berechtigt; denn kein Mensch legt
dem Dionysius Skytobrachion *Μαγικά* bei.

Wir bleiben also bei der Meinung stehen, daſs der ächte
Xanthus in seinen *Λυδιακοῖς* über Krösus ungefähr das einfach
erzählen konnte, was Nikolaus in seiner Weise ausgeschmückt
hat, und daſs folglich auch die Erwähnung des zoroastrischen
Verbotes des Todtenverbrennens aus ihm geschöpft sein kann,
wobei wir jedoch nicht vergessen dürfen, daſs Nikolaus den
Xanthus nicht ausdrücklich citirt, sondern daſs es nur höchst
wahrscheinlich ist '): er habe aus dieser Quelle geschöpft.
Ebenso finden wir durchaus nichts Befremdendes darin, daſs
schon Xanthus Magika geschrieben habe oder wenigstens von
Zoroaster und seiner Zeit gehandelt haben soll, nachdem die
Keilinschriften uns belehrt haben, daſs die auramazdische Religion unter den Achämeniden die herrschende und daher dem
lydischen Xanthus aus Autopsie vollkommen bekannt war.

Aber, so könnte man einwenden, wie ist es möglich, daſs
der ältere Xanthus des Zoroaster und seiner Gesetze erwähnte,
während der jüngere Herodot, der so weitläufig und sachkundig
über persisches Leben und persische Religion handelt, darüber
gänzlich schweigt? Ich will hier nicht geltend machen, daſs
Herodot Einiges der aus Xanthus geschöpften Nachrichten ebenfalls enthält, wie z. B. das Verbot des Todtenverbrennens III, 16;
das Heirathen der Schwestern (III, 31), was er indessen freilich
auf Kambyses zurückführt. Vielmehr ist darauf Gewicht zu
legen, daſs dieses Räthsel für Alle zu lösen ist — sie mögen
Zoroaster für weit älter oder gleichzeitig mit dem Vater des
Darius halten; sie mögen Xanthus als ächt oder unächt betrachten — die auramazdische Religion bestand schon zu Darius
Zeit und herrschte im Persischen Reich — und dennoch nennt
Herodot weder den Zoroaster, noch den Auramazda. Unlösbar
ist dieses Räthsel, wie mir scheint, für jene, welche Zoroaster
Hystaspes, dem Vater des Darius, beiordnen. Denn wie wäre
es möglich, daſs Herodot eine so gewaltige Religionskrisis, die
kaum zwei Menschenalter vor seine Geburt gefallen wäre,
ignorirt hätte?

Aber auch abgesehen von dem Zeitalter des Zarathustra,

') Vergl. Creuser, Hist. gr. Fragm. p. 202., Müller, Fragm. hist. Gr. I, p. 40.

wie konnte Herodot diesen nicht kennen, während Plato fünf-
undfünfzig Jahre später genau über ihn unterrichtet ist und
dabei offenbar aus Quellen schöpfen mußte, die Herodot an
Alter mindestens gleich standen? Des Letzteren Darstellung
persischer Sitten und Religion (I, 131—140) enthält überdieß
eine Reihe achtzarathustrischer Züge — so der Cultus ohne
Götterbilder und Tempel; die Opfer an Zeus (der offenbar
Auramazda ist), Sonne, Mond, Erde, Feuer, Wasser und Winde
(vergl. Yaçn. XVI, 4); der Cultus der Anâhita, die er Mitra
nennt, die Beschreibung des Opfers, bei welchem *μαγὸς ἀνὴρ
παρεστὼς ἐπαείδει θεογονίην*, was auf Opfergebete, wie Yaçna
und die Yasht's, hindeutet; die Opferthiere, welche nach ihm
Stiere, Pferde, Kameele und Esel waren, während die Armen
τὰ λεπτὰ τῶν προβάτων darbrachten, genau wie in den Yashts
Pferde, Rinder und kleinere Thiere dargebracht (Ab. Y. 21)
und Farg. XXII, 3 als Belohnung Pferde, Kameele, Rinder und
Kleinvieh versprochen werden [1]). Das Gewicht, welches auf
Kindererzeugung, auf die Wahrhaftigkeit und Freiheit von
Schulden gelegt wird; die Heilighaltung der Flüsse und das
Verbot, in dieselben oder vor einem andern zu uriniren — das
Verbot des Todtenverbrennens (III, 16), die Geschwisterehe
(III, 31); die Nothwendigkeit, daß Leichen von Hunden oder
Vögeln gezerrt werden vor ihrer Beerdigung; der Eifer, womit
die Magier Ameisen, Schlangen und Ungeziefer vertilgen, wäh-
rend sie Hunde und Menschen nicht tödten dürfen — diese
und andere Züge beweisen auf's unwidersprechlichste, daß
Herodot das magische Wesen, wie es in unsern Zendtexten
enthalten ist, gut kannte, wenn er auch hie und da ein Miß-
verständniß beimischt. Daß er Zarathustra, dessen Religion
er beschreibt, nicht nannte, ist daher entweder ein bloßer Zu-
fall oder er hatte irgend einen bestimmten, uns unbekannten
Grund dazu; vielleicht, weil Xanthus bereits davon gehandelt
hatte. Oder sollte Herodot das magische Wesen bloß aus

---

[1]) Heraclides Cumanus, ein Schriftsteller ungewisser Zeit (vergl. Müller, Hist.
Gr. Fragm. II, p. 95), der persische Sitten, Religion und Gesetze, sowie persische
Geschichte in einem Werk *Περσικά* behandelt hat, welches aus mindestens zwei
Büchern bestand, sagt in einem seiner Bruchstücke bei Athen. IV, p. 145: *ἐσὶ μὲν
γὰρ τῷ βασιλεῖ χίλια ἱερεῖα τῆς ἡμέρας καταθυόμενα· τούτων δ' εἰσὶ καὶ
ἵπποι καὶ κάμηλοι καὶ βόες καὶ ὄνοι καὶ ἔλαφοι καὶ τὰ πλεῖστα πρόβατα· πολλοὶ
δὲ καὶ ὄρνιθες ἀναλίσκονται.* Hier ist die Zahl tausend der Opferthiere angegeben,
wie in den Yasht's.

mündlichen Ueberlieferungen kennen gelernt haben und diese ihm von Männern gemacht worden sein, welche den Magiern nicht sehr hold waren und den Namen des Religionsstifters verschwiegen? Genug: wir haben im Stillschweigen Herodots über Zarathustra ein merkwürdiges Beispiel, wie wenig das *argumentum a silentio* auch da gilt, wo, wie hier, die nächste Veranlassung zum Reden gegeben wäre.

Nachdem Xanthus, der Lydier, über Zoroaster namentlich gehandelt, Herodot wenigstens über das von ihm herrührende Religionssystem berichtet hatte, und nachdem die Vorgänger in der Philosophie Pythagoras und Democritus im Verkehr mit Magiern gewesen, darf es uns nicht wundern, bei Plato ¹) (s.

---

¹) Die Geschichte von Er, des Armenius Sohn (so will der Scholiast das τοῦ Ἀρμενίου verstehen), von Pamphylischem Geschlecht, welche Plato in der Republik (X, p. 614 B. sqq.) erzählt, der in der Schlacht geblieben und nach zwölf Tagen auf dem Scheiterhaufen wieder aufgelebt sei und dann die Geheimnisse der jenseitigen Welt verkündet habe, wird von Clemens von Alexandrien (Strom. V, p. 711) dem Zoroaster zugeschrieben und dieser mit Er gradezu identificirt: Ὅδ᾽ αὐτός (Πλάτων) ἐν τῷ δεκάτῳ τῆς πολιτείας Ἠρὸς τοῦ Ἀρμενίου, τὸ γένος Παμφύλου μέμνηται, ὅς ἐστι Ζωροάςρης (an allen vier Stellen steht Ζωροάςρης)· αὐτὸς γοῦν ὁ Ζωροάςρης γράφει· Τάδε συνέγραψεν Ζωροάςρης ὁ Ἀρμενίου τὸ γένος Πάμφυλος, ἐν πολέμῳ τελευτήσας, ἐν ᾅδῃ γενόμενος ἐδάην παρὰ θεῶν· τὸν δὴ Ζωροάςρην τοῦτον ὁ Πλάτων δωδεκαταῖον ἐπὶ τῇ πυρᾷ κείμενον ἀναβιῶναι λέγει· τάχα μὲν οὖν τὴν ἀνάςασιν, τάχα δὲ ἐκεῖνα αἰνίσσεται, ὡς διὰ τῶν δώδεκα ζωδίων ἡ ὁδὸς ταῖς ψυχαῖς γίνεται εἰς τὴν ἀντίληψιν, αὐτὸς δὲ καὶ εἰς τὴν γένεσιν φησὶ τὴν αὐτὴν γίγνεσθαι κάθοδον. Woher Clemens diesen Irrthum hat, läßt sich aus dem τάδε συνέγραψεν Ζωροάςρης vermuthen: es war wohl in einer der griechischen pseudozoroastrischen Schriften dem Zoroaster die Geschichte des Her in den Mund gelegt. Oder sollte etwa Her als Zoroastrianer gegolten und sich Zarathustria (vergl. Yaçn. I, 28) genannt haben, woraus dann die Späteren Zoroaster selbst machten? Die Geschichte selbst enthält kaum einige Reminiscenzen an Zarathustrisches. Weder Plutarch, Sympos. Probl. IX, 5, 2: Τοῦ τὶ γὰρ οὐρανοῦ τὴν νοητὴν φύσιν ὥρα καλεῖν πτηνὸν τὴν ἐναρμόνιον τοῦ κόσμου περιφορήν, ἐνταῦθα δὲ τὸν αὐτάγγελον τῶν ἐν ᾅδου Πάμφυλον γένος Ἀρμενίου πατρὸς Ἦρα δ᾽ αὐτὸν ὀνομάζειν etc., noch Justinus (Cohort. ad Gent. 27), noch Origenes (adv. Cels. II, 16), noch Augustin (de Civ. Dei XXII, 28), welche die Geschichte Her's besprechen, wissen etwas von seiner Identität mit Zoroaster (Cyrill. VIII, adv. Julian. Theodoret. Serm. I, p. 658). Uebrigens hat Arnobius (adv. G. I, p. 51 ed. Lugd.) diese Stelle benutzt.

Macrob. in somn. Scip. I, 1: *Sed ille Platonicus secretorum relator Er quidam nomine fuit, natione Pamphylus, miles officio, qui cum vulneribus in proelio acceptis vitam effudisse visus, duodecimo die demum inter caeteros una peremtos ultimo esset honorandus igne, subito seu recepta anima seu retenta, quidquid emensis intra utramque vitam diebus egerat viderat ve, tanquam publicum professae judicium, humano generi enuntiavit. Hanc fabulam Cicero licet ab indoctis, quasi ipse veri conscius, doleat irrisam, exemplum tamen stolidae reprehensionis vitans, excitari narraturum quam revivisicere maluit.*

Wozu Mai p. 311 (ed. Stuttg.) bemerkt: *De Eris nomine ac genere (quem quidam Zoroastrem putaverunt) multa ac praeclara disputat Proclus, quem nos aliquando luce donabimus. Citat autem in ea disputatione Proclus et sui ipsius et Zoroastris de natura libros: item auctores Cronium et Theodorum Asinaeum.*

18

oben p. 272) Zoroaster und den Namen des von ihm verkündeten Gottes zu finden. Zwar darf nicht unerwähnt bleiben, dafs
dieser Dialog von Manchen angefochten ist, während ihn Andere
(z. B. Hermann, Geschichte und System der plat. Philos. I,
p. 439) vertheidigen. Für unsern Zweck wird die Annahme
genügen, dafs zur Zeit Plato's Zoroaster in Griechenland bekannt war. Der Behauptung Späterer [1]: Plato sei zu den
Magern und Persern gereist, steht die des Diogenes [2]) von
Laërte entgegen, Plato habe zwar beabsichtigt, zu den Magern
zu gehen, aber er sei durch die in Asien obwaltenden Kriege
davon abgehalten worden. Beiderlei Nachrichten aber liegt
obige Voraussetzung zu Grunde, dafs Persien und seine Religion damals forschenden Griechen grofses Interesse einflöfste.
Darum besprach denn auch ein bedeutender Zeitgenosse Plato's,
Eudoxus von Knidus, dessen Blüte von Apollodor (vergl.
Diog. Laërt. VIII, 90) um die 103 Ol. (368 v. Chr.) gesetzt wird,
und der als Gesetzgeber, Arzt und Astronom ausgezeichnet
war, in seinem verlornen Werke $\gamma\tilde{\eta}\varsigma$ $\pi\epsilon\varrho\iota o\delta o\varsigma$, die Mager
(vergl. Plut. de Is. et Os. ib.), wie Diogenes von Laërte bezeugt
(Prooem. 8). Dürfen wir die Worte des Diogenes (s. unten bei
Arist.) buchstäblich nehmen, so hat Eudoxus grade wie etwas
später Aristoteles ausgesagt, die Mager seien älter als die
Aegyptier: es gebe nach ihnen zwei Prinzipe, den guten und
den bösen Geist Oromasdes und Areimanios. Nach Plinius
(XXX, 1. 2) stimmte Eudoxus mit Aristoteles auch bezüglich
des sechstausendjährigen Alters des Zoroaster überein. Aber
auch ein ausgezeichneter Historiker jener Tage, Dino [3]), der
Vater des Klitarchus, des Begleiters Alexanders, fafste gegen
das Ende des persischen Reiches (er erwähnt noch ein Factum
des Ochus a. Chr. 350) ein Werk unter dem Titel $\Pi\epsilon\varrho\sigma\iota\varkappa\acute{a}$
ab, welches in drei $\sigma\upsilon\nu\tau\acute{a}\xi\epsilon\iota\varsigma$ getheilt war; der erste Theil
hiefs $\dot{A}\sigma\sigma\upsilon\varrho\iota\alpha\varkappa\acute{a}$, der zweite $M\eta\delta\iota\varkappa\acute{a}$, der dritte $\Pi\epsilon\varrho\sigma\iota\varkappa\acute{a}$; jeder

---

[1]) Lactantius, Instit. IV, 2: *Unde equidem soleo mirari, quod cum Pythagoras et postea Plato amore indagandae veritatis accensi ad Aegyptios et Magos et
Persas usque penetrassent, ut earum gentium ritus et sacra cognoscerent (suspicabantur
enim sapientiam in religione versari), ad Judaeos tamen non accesserint.* Vergl. Plin.
H. N. XXX, 1. 2.

[2]) III, 7: $\varDelta\iota\acute{\eta}\gamma\nu\omega$ $\delta\dot{\eta}$ $\dot{o}$ $\Pi\lambda\acute{a}\tau\omega\nu$ $\varkappa\alpha\grave{\iota}$ $\tauo\tilde{\iota}\varsigma$ $M\acute{a}\gamma o\iota\varsigma$ $\sigma\upsilon\mu\mu\tilde{\iota}\xi\alpha\iota\cdot$ $\delta\iota\grave{a}$ $\delta\grave{\epsilon}$ $\tauo\grave{\upsilon}\varsigma$
$\tau\tilde{\eta}\varsigma$ $\dot{A}\sigma\acute{\iota}\alpha\varsigma$ $\pio\lambda\acute{\epsilon}\mu o\upsilon\varsigma$ $\dot{a}\pi\acute{\epsilon}\sigma\chi\eta$.
Apulejus, de habitud. doctrin. Plat Phil. p. 569 ed. Florid.: *Atque ad Indos
et Magos introdisset animum, nisi eum bella tunc retinuissent Asiatica.*

[3]) Vergl. Müller, Fragm. Hist. Gr. II, p. 88 sqq.

Theil hatte wiederum Unterabschnitte. Aus dieser trefflichen
Quelle ist Vieles geschöpft, was wir z. B. bei Cornelius Nepos
und Plutarch lesen, und einzelne Fragmente beweisen uns,
daß er auch die religiöse Seite des persischen Lebens be-
handelte. Ich übergehe die bloß historischen Notizen, die
sich in den Bruchstücken Dino's finden, und bespreche jene,
die sich auf die Religion beziehen. In dem fünften Fragmente
bei Müller II, p. 90 ') versichert Dino, daß die Magier die
zauberische Mantik nicht gekannt hätten, was vollkommen richtig ist, da die Zendtexte überall das Wesen der Zauberer *(yâtu)*
verabscheuen und bekämpfen und es als etwas Teuflisches bezeichnen (vergl. z. B. Farg. I, 14. 15). Die Uebersetzung des
Namens Zarathustra dagegen erinnert an jene Art von Er-
klärungen, welche Touristen von ihren Wegweisern zu empfangen pflegen. Wahrscheinlich suchte der Dollmetscher in der
ersten Sylbe *Zwo* das Persische *stâr* == Zend. *saothra* Opfer;
αςρης wurde aber ohne Weiteres mit dem Gr. *ἀςήρ* identificirt. Uebrigens beweist dieser Erklärungsversuch, mit wel-

---

') Diog. Laërt. Prooem. I, 8: Τὴν δὲ γοητικὴν μαντείαν οὐδ' ἔγνωσαν, ὥς
φησιν Ἀριστοτέλης ἐν τῷ Μαγικῷ καὶ Δείνων ἐν τῇ πέμπτῃ τῶν ἱστοριῶν, ὃς
καὶ μεθερμηνευόμενόν φησι τὸν Ζωροάςρην ἀςροθύτην εἶναι· φησὶ δὲ τοῦτο
καὶ Ἑρμόδωρος. Statt ἀςροθύτην will Menage mit Bochart ἀςροθεάτην, Toup
ἀςροθύτην lesen; die gewöhnliche Lesung aber wird vom Scholiasten des Plato
Alcib. p. 132 bestätigt. Ich trage hier das Scholion zu der Stelle des Alcibiades
nach (Plat. T. VI, p. 281 ed. Stam.): Ζωροάςρης ἀρχαιότερος ἑξακισχιλίοις ἔτεσιν
εἶναι λέγεται Πλάτωνος· ὃν οἱ μὲν Ἕλληνα, οἱ δὲ τῶν ἐκ τῆς ὑπὲρ τὴν
μεγάλην θάλασσαν ἠπείρου ὡρμημένων (παῖδά) φασι, πᾶσάν τε σοφίαν παρὰ
τοῦ ἀγαθοῦ δαίμονος ἐκμαθεῖν, τουτέςιν ἐπιτυχοῦς νοήματος· οὗ δὴ εἰς Ἑλ-
ληνικὴν φωνὴν μεταφραζόμενον τοὔνομα τὸν ἀςροθύτην δηλοῖ· τιμῆσαί τε
αὐτὸν τὴν ἀναχωρηκυῖαν διαγωγὴν τῶν πολλῶν, καὶ δὴ τὴν τῶν ἐμψύχων
ἀποχήν, συγγράμματά τε διάφορα καταλιπεῖν, ἐξ ὧν καὶ δείκνυσθαι τρία μέρη
φιλοσοφίας εἶναι κατ' αὐτόν, φυσικόν, οἰκονομικόν, πολιτικόν; and einige Zeilen
vorher: ἢ διὰ τὸ τὸν Ζωροάςρην ζῆν γενόμενον ἐτῶν σιωπῆσαι, εἶτα μετὰ ['
χρόνους ἐξηγήσασθαι τῷ βασιλεῖ τῆς ὅλης φιλοσοφίας, ἢ ὡς τῷ Μίθρᾳ οἰκεῖον
τὸν ζάρηθμόν, ὃν διαφορῶντος οἱ Πέρσαι σέβουσιν. Die Notizen, daß Zoroaster
sechstausend Jahre älter als Plato sei, sind aus Aristoteles oder Eudoxus geschöpft,
die über die Bedeutung des Namens Zoroaster aus Dino; daß Zoroaster seinen Unterricht vom guten Geist, d. i. Ahura-Mazda, empfangen habe, ist ebenso richtig, als
die Erklärung: d. h. vom treffenden Verstande, sofern dies etwa vom Mainyus
khratus, dem himmlischen Verstand, gemeint ist. Ueber die anachoretische Lebens-
weise Zoroaster's wird anderswo die Rede sein. Daß Zoroaster vom siebenten Jahre
an geschwiegen und nach dreißig Jahren seine Lehre dem König verkündigt habe,
wird anderweitig bestätigt; ebenso die συγγράμματα. Ganz vereinzelt steht die
Angabe: er sei ein Hellene gewesen oder von jenen, die aus dem Festlande jenseits des
großen Meeres ausgegangen seien, welche letztere Phrase sehr dunkel ist; zur Bezeichnung kleinasiatischer Griechen klingt sie fast zu mysteriös. Ist sie vielleicht
eine Reminiscenz an die Ueberschiffung des Urmenschen nach den sechs Keivar's,
die unter Tahmuraf stattfand? Oder an die Atlantis?

chem Interesse die Griechen in das Verständnifs der Sache
einzudringen suchten.

Die zauberische Mantik verabscheuten nach Dino die Magier;
dagegen sagt er von ihnen, dafs sie mit Zweigen (Ruthen) weis-
sagen [1]), was allenfalls an die Wünschelruthe erinnern könnte;
näher liegen jedoch die Reiserbündel, welche unter dem Namen
bareçman eine so bedeutende Rolle in der persischen Liturgie
spielen. Nach Anquetil's Zeugnifs (Usages T. II, p. 532)
ist das Barsam vom Holze der Granate, der Tamariske oder
der Dattel — jenes μυρίκινον ξύλον ist aber das Holz der Tamariske, von welchem Strabo [2]) sagt, dafs die Magier mit ihm
die Besingungen machen, indem sie lange ein Bündel solcher
feiner Reiser in der Hand halten. Die weitere Notiz des
Dino [3]), dafs die persischen und medischen Magier unter
freiem Himmel opfern, und dafs sie Feuer und Wasser für die
einzigen Abbilder der Götter halten, ist, wenn sie richtig verstanden wird, ganz begründet. Götterbilder kannten die früheren Perser nicht; die hohe Verehrung aber, die sie dem h.
Feuer und dem Wasser im Cultus zollten, mufsten in dem
beobachtenden Hellenen die Meinung hervorbringen, dafs sie
Feuer und Wasser als Repräsentanten der Gottheit betrach-
teten.

Zwei merkwürdige Züge hat uns Dino [4]) aufbewahrt,

---

[1]) Schol. Nicand. Ther. 613: Μάγοι δὲ καὶ Σκύθαι μυρικίνῳ μαντεύονται
ξύλῳ· καὶ γὰρ ἐν πολλοῖς τόποις ῥάβδοις μαντεύονται. *Δείνων δὲ ἐν τῷ
πρώτῳ τῆς τρίτης συντάξεως καὶ τοὺς μάντεις φησὶ Μήδους ῥάβδοις μαν-
τεύεσθαι.*

[2]) XV, p. 733: τὰς δὲ ἐπῳδὰς ποιοῦνται πολὺν χρόνον ῥάβδων μυρικίνων
λεπτῶν δέσμην κατέχοντες.

[3]) Clem. Alex. Cohort. ed. Gent. c. 5, p. 56 ed. Pott.: Θύειν ἐν ὑπαίθρῳ
τούτους (nämlich die Perser, Meder und Magier) ὁ Δείνων λέγει, θεῶν ἀγάλματα
μόνα τὸ πῦρ καὶ τὸ ὕδωρ νομίζοντας. Clemens fügt bei, dafs μετὰ πολλὰς
μέντοι ὕστερον περιόδους ἐτῶν durch Artaxerxes Mnemon der Bilderdienst der
Anahita eingeführt worden sei — es ist klar, dafs dieser Ansicht eine Vorstellung
höheren Alters des Zarathustra unterliegt, als die paar hundert Jahre zwischen
Hystaspes, des Darius Vater, und Artaxerxes Mnemon sind.

[4]) Athen. XIV, p. 633 C., wo von dem Sänger Phemius bei Homer die Rede
ist, welcher die Helden verherrlichte: Τὸ δὲ ἔθος τοῦτο καὶ παρὰ τοῖς βαρβάροις
ἐσῴζετο, ὥς φησι Δείνων ἐν τοῖς Περσικοῖς. Τὴν γοῦν Κύρου τοῦ πρώτου
ἀνδρείαν καὶ τὸ μέλλοντα πόλεμον ἔσεσθαι πρὸς Ἀστυάγην προειδόντο αἱ
ᾠδαί. „Ὅτε γὰρ (φησὶν) ἡγήσατο τὴν εἰς Πέρσας ἀποδημίαν ὁ Κῦρος, ἡγε-
μόνι δ' αὐτὸν πρῶτον ἐπὶ τῶν ῥαβδοφόρων, εἶθ' ὕστερον ἐπὶ τῶν ὁπλοφόρων
καὶ ἀπῆλθεν· συναγυμνίνου οὖν τοῦ Ἀστυάγους μετὰ τῶν φίλων, τότε Ἀγγάρης
ὄνομα (οὗτος δ' ἦν τῶν ᾠδῶν ὁ ἐνδοξότατος) ᾖδεν εἰσκληθεὶς τά τε ἄλλα τῶν
εἰθισμένων, καὶ τὸ ἔσχατον εἶπεν, ὡς ἀφεῖται εἰς τὸ ἕλος θηρίον μέγα, θρα-
σύτερον ὑὸς ἀγρίου· ὃ ἂν κυριεύσῃ τῶν καθ' αὑτὰν τόπων, πολλοῖς μετ'

welche beweisen, dafs er aus ächten Quellen schöpfte. Es
habe nämlich auch bei den Barbaren Heldensänger gegeben,
und des Kyrus Tapferkeit und zukünftigen Krieg gegen Astyages
hätten diese Sänger vorher gewufst. Als nämlich Kyrus nach
Persien reiste und Astyages mit seinen Freunden zechte, wurde
der berühmteste Sänger, Namens Angares, hereingerufen und
sang die gewöhnlichen Lieder, die er mit den Worten schlofs:
„es wird ein grofses Thier in den Sumpf entlassen, gewaltiger
als ein wilder Eber; sobald es seine Gegenden beherrscht, wird
es leicht mit vielen kämpfen." Als aber Astyages fragte, was
für ein Thier, antwortete er: „Kyrus, der Perser." Astyages,
überzeugt, dafs dieser Verdacht begründet sei, schickte nach,
um Kyrus zurückzurufen, aber umsonst.

Es ist höchst interessant zu sehen, wie Dino hier grade
bei dem König aus jener Schlangendynastie ein altes Lied
erwähnt, deren Besungensein durch Volkslieder der Armenier
Moses von Chorene bezeugt (s. o. p. 138). Der Name des Sän-
gers Ἀγγάρης erinnert an den vedischen Angiras; das Lied aber
enthält eine den Zendtexten geläufige Vorstellung, welche den
Sieg (Verethraghna) in der Gestalt eines gewaltigen Ebers mit
scharfen Klauen und Hauern personificirt (vergl. Mithra p. 41).

Den zweiten ähnlichen Zug hat uns Cicero [1] aus Dino
aufbewahrt. Cyrus sieht im Schlaf die Sonne zu seinen Füfsen
und greift dreimal umsonst darnach, bis die Sonne sich zusam-
menzieht und verschwindet. Die Magier prophezeien ihm aus
diesem dreimaligen Greifen eine dreifsigjährige Herrschaft. Diese
Sonne ist offenbar das qarenô aqaretem (oder kdraêm, denn
beides pafst), die von Gott stammende Majestät, der Glanz,
das Glück der Könige, von welchem so oft in den Zendtexten
die Rede ist und von welchem Zam. Y. 56 ff. erzählt wird, dafs
Afrasiab dreimal umsonst darnach gestrebt und gegriffen, und
dafs es sich jedesmal vor ihm im See Vourukascha verborgen

ὀλίγον ῥᾳδίως μαχεῖται. Ἐρομένου δὲ τοῦ Ἀστυάγους, ποῖον θηρίον, ἔφη
Κῦρον τὸν Πέρσην. Νομίσας οὖν ὀρθῶς αὐτὸν ὑπαπτευκέναι καὶ μεταπεμ-
πόμενος οὐδὲν ὤνησεν.

[1] De divinat. I, c. 23: Quid ego quae Magi Cyro illi principi interpretati
sunt, ex Dinonis Persicis proferam? Nam quum dormienti ei sol ad pedes visus
esset, ter eum, scribit, frustra appetivisse manibus, quum se convolvens sol elaberetur
et abiret: ei Magos dixisse (quod genus sapientum et doctorum habebatur in Persis)
ex triplici appetitione solis triginta annos Cyrum regnaturum esse portendi. Quod
ita contigit. Nam ad septuagesimum pervenit, quum quadraginta natus annos regnare
coepisset.

habe. Die Parallele ist zu auffallend, als daß sie verkannt
werden könnte; ich schließe aus ihr nicht, daß Dino selbst
Stellen, wie die angeführten der Yaschts vorlagen, wohl aber,
daß seine Quelle, z. B. jene alten Lieder, Bilder und Rede-
weisen hatten, welche unsern Zendtexten entsprechen, und daß
Dino sonach ein Zeuge für das Alter des Inhalts der letztern
ist. Ob der Sohn Dino's, Klitarchos, in seiner Geschichte
von den Magiern gesprochen, ist ungewiß: denn das lange
Bruchstück, welches Diogenes citirt, scheint andern anzuge-
hören und nur die Worte: „die Gymnosophisten verachteten
den Tod", dem Leibarzt Alexanders zu gehören. Doch ist die
Stelle gewiß aus einem tüchtigen Schriftsteller und wird unten
ihren Platz finden. Etwas jünger als Plato und Dino, mußte
Aristoteles um so mehr seine Aufmerksamkeit den Magiern
widmen, als, wie wir sahen, seit fast zwei Jahrhunderten griechische Philosophen und Historiker mit dieser Erscheinung des
orientalischen Lebens sich befreundet und zum Theil davon berichtet hatten. In seiner Metaphysik (N. p. 301, 8 ed. Brand.) [1]
berührt er einmal im Vorübergehen die Lehre vom Urgrund;
nach Diogenes von Laërte [2] hat er aber ein eigenes Buch
unter dem Titel Μαγικός abgefaßt, welches jedoch von Anderen dem Antisthenes oder Rhodon zugeschrieben wird [3] und
in einem größeren Werk περὶ φιλοσοφίας die magische Lehre
eingehend besprochen. Kostbar ist das aus dieser Schrift durch
Diogenes [4] uns erhaltene Fragment, worin Aristoteles berichtet: die Mager seien älter als die Aegyptier und es gebe
nach ihnen zwei Urgründe, den guten Geist und den bösen.
Der eine heiße Zeus und Oromasdes, der andere Hades und
Areimanios, was für uns die erste namentliche Erwähnung des

---

[1] καὶ ἕτεροί τινες τὸ γεννῆσαι πρῶτον ἄριστον τιθέασι καὶ οἱ Μάγοι.

[2] Procm. 1: γεγενῆσθαι γὰρ παρὰ μὲν Πέρσαις μάγους — καθά φησιν
Ἀριστοτέλης ἐν τῷ Μαγικῷ — 8. τὴν δὲ γοητικὴν μαντείαν οὐδ' ἔγνωσαν,
φησὶν Ἀριστοτέλης ἐν τῷ Μαγικῷ καὶ Δείνων κτλ. (v. supra).

[3] Suidas s. v. Ἀντισθένης· πρῶτον Μαγικὸν (συνέγραψεν ὁ Ἀντισθ.)·
ἀφηγεῖται δὲ περὶ Ζωροάστρου τοῦ Μάγου εὑρόντος τὴν σοφίαν· τοῦτο δέ
τινες Ἀριστοτέλει, οἱ δὲ Ῥόδωνι ἀνατιθέασιν. Vergl. Brandis, Gesch. d. Phil.
II, 2 p. 84 sqq.

[4] Procm. 8: Ἀριστοτέλης δ' ἐν πρώτῳ περὶ φιλοσοφίας καὶ πρεσβυτέρους
εἶναι τῶν Αἰγυπτίων καὶ δύο κατ' αὐτοὺς εἶναι ἀρχάς, ἀγαθὸν δαίμονα καὶ
κακὸν δαίμονα· καὶ τῷ μὲν ὄνομα εἶναι Ζεὺς καὶ Ὡρομάσδης, τῷ δὲ Ἄιδης
καὶ Ἀρειμάνιος. Letztere Namensform klingt schon wie das Neupersische Ahriman,
wie denn überhaupt mehrere Spuren vorhanden sind, daß schon damals die vulgären
iranischen Idiome sich bildeten.

bösen Geistes der Magier bei den Griechen ist. Außerdem
führt Plinius [1]) die Meinung: Zoroaster habe sechstausend
Jahre vor Plato's Tod gelebt, auch auf Aristoteles zurück.
Gewiß haben wir den Verlust dieser Schriften des Meisters
der Philosophen sehr zu beklagen, da sie nicht bloß historische
Daten von großer Zuverlässigkeit enthielten, sondern auch die
speculative Seite des Magismus behandelten.

Ein nicht minder großer Verlust ist für uns der jenes
Buches, welches der berühmte Historiker Theopompus in
seinem großen Werke Φιλιππικὰ Zoroaster und den Magern
widmete. Geboren um 378, schrieb er zwölf Bücher Ἑλληνικὰ
und achtundfünfzig Bücher Φιλιππικά, von welchen letzteren
zu Photius' (Cod. 176 p. 890) Zeiten noch dreiundfünfzig
übrig waren und in deren achtem Buch er über Zoroaster
und die Mager handelte [2]) und dabei nicht bloß das oben aus
Aristoteles über Ahura-Mazda und Aṅro-Mainyus Angeführte
ebenfalls bezeugt, sondern auch die Lehre der Magier von der
Auferstehung, worüber an einem andern Ort gesprochen werden wird. Aus ihm schöpfte auch Plutarch [3]), der ihn
namentlich citirt; was er sonst in seiner Schrift: de Iside et
Osir. c. 46 u. 47 über die Lehre der Magier uns aufbewahrt
hat, kann theilweise auch aus Dino, Aristoteles, Eudoxus, Hermodorus, Hermippus und Sotion entlehnt sein; als die Haupt-
quelle werden wir jedoch Theopomp zu betrachten haben. Ich
füge deßhalb an dieser Stelle jene unschätzbaren Fragmente
hellenischen Wissens über den Magismus ein, enthalte mich
jedoch bezüglich jener Punkte, die anderwärts von mir behandelt sind oder werden, einer weiteren Auseinandersetzung.

„Einige meinen," so berichtet Plutarch nach seinen Gewährsmännern, „es gebe zwei einander entgegenwirkende Götter,
der eine der guten, der andere der bösen Dinge Schöpfer; einige

---

[1]) H. N. XXX, 1, 2: *Eudoxus, qui inter sapientiae sectas clarissimam utilissi-
mamque eam intellegi voluit, Zoroastren hoc sex milibus annorum ante Platonis
mortem fuisse prodidit, sic et Aristoteles.*

[2]) Dies achte Buch las noch Photius. Möchte es sich noch beziehen auf
Diog. Laert. Procem. 8 fügt zu den oben citirten Worten nach Ἀριμάνιος hinzu:
φησὶ δὲ τοῦτο καὶ Ἕρμιππος ἐν τῷ πρώτῳ περὶ μάγων καὶ Εὔδοξος ἐν τῇ
περιόδῳ καὶ Θεόπομπος ἐν τῇ ὀγδόῃ τῶν Φιλιππικῶν, ὃς καὶ ἀναβιώσεσθαι
κατὰ τοὺς μάγους φησὶ τοὺς ἀνθρώπους καὶ ἔσεσθαι ἀθανάτους καὶ τὰ ὄντα
ταῖς αὐτῶν ἐπικλήσεσι διαμενεῖν.

[3]) De Is. et Os. 47. In das achte Buch des Theopompus wird nach Athen.
V, p. 213 F. auch eine Erwähnung des Pythagorus gesetzt.

nennen den bessern Gott, den andern Dämon, wie Zoroaster
der Magier, von dem man berichtet, dafs er fünftausend Jahre
alter ¹) ist als der trojanische Krieg. Dieser nun nannte den
einen Oromazes, den andern Areimanios und erklärte dabei,
dieser gleiche unter den sinnlichen Dingen am meisten dem
Licht, der andere hingegen der Finsternifs und der Unwissenheit ²); in der Mitte zwischen beiden aber sei Mithra, wefshalb
die Perser Mithra den Mittler nennen. Er lehrte, jenem Bitt-
und Dankopfer darzubringen, diesem aber abwehrende und
finstere. Ein gewisses Kraut, Omomi genannt, in einem Mörser
stofsend ³), rufen sie den Hades und die Finsternifs auf, und
mischen es (den Saft des Krauts) dann mit dem Blut eines
geschlachteten Wolfes und tragen es an einen von der Sonne
nicht beschienenen Ort und werfen es weg. Denn auch von
den Pflanzen halten sie einige für dem guten Gott, andere für
dem bösen Dämon angehörig; und von den Thieren seien
z. B. Hunde, Vögel und Landigel des Guten, des Bösen aber
die Wassermäuse, wefshalb sie den, welcher die meisten davon
tödtet, glücklich preisen."

„Aber auch jene (die Magier) sagen viel Fabelhaftes von
den Göttern: wie z. B. Nachstehendes: Oromazes aus dem
reinsten Licht, Areimanios aber aus der Finsternifs geworden,
kämpfen mit einander. Jener machte sechs Götter: den ersten
als der Güte, den zweiten als der Wahrheit, den dritten als
der guten Herrschaft, von den übrigen aber einen als der
Weisheit, einen als des Reichthums, einen als des Genusses
des Schönen Bildner — dieser aber eine gleiche Zahl, gleichsam als Entgegenwirker. Hierauf vermehrte sich Oromazes um
das Dreifache und entfernte sich von der Sonne so weit, als
die Sonne von der Erde entfernt ist, und schmückte den Himmel mit Sternen, einen Stern aber setzte er vor Allen als
Wächter und Fürscher ein, den Seirios. Und nachdem er andere vierundzwanzig Götter geschaffen, legte er sie in ein Ei;
die eben so vielen vom Areimanios gemachten aber das Ei
durchbohrend • • •, wefshalb das Böse mit dem Guten ge-

¹) Dies ist dem Hermodorus entlehnt.
²) Auch an andern Stellen berührt Plutarch diese Gegensätze.
³) Es ist längst bemerkt worden, dafs dies ganz der Bereitung des Haoma-
saftes entspricht und dafs dieser ὅμωμι die Havana's von Stein und Erz sind, in
welchem die h. Pflanze zerstofsen wird.

mischt ist. Es kommt aber die vorbestimmte Zeit, in welcher Areimanios, Pest herbeiführend und Hunger, von diesen gänzlich zu Grunde gehen und verschwinden; und wenn dann die Erde eben und platt geworden, ein Leben und eine Gemeinschaft aller glücklicher und gleichsprachiger Menschen eintreten muſs. Theopompos aber sagt, nach den Magern herrsche abwechselnd dreitausend Jahre der eine dieser Götter und der andere werde beherrscht; weitere dreitausend Jahre aber kämpften und kriegten sie gegen einander und löse einer die Dinge des andern auf. Zuletzt aber unterliege der Hades und die Menschen würden glückselig sein, weder der Nahrung bedürfend noch Schatten werfend. Der Gott aber, der dies bewirkt habe (bewirken werde), feiere und ruhe eine Zeit, die wohl lange an und für sich, für den Gott aber wie für einen schlafenden Menschen mäſsig sei."

Es ist bereits anderswo (Mithra p. 56 fig.) bemerkt worden, wie das, was über den Gegensatz der beiden Geister, über ihre Natur als Licht und Finsterniſs, über Mithra und das Andarvai gesagt ist, buchstäblich mit den Zendtexten und dem auf sie basirten Bundehesch übereinstimmt. Was über das Haoma-Opfer berichtet wird, muſs nur richtig verstanden werden. Jedes magische Opfer ist schon an und für sich, wie den Ahura-Mazda begütigend, so den bösen Geistern entgegen wirkend; allein wir finden überdies neben den Anrufungen und Bitten an Ahura und die Yazata's (εὐκταῖα und χαριςήρια), auch Abwehrgebete und Verwünschungen (ἀποτρόπαια καὶ σκιϑρωπά) gegen Añro-Mainyus und die Dämonen; man vergl. z. B. Farg. X, 9. 10. 13. 16. XI, 8 sqq.; und es wird namentlich von dem Haoma-Opfer gesagt: „daſs die geringste Auspressung des Haoma, das geringste Lob des Haoma, das geringste Genieſsen des Haoma zum Tausendtödten der Daêva's gereiche" (Yaçn. X, 6). Wir dürfen also nur das Wort ϑύειν nicht pressen, da es unrichtig wäre, zu sagen, daſs dem Añro-Mainyus etwas geopfert wird; vielmehr ist ϑύειν hier nur durch ein Zeugma mit dem zweiten Satz verbunden, zu dem es nicht paſst. Ganz passend aber ist ἀνακαλοῦνται, welches auf die verwünschenden Beschwörungen der Daêva's zu beziehen ist, die oben angeführt wurden. Richtig ist es auch, daſs der Wolf ein ahrimanisches Thier ist; daſs unter den Bitten, die in dem Hymnus (Yaçn. IX, 21) an Haoma gerichtet werden, auch die

ist, dafs man zuerst den Wolf gewahren und nicht von diesem
überrascht werden möge, dafs unter den bösen Dingen, die
bekämpft werden, die Wölfe sind (Ardib. Y. 8). Dafs aber
Hnomasafl mit Wolfsblut vermischt worden wäre, ist durch
die Zendtexte nicht bestätigt und scheint dem System zu wider-
streiten; vielleicht war es ein localer Brauch, der von der
magischen Strenge abwich; oder es war nicht der Saft, sondern
die überbleibenden Fasern, welche so gebraucht wurden.

Was dann folgt über die Vertheilung von Pflanzen und
Thieren unter die zwei Demiurgen, ist vollkommen durch die
Texte, namentlich Bundehesch belegbar. Wie sehr die Hunde
geachtet wurden, zeigen die über sie handelnden Fargards; der
ἐχῖνος χερσαιος ist jenes Thier, welches Farg. XIII, 2 als der
Hauptfeind der Dämonen bezeichnet wird. Der Zendtext nennt
ihn; çpânem çijdrem urrïçarem yim ćankdparem yim madyâka,
aci dujcacańho dujakem nâma uoğaiti; die Huzvaresch-Uebersetzung giebt den Namen susak (vergl. Bundeh. p. 30, 15: „der
saosag, welchen man khârpust, Stachelhaut, nennt,“ und Bund.
p. 49 l. l, wo es heifst: „der susak urinirt in alle Löcher der
getreideschleppenden Ameisen und tödtet Tausende davon;“
susak ist aber offenbar nur eine Variation von dujaka). Es
ist der Ameisenigel: tachyglossus aculeatus; çijdrem scheint
mir in seinem ersten Theil nur eine andere Form von tij
(vergl. Sskr. çigra) zu enthalten und „stacheltragend“ zu bedeuten.

Das ahrimanische Thier wird hier im gewöhnlichen Texte:
τους ἐνύδρους genannt, was im Gegensatz zu χερσαιοις und mit
Ergänzung von ἐχίνους eine Art Wasserigel bedeuten müfste
(ἐνύδρις die Fischotter, ein den Persern heiliges Thier [Farg.
XIV, 2] kann nicht gemeint sein). Allein die andere Stelle
desselben Plutarch[1]) beweifst, dafs auch hier μῦς zu ergänzen ist; die Mäuse aber sind ein böses Thier (vergl. Sad-der
Port. XLVII).

Dafs die sechs Götter, welche Oromozes schuf, die sechs
Ameśa-Çpeñta's sind, ist längst[2]) bemerkt; die Namen derselben, wenn sie in ihrer moralischen Geltung, wie dies z. B.

---

[1]) Quaest. conviv. IV, 5, 2: Τους δ'ἀπὸ Ζωροάςρου μάγους τιμᾶν μὲν ἐν
τοῖς μάλιστα τὸν χερσαῖον ἐχῖνον, ἐχθαίρειν δὲ τοὺς ἐνύδρους μῦς καὶ τὸν
ἀποκτείνοντα πλείςους θεοφιλῆ καὶ μακάριον νομίζειν.

[2]) Burnouf, Comm. s. l. Y. I, p. 150 sqq. und die Stelle Nerioseh's p. 146.

in den Gâtha's geschieht [1]), und nicht so sehr von ihrer physischen Seite aufgefasst werden, sind trefflich wiedergegeben.
Vohumanô, das gute Gemüth, ist der δημιουργὸς εὐνοίας, in
physischer Beziehung: der Herr der Rinder und übrigen Thiere.
Aśa vahista, die beste Reinheit oder Wahrheit (ich habe anderswo gezeigt, dass er der Ὠμάνης bei Strabo ist und dass
der auch dem Namen Ὤχος zu Grunde liegt), denn beides
bedeutet *aša*; δ. ἀληϑείας, physisch: der Herr der Feuer; *khša-
thrô vairya*, der treffliche oder zu ehrende Herrscher, der zugleich der Herr der Metalle ist; *Çpeñta Armaiti*, die demüthige
fromme Gesinnung; δ. σοφίας, der Genius der Erde; *Haurvatât*,
der Erhalter und Nährer, der die irdischen Güter giebt; δ.
πλούτου, physisch: der Herr der Gewässer; *Ameretât* (der
Ἀμανδατος des Strabo), der Herr der Bäume, welcher zugleich
der Genius der jenseitigen Belohnung ist.

Ganz vortrefflich ist nicht nur das Gr. ἀντιτέχνους gewählt,
um das widersacherische Wesen der ahrimanischen Geister zu
bezeichnen und das Zendische *paitydra* zu übersetzen (vergl.
Haug, Gâthas p. 223), die Gegensätze zu den sechs Ameśa-
Çpeñta's, Akuman, Ander, Çaurva, Taromat, Tarić und Zarić
finden sich buchstäblich Bundeh. p. 76, 6, verglichen mit p. 5, 9,
und es beruhen diese Angaben des Bundehesch auf Urtexten;
vergl. Zam Y. 96.

Das dreimalige sich Vergrößern des Oromazes (es erinnert
auch an die dreimalige Vergrößerung der Erde durch Yima)
scheint sich auf die drei Himmel zu beziehen, durch welche,
wie durch Stufen zu dem höchsten Wohnsitze Gottes gelangt
wird; vergl. Yasht fr. II, 15 und Spiegel, Parsi-Grammatik
p. 188. Auch die Stelle Yaçn. XIX, 6 scheint mir auf diese
Dreiheit zu deuten. Die Angabe der Entfernung: soweit als
die Sonne von der Erde, ist ächt zendisch.

Das hohe Lob des Seirios, nämlich des zendischen Tistrya,
ist durch den Opferhymnus auf diesen Yazata bestätigt, und
es ist sehr bemerkenswerth, dass Bundeh. p. 7, 6, nachdem die

---

[1]) *Vôhumanô* übersetzt Neriosenh Yaçn. XXVIII, 2 mit *uttamaṃ manas*. *Aś. vah.*
derselbe lb. v. 4 u. v. 6. XXIX, 2 mit *dharma*; jedoch v. 11 auch mit *satyatâ*;
khšathrem mit *râgyam*; ad 29, 11 werden die Namen *Aśavaḥ*, *Vohumano* und *Kšathra
vairyo* mit *punyam*, *uttamam manô* und *râgyam* erklärt. XXXI, 4: *punya = Aś. vah.*
[*armaiti sampérnamdasa* XXVIII, 8; XXXIV, 9 *haurvat = sarvaprarriti*, *ameretât
amritasprarriti* XXXI, 6].

Schöpfung der Gestirne vorausgeschickt ist, Tischtar als der
erste Anführer im Aufgang genannt wird.

Die vier und zwanzig weiteren Götter sind die Yazata's,
deren Zahl verschieden angegeben werden kann. Zwanzig von
ihnen geben neben Ahura-Mazda und den sechs Ameša-Çpeuta's
den Monatstagen ihre Namen; vergl. Yaçn. XVI, 3 sqq. Dazu
können leicht vier weitere gefunden werden, wie z. B. Nairyô-
Çañha, Airyama Išya, Anàhita (wenn diese nicht bereits im
Wasser einbegriffen ist), Haoma u. s. w.

Es ist nur zwar keine zendische Stelle bekannt, welche
das Weltall als Ei darstellt (eine bei den Indiern desto geläu-
figere Vorstellung); wohl aber läfst sich die Anschauungsweise
von dem Alles umgebenden Himmel nur durch die Kugelgestalt
erklären. Im Minokhard p. 319 aber findet sich das Welt-Ei
ausdrücklich erwähnt: 2. *ku dçmâ u ĝamì u dw u awarê hurci
aňdar i ň dçmân êdum rìndrd êçlef cuň murrd khďê.* 3. *dçmňn
ajrar ĝamì u ajêr ĝamì khďêa humdnd pa dačtkdri i dddar
anňnma rìnard êçlef ĝamì aňdar dçmň êdum humdnd cuň zarda
myňn khďêa.* „Himmel und Erde und Wasser und alles Andere
unter dem Himmel ist so geformt worden, wie das Ei der
Vögel. Der Himmel ist über der Erde und unter der Erde
einem Ei ähnlich, durch das Händewerk des Schöpfers Ahura
geformt; die Erde inner des Himmels, ähnlich wie das Gelbe
im Ei." Das Durchbohren und Eindringen Ahriman's in die
irdische Schöpfung und die daraus sich ergebende Mischung
von gut und böse ist aber wörtlich geschildert Bundeh. p. 9, 13.
Den Rest der Stelle werde ich unten erklären und bemerke
hier nur noch, dafs für die Auferstehungslehre der Mager von
Diogenes [1] auch Eudemus der Rhodier als Gewährsmann genannt wird; er war einer der tüchtigsten Jünger des
Aristoteles (vergl. Jons. Scr. H. Phil. I, 15, 2) und hat eine
Geschichte der Astronomie — ἀσρολογικαὶ ἱςορίαι geschrieben,
worin er des Zoroaster sehr wohl erwähnt haben konnte. Eine
Schrift des Heraklides Pontikus, eines Schülers Platon's und
Aristoteles, welche uns Plutarch (adv. Colot. p. 1115 A.) citirt,
trug den Namen Zoroasters: Unter andern Schriften, die dort
Plutarch aufzählt, nennt er auch Ἡρακλείδου τὸν Ζωροάςρην,
τὸ περὶ τῶν ἐν ᾅδου, τὸ περὶ τῶν φυσικῶς ἀπορουμένων. Man

---

[1] Procem. 9: ταῦτα δὲ καὶ Εὔδημος ὁ Ἰόδιος ἱσορεῖ.

könnte versucht sein, wegen des Nebeneinanderstehens des Buches über Zoroaster und des über den Hades, zu vermuthen, daß hier etwa auch die Geschichte von Her, des Armenius Sohn vorkam und etwa dem Zoroaster in den Mund gelegt wurde — allein es ist dies nur eine Möglichkeit. Clemens v. Alexandrien schöpft auch anderswo aus Heraklides. Ein anderer Schüler des Aristoteles, Klearchus von Soli (Jons. I, 18, 1), der unter Ptolemäus Soter blühte, hatte in seiner Schrift περὶ παιδείας behauptet, die Gymnosophisten seien Abkömmlinge der Mager (Diog. Prooem. 9). Ein Platoniker Hermodorus, dessen Zeit uns leider unbekannt ist und der eine Schrift περὶ μαθημάτων geschrieben hat, wird von Diogenes[1]) als Zeuge für die Ansicht angerufen, daß Zoroaster fünftausend Jahre vor Troja's Fall gelebt habe.

Auf diesen Hermodorus führe ich (wie schon oben bei Xanthus erörtert wurde) Alles zurück, was noch sonst sich in der Stelle des Diogenes findet[2]): „Der Platoniker Hermodorus in seinem Buche über die μαθήματα sage: Von den Magiern an, welche Zoroaster, der Perser, begonnen habe, bis zum Falle Trojas seien fünftausend Jahre. Xanthus der Lydier aber sage: Bis zum Zug des Xerxes nach Hellas seien von Zoroaster sechshundert Jahre, und nach ihm seien viele Magier gewesen, die sich einander nachgefolgt, die Ostaner und Astrampsycher und Gobryer und Pazater bis zur Auflösung des persischen Reiches."

Wir werden jedoch sogleich sehen, daß Zoroaster fünf-

---

[1]) Prooem. 2.

[2]) Plut. de Is. et Osir. 46: ὥσπερ Ζωροάστρου ὁ μάγος, ὃν πεντακισχιλίοις ἔτεσι τῶν Τρωικῶν γεγονέναι πρεσβύτερον ἱστοροῦσιν; wahrscheinlich aus Hermippus geschöpft. Prooem. 2: ἀπὸ δὲ τῶν Μάγων, ὧν ἄρξαι Ζωροάστρην τὸν Πέρσην, Ἑρμόδωρος μὲν ὁ Πλατωνικὸς ἐν τῷ περὶ μαθημάτων φησὶν εἰς τὴν Τροίας ἅλωσιν ἔτη γεγονέναι πεντακισχίλια· Ξάνθος δὲ ὁ Λυδὸς εἰς τὴν Ξέρξου διάβασιν ἀπὸ τοῦ Ζωροάστρου ἑξακόσια φησὶ, καὶ μετ᾽ αὐτὸν γεγονέναι πολλούς τινας Μάγους κατὰ διαδοχὴν Ὀστάνας καὶ Ἀστραμψύχους καὶ Γωβρύας καὶ Παζάτας, μέχρι τῆς Περσῶν ὑπ᾽ Ἀλεξάνδρου καταλύσεως. Diese Stelle hat Suidas vor Augen s. v. Μάγοι· παρὰ Πέρσαις οἱ φιλόσοφοι καὶ φιλόθεοι, ὧν ἦρχε Ζωροάστρης· καὶ μετὰ τοῦτον κατὰ διαδοχὴν Ὀστάνας καὶ Ἀστράμψυχοι· s. v. Ὀστάνας· οὗτοι πρώτην παρὰ Πέρσαις Μάγοι ἤγοντο· κατὰ διαδοχὴν Ὀστάνας· und s. v. Ζωροάστρης· Περσομῆδος, σοφός, ὃς καὶ πρῶτος ἦρξε τοῦ παρ᾽ αὐτοῖς πολιτευομένου ὀνόματος τῶν Μάγων· ἐγένετο δὲ πρὸ τῶν Τρωικῶν ἔτεσιν φ΄ (fünfhundert statt fünftausend). Und Phavorinus: Ὀστάνας οὗτοι πρώτην παρὰ τοῖς Πέρσαις μάγοι ἐκαλοῦντο. Die Namen Ὀστάνης, Ἀστράμψυχος, Ζωροάστρις kommen auch bei Hippol. Philos. p. 150 ed. Oxon. vor.

tausend Jahre vor dem troischen Krieg auch von Hermippus gesetzt wurde, und später auch die Zeitbestimmung des Xanthus erörtern.

Eine Succession der Magier von Zoroaster an ist ganz in den heimischen Urquellen begründet: denn Içaţ-vâçtra, der Sohn des Zarathustra (Farv. Y. 98), ist nach Bundehesch (p: 79, 16) oberster Mopet und ebendaselbst l. 13 ist gesagt, daſs alle Mopet's Persiens auf den Samen des Minutschehr zurückgehen.

Der Name *Οζάναι*, der bald eine Gattung bezeichnet, bald einem den Xerxes nach Griechenland begleitenden und über seine Kunst schriftstellernden Magier beigelegt wird (Plin. Hist. N. XXX, 1, 8) ') und später einem Magier im Gefolge Alexanders, scheint mir jenem Worte entsprungen, welches im Zend den Heilwunsch ausdrückt: *usta* (vergl. Tir Y. 29) und womit die zweite Gâtha Uçtavaiti anfängt. Daſs Magier nach dieser Heilformel benannt wurden, scheint mir sehr naheliegend.

In dem seltsamen *Ασράμψυχοι* dürfte wohl die ächt zendische Bezeichnung des dritten Standes: der Ackerbauer: *Vâçtryô fšuyâç* liegen. Zarathustra wird Farv. Y. 89 ausdrücklich der erste *Vâçtryô-fš.* genannt und sein Sohn *Urvatat-nara*, der im Varem die heilige Lehre verkündet, ist nach Bundehesch der Meister der Ackerbauer. *Gobryas* ist als Eigenname des einen der sieben mit Darius bekannt und in der Form *Gaubruva* in der Bisitun-Inschrift IV, 84. V, 7 erhalten. Ein ähnlicher Name ist *Gâurvi* Farv. Y. 118. *Παζάται* könnte mit *paiti-san*, einem Kunstausdruck für die Begütigung himmlischer Wesen, zusammenhängen. Heiſst ja der Bruder des Pseudosmerdis *Πατιζείθης* bei Herod. III, 61.

Der Alexandriner Sotion hatte unter Ptolemäus Epiphanes (204—181 v. Chr.) ein weitläufiges Werk *περὶ διαδοχῶν τῶν φιλοσόφων* geschrieben, welches bereits von Heraklides Lembus um Ol. CL (Jonsius II, 10) im Auszug bearbeitet wurde. In dem drei und zwanzigsten Buche dieses Werkes hatte Sotion, wie Diogenes *) sagt, die uralte Weisheit der per

') *Οσθάνης* heiſst der Bruder des Artaxerxes. Der Name des Magiers Ostanes kommt vor bei Tertullian de anima c. 57; Minuc. fol. c. 27; Augustin contra Don. VI, c. ult.; Euseb. Praepar. Evang. IV, p. 119 und Apuleius de Magia c. 27 u. 90. Bei Plinius schwanken die Hss. zwischen Osthanes und Ostanes.

*) Prooem. 1: *Τὸ τῆς φιλοσοφίας ἔργον ἔνιοί φασιν ἀπὸ βαρβάρων ἄρξαι γεγενῆσθαι· γὰρ παρὰ μὲν Πέρσαις Μάγους, παρὰ δὲ Βαβυλωνίοις ἢ Ἀσσυρίοις*

sischen Mager hervorgehoben und die Ehe mit Blutsverwandten als einen magischen Brauch bezeugt. Vergleichen wir das Prooem. 1 aus Sotion citirte mit Prooem. 6—8, so werden wir uns zur Annahme geneigt fühlen, daß die ganze Stelle aus Sotion (oder Aristoteles) genommen und das Citat aus Klitarchus nur parenthetisch eingeschoben ist. Sie lautet: „Die, welche behaupten, die Philosophie habe bei den Barbaren begonnen (und das that nach Prooem. 1 Sotion), setzen auch die Art derselben bei den einzelnen barbarischen Völkern auseinander; sie sagen: die Gymnosophisten und Druiden hätten in räthselhaften Sprüchen philosophirt: die Götter verehren, nichts Böses thun und Muth üben (sei der Inhalt ihrer Lehre). Daß die Gymnosophisten auch den Tod verachten, sagt Klitarchus im zwölften Buch. Die Chaldäer aber beschäftigten sich mit Astronomie und Vorhersagungen; die Mager aber übten den Dienst der Götter und Opfer und Gebete, da sie allein erhört zu werden wähnten. Sie lehrten auch von dem Wesen der Götter und ihrem Ursprung, und hielten Feuer, Erde und Wasser dafür. Die Götterbilder aber verachteten sie und zumeist jene, welche bei den Göttern männliches und weibliches Geschlecht annehmen. Sie sprächen auch über die Gerechtigkeit und hielten es für unerlaubt, die Todten zu verbrennen, für erlaubt aber, sich mit Mutter oder Tochter zu vermischen, wie Sotion im drei und zwanzigsten sagt. Sie übten auch Mantik und Vorhersagung, behauptend, daß ihnen die Götter erscheinen. Und es sei auch die Luft voll Gestalten, die mittels Ausströmens von der Verdunstung den Blicken der Scharfsehenden wahrnehmbar würden. Sie verböten, Schmuck und Gold zu tragen. Ihre Kleidung ist weiß; ihr Lager der Boden; Gemüse ihre Speise und Käse und geringes Brod; ihr Stab ein Rohr, womit sie in den Käse stechend ihn aufheben und davon essen. Zauberische Mantik aber kennen sie nicht einmal, wie Aristoteles in dem Magikos und Dino im fünften Buche seiner Geschichte sagt."

Wir sehen hier eine Reihe von Punkten, die wir bereits bei Xanthus, Herodot und Dino fanden, bestätigt. Man kann

---

Χαλδαίοις, καὶ Γυμνοσοφιςὰς παρὰ Ἰνδοῖς, παρά τε Κελτοῖς καὶ Γαλάτας τοὺς καλουμένους Δρυΐδας καὶ Σιμνοθίοις· καθὰ φησιν Ἀριστοτέλης ἐν τῷ Μαγικῷ καὶ Σωτίων ἐν τῷ εἰκοςῷ τρίτῳ τῆς Διαδοχῆς. — ib. 7: καὶ ὅσιον νομίζειν μητρὶ ἢ θυγατρὶ μίγνυσθαι, ὡς ἐν τῷ εἰκοςῷ τρίτῳ φησὶν ὁ Σωτίων.

das Wesen der Mager nicht besser schildern, als wenn n.an es
eine Beschäftigung mit θεῶν θεράπειαι, θυσίαι und εὐχαί nennt.
Zu den Abbildern (s. oben) der Götter: Feuer und Wasser
kommt hier die Erde hinzu: die Ârmaiti der Zendtexte. Dafs
die Mager keine männlichen und weiblichen Gottheiten gekannt
hätten, ist, wenn wir z. B. Mithra und Anâhita, die ganz gewifs männlich und weiblich sind, für altmagisch halten dürfen,
buchstäblich genommen, nicht richtig; aber richtig ist es, dafs
die Mager keine Götterfortpflanzungen und Genealogien, wie
die Griechen, kannten. Die Erscheinungen der Yazata's sind
durch die Zendtexte genugsam bestätigt; jene Gestalten, εἴδωλα
aber, welche den Scharfsehenden wahrnehmbar werden, sind
wahrscheinlich die Fravaši's, jedoch offenbar zu materialistisch
aufgefafst. Die Angabe über die Nahrung der Mager erinnert an das, was über Zoroaster berichtet wird: er habe lange
Zeit von Käse gelebt [1]).

Ich schliefse diese glänzende Reihe hellenischer Zeugen
aus den vorchristlichen Jahrhunderten mit Hermippus. Dafs
ein Schriftsteller dieses Namens ein Werk über die Mager geschrieben, welches mehrere Bücher hatte, sahen wir schon oben
(p. 279) aus der dort angeführten Stelle des Diogenes. Ueber
den Inhalt des Werkes aber belehrt uns Plinius [2]), auf dessen
Worte wir sogleich zurückkommen werden. Wer dieser Hermippus gewesen und wann er gelebt, ist nirgends gesagt;
man hat jedoch fast allgemein den Ἕρμιππος Καλλιμάχειος für
den Verfasser des Buches über die Mager gehalten (Jons. de
script. hist. phil. II, 9, 3. Lezynski Hermippi Fragm. p. 46),
und zwar nicht ohne Grund. Denn, dafs ein Gelehrter, der
sich so viel mit der Geschichte der Philosophie beschäftigt
wie Hermippus (ich erinnere nur an sein Werk über die
sieben Weisen), nach so trefflichen Vorarbeiten auch über die
Mager geschrieben, ist ganz wahrscheinlich. Dieser Hermippus
aber, des berühmten Kallimachus Schüler, welch letzterer in
hohem Alter noch unter Ptolemäus Euergetes lebte (starb un-

---

[1]) Plinius H. N. XI, 42, 97: *Tradunt Zoroastren in desertis caseo vixisse annis
XXX ita temperato, ut vetustatem non sentiret.* Hierzu ist zu vergleichen Porphyrios
de Abst. IV, 16 p. 348 sqq.

[2]) Hist. Nat. XXX, 1, 2: *Hermippus, qui de tota arte ea (magia) diligentis-
sime scripsit et viciens centum milia versuum a Zoroastre condita indicibus quoque
voluminum eius positis explanavit, praeceptorem a quo institutum diceret, tradidit
Agonacen, ipsum vero quinque milibus annorum ante Troianum bellum fuisse.*

gefä^r 240 v. Chr.), entfaltete seine schriftstellerische Thätigkeit in der zweiten Hälfte des dritten Jahrhunderts vor Christo
und, da er noch Chrysipp's Tod erwähnt, der 207 v. Chr. starb,
so müssen seine letzten Schriften bis gegen das Ende des dritten Jahrhunderts reichen. Wahrscheinlich ist der von Hiero-
nymus de scr. eccl. 1 citirte Peripatetiker Hermippus mit diesem identisch.

Müller (Hist. Gr. Fragm. III, p. 36) weicht jedoch von
der gewöhnlichen Ansicht: Hermippus, des Kallimachus Schüler, habe das Buch περὶ μάγων geschrieben, ab und will es
einem Ἕρμιππος ὁ ἀςρολογιχός zueignen, der bei Athenaeus ¹)
citirt zu werden scheint und der auch Φαινόμενα verfaſst hat.
Jedoch gesteht Müller (ib. p. 54) ein, dieser Astrolog Hermippus müsse ungefähr zur selben Zeit, wie der Kallima-
chische, gelebt haben und beide könnten auch identisch sein;
somit ist die Frage, ob beide Hermippe eine Person sind oder
nicht? für das Alter des uns hier beschäftigenden Buches ohne
Belang.

Ist die Erwähnung des Hermippus, bezüglich persischer
Dinge, bei Athenäus dunkel und ungewiſs, so ist es ein andres
Citat aus ersterem bei Arnobius ²) nicht minder. Ob der in

---

¹) XI, p. 478 A.: Νικόμαχος δ᾽ ἐν πρώτῳ περὶ ἑορτῶν Αἰγυπτίων φησί·
„Τὸ δὲ κότὲν ἐςὶ μὲν Περσικόν, τὴν δὲ ἀρχήν, ἥν Ἕρμιππος ἀςρολογιχὸς ὡς ὁ
κόσμος, ἐξ οὗ τῶν θιῶν τὰ θαύματα καὶ τὰ ἀρχαιόγμα γίνεσθαι ἐπὶ γῆς
διὸ ἐκ τούτου σπένδεσθαι." Casaubonus will emendiren: Περσικὸν τὴν ἀρχὴν·
εἶδος δ᾽ ἔχει, ὡς φησιν Ἕρμιππος. Putran: τὴν δὲ μορφὴν εἶχε ὡς φησιν Ἑρμ.
Anderei τὴν δὲ ἀρχήν ἥν ὡς ὁ κόσμος, ἐξ οὗ φησιν Ἕρμιππος ὁ Ἀςρολογιχὸς
τῶν θιῶν τὰ θαύματα κ. τ. λ. Ich mafs geatehen, dafs ich sehr zweifle, ob der
Name Ἕρμιππος richtig ist; es scheint vielmehr der Name eines astrologischen
Gefässes darunter zu stecken: τὴν δὲ ἀρχὴν ἥν τρίτους ἀςρολογιχὸς ὡς ὁ κόσμος.
Das Wort κότὲν wird Gen. XLIV, 2. 4. 12 in den LXX von dem Becher Joseph's
gebraucht. Oder ist zu lesen: τὴν δὲ ἀρχὴν ἥν, ὡς φησιν Ἕρμιππος, ἀςρολογιχὸς κόσμος. Jedenfalls erscheint es mir sehr zweifelhaft, ob das Prädicat ἀςρ.
zum Namen Hermippus gehört. Nach Anq. Usages T. II, p. 588 heifst das bei
der Liturgie gebräuchliche Wassergefäfs im Guzurati kowri — Sskr. kundu, eine
eiserne Pfanne.

²) Adv. Gent. I, c. 52, p. 81 ed. Lugd.: Age nunc reniat (quaeso per Salma-
ſius; mss. nach Oehler gens super; quis super Orelli; Loz. und Müller) ignarus
sonum magus interiora ab orbe Zoroastres, Hermippo ut assentimur auctori,
Bactrianus: et ille contemiat, cuius Ctesias res gestas historiarum exposuit in primo;
Armenius Zostriani nepos et familiaris Pamphilus Cyri, Apollonius, Damigero et
Dardanus, Velus Julianus et Baebulus et si quis est alius, qui principatum et nomen
fertur in talibus habuisse praestigiis. Statt Zostriani, was die Hss. bieten, lesen
einige Herausgeber Hostanis; denen auch Lozynski und Müller folgen; sie (wie auch
Oehler und Orelli) interpungiren überdiefs nach auctori und ziehen Bactrianus zum
Folgenden: Bactrianus et ille.

Desid. Heraldus in seinen Animadv. ad Arnob. p. 52 will lesen: Age nunc reniat

19

den Worten: *quis super igneam zonam magus interiore ab orbe Zoroastres* liegende, mir unverständliche [1]) Gedanke das von Hermippus bezeugte sein soll, oder (wofern Bactrianus zum ersten Satz gehört) die Herkunft des Zoroaster aus Baktrien, ist zweifelhaft, das erste jedoch das wahrscheinlichere; vielleicht liegt darin eine Anspielung auf das, was spätere griechische Fabulatoren von dem Tod des Zoroaster durch Blitz und von dem Aufbewahren des in der Asche glühenden Feuers als Symbol der Herrschaft zu berichten wissen.

quis Azonaces Magus interiore ab orbe, Hermippo ut essentianur auctori; Bactrianus et ille contemiat. Unter dem Bactrianus will er dann den Zoroaster verstehen, dessen Name an den Rand beigeschrieben worden und in den ersten Satz gerathen sei.

Die Worte: *Armenius Zostriani nepos et familiaris Pamphilus Cyri* sind, wie mir scheint, verdorben; sie beziehen sich auf den oben erwähnten *Her*; vielleicht ist zu schreiben *Armenii filiis Zoroastris nepos et familia Pamphylus Herus.* Ich sehe, dass eine, der meinigen ähnliche Vermuthung bereits Cotelier ad Recogn. Clem. IV, 27 (Patr. Apost. I, p. 542) gewagt hat, welcher lesen will: *Armenius Zostriani nepos et familiaris Pamphylus Her.* Den Zostrianus erwähnt Porphyr. in Vita Plot.

Von dem Bactrianus Zoroaster spricht Arnobius noch einmal (C. I, p. 5): *Ut inter Assyrios et Bactrianos Nino quondam Zoroastroque ductoribus non tantum ferro dimicaretur et viribus, verum etiam magicis et Chaldaeorum ex recondito disciplinis invidia nostra haec fuit!* Es ist offenbar der König von Baktrien Ὀξυάρτης gemeint, der Diod. Sic. II, 6 vorkommt, und dort nach muthigem Widerstand dem Ninus unterliegt.

Euseb. Chron. II, p. 35 ed. Auch. (ad annum Abrahae 7) sagt: *Zoroastres magus rex Bactrianorum clarus habetur, adversus quem Ninus dimicavit.* Euseb. Praep. Evang. X, 9: Καθ' ὃν Ζωροάσρης ὁ Μάγος Βακτρίων ἐβασίλευσε. — Denselben Magier und König der Baktrier werden wir auch bei Moses von Chorene finden. Theo Progymnas. περὶ συγκρίσεως — Οὐ γάρ εἰ Τόμυρις κρείασων ἐπὶ Κύρον ἢ καὶ μὰ Δία Σεμίραμις Ζωροάσρου τοῦ Βακτρίου, ἤδη συγχωρητέον τὸ θῆλυ τοῦ ἄρρενος ἀνδρειότερον εἶναι Justin Illus. I, 1.

[1]) Arnob. adv. Gent. I, 52: Der Codex bietet nach Oehler's Zeugniss *quae super*; *quis super* haben Orelli, Lozynski, Müller — *quaeso per* ist eine Conjectur des Salmasius, die Oehler aufgenommen hat. Die Worte: *super igneam zonam magus interiore ab orbe Zoroastres* sind sehr dunkel: *ignea zona* ist von Salm. für die libysche, glühende Zone gehalten worden, was natürlich nicht geht; *interiore ab orbe* könnte heissen: vom Binnenkreise, im Gegensatze zu Bactrianus; es könnte aber auch den inneren magischen Kreis bedeuten, aus welchem Zoroaster vom brennenden Berg durch Feuer oder über den Feuergürtel herüber kommt, denn ist die Stelle des Dio Chrys. in seiner borysthenischen Rede (s. unten) zu vergleichen und wir hätten in diesem Fall Hermippus als Gewährsmann für diese Feuererscheinung. — Oder *interiore ab orbe* könnte sich auf jene Ansicht beziehen, welche Zoroaster zu einem Abkömmling der Hellenen macht (vergl. oben d. Schol. des Plato), oder ist *ignea zona* eine Uebersetzung von Atropatene, Aderbidschan? — das Feuerland? Atropatene? Strabo, XI, p. 528, leitet den Namen dieser Provinz, die er bald Ἀτροπατηνή, bald Ἀτροπατία nennt, von Ἀτροπάτης her, der sie vor der macedonischen Herrschaft gerettet habe. *Âthrô-paiti* bedeutet zendisch: der Herr des Feuers, oder *âthrô-pâta* der Beschützer des Feuers, oder der vom Feuer beschützte, wie Farv. Y. 102 einer der Söhne des Vistâçpa heisst. Im Bundehesch heisst das Land Atro (Aran) pâtkân. Nach Urmi in Atropatene wird die Geburt des Zarathustra gesetzt.

Doch wir geben, um Verlässigeres über das Werk des Hermippus zu erfahren, zur Stelle des Plinius zurück: hier werden drei Dinge von Hermippus gesagt: er habe den Zoroaster fünftausend Jahre vor dem troischen Krieg gesetzt, worin er mehr oder weniger mit den übrigen griechischen Autoritäten übereinstimmte; er habe den Lehrer des Zoroaster *Agonaces* genannt — eine dunkle Notiz: die Handschriften des Plinius geben die Varianten: *Agonaccen, Agoneten, Aganacen, Abonacem, Agoneiscen*, die genugsam beweisen, dafs hier eine Corruptel obwaltet; und da die Zendtexte und die Tradition durchaus keinen andern Lehrer kennen, als Ahura-Mazda selbst, so vermuthe ich, dafs Hermippus den Namen *Ζρομάζης* oder *Ζρομάσδης* in einer dem Zend entsprechenden Form, etwa: *Ἀγορομάζδης*, und das Zend. *h* mit *γ* wiedergab oder auch vielleicht nur *Agomases*. Ist diese Vermuthung richtig, so beweist sie das selbstständige Forschen des Hermippus und seine Kenntnifs der Sprache. Dafs Ahura-Mazda selbst der Lehrer Zoroaster's war, wufsten die Griechen recht wohl; denn anders ist das oben angeführte platonische Z. *ὁ τοῦ Ζρομάζου* nicht zu verstehen, wie die Erklärung des Scholiasten richtig andeutet, und wir haben überdiefs das ausdrückliche Zeugnifs Plutarch's[1], der, was er von Magischem sagt, aus den besten Quellen schöpfte, wenn er in seinem Leben Numa's sagt, das göttliche Wesen habe mit dem Zoroaster verkehrt.

Das Dritte, was Hermippus nach Plinius bezeugt, ist: Existenz und Umfang der zoroastrischen Schriften, die Ersterer selbst gekannt und mit Angabe des Inhalts der einzelnen Schriften erklärt habe. Dafs *explanavit* nicht zu urgiren und etwa als: übersetzen zu fassen sei, ist offenbar; es heifst vielmehr: etwas Dunkles und Unbekanntes deutlich darstellen. Höchst wahrscheinlich wurde Hermippus mit einem Inhaltsverzeichnifs der ein und zwanzig Nosks des Avesta bekannt, wie ein solches uns noch vorliegt, und Lassen[2] hat die zwanzigmalige Setzung von hunderttausend Versen mit diesen Nosks

---

[1] Num. c. 4: *Ἆρα οὖν ἄξιόν ἐςι ταῦτα συγχωροῦντας ἐπὶ τούτων ἀπιςεῖν, εἰ Ζαλεύκῳ καὶ Μίνῳ καὶ Ζωροάςρῃ καὶ Νομᾷ καὶ Λυκούργῳ βασιλείας κυβερνῶσι καὶ πολιτείας διαπονοῦσιν εἰς τὸ αὐτὸ ἐφοίτα τὸ δαιμόνιον· ἢ τούτοις μὲν εἰκός ἐςι καὶ σπουδάζοντας θεοὺς ὁμιλεῖν ἐπὶ διδασκαλίᾳ καὶ παραινέσει τῶν βελτίσων, ποιηταῖς δὲ καὶ λυρικοῖς μεταχειρίζεσθαι, εἴπερ ἄρα χρῆσθαι παίζοντας.*

[2] Ind. Alterth. III, p. 440 Note.

treffend parallelisirt, welche den ein und zwanzig Worten des
Gebetes: *Yathâ ahû vairyô* entsprechen. Von diesen Nosks
ist uns nur ein kleiner Rest erhalten; wir müssen uns die Ge-
sammtmasse sehr umfangreich denken. In dem von Anquetil
und Vullers (Fragmente der Rel. Zoroasters p. 15) uns mitgetheilten Verzeichniß sind im Ganzen für die 21 Nosks 825
Capitel angegeben; der kleinste hatte 17, der größte 65 Capitel.
Vendidad ist ganz richtig zu 22 Capiteln berechnet und wir haben
keine Ursache, an der Richtigkeit der übrigen Zahlen zu zweifeln.

In der Spiegel'schen Ausgabe des Vendidad haben diese
22 Capitel ungefähr 4485 Zeilen, also jedes circa 205; in dem
lithographirten Codex des Vendidad-Sade kommen von 560 Seiten etwas mehr als die Hälfte: nämlich 292 auf den Vendidad,
und da jede Seite 19 Zeilen hat, so beträgt die Summe derselben 5548 und es beträgt daher das Capitel durchschnittlich
252 Zeilen. Wären nun die Volumina, die Hermippus beschrieb,
etwa in Format und Schrift so beschaffen, wie jener Codex
(und es läßt sich denken, daß in älterer Zeit beides noch
weiter, ausgedehnter und prächtiger war), und dürfen wir annehmen, daß dieselbe Durchschnittssumme für alle 825 Capitel
des Nosks gültig sei, so steigt die Gesammtsumme der ςίχοι
der Nosks auf 207900, oder, wenn einzelne Capitel kürzer
waren, auf circa 200000 Verse: das wären *vicies dena milia
versuum* (εἰκοσάκις μύριοι ςίχοι). Läsen wir bei dem so leicht
möglichen Irrthum in Zahlen bei Plinius so (statt *vicies centum
milia versuum*), so gewännen wir die überraschendste Uebereinstimmung der Angaben des Hermippus mit dem Verzeichniß
der Nosks und der Handschrift des Vendidad. Schrieb aber
Plinius nach seinem Gewährsmann Hermippus wirklich *vicies
centum milia versuum*, so müßten entweder die übrigen Nosks
viel längere Capitel gehabt haben oder die ältesten Handschriften viel weitläufiger geschrieben gewesen sein, oder es liegt
eine orientalische Uebertreibung zu Grunde.

Daß aber die Eintheilung in Nosks nicht eine Erfindung
des Späteren sei, beweist die bekannte Stelle Yaçn. IX, 22 W.:
*haomô taêcit yôi kataуô naçkô-fraçaɔ̃ñhô aɔ̃ñheñti çpãnô maçtīmća
bakhɟaiti.* „Haoma giebt denen, welche die Naska's lesend
sitzen, Heiligkeit und Größe [1].“

---

[1] Burnouf, Etud. p. 289 sqq., vergleicht *fraçaɔ̃ñhô* mit Sskr. *praçñah* von
çâs *loqui*. Nerlosenh giebt es mit: *adhyayanam kartum.*

Das Zeugnifs des Hermippus ist also ebenso unverdächtig
als wichtig. Im dritten Jahrhundert vor Christus kannten die Griechen zoroastrische Urtexte von jener
Beschaffenheit und Ausdehnung, wie wir sie nach
den noch vorliegenden Texten und einheimischen
Zeugnissen voraussetzen müssen, und fast Alles,
was wir bisher als magische Lehre von den Alten
bezeugt sehen, ist in den noch vorhandenen Schriften deutlich enthalten [1]).

Dies ist das Resultat jener Nachrichten des Alterthums,
welche geraume Zeit vor die christliche Aera fallen und somit
auch vor die Zeit, wo die Religionsmengerei des römischen
Kaiserreiches, die phantastischen Geheimculte späterer Magier
und falsche, griechisch geschriebene Zoroastrische Schriften [2])
in Schwung kamen: Umstände, die uns bei den Nachrichten

---

[1]) Plinius bezeugt überdiefs noch die Schriftstellerei des Magiers Ostanes
zu Xerxes Zeit.

[2]) Suidas s. v. *Ζωροάςρης*. Es gab eine griechische Schrift unter dem
Namen des Hystaspes (am Ende des ?. Jahrhunderts). Clem. Alex. Strom. VI, p. 761
ed. Potter, sagt, dafs die Heiden auch ihre Propheten gehabt hätten und citirt dafür ein Wort des Apostels Paulus, welches er entweder der Tradition oder einem
paulinischen Apocryphem entnommen hat.

*Δηλώσει πρὸς τῷ Πέτρου κηρύγματι ὁ Ἀπόςολος λέγων Παῦλος· λάβετε
καὶ τὰς Ἑλληνικὰς βίβλους· ἐπίγνωτε Σίβυλλαν, ὡς δηλοῖ ἕνα θεὸν καὶ τὰ
μέλλοντα ἔσεσθαι· καὶ τὸν Ὑςάσπην λαβόντες ἀνάγνωτε καὶ εὑρήσετε πολλῷ
τηλαυγέςερον καὶ σαφέςερον γεγραμμένον τὸν υίὸν τοῦ θεοῦ, καὶ καθὼς
παράταξιν ποιήσουσι τῷ Χριςῷ πολλοὶ βασιλεῖς μισοῦντες αὐτόν, καὶ τοὺς
φοροῦντας τὸ ὄνομα αὐτοῦ.*

Lact. Inst. VII, 18: *Hystaspes quoque, qui fuit Medorum rex antiquissimus, a
quo amnis quoque nomen accepit qui nunc Hydaspes dicitur, admirabile somnium sub
interpretatione vaticinantis pueri ad memoriam posteris tradidit, sublatum iri ex orbe
imperium nomenque Romanum multo ante praefatus est, quam illa Trojana gens
conderetur.* Es folgt hieraus, dafs L. diesen Hystaspen lange vor die Zeit der
Gründung Rom's, also auch lange vor Darius Hystaspes setzte.

Justin. Apol. I, 20: *Καὶ Σίβυλλα δὲ καὶ Ὑςάσπης γενήσεσθαι τὸν φθαρτῶν ἀνάλωσιν διὰ πυρὸς ἔφασαν*; Ib. c. 44: *Κατ᾽ ἐνέργειαν δὲ τῶν φαύλων
δαιμόνων θάνατος ὡρίσθη κατὰ τῶν τὰς Ὑςάσπου ἢ Σιβύλλης ἢ τῶν προφητῶν βίβλους ἀναγινωσκόντων, ὅπως διὰ τοῦ φόβου ἀποςρέψωσιν ἐντυγχάνοντας
τοὺς ἀνθρώπους τῶν καλῶν γνῶσιν λαβεῖν, αὐτοῖς δὲ δουλεύοντας κατέχωσιν·
ὅπερ εἰς τέλος οὐκ ἴσχυσαν πρᾶξαι. Ἀφόβως μὲν γὰρ οὐ μόνον ἐντυγχάνομεν
αὐταῖς, ἀλλὰ καὶ ὑμῖν ὡς ὁρᾶτε, εἰς ἐπίσκεψιν φέρομεν.* Justin schrieb diese
Apologie um 151 v. Chr.

Der Inhalt des Werkes war, wie es scheint, der: Hystaspes hatte einen Traum
über die Zukunft, der ihm von einem weissagenden Knaben ausgelegt wird. Es
kam darin eine Schilderung des Sohnes Gottes vor und wie die Könige der Erde
ihn verfolgen; ferner der Untergang des römischen Reiches und die Verzehrung der
Welt im Feuer. Ueber das Schicksal der Menschen nach dem Tode mufs nach
dem Zusammenhang von Apol. I, 44 das Buch ebenfalls gesprochen haben. — Es
mufs jedenfalls schon im ersten Jahrhundert bekannt gewesen sein.

späterer Schriftsteller, wofern sie sich nicht auf jene älteren Quellen ausdrücklich berufen oder wenigstens mit Wahrscheinlichkeit zurückführen lassen, sehr vorsichtig machen müssen.

Unter den Schriftstellern der Periode römischer Alleinherrschaft nimmt für uns die erste Stelle Strabo ein. Er parallelisirt [1]) die Mager mit den indischen Philosophen und sagt, sie unterwiesen wie diese in den göttlichen Dingen, und anderswo macht er sie zu einem Stamm des persischen Volkes und nennt sie eines heiligen Lebens beflissen. Dafs aber die Magier eines Stammes waren, wenn auch nicht des persischen, das bezeugt Bundehesch p. 79, l. 12, wo gesagt wird: Maidhyomâh, der Vetter Zarathustra's, habe zuerst die h. Lehre angenommen und alle Mopet's Persiens gingen zurück auf diesen Samen Manuscithra's.

Die weitläufige Schilderung persischer Sitten und Religion, die Strabo [2]) in demselben Buche giebt, beruht theils auf Autopsie, theils auf den Zeugnissen anderer Historiker.

Wir müssen die ganze Stelle betrachten [3]): „Die Perser errichten keine Bildsäulen und Altäre; sie opfern auf einem hohen Ort, den Himmel für Zeus haltend: auch verehren sie die Sonne, die sie Mithra nennen, den Mond und Aphrodite und Feuer und Erde und Winde und Wasser. Sie opfern aber an reinem Orte, betend, indem sie das bekränzte (oder bekränzt das Opferthier, wenn nach Herodot ἐςεμμένοι zu lesen ist) Opferthier dazu stellen: und wenn der Magier, der die heilige Handlung leitet, das Fleisch zerlegt hat, so vertheilen sie es und gehen weg, ohne den Göttern einen Theil zu geben; denn die Seele des Opferthieres wolle der Gott und nichts Anderes; gleichwohl legen sie, wie Einige sagen, Darmnetz etwas Weniges auf's Feuer." Bis hierher haben wir einen verkürzenden und, wie es scheint, hier und da verbessern wollenden Auszug aus Herodot (I, 131—133) die Worte: „die sie Mithra nennen", sind ein ungenauer Zusatz Strabo's, der nach den Ansichten seiner Zeit Mithra mit der Sonne verwechselte.

---

[1]) XV, p. 717: ὑφηγουμένους (τοὺς φιλοσόφους τῆς Ἰνδικῆς) τὰ περὶ τοὺς θεούς, ὡς τοὺς μάγους τοῖς Πέρσαις; ib. p. 727: φῦλα δὲ οἰκεῖ τὴν χώραν οἵτε Πατισχορεῖς λεγόμενοι καὶ οἱ Ἀραμενίδαι καὶ οἱ μάγοι· οὗτοι μὲν οὖν σεμνοῦ τινός εἰσι βίου ζηλωταί.

[2]) XV, p. 798: ταῦτα μὲν οὖν ἡμεῖς ἑωράκαμεν, ἐκεῖνα δ' ἐν ταῖς ἱςορίαις λέγεται ἐπὶ ἑξῆς.

[3]) XV, p. 732.

Dagegen läßt er mit Recht die Worte Herodot's: οὔτε πῦρ ἀνακαίουσι aus. Der Schluß von: „denn die Seele" an ist ein eigenthümlicher und ganz gewiß ächter, aus anderweitiger Quelle geschöpfter Zusatz.

„Verschieden aber", so fährt Strabo fort, „opfern sie dem Feuer und dem Wasser, und zwar dem Feuer, indem sie trocknes Holz ohne die Rinde dazu legen und Fett (Sahne) darauf legen; dann zünden sie es an und gießen Oel darüber, nicht blasend, sondern fächelnd. Die aber, welche blasen oder Todtes auf's Feuer legen oder Koth, tödten sie. Dem Wasser aber opfern sie, indem sie zu einem See, Fluß oder Quell gehen und eine Grube graben, in welche sie schlachten und wohl Acht geben, daß nicht etwas vom nahen Wasser blutig wird und sie dadurch eine Befleckung verursachen: hierauf legen sie das Fleisch auf Myrte oder Lorbeer auseinander und die Magier berühren es mit feinen Stäbchen und singen dazu, Oel ausgießend, mit Milch und Honig gemischt, nicht in's Feuer, noch in's Wasser, sondern auf den Boden: die Besingungen aber machen sie, indem sie lange Zeit einen Bündel feiner Tamariskenzweige halten." Man sieht, Strabo folgt auch hier dem Herodot, aber während er zuvor mehr kürzte, erweitert er nun, wie es scheint, aus dem, was er selbst gesehen oder andern trefflichen Quellen entlehnte. Das Zulegen trocknen Holzes, um das Feuer zu ehren (Farg. XIV, 2, 3. XVIII, 19), das strenge Verbot, Todtes oder Unreines auf's Feuer zu legen oder mit dem Wasser zu mischen, die classische Beschreibung des Bareçma (s. oben die Stelle des Dino) und die mit seiner Erhebung verbundenen langen Gesänge — das sind alles Dinge, die durch die Zendtexte auf's Vollständigste bestätigt werden. Das Oel, von welchem hier die Rede ist, darf unstreitig mit dem Haomasaft identificirt werden, welcher mit Milch vermischt wurde; auch der Honig ist in den Zendtexten vorfindlich, wenn, wie ich anderswo (Mithra p. 72) bereits vermuthet habe, das beim Opfer vorkommende madhu nicht: Wein, sondern Honig bedeutet.

Das nun folgende, welches sich speciell auf den cappadocischen Magismus bezieht, sind wir vollkommen berechtigt, als einen Bericht darüber zu betrachten, was der Cappadocus Strabo als Augenzeuge wahrgenommen.

„In Cappadocien aber, wo es ein zahlreiches Geschlecht

der Mager giebt, die man Feuerbrenner nennt und viele Heiligthümer persischer Götter, opfern sie nicht mit dem Schwert, sondern schlagen mit einem Holzscheit, wie mit einer Keule. Es finden sich da auch Feuerbrennstellen, gewisse merkwürdige Umhegungen, in deren Mitte ein Altar steht, voll Asche, auf welchem die Magier unverlöschliches Feuer bewahren; täglich (oder bei Tage) gehen sie hinein und singen fast eine Stunde, indem sie vor's Feuer den Reiserbündel halten, mit gekrämpten Tiaren bedeckt, welche auf beiden Seiten so weit herabgehen, daß die Backenstücke die Lippen bedecken. Dasselbe aber ist in den Heiligthümern der Anais und des Omanus herkömmlich; auch sie haben Gehege und das Bild des Omanus wird in Procession getragen. Diese Dinge nun haben wir gesehen, jene aber (vorher erwähnten) werden in den Geschichtswerken erzählt, sowie das Folgende."

„In einen Fluß uriniren die Perser nicht, noch waschen oder baden sie sich darin, noch werfen sie Leichen hinein oder was sonst befleckend ist. Welchem Gott sie auch opfern, zuerst beten sie immer zum Feuer."

Nachdem dann noch mehrere Züge des bürgerlichen Lebens erwähnt sind, die sich auch zum Theil bei Herodot finden, heißt es (p. 735): „Sie begraben die Leichen, indem sie dieselben mit Wachs umgeben, die Mager aber begraben sie nicht, sondern lassen sie von den Vögeln fressen (aus Herodot); ihnen ist auch die Vermischung mit den Müttern ein väterliches Herkommen."

Strabo giebt uns hier eine überaus getreue Beschreibung der magischen Feuerheerde und des damit verknüpften Gottesdienstes, wie sie in den Urtexten geschildert werden; er übersetzt das Zendische *âthrava* (Gen. *athaurunô*, D. *athaurunê*, Acc. *âthravanem*) treffend mit πύραιϑος und die *Atûgâh*'s mit πυραιϑεῖα [1]); er fügt zur Beschreibung des Barsom's hier auch die des Paitidâna (Farg. XIV, 8; Aban Y. 123) oder Penom bei. Ueber Anahita und Omanus habe ich anderswo gehandelt und kann die strabonischen Stellen über sie und Mithra hier übergehen.

So haben wir also ein Zeugniß über den ganzen Opfer-

---

[1]) Im Bundehesch (p. 40, l. ult.) *Âtur(iro)gâs*, der Feuerort; der *dâitgô gâtus* des Feuers kommt im achten Fargard öfter vor.

cultus der Mager und die dazu gebrauchten Gebete und Gesänge, welches eben so sehr die heiligen Texte bestätigt, als
es von ihnen bis in's Detail bestätigt wird.,

Noch einen anderen Zug hat uns der Geograph [1]) aufbewahrt, wenn er von den Baktrianern erzählt: ihre Sitten seien
etwas milder gewesen (als die der Sogdianer); aber auch von
ihnen sagen Onesikritos und die ihm folgen nicht das Beste.
Denn die wegen Alter oder Krankheit Entkräfteten würfen sie
lebendigen Hunden vor, die eigens dafür genährt würden,
welche sie in ihrer Sprache Begraber (ἐνταφιαςάς) nennen,
und der Raum vor der Mauer der Hauptstadt der Baktrer erscheine rein, im Innern aber sei Alles voll Menschenknochen."
Strabo nennt seine Quelle: den Onesikritus von Assypeläna,
einen Schriftsteller zur Zeit Alexander's, der wohl keine allzu
große Autorität ist. Aber, was er hier bezeugt, ist an und
für sich richtig, wenn auch zu grell aufgefaßt. Auch Porphyrius [2]) erwähnt die Sache, und der spätere Agathias [3])
beschreibt ausführlich das Verfahren, wie es zu seiner Zeit
stattfand: „Die geringeren Leute vom Volke," sagt er, „wenn
sie im Heer eine böse Krankheit befällt, werden noch lebendig
und bewußt hinausgeführt. Wird aber einer so ausgesetzt, so
wird ein Stück Brod, Wasser und ein Stock zu ihm gelegt:
so lange er im Stande ist, von der Speise zu genießen und so
lange ihm etwas Kraft übrigt, wehrt er mit diesem Stock die
herbeikommenden Thiere ab und treibt die Freß-Gäste weg.
Wenn er aber zwar noch nicht ganz zu Grunde gegangen ist,
die Krankheit aber so überhand genommen hat, daß er die
beiden Hände nicht mehr bewegen kann, dann fressen die Thiere
den Unglücklichen, der halb todt ist und bereits zu röcheln beginnt, und rauben ihm die Hoffnung, allenfalls noch die Krankheit zu überstehen. Denn viele schon kehrten wieder gesundet
nach ihrer Heimath zurück, wie auf dem Theater und in der
Tragödie von den Pforten der Finsterniß ankommend, abge-
magert und fahl und geeignet, die Begegnenden in Furcht zu
jagen. Kommt aber einer so zurück, so wenden sich Alle ab

---

[1]) XI, p. 517.

[2]) De abstin. IV, 21: Ύρκάνιοι δὲ καὶ Κάσπιοι οἱ μὲν οἰωνοῖς καὶ κυσὶν
παραβάλλουσι ζῶντας, οἱ δὲ ταθιᾶτης — καὶ Βάκτριοι μέντοι κυσὶ παραβάλλουσι ζῶντας τοὺς γεγηρακότας.

[3]) II, 28, p. 114 ed. Bonn.

von ihm und fliehen ihn, wie einen höchst Befleckten, als ob er sich noch bei den Unterirdischen befände, und es ist ihm nicht eher erlaubt, an den gewohnten Lebensweisen Theil zu nehmen, bis er durch die Mager von der Befleckung des erwarteten Todes gereinigt ist, das wiederum Leben gleichsam zurück erhalten hat."

Nach Agathias sind es gemeine Leute, die im Heer böse Krankheiten bekommen, welche so behandelt werden. Nach Onesikritus: Kranke und Alte überhaupt. Die Zendtexte aber beschränken diese Sitte auf jene, welche die Todten tragen und sich dadurch beflecken Farg. III, 15: „Wo ist der Ort jenes Mannes, der Todte trägt? Hierauf sprach Ahura-Mazda: Wo diese Erde am wasserlosesten ist, am baumlosesten, am reinsten, am trockensten, wo am wenigsten auf diesen Wegen Thiere und Zugvieh gehen und Feuer des Ahura-Mazda ist und Bareçma in Reinheit ausgebreitet, und der reine Mann." 16: „Wie weit vom Feuer? wie weit vom Wasser? wie weit vom ausgebreiteten Bareçman? wie weit von den reinen Männern?" 17: „Hierauf sprach Ahura-Mazda: dreißig Schritte vom Feuer, dreißig Schritte vom Wasser, dreißig Schritte vom ausgebreiteten Bareçma, dreißig Schritte von den reinen Menschen." 18: „So sollen diese Mazdayaçna's von dieser Erde eine Umzäunung umzäunen: Speisen sollen sodann hinthun diese Mazdayaçna's; Kleider sollen sodann hinthun diese Mazdayaçna's." 19: „Die zerrissensten, die schmutzigsten. Diese Speisen esse er; diese Kleider ziehe er an. So lange, bis er alt oder krank oder eingetrockneten Samens wird." 20: „Wenn er aber alt oder krank oder eingetrockneten Samens wird, da sollen sodann am kräftigsten, schnellsten und am kundigsten diese Mazdayaçna's ihm, nachdem sie ihn auf den Berg geführt haben (?), nach der Breite des Rückens den Kopf abschneiden und den gefräßigsten der leichenfressenden Geschöpfe des heiligen Geistes seinen Leichnam übergeben, den Vögeln Kahrkâça, so sprechend: dieser hier bereut alle böse Gedanken, Worte und Werke, und wenn er sonstige lasterhafte Werke begangen hat, so ist ihm die Strafe verziehen; hat er aber keine anderen lasterhaften Werke begangen; so ist verziehen diesem Mann für immer und immerdar."

Man sieht, daß die Griechen diese Art von Aussetzungen nicht ganz richtig verstanden und übertrieben haben: es sei

denn, daß die Praxis grausamer war als das Gesetz. Für uns
ist es wichtig, zu wissen, daß von der Zeit Alexander's an
bis in's sechste Jahrhundert nach Christus dieser seltsame Gebrauch der Magier, wie ihn der Urtext enthält, statthaft bezeugt ist.

Plinius (23 — 79 v. Chr.) hat in seinem großen naturge-
schichtlichen Werke wiederholt Gelegenheit, von Magie und
Magiern und über Zoroaster zu sprechen. Im ersten Buche,
wo er Inhalt und Quellen sämmtlicher Bücher angiebt (T. I,
p. 81 ed. Sill.), führt er unter den Gewährsmännern für Buch
XXX, wo sich die bekannte Stelle über die Magier befindet,
unter den auswärtigen Eudoxus, Aristoteles und Hermippus an. Und im dreißigsten Buche selbst (I, 2) beruft
er sich auf diese Zeugen, besonders aber auf Hermippus. Wir
sind daher wohl berechtigt, jene Notizen über Zoroaster und
die Magier, welche Plinius ohne ausdrückliche Erwähnung der
Quelle giebt, vorzüglich auf Hermippus zurückzuführen.

Außer den eben bei Eudoxus, Aristoteles und Hermippus
schon erwähnten Stellen des Plinius muß uns hier jene [1]) beschäftigen, wo er Osthanes, den Begleiter des Xerxes nach
Griechenland, als den ersten Schriftsteller über Magie nennt,
der die Saat dieser Wunderkunst überall ausgestreut habe,
wohin er gekommen, kurz vor ihm habe aber, nach der Angabe einiger genauerer Schriftsteller, ein anderer Zoroaster von
Proconnesus gelebt. Osthanes habe einen wahren Heißhunger
nach dieser Weisheit unter den griechischen Völkern geweckt.
Es gebe auch noch eine Abart der Magier, die von den Juden
Moses, Jannes und Lotapea (Hitopata) herrühre, die aber viele
tausend Jahre nach Zoroaster falle; noch jünger sei die cy-
prische Magie. Auch zu Zeiten Alexanders des Großen habe
ein zweiter Osthanes, der durch dessen Begleitung ausgezeichnet

_____

[1]) H. N. XXX, 1, 2: *Primus quod extet, ut equidem invenio, commentatus est
de ea Osthanes Xerxen regem Persarum bello, quod is Graeciae intulit, comitatus ac
velut semina artis portentosae insparsit obiter, infecto quacunque commaverunt mundo;
diligentiores paulo ante hunc ponunt Zoroastrem alium Proconnesium. Quod certum
est, hic maxime Osthanes ad rabiem, non aviditatem modo scientiae eius Graecorum
populos egit, quanquam animadverto summam litterarum claritatem gloriamque ex ea
scientia antiquitus et paene semper petitam. — Est et alia magices factio a Mose et
Janne et Lotapea Judaeis pendens, sed multis milibus annorum post Zoroastrem; tanto
recentior est Cypria. Non levem et Alexandri magni temporibus auctoritatem addidit
professioni secundus Osthanes comitatu eius exornatus, planeque, quod nemo dubitat,
orbem terrarum peragravit.*

gewesen, dieser Kunst kein geringes Ansehen gegeben. Ueber Osthanes ist anderswo gehandelt worden; nach Plinius' Angabe läfst sich an die Wirklichkeit seiner Person und seiner Schriften kaum zweifeln. Möchte Plinius sich über den Proconnesischen Zoroaster und über jene *diligentiores*, die ihn annahmen, näher geäufsert haben.

Die miletische Colonie auf der Insel Proconnesus in der Propontis reicht in ziemlich hohes Alter hinauf, denn Herodot (IV, 15) setzt Aristeas von Proconnesus dreihundert und vierzig Jahre vor seine Zeit, also an den Anfang des achten Jahrhunderts v. Chr. oder, wenn die Lesung διηκοσίοισι richtig ist, an den Anfang des siebenten. Des Aristeas wunderbare Geschichte erzählt uns Herodot, wie er beim Gerber stirbt, der ihn in der Werkstatt einschliefst, um den Verwandten den Tod zu melden, wie er aber inzwischen auf dem Weg nach Kyzikus gesehen wird und bei Oeffnung der Werkstätte weder todt noch lebendig gefunden worden sei, wie er dann sieben Jahre später in Proconnesus wieder erschienen und die Arimaspie gedichtet habe und dann zum zweiten Male verschwunden sei. Dreihundert und vierzig Jahre nach diesem zweiten Verschwinden sei er dann in Metapont erschienen und habe die Errichtung eines Altares des Apollo befohlen und die Errichtung einer Bildsäule neben demselben, welche den Namen des Proconnesios Aristeas trage: denn Apoll sei in Italien nur zu ihnen gekommen, und er, der jetzt Aristeas sei, sei damals dem Gotte in der Gestalt eines Raben[1]) gefolgt — dann sei er verschwunden. Strabo (XXII, p. 589 C.) erwähnt ihn auch bei Proconnesus: von hier, sagt er, ist Aristeas, der Dichter der Arimaspischen Epen (vergl. I, p. 21 C.; Plin. VII, 2, 2), ein Zauberer (ἀνὴρ γόης), wenn irgend wer; und XIV, p. 639 C. erwähnt er die Meinung Einiger: Aristeas, der Proconnesier sei der Lehrer des Homer gewesen. Orig. adv. Cels. III, 26 sqq. giebt die ganze Geschichte des Aristeas aus Herodot, nennt aber auch Pindar als Gewährsmann.

Aus dieser Erzählung von Aristeas geht hervor, dafs Proconnesus ein Sitz geheimnifsvoller Dinge gewesen ist und es wäre möglich, dafs, wie der vom Scheiterhaufen wieder aufge-

---

[1]) Plin. VII, 52. 58: *Aristeas etiam eiusm evolantem ex ore in Proconneso certi effigie, magna quae sequitur fabulositate.*

lebte Her, des Armenius Sohn, unter der Hand in den Zoroaster umgedeutet worden ist, so der wieder aufgelebte Aristeas dem proconnesischen Zoroaster den Ursprung gab. Was Plinius von zwei Osthanes sagt, hängt wohl mit der oben besprochenen Diadoche der Magier zusammen. Seine Zeitbestimmung, nach welcher er Moses und die ägyptischen Zauberer (vergl. II, Timoth. 3, 8) viele tausend Jahre nach Zoroaster setzt, ist auch bei der Annahme: Zoroaster habe fünftausend Jahre vor dem troischen Kriege gelebt, offenbar übertrieben.

Zwei merkwürdige Züge erwähnt Plinius ') aus Zoroaster's Leben: der eine bezieht sich auf seine Geburt: er habe am Tage, an welchem er geboren worden sei, gelacht und sein Hirn habe so gezuckt, daß es die darauf gelegte Hand zurück gestoßen habe, als Wahrzeichen seiner zukünftigen Wissenschaft. Der andere ist das Leben Zoroaster's in der Wüste ²): er habe dort dreißig Jahre von Käse gelebt, der so zubereitet gewesen, daß das Alter nicht merkbar war. Der erste Zug findet sich auch im Zardustnamch c. 6, der zweite wird ebenfalls sowohl durch die bereits anderswo angeführten Originaltexte über das Leben Zoroaster's in der Einöde, als auch durch die darauf bezüglichen Stellen des Eubulus bei Porphyrius und des Dio Chrysost. bestätigt. Plutarch ⁸) erwähnt ebenfalls die Milchkost Zoroaster's.

Im 37. Buche des Plinius findet sich eine Reihe Citate aus dem Buche des Zoroaster's περὶ λίθων, welches Suidas erwähnt. XVIII, 24, 56 eine Angabe des Zoroaster über das Säen. XXVIII, 6, 19 über den Urin.

So weit wir den Auszügen des Eusebius ') aus Alexander Polyhistor und des letzteren aus Berosus, dem Zeitgenossen Alexanders des Großen, trauen können, hatte dieser chaldäische Schriftsteller nach der Sündfluth eine Reihe von 86 Königen in Babylon gesetzt, deren beide ersten Euechius

---

') N. H. VII, 16, 15: *Risisse eodem die, quo genitus esset, eum hominum accepimus Zoroastren; eidem cerebrum ita palpitasse ut impositam repelleret manum futurae praesagio scientiae.*

²) N. H. XI, 42, 97: *Tradunt Zoroastren in desertis caseo vixisse annis XXX ita temperato ut vetustatem non sentiret.*

⁸) Quaest. Sympos. IV, 1 p. 660: *Οὐ γὰρ ἐμεμνήμην, εἶπεν ὁ Φίλων, ὅτι Ζώσαςρον ἡμῖν ὑπεσρέφει ὁ Φίλινος, ὃν φασι μήτε ποτῷ χρησάμενον ἄλλῳ μήτ᾽ ἐδέσματι πλὴν ἢ γάλακτος διαβιῶσαι πάντα τὸν βίον.*

⁴) Chron. I, p. 40 flg.

und Chomasbelus (ersterem giebt er vier Neren, letzterem vier
Neren und fünf Sossen) waren, und die 33091 regiert haben
sollten. Hierauf hätten die Meder Babylon genommen und sofort acht medische Tyrannen, deren Namen Berosus ebenfalls
angegeben habe, während 224 Jahren geherrscht; dann eilf
Könige (48 Jahre stehen am Rand der Hs.; Gutschmidt vermuthet 248); dann 49 chaldäische Könige, während 458 Jahren;
dann neun arabische Könige 245 Jahre. Dann habe er von
Semiramis erzählt, der über die Assyrier geherrscht habe, und
hierauf wiederum ausdrücklich die Namen von 45 Königen mit
einer Regierungszeit von 526 Jahren aufgezählt. Dann sei Phul
König der Chaldäer gewesen. — Während die ersten Könige
nach der Sündflut durch die Rechnung nach Saren, Neren und
Sossen und die ungeheure Zahl von Jahren sich als eine mythische Ergänzung einer Periode von 36000 Jahren erweisen,
scheinen die medischen Herrscher über Babylon und die folgenden Könige bis Phul historisch zu sein, und neuere For-
scher setzen den Anfang der medischen Dynastie 2458 oder
2447 v. Chr. Als den ersten dieser acht medischen Könige
des Berosus nennt nun Syncellus [1]) (um 800 n. Chr.), angeb-
lich nach Alexander Polyhistor, einen Zoroaster, und aus
seinen Worten geht zugleich hervor, daß auch Panodorus
Zoroaster als solchen bezeichnet und ihm astronomische Berechnungen zugeschrieben hat. Allein beachten wir den Widerspruch zwischen dem Polyhistor des Eusebius, welcher deutlich
die ersten 86 Könige von den medischen unterscheidet, und
dem Polyhistor des Syncellus, welcher die medischen jenen 86
zurechnet, dann aber Zoroaster und die sieben nach ihm als
chaldäische Könige bezeichnet und ihnen 190 Sonnenjahre
giebt, während Polyhistor bei Eusebius 224 (234) berechnet, so

---

[1]) Chronograph. T. I, p. 147 ed. Bonn.: Ἀπὸ δὲ τούτου τοῦ χρόνου (Jahr
der Welt 2405) τῶν πέ δύο μὲν Χαλδαίων βασιλέων Εὐηχίου καὶ Χωμασβήλου,
πθ᾽ δὲ Μήδων, Ζωροάσρην καὶ τοὺς μετ᾽ αὐτὸν ς᾽ Χαλδαίων βασιλεῖς εἰσάγει ἔτη
κρατήσαντας ἡλιακὰ ρζ᾽ ὁ αὐτὸς Πολυίσωρ οὐκ ἔτι διὰ σάρων καὶ νήρων καὶ
σώσσων καὶ τῆς λοιπῆς ἀλόγου μυθικῆς ἱστορίας, ἀλλὰ διὰ ἡλιακῶν ἐτῶν, τοὺς
γὰρ προγενεστέρους ὡς θεοὺς ἢ ἡμιθέους νομίζοντες καὶ τοὺς μετ᾽ αὐτοὺς τὴν
πλάνην εἰσηγούμενοι τῷ ὄντι χρόνους ἀπείρους βεβασιλευκέναι συνέγραψαν,
ἀΐδιον εἶναι τὸν κόσμον δοξάζοντες ἐναντίως ταῖς θεοπνεύστοις γραφαῖς· τοὺς
δὲ μεταγενεστέρους καὶ πᾶσι φανεροὺς δι᾽ ἡλιακῶν ἐτῶν ὡς θνητοὺς, καὶ οὐχ
ὡς τῷ Πανοδώρῳ δοκεῖ καὶ ἑτέροις τισι, διὰ τὸ ἐσχάτως ὑπὸ Ζωροάσρου τῶν
ἡλιακῶν ἐνιαυτῶν ἐκ τῶν τοῦ Ἐνὼχ ἐγνωσμένων ἕκτοτε ἡλιακοῖς ἔτεσιν ἐπι-
μετρεῖσθαι τὰ τῶν βασιλέων ἔτη.

müssen wir zugestehen, dafs entweder der Text des Synkellus
corrupt ist, oder dafs er sich willkürliche Aenderungen erlaubt
hat. Es ist daher auch problematisch, ob Alexander Polyhistor
und seine Quelle Berosus wirklich den ersten der medischen
Tyrannen Zoroaster genannt haben, oder ob dies eine Zuthat
der Späteren ist? Jedenfalls ist damit noch keineswegs gesagt,
dafs dieser medische Zoroaster, der über Babylon herrschte,
der berühmte Prophet dieses Namens sei, und die Richtigkeit
der Angabe des Syncellus vorausgesetzt, ist es leicht möglich,
dafs der Name Zarathustra von mehreren getragen wurde. Wir
haben einen Beweis dafür in den Angaben der Chronisten über
einen Zoroaster, König der Baktrer, der als Zeitgenosse des
Ninus und der Semiramis gilt. Cephalion, so sagt die armenische Uebersetzung der eusebianischen Chronik [1]), habe
erzählt, dafs die Assyrier zuerst über Asien geherrscht, habe
von Ninus und seinen Grofsthaten gehandelt und der Geburt
der Semiramis, des Magiers Zaravoscht, Königs der Baktrer,
und seines Kriegs und seiner Ueberwindung durch Semiramis
erwähnt. Ninus habe 52 Jahre regiert, nach ihm Semiramis
42 Jahre, die Babylon mit einer Mauer umgeben und sodann
den unglücklichen Krieg gegen Indien unternommen habe.
Syncellus [2]) (I, p. 315) giebt diese Stelle zusammenziehend
und, wie es scheint, verunstaltend, wenn sein eigner Text in-
corrupt ist. Denn während Eusebius den Cephalion die Jahre
des Ninus auf 52 angeben läfst, setzt Syncellus die Geburt der

---

[1]) I, p. 48 ed. Auch.: „Incipio scribere de quibus et alii commemorarunt atque
in primis Ellanicus Lesbius Ctesiasque Cnidius, deinde Herodotus Alicarnassus. Primum
Asiae imperarunt Assyrii, ex quibus erat Ninus Beli (filius) cuius regni aetate res
quamplurimas celeberrimaeque virtutis gestae fuerunt." Postea his adjiciens profert
etiam generationes Semiramidis atque (narrat) de Zoroastri Magi Bactrianorum regis
certamine ac debellatione a Semiramide: nec non tempus regni Nini LII annos fuisse,
atque de obitu eius. Post quem cum regnasset Semiramis, muro Babylonem circumdedit
ad eandem formam, qua a plerisque dictum est: Ctesia nimirum et Zeume Herodoto-
que nec non aliis ipsorum posteris. Deinde etiam apparatum belli Semiramidis adversus Indos, eiusdem cladem fugamque marrat etc.

[2]) Ἄρχομαι γράφειν, ἀφ' ὧν ἄλλοι τε ἐμνημόνευσαν, καὶ τὰ πρῶτα Ἑλ-
λάνικός τε ὁ Λέσβιος καὶ Κτησίης ὁ Κνίδιος, ἔπειτα Ἡρόδοτος ὁ Ἁλικαρνασσεύς.
Τὸ παλαιὸν τῆς Ἀσίας ἐβασίλευσαν Ἀσσύριοι, τῶν δὲ ὁ Βῆλου Νίνος εἶτ' ἐπάγει
γένεσιν Σεμιράμεως καὶ Ζωροάσρου μάγον ἔτει νβ᾽ τῆς Νίνου βασιλείας (Die
Hm. haben Ζωροπερουβάτου. Ζωρ. μάγου rührt von Scaliger her; In βάτου
kann aber auch Βατριανοῦ stecken.) μεθ' ὃν Βαβυλῶνα, φησὶν, ἡ Σεμίραμις
ἐτείχισε, τρόπον ὡς πολλοῖς λέλεκται, Κτησίᾳ, Ζεύμωνι (Müller Δείνωνι),
Ἡροδότῳ καὶ τοῖς μετ' αὐτοῖς· στρατείην τε αὐτῆς κατὰ τῶν Ἰνδῶν καὶ
ἧτταν etc.

Semiramis und den Zoroaster in's 52. Jahr des Ninus, was offenbarer Unsinn wäre: aber *ἔτει* rührt von Scaliger her; die IIss. habe *ἔτη τι*. Etwas anders lautende Nachrichten von dem Magier Z oro a ster, dem Zeitgenossen der Semiramis, giebt Moses von Chorene (I, p. 87 ed. Ven.). Semiramis habe, als sie den Sommer in Armenien zubrachte, den Magier und Fürsten der Meder Zradascht zum Statthalter in Assyrien und Ninive gemacht, habe sich dann mit ihm verfeindet und ihn angegriffen, sei aber vor ihm nach Armenien geflohen, worauf Ninyas sie getödtet und sich des Reichs bemächtigt habe. Moses polemisirt dabei ausdrücklich gegen Cephalion, indem er zufügt: dieser erzähle, wie viele Andere, zuerst die Geburt der Semiramis, dann ihren Krieg gegen Zoroaster, in welchem Semiramis gesiegt habe, dann den indischen Feldzug. Maribas von Catina aber habe die Sache aus chaldäischen Quellen geschöpft und werde von der armenischen Sage bestätigt. Und weiter (I, p. 39) heißt es: „Von Zervan sage ein gewisser Zradascht, Magier und König der Baktrier, das ist der Meder, er sei der Anfang und Vater der Götter: und viel Anderes hat er von ihm gefabelt, was nicht dieses Ortes ist, zu wiederholen."

Doch wir gehen auf C e p h a l i o n zurück, dessen Zeit wir leider nicht bestimmen können (Müller, Fragm. hist. Gr. III, p. 68 u. p. 625). Er nennt unter seinen Gewährsmännern ausdrücklich den C t e s i a s. Wir müssen also die ganze Geschichte vom Krieg der Semiramis mit Zoroaster um so mehr auf Ctesias zurückführen, als sie sich auch bei Diodor, nur unter anderm Namen findet. Dieser erzählt (l. II, 2 sqq.) die Eroberungen des Ninus (wobei er ausdrücklich den Ctesias citirt) und wie nur Baktrien ihm Widerstand geleistet habe; wie er dann den Krieg mit den Baktriern aufgeschoben und inzwischen Ninive gegründet habe. Dann ist als Episode (c. 4 u. c. 5) die γένεσις der Seminaris eingeflochten, wie Diodor übereinstimmend mit Cephalion sich ausdrückt (c. 5: τὰ μὲν οὖν κατὰ τὴν γένεσιν τῆς Σεμιράμιδος μυθολογούμενα σχεδὸν ταῦτ᾽ ἐστίν). Hierauf folgen die Kriegsrüstungen des Ninus, der Einfall in Baktrien, die tapfere Gegenwehr des Königs O x y a r t e s, die Belagerung von Baktra, die Kriegslist der Semiramis, wodurch die Stadt eingenommen wird, der ersteren Vermählung mit Ninus, die Geburt des Ninyas und der Tod des Gründers von

Ninive; dann die Gründung Babylons durch Semiramis, ihr
Zug nach Indien und ihr Ende. Man sieht deutlich, was aus
Cephalion citirt wird, ist nur eine dürre und überkurze Inhalts-
anzeige dessen, was Diodor aus Ctesias des breiteren erzählt.
Aber Diodor nennt nach Ctesias den König von Baktrien
Ὀξυάρης, ohne irgendwie seine Identität mit dem Magier
Zoroaster anzudeuten, während Cephalion nach Eusebius, des
Moses von Chorene und des Syncellus Zeugnils aus demsel-
ben Ctesias den Magier Zoroaster als den fraglichen bak-
trischen König bezeichnet. Man könnte nun bei der Unzuver-
lässigkeit Cephalions geneigt sein, zu vermuthen, er habe auf
eigne Faust den Oxyartes des Ctesias in den Zoroaster verwandelt. Dagegen aber sprechen manche Gründe: zuerst daß
Maribas, auf den sich Moses beruft, auch von dem Magier
Zradoscht und seinem Kampf mit Semiramis geredet hat. Sodann lassen sich die schon oben angeführten Stellen des Justin,
Arnobius ¹), des Theo, wohl kaum alle auf die einzige Autorität des Cephalion zurückführen. Wir müssen daher entweder
annehmen, der Name sei bei Diodor verschrieben und statt
Ὀξυάρης: Ζωροάςρης zu lesen; oder Ctesias habe wirklich
jenen König von Baktrien, der nach ihm mit Ninus und Semiramis gleichzeitig war, Oxyartes genannt, während andere
Quellen, aus welchen Cephalion und die übrigen schöpften, ihn
Zoroaster nannten. Letztere Quellen zum wenigsten also, wenn
nicht Ctesias selbst, setzten den Magier Zoroaster in die Zeit
des Ninus und der Semiramis. War letztere, wie jetzt angenommen wird (s. Gutschmid p. 100; Brandis, über den historischen Gewinn aus der Entzifferung der assyrischen Inschriften
p. 15), 1273, so haben wir als die Periode des Zoroaster die
Mitte des 13. Jahrhunderts vor Christus, wogegen jene Chronisten, welche Ninus und Abraham coordiniren, Zoroaster
beim siebenten Jahr Abraham's erwähnen; vergl. Eusebius,
Chron. II, p. 35 ed. Auch. Praep. Evang. X, 9 — eine Differenz
von sieben- bis achthundert Jahren.

Was die Nachricht der Griechen von der Gleichzeitigkeit
des Magiers Zoroaster mit Semiramis besonders verdächtigen

¹) Er führt ausdrücklich Ctesias als Gewährsmann für den baktrischen Zoroaster an, citirt das Buch, in welchem die Stelle stand, und spricht von den magischen Mitteln, mit welchen Assyrier und Baktrier gekämpft hätten, was er weder
aus Diodor, noch aus Cephalion, wie er uns vorliegt, entnehmen konnte.

könnte, ist die Qualität eines baktrischen Königs, die ihm
beigelegt wird; denn nirgends hat in den Urtexten Zarathustra
königliche Qualität, wenn ihm auch die Meisterschaft über alle
Stände beigelegt wird.   Vielmehr ist in den Texten ausdrücklich Vistâçpa als der ihm contemporane König genannt, welcher
die h. Lehre ausbreitet.   Diese Schwierigkeit liefse sich nur
lösen, wenn Vistâçpa als Anhänger der Lehre des Propheten
Zarathustris genannt und mit letzterem verwechselt worden wäre,
so dafs wir also unter dem baktrischen König Zoroaster Vistâçpa
selbst zu verstehen hätten.

So haben wir also, wenn Syncellus wahr berichtet hat,
einen medischen Zoroaster, König von Babylon, um 2458 und
einen baktrischen König Zoroaster, der je nach der Periode
des Ninus um 3000 oder nach 1273 gesetzt wird.   Aber damit ist des Wirrsals noch kein Ende.   Die Verfasser der
Pseudo-Clementinischen Recognitionen, deren lateinische Uebersetzung uns erhalten ist, und die griechisch vorhandenen ebenfalls falschen clementinischen Homilien-Schriften, welche mindestens im zweiten Jahrhundert nach Chr. verfafst wurden, und
zwar viele innerliche Aehnlichkeiten haben, aber auch, wie die
unten angeführten Stellen [*]) beweisen, mannichfach von ein-

---

[*]) Recogn. Clement. IV, 27: *Ex quibus (filiis Noe) unus Cham nomini cuidam
ex filiis suis, qui Mesraim appellabatur, a quo Aegyptiorum et Babyloniorum et
Persarum ducitur genus, male compertam magicae artis tradidit disciplinam; hunc
gentes, quae tunc erant, Zoroastrem appellarunt, admirantes primum magicae artis
autorem, cuius nomine etiam libri super hoc plurimi habentur.   Hic ergo astris
multum ac frequenter intentus, et volens apud homines videri Deus, velut scintillas
quasdam ex stellis producere et hominibus ostentare coepit* (vergl. Anonymus vor
Malal. p. 17 ed. Bonn.); *quo rudes atque ignari in staporem miraculi traherentur;
cupiensque augere de se huiusmodi opinionem saepius ista molliebatur, usquequo ab
ipso Daemone, quem importunius frequentabat, igni succensus concremaretur.*

28: *Sed stulti homines, qui tunc erant, cum debuissent utique opinionem, quam
de eo conceperant, abjicere; quippe quam poenali morte ejus viderant confutatam, in
majus eam extollunt.   Exstructo enim sepulcro ad honorem ejus, tamquam amicum
Dei et fulminis ad coelum vehiculo sublevatum, adorare ausi sunt et quasi vivum
astrum colere.   Hinc enim et nomen post mortem ejus Zoroaster, hoc est vivum
sidus appellatus est ab his, qui post eam generationem Graecas linguas loquela
fuerant repleti.   Hoc denique exemplo etiam nunc multi eis, qui fulmine obierint,
sepulcris honoratos tamquam amicos Dei colunt.   Hic ergo cum quarta decima gene-
ratione coepisset, quinta decima defunctus est, in qua turris aedificata est et linguae
hominum multipliciter divisae sunt.* — (Dann kommt eine Stelle über Nimrod.)

29. *Et eius, quem supra diximus indignatione daemonis, cui nimis molestus
fuerat, conflagrasse, busti cineres tamquam fulminei ignis reliquias colligentes hi, qui
erant primitus decepti, deferunt ad Persas, ut ab eis tamquam divinus e coelo lapsus
ignis perpetuis conservaretur excubiis, atque ut caelestis Deus coleretur.*

Clem. Homil. IX, 3: ὧν εἷς τις ἀπὸ γένους ὢν Χὰμ τοῦ ποιήσαντος Μεσράμ,
ἐξ οὗπερ τὰ Αἰγυπτίων καὶ Βαβυλωνίων καὶ Περσῶν ἐπλήθυνε φῦλα. 4, Ἐκ

ander abweichen, identificiren den Zoroaster mit Mesraim, dem Sohne des Cham (Recogn.), oder mit Nimrod (Hom. Clem.). Die späteren Kirchenschriftsteller machen hierin noch Variationen, indem sie bald Cham (Hist. scholast. in Gen. 39), bald Chus (Greg. Turon. Hist. I, 5), bald Assur (Epiphan. Panar. p. 7; Procop. Gaz. in Gen. XI) Zoroaster nennen. Die Recognitionen sagen: dieser Zoroaster habe in der vierzehnten Generation begonnen und sei in der fünfzehnten gestorben, zur Zeit des Thurmbaues und der Sprachenverwirrung. Diese vierzehn Generationen sind aber die zehn von Adam bis Noah incl., sodann Cham, Chus, Nimrod; welche weiter dazu gerechnet wurden, ist mir nicht klar. Alle diese Identificationen Zoroaster's knüpfen an Gen. X, 6 an und gehen von dem Grundgedanken aus: alles magische Wesen sei Eigenthum der Familie Cham's. Da nun Zoroaster als der Repräsentant des Magismus betrachtet wurde, so versetzte man ihn ohne Weiteres in diese chamitische Urzeit, und obgleich man sich, wie die angeführten Stellen nachweisen, bewußt war, daß Zoroaster dem medisch-persischen Stamm angehörte, so übersah man den durch dieselbe Stelle (Gen. X, 2) bezeugten Ursprung der Meder von Japheth, und ließ (der Hypothese zu lieb) die Perser von Cham und Mezraim abstammen, wobei zugleich vergessen wurde, daß jener chamitische Magismus, der in Sterndeuterei und Zauberei bestand, himmelweit von dem zoroastri-

τοῦ γένους τούτου γίνεταί τις κατὰ διαδοχὴν μαγικὰ πηρειλημφώς, ὀνόμασι Νεβρώδ, ὥσπερ γίγας ἐναντία τῷ θεῷ φρονεῖν εἱλόμενος· ὃν οἱ Ἕλληνες Ζωροάστρην προσηγόρευσαν· οὗτος μετὰ τὸν κατακλυσμὸν βασιλείας ὀρεχθεὶς καὶ μάγης ὢν μάγος τοῦ νῦν (l. τὸν τοῦ νῦν κόσμου) βασιλεύοντος κακοῦ τὸν ὡροσκοποῦντα (ὡν τὸν) (κόσμον) ἀστέρα πρὸς τὴν ἐξ αὐτοῦ βασιλείας δόσιν μαγικαῖς ἠνάγκασε τέχναις· ὁ δὲ ἅτε δὴ ἄρχων ὤν, καὶ τοῦ βιαζομένου τὴν ἐξουσίαν ἔχων μετὰ ὀργῆς τὸ τῆς βασιλείας προεῖχε πῦρ· ἵνα πρὸς τε τὸν ὁρκισμὸν εὐγνωμονήσῃ καὶ τὸν πρὸςως ἀνηκήσαντα τιμωρήσηται. B: Ἐκ ταύτης οὖν τῆς ἐξ οὐρανοῦ χαμαὶ πεσούσης ἀστραπῆς ὁ μάγος ἀναιρεθεὶς Νεβρὼδ ἐκ τοῦ συμβάντος πράγματος Ζωροάστρης μετωνομάσθη, διὰ τὴν τοῦ ἀστέρος κατ᾽ αὐτοῦ ζώουσιν ἐνεχθῆναι ῥοήν. Οἱ δὲ ἀνόητοι τῶν τότε ἀνθρώπων ὡς διὰ τὴν εἰς θεὸν φιλίαν, ἀεραντῷ μετακερασθεῖσιν τὴν ψυχὴν νομίσαντες, τοῦ σώματος τὸ λείψανον ἀπιτορρύξαντες, τὸν μὲν τάφον ναῷ ἐτίμησαν ἐν Πέρσαις, ἔνθα ἡ τοῦ πυρὸς καταφορὰ γέγονεν· αὐτὸν δὲ ὡς θεὸν ἐθρήσκευσαν· τούτῳ ὑποδείγματι καὶ οἱ λοιποὶ ἐκεῖσε τοὺς ἀεραυνῷ θνήσκοντας ὡς θεοφιλεῖς θάπτονται· ναοῖς τιμῶσιν καὶ τῶν τεθνηκότων ἰδίαν μορφὴν ἰσάσιν ἀγάλμασιν. — 6: Πέρσαι πρῶτοι τῆς ἐξ οὐρανοῦ πεσούσης ἀστραπῆς ἀπ-βόντες ἄνθρακας τῇ οἰκείᾳ διαφύλαξαν τροφῇ καὶ ὡς θεὸν οὐράνιον προτιμήσαντες τὸ πῦρ, ὡς πρῶτοι προσκυνήσαντες, ὑπ᾽ αὐτοῦ τοῦ πυρὸς πρῶτοι βασιλείας τετίμηνται· μεθ᾽ οὓς Βαβυλώνιοι ἀπὸ τοῦ ἐκεῖ πυρὸς ἄνθρακας κλίψαντες καὶ διασώσαντες εἰς τὰ ἑαυτῶν καὶ προσκυνήσαντες καὶ αὐτοὶ ἀκολούθως ἐβασίλευσαν.

schen Magismus entfernt ist. Möglich, daß hierbei Erinnerungen
an einen medischen König Zoroaster in Babylon oder an Beziehungen des Ninus, der mit Nimrod gleich genommen wurde,
zu Zoroaster, König von Baktrien, vorschwebten — etwas
historisches ist in all' diesen Combinationen nicht zu suchen;
sie haben nur den Nutzen, uns zu zeigen, wie sehr man im
Alterthum von der Ueberzeugung durchdrungen war, Zoroaster
gehöre in weit frühere Zeit, als das Herrscherhaus der Achämeniden.

Bezüglich dessen aber, was diese Quellen von Zoroaster
aussagen, ist zwischen den Recognitionen und den Clementinen
ein merkbarer Unterschied: erstere lassen ihn Funken (Blitze)
aus den Sternen locken [1]), als er es aber dem Dämon, durch
dessen Kraft er es that, zu häufig trieb, von diesem durch
Feuer (Blitz) getödtet werden. Die Clementinen dagegen lassen ihn den Stern jenes Dämons, welcher die Welt beherrscht
mit magischen Künsten, um die Gabe der Herrschaft beschwö-
ren, worauf der Dämon das Feuer der Herrschaft herabgiefst,
zugleich aber ihn (Nimrod-Zoroaster) darin verzehrt. Dieser
Tod durch den Blitz habe zur Apotheose Zoroaster's geführt,
über dessen Leib ein Tempel in Persien errichtet worden sei;
die Perser aber hätten die Kohlen dieses Blitzes fortwährend
genährt und das Feuer als Gott angebetet; dadurch hätten sie
aber zuerst die Herrschaft [2]) erlangt, und nach ihnen hätten
die Babylonier auch Kohlen des Feuers gestohlen und sodann
geherrscht. Das Letztere kürzen die Recognitionen etwas ab.
Beide Quellen aber haben die abentheuerliche Erklärung des
Namens Zoroaster im Wesentlichen gemein, obgleich auch hier
eine kleine Abweichung stattfindet; die Recognitionen über-
setzen Zoroaster mit *vivum sidus* ($\zeta\omega\varrho\grave{o}\nu$ $\check{\alpha}\varsigma\varrho o\nu$), die Clemen-

---

[1]) Das erinnert an die Pairika's, welche nach Tir. Y. 8 als Sternschnuppen
zwischen Erde und Himmel fallen.

[2]) Die noch späteren Fabulisten erzählen den Feuertod des Zoroaster in ähnlicher Weise. So Chronic. Pasch. T. I, p. 67 ed. Bonn.: Έξ αὐτοῦ (Νίνου) οὖν
τοῦ γένους ἐγεννήθη καὶ ὁ Ζωροάσςης ὁ περιβόητος, ὅτε μέλλων τελευταῖ
ηὔχετο ὑπὸ πυρὸς ἀναλωθῆναι οὐρανίου, εἰπὼν τοῖς Πέρσαις, ὅτι ἐὰν καίσῃ
με τὸ πῦρ ἐκ τῶν ἀπομένων μου ὀςέων ἐπάρατε καὶ φυλάξατε, καὶ σὺν ἐκ
λαίρει τὸ βασίλειον ἐκ τῆς ὑμῶν χώρας, ὅσον χρόνον φυλάττετε τὰ ἐμὰ ὀςέα
καὶ εὐξάμενος τὸν Ὠρίωνα ἀπὸ πυρὸς ἀερίου ἀνηλώθη. Καὶ ἐποίησαν οἱ
Πέρσαι καθὼς εἶπεν αὐτοῖς καὶ ἔχουσι φυλάττοντες τὸ λείψανον αὐτοῦ τα-
φρωθὲν ἕως νῦν. Dasselbe ungefähr bei Cedrenus T. I, p. 29 ed. Bonn., bei dem
Anonymus vor Malalas (I, p. 16 ed. Bonn.) und bei Suidas s. v. Ζωροάσςης.

tinen erklären ihn durch die ζῶσα ῥοὴ τοῦ ἀςέρος. Ich brauche
nicht zu bemerken, wie völlig unsinnig diese Etymologien sind.
Daſs aber das Feuer, und zwar das vom Himmel kommende,
Symbol der Herrschaft sei, das ist ein ächter Zug. Denn das
qarna der Könige ist ein Lichtglanz, der von Ahura stammt.

Dio Chrysostomus aus Prusa in Bithynien, Plutarch's
Freund, der unter Domitian in die Verbannung muſste, unter
Nerva und Trajan aber in Rom ein groſses Ansehen genoſs,
hat in seiner borysthenischen Rede (T. II, p. 60 sqq. ed. Din-
dorf) einen angeblichen Mythus der Magier aufbewahrt, der
unserer näheren Untersuchung werth ist; ich gebe die Stelle
das Unwesentliche und die rhetorischen Ausschmückungen
kürzend. Nachdem er von der Weltregierung Gottes geredet,
fährt er fort: „Ein anderer wunderwürdiger Mythus wird in
geheimniſsvollen Weihen von Magiern gesungen, welche diesen
Gott preisen als den vollkommenen und ersten Lenker des voll-
kommensten Wagens. Denn des Helios' Wagen sei im Vergleich mit diesem jünger, der Menge aber sichtbar, da sein
Lauf offenkundig sei. — Das feste und vollkommne Gespann
des Zeus hat Niemand unter den Griechen würdig gefeiert,
weder Homer noch Hesiod, sondern Zoroaster und die Söhne
der Magier, durch ihn unterrichtet, besingen es, von welchem
die Perser sagen, er habe aus Liebe zur Weisheit und Gerechtigkeit sich von den Menschen entfernt und allein auf einem
Berg gelebt. Dann habe sich dieser Berg durch vieles von
oben herabstürzendes Feuer entzündet und anhaltend gebrannt;
weſshalb der König mit den Angesehensten der Perser sich
ihm in der Absicht genähert habe, den Gott anzubeten; da sei
der Mann (Zoroaster) unversehrt aus dem Feuer getreten und
ihnen huldvoll erschienen, und habe sie geheiſsen, guten Muthes
zu sein und einige Opfer zu opfern, da Gott zum Orte gekommen. Hierauf habe er nicht mit Allen verkehrt, sondern nur
mit den für die Wahrheit Geeignetsten und für den Umgang
mit Gott Fähigsten, welche die Perser Magier nannten, d. i.
solche, die dem göttlichen Wesen zu dienen verstehen[1]), nicht
wie die Griechen aus Unkunde des Namens die Zauberer so
nennen. Diese Magier aber haben auſser andern durch heilige
Vorschriften bestimmten Verrichtungen auch die, daſs sie dem

---

[1]) Dieselbe Definition giebt Dio auch anderswo.

Zeus ein Gespann Nisäischer Pferde nähren (das sind die schönsten und gröfsten in Asien), dem Helios aber ein Pferd. Sie
entwickelten aber den Mythus mit grofser Kühnheit, indem sie
sagen: es sei nur eine Führung und eine Wagenlenkung des
Alls, die mit höchster Kundigkeit und Stärke immer geschehe
unaufhörlich in unaufhörlicher Periode der Zeit. Die Umläufe
der Sonne und des Mondes seien nur Theilbewegungen und
darum deutlicher, die Bewegung des Alls aber sei der Menge
unbekannt. Dio getraut sich kaum, das barbarische Lied von
den Pferden dieses Gespanns neben den anmuthigen hellenischen
Liedern zu singen, so abentheuerlich erscheint es ihm. Das
erste Pferd sei von aufserordentlicher Schönheit, Gröfse und
Schnelle, geflügelt und dem Zeus heilig; es habe die Farbe des
reinsten Lichtes, Sonne und Mond seien seine Zeichen und auch
die übrigen Gestirne in ihm begriffen. Das zweite Pferd, ihm
verbunden und am nächsten, sei nach Here benannt, zahm und
weich und viel geringer an Kraft und Schnelligkeit, von Natur
schwarz, glänze nur der von Helios beleuchtete Theil. Das
dritte sei dem Poseidon heilig und langsamer als das zweite;
die Dichter nennen es Pegasus. Das vierte aber und unwahr-
scheinlichste von allen sei starr und unbeweglich, nicht geflügelt, der Hestia gehörig. Nichtsdestoweniger lassen sie (die
Magier) das Bild nicht fahren, sondern sie sagen, dafs auch
dieses Pferd an den Wagen gespannt sei, und auf dem Platz
bleibe, in einen Zaum von Diamant beifsend; es stämme sich
aber mit seinen Theilen, und die zwei andern in der Nähe
beugten sich nach ihm, das erste und äufserste aber bewege
sich immer um den stehenden, wie um das Ziel der Wettbahn.
Gewöhnlich seien sie verträglich; aber manchmal veranlasse ein
kräftiger Stofs des ersten einen Weltbrand (wie den des hellenischen Phaethon), oder ein heftiger Schweifs des dritten eine
Flut (wie die des Deukalion); das Alles sei aber kein zufälliges
Unglück, wie die Menschen wähnten, sondern geschehe nach
Absicht des weisen Wagenlenkers. Aufser dieser Bewegung
des Ganzen gebe es aber noch eine Bewegung und Veränderung
der vier, die ihre Gestalt änderten, bis sie alle eine Natur an-
nähmen, vom Stärkeren besiegt. Auch diese Bewegung vergleichen sie in einem noch gewagtern Bild mit Wagenlenkung,
wie wenn ein Wunderwirker aus Wachs Pferde formt, indem
er von jedem einzelnen wegnimmt und abdreht und dem an-

dem zufügt, bis er endlich alle in einen der vier aufgehen
macht, eine Gestalt der ganzen Masse wirkte. Es sei dies
aber nicht, als ob bei unbelebten Gebilden der Demiurg von
aufsen wirke und die Materie verwandle, sondern sie selbst er-
litten dies gleichsam, wie in einem grofsen und wahren Kampfe
um den Sieg streitend, den nothwendig der erste, stärkste und
schnellste unter ihnen erringe, der am Anfang als der Auser-
wählte des Zeus bezeichnet wurde. Denn dieser, da er von
allen der kräftigste und von Natur ganz feurig sei, verzehre
die andern, als wären sie wirklich von Wachs, in nicht langer
Zeit, die aber uns nach unserer Berechnung unendlich scheine;
indem er aber so die ganze Wesenheit der andern in sich aufnehme, erscheine er viel gröfser und glänzender als zuvor,
Sieger geworden im gröfsten Kampfe, nicht durch einen andern der Sterblichen oder Unsterblichen, sondern durch sich
selbst. Er stehe aber erhaben und trotzig da, erfreut über
seinen Sieg, und brauche ob seiner Stärke und seines Muthes
dann gröfseren Raum. An diesem Punkt der Erzählung angelangt, fürchtet er sich, die eigentliche Natur des Thieres zu
nennen: er sei nämlich dann einfach die Seele des Wagenlenkers und Herrn, oder vielmehr das Verstehende und Lenkende
derselben." So weit geht, wie es scheint, bei Dio die Rede
der Magier. Wie viel aber von diesem mythischen Vortrag
aus einer wirklich magischen Quelle geschöpft ist, oder wie
viel der 'griechische Schönredner hinzugethan hat (und solche
Zuthaten sind schon wegen der Namen Zeus, Here, Poseidon,
Hestia und Pegasus und wegen der Beziehungen des Phaethon
und Deukalion zu vermuthen), oder ob gar das Ganze von Dio
ersonnen und den Magiern in den Mund gelegt wurde, ist
schwer zu entscheiden. Letzteres scheint mir jedoch nicht
wahrscheinlich, vielmehr wäre es sehr möglich, dafs, nachdem
Dio selbst von geheimnifsvollen Weihen der Magier spricht,
er die Sache aus den damals zu Rom so stark im Schwunge
befindlichen Mithras-Mysterien geschöpft hat. Die Vorstellung eines vierspännigen Wagens, auf welchem die Gottheit
fährt, ist nicht gegen die magische Vorstellungsweise. Wir
finden in den Urtexten, dafs die Anâhita auf einem Wagen
einherfährt, der mit vier weifsen Pferden bespannt ist (Aban
Y. 11, 13), welche dann als Wind, Regen, Wolke und Blitz
bezeichnet werden (ib. 120). Und Mithra hat ebenso ein

Gespann von vier weißen Rossen, deren Vorderhufen mit Gold,
die Hinterhufen mit Silber beschlagen sind (Mib. Y. 125); dasselbe wird dem Çraoʃa zugeschrieben (Yaçu. LVII, 27), jedoch
sind es Falken, die ihn ziehen, von Alles übertreffender Schnelligkeit. Es ist also gar nicht unmöglich, daß auch Ahura-
Mazda ein solches Viergespann in irgend einem verlorenen Texte
zugeschrieben wurde.

Die Pferde des Gespanns sind leicht zu deuten: Licht,
Luft, Wasser, Erde. Die Verbindung von Licht und Luft erinnert an die in den Zendtexten so geläufige von Mithra, dem
Repräsentanten des Lichtes, und Râma-Qâstra *(oayus upard-
kairyô)*, dem Genius der Luft, der Ram Y. 54 sqq. ebenfalls
personificirt erscheint. So gut beide unter dem Bild von mächtigen Kriegern dargestellt werden, so gut konnten sie es auch
unter dem Symbol von Pferden; wir sehen ja in den Yaschts
Tistrya und Verethraghna die Gestalt des Rosses annehmen (Tir
Y. 18; Bahr. Y. 9).

Wir haben aber noch überdieß die Beschreibung des
Wagens des Zeus, der offenbar mit Ahura-Mazda identisch ist,
bei Xenophon Cyrop. VIII, 3, 12, wo ein weißer Wagen (die
Farbe bezieht sich auf das Gespann der Rosse) mit goldenem
Joch, dem Zeus heilig, in der Procession geführt wird.

Was Dio von dem glänzenden Rosse sagt, welches in
der Geheimlehre als die Seele des wagenlenkenden Gottes gelte,
so ist auch dies meines Erachtens magisch; es ist der Fravaśi
des Ahura-Mazda gemeint, von welchem Farv. Y. 80; 81 die
Rede ist, wie wir schon oben sahen.

Das Wichtigste in der Erzählung Dio's ist das, was er
über Zarathustra sagt: er habe aus Liebe zur Gerechtigkeit und
Weisheit in der Einsamkeit auf einem Berg gelebt, der durch
vom Himmel herabfallendes Feuer gebrannt habe; aus dem
brennenden Berg sei der Prophet dann dem König [1]) erschienen
und habe seine Offenbarungen begonnen. Woher hat Dio dies
geschöpft? Das Leben Zoroaster's in der Einsamkeit und auf
einem Berge scheint mir, wie schon Mithra p. 63 vermuthet
wurde, in Farg. XIX, 4, verglichen mit Bundeh. p. 53, 5, p. 58, 5
und p. 79, 10 begründet, und Prophyrius de antro nymph. c. 6

---

[1]) Ich bemerke im Vorübergehen, daß Dio oder vielmehr seiner Quelle nicht
einfällt, diesen König mit dem Vater des Darius zu identificiren.

beschreibt nach Eubulus die Mithrashöhle, die Zoroaster in den
nahen Bergen Persiens eingeweiht habe.

Der brennende Berg, aus welchem Zoroaster hervortritt,
erinnert an den brennenden Dornbusch Mosis; es ist mir aus
den Zendtexten nichts Aehnliches erinnerlich, wohl aber möchte
ich eine Stelle des Bundehesch hierher beziehen.

---

12. Fravaśi's.

(Fragment.)

Farvardin-Yasht.

I. 1) Es sprach Ahura-Mazda zum heiligen Zarathustra:
Einzig dir will ich Stärke und Kraft und Majestät und Hülfe
und Freude sagen, o hoher Heiliger! der Reinen kräftigen,
starken Genien, wie sie mir zu Hülfe kamen, wie sie mir Beistand leisten, die kräftigen Genien der Reinen.

2) Durch ihren Reichthum und ihre Majestät erhalte ich,
o Zarathustra, diesen Himmel, der aufglänzt und vorschaut; der
auf dieser Erde und um sie ist.

3) Gleich wie jener Vogel, der steht geistregiert, gefestigt,
weitbegränzt, mit ehernem Leib eines ...., glänzend noch
den Dritteln — den Mazda bekleidet im sterngeformten Kleid,
geistiggebildetem, begleitet von Mithra, Raśnu, Armaiti-
Çpeñta: dem an keinem der Theile die beiden Enden geschen
werden.

4) Durch ihren Reichthum und ihre Majestät erhalte ich,
o Zarathustra, die Ardvi-Çûra-Anâhita, die breitströmende,
heilkräftige, gegendämonische, der Ahura-Lehre gemäße, die
anzubetende in der beKörperten Welt, die zu verehrende in der
beKörperten Welt, die .... mehrende reine, die Heerden
mehrende reine, die die Lebendigen mehrende reine, die Glanz
mehrende reine, die Land mehrende reine.

5) Die aller Männer Samen reinigt, die aller Weiber Uterus

(Fötus) reinigt zur Geburt — die alle Weiber wohlgebärend macht, die allen Weibern rechte und zeitige Milch bringt.

6) Die grofse, weither berühmte, die so ist an Gröfse, wie alle diese Wasser, welche auf der Erde fliefsen; welche gewaltig vorströmt vom Berg Hukairya hin zum See Vôurukaſa.

7) Es erzittern alle Enden des See's Vôurukaſa; auch die ganze Mitte erzittert, wenn sie hervorströmt, wenn sie hervorspringt: Ardvî-Çûra-Anâhita, die da hat tausend Kanäle und tausend Abflüsse; und jeder dieser Kanäle und jeder dieser Abflüsse (ist) vierzig Tagesritte (lang) einem mit gutem Pferd versehenen Reiter.

8) Von diesem meinem einen Wasser geht ein Abflufs auseinander in die sieben Karśvare's. Von diesem meinem einen Wasser geht er gleichmäfsig hin Sommers und Winters. Sie reinigt mir die Wasser, sie der Männer Samen, sie der Fürstinnen Uterus, sie der Fürstinnen Milch.

9) Durch ihren Reichthum und ihre Majestät erhalte ich, o Zarathustra, die breite Erde, die Ahura-geschaffene, die grofse, bepfadete; welche eine Trägerin ist des reinen Guten, welche die bekörperten Wesen trägt, lebende und todte, und die Berge, die hohen, weidereichen, wasservollen.

10) Auf welcher viele aus (in) Quellen stammende (befindliche) Wasser fliefsen, schiffbare; auf welcher vielartige Bäume hervorwachsen zur Nahrung für Vieh und Männer, zur Nahrung der arischen Länder, zur Nahrung der fünfzitzigen Kuh, zur Hülfe der reinen Männer.

11) Durch ihren Reichthum und ihre Majestät erhalte ich, o Zarathustra, in den Gebärerinnen die empfangenen Söhne, nicht fortsterbend, bis zum gesetzten Vidhâtus (Vernichtung) auf dem Wege, das Leben der Seele und die Knochen und die Farbe und die Bänder und das Blut und die Füfse und den Hintern.

12) Denn wenn mir nicht Hülfe leisteten die kräftigen Genien der Reinen, so wären mir hier nicht Vieh und Männer, welche von den Arten die besten sind; der Drukhs wäre Macht, der Drukhs Herrschaft, der Drukhs die belebten Wesen.

13) Hin zwischen Himmel und Erde würde von der geistigen Drukhs gesetzt werden; hin zwischen Himmel und Erde würde von der geistigen Drukhs gewohnt werden; nicht

würde sodann dem Tödter weichen Aṅro-Mainyus dem heiligen Geiste.

14) Durch deren Reichthum und Majestät fliesen die Wasser, vorangehend im Grunde unaufhörlich (auf unerschöpflichem Grunde). Durch ihren Reichthum und ihre Majestät wachsen aus der Erde die Bäume hervor, im Grunde unaufhörlich. Durch deren Reichthum und Majestät weht der Wind dunstgenährt im Grunde unaufhörlich.

15) Durch deren Reichthum und Majestät empfangen die Weiber Söhne. Durch deren Reichthum und Majestät gebären sie gute Geburt. Durch deren Reichthum und Majestät sind sie von Söhnen gefolgt.

16) Durch deren Reichthum und Majestät wird der Mann geboren, der weise, weise denkende, das Gesprochene wohl hörende, der da ist im Geist vertieft, der Naidyaṅha des Gautama vor dieser Frage daher kommt. Durch deren Reichthum und Majestät geht die Sonne jene Wege; durch deren Reichthum und Majestät geht der Mond jene Wege; durch deren Reichthum und Majestät gehen die Sterne jene Wege.

17) Es sind in den gewaltigen Schlachten die Beistand gebendsten, die Genien der Reinen. Diese Genien der Reinen sind die stärksten, o Heiliger, welche sind die der ersten Gläubigen oder die der ungeborenen Männer, der hervorgehenden Heiler. Die andern Genien der lebendigen reinen Männer sind stärker, o Zarathustra, als die der Todten, o Heiliger.

18) Hierauf welcher Mann sie wohlgetragen trägt im Leben der reinen Genien, der Regierer des Landes, der Gleichherrscher, der wird am freudigsten sein, beherrschend, irgend wer der Menschen, der euch wohlgetragen trägt, Mithra, den weitflurigen und die Wahrheit, die die Lebendigen mehrt und nährt.

19) So sage ich die Macht und Stärke, Majestät und Hülfe und Freude, o hoher Heiliger, der Genien, der Reinen, der gewaltigen, überkräftigen, wie sie zu Hülfe kamen, wie sie mir Beistand bringen, die gewaltigen Genien der Reinen.

II. 20) Es sprach Ahura-Mazda zum heiligen Zarathustra: Hierauf, wenn dir in dieser bekörperten Welt, o heiliger Zarathustra, auf den Weg kommt der Gewaltthätigen und der Bösewichter, der schrecklichen (einer), o Zarathustra, und wenn zum

Schrecken des Leibes, dann murmele dieses Wort, dann sprich
dieses Wort aus, das siegreiche, o Zarathustra.

21) Der Reinen gute, starke, heilige Genien lobe ich, rufe
ich an und ehre sie. Wir opfern den Genien des Hauses, des
Dorfes, der Stadt, des Landes, den Zarathustrischsten, den
seienden der seienden, den seienden der gewesenen, den seienden der seinwerdenden Reinen; alle aller Länder, die besten
der besten Länder.

22) Welche den Himmel erhalten, welche das Wasser erhalten, welche die Erde erhalten, welche das Rind erhalten,
welche in den Gebärerinnen die Söhne erhalten, die empfangenen nicht sterbend, bis zum gesetzten Vidhâtus auf den Wegen
das Seelenleben und die Knochen und die Haut und die Bänder
und das Blut und die Füfse und den After.

23) Welche sind sehr tragend, von gewaltiger, guter, fah-
render, fester, rufender Weise; welche anzurufen sind in den
Gutheiten, welche anzurufen sind in den Siegen, welche anzurufen sind in den Schlachten.

24) Welche Sieg geben dem Anrufenden, das Verlangte
geben dem Schreienden, Festigkeit geben dem . . . . , gute
Gnade geben jenem, der ihnen opfernd und sie begütigend anruft: der Spenden bringende Reine.

25) Die dort am ersten herabsteigen, wo reine Männer die
Reinigkeit am meisten im Herzen haben und wo sie am gröfsten und geehrtesten sind und wo befriedigt ist der Reine und
wo unerzürnt ist der Reine.

III. 26) Der Reinen guten, starken, heiligen Genien opfern
wir, welche sind die kräftigsten der Fahrenden, die leichtesten
der Fortgefahrenen, die nicht lärmendsten der . . . . , die
nachhandelsten der Stege, die nichtgeschlagendsten der Schwerter
und Panzer, welche unauflöslich machen.

27) Sie sind ein Glück, wohin sie kommen; ihnen den guten, den besten opfern wir, welche sind der Reinen gute, starke,
heilige Genien. Denn bei ausgestreuten Opferreisern sind sie
anzurufen, bei den Siegen, bei den Schlachten und da wo starke
Männer um die Siege kämpfen.

28) Sie hat Mazda angerufen um Hülfe und zur Hülfe des
Himmels und des Wassers und der Erde und der Bäume, als
der heilige Geist trug (erhielt) den Himmel, das Wasser, die
Erde, das Rind, die Bäume, als er in den Gebärerinnen die

Söhne erhielt, die empfangenen nicht sterbend vor dem gesetzten Vidhâtu, als er auf den Wegen ausbreitete (belebte) Knochen und Haut und Bänder und Blut und Füfse und After.

29) Es erhielt der heilige Geist diese starken, leise kommenden, wohlblickenden, grofsaugigen, hörenden, lang ....., welche hoch sind, hochgeschürzt, welche gute und breite Wohnungen haben, frei (leicht) schnauben, ... berühmt den Himmel mit tragen.

IV. 30) Der Reinen guten, starken, heiligen Genien opfern wir, den gut folgenden, gut thuenden, zu langer Genossenschaft, die die befaten und unerzürntesten sind, jenen Männern des Guten, welche euch die guten, schützenden, weit gehenden, heilenden, berühmten, Schlachten tödtenden nicht zuerst vermehren.

V. 31) Der Reinen guten, starken, heiligen Genien opfern wir, den gewaltig freudigen, den hassenden von oben wirkenden, heilbringendsten, welche über der Schlacht der hassenden Gegner gewaltige Arme zerstören.

VI. 32) Der Reinen guten, starken, heiligen Genien opfern wir, den flehenden, festen, mächtigen, nicht kranken, Nahrung gebenden, gehorsamen, heilenden, von der Reinheit Heilmittel gefolgten, nach der Breite der Erde, der Länge der Steppe, der Höhe der Sonne.

VII. 33) Der Reinen guten, starken, heiligen Genien opfern wir, welche stark sind, wohlbewehrt .... verwundungdrohend, weitblickend, zerstörend aller Hassenden Hafs der Daêva's und Menschen, mächtig niederschlagend in der Schlacht (oder die Feinde) nach ihrer Lust und ihrem Gefallen.

34) Ihr Guten verleihet den almragegebenen Sieg und die tödtende Uebermacht den Ländern, die heilvollten, wenn (ihr) Guten ungekränkt, befriedigt, unverletzt, unerzürnt seid, mit Opfer angerufen und geehrt des Wohnortes mächtig einhergeht.

VIII. 35) Der Reinen guten, starken, heiligen Genien opfern wir, den berühmten, Schlacht-tödtenden, angreifenden çpârôdâstaô ...., unbetrogen im Rechte, welche anrufen um Hülfe der hervorgehende und der hervorgegangene, zum Weggang ruft der hervorgehende, zum Weggang der hervorgegangene.

36) Welche dort am ersten niedersteigen, wo reine Männer sind, die Reinheit am meisten im Herzen tragend, und wo sie am gröfsten und am erfreuesten sind und wo befriedigt ist der Reine und wo unerzürnt ist der Reine.

37) Der Reinen guten, heiligen, starken Genien opfern wir, die volle Schaaren haben, hundert Waffen, deren Fahnen erhoben sind, den glänzenden, welche in den gewaltigen Schlachten dann eiliger herab beikommen, wann die starken *khstdvayó* den Danus Heere bringen.

38) Vernichtet ihr dann den Sieg der turanischen Bogenschützen — vernichtet dann den Hafs der turanischen Bogenschützen. Voran, euere *Keresnaso* seien wohl bemannt und heilvollst die starken *khstdvayó*, die starken Heiler, die starken Sieger, furchtbar den Wohnsitzen, die Tödter der zehntausendherrigen Danus.

X. 39) Der Reinen guten, heiligen, starken Genien opfern wir, die beim Zusammenstellen der Schlachtreihen die Enden derselben vernichten, die Mitte beugen, schnell von hinten berfahren, zur Hülfe der reinen Männer, zur Bedrängnifs der böse Werke wirkenden.

XI. 40) Der Reinen guten, heiligen, starken Genien opfern wir, welche sind gewaltig und thatkräftig und siegreich, Heere tödtend, rufend (?) und tödten, einherschreitend, mit berühmtem . . . . . . mit herrlichem Leib begabt, mit berühmter Seele, die reinen, welche Sieg geben dem Anrufenden, das Verlangte geben dem Schreienden, welche Festigkeit geben dem Bunde.

41) Sie geben dem Guten Gnade, der ihnen so opfert, wie ihnen jener Mann opfert, der reine Zarathustra, der Meister der bekörperten Lebendigen, der Gipfel der Zweifüfsigen, einem jeden der . . . . Kommer, einem jeden der Aengste Schrecken (?).

42. Welche wohlgerufen die geistesbesten, welche wohlgerufen geistgesendet hervorgeben an dem Gipfel dieses Himmels, der Stärke folgend, der wohlgesetzten, dem ahurageschaffenen Sieg und der tödtenden Uebermacht und der Çaoka (Nützlichkeit), welche das Gewählte bringt, das Verlangte bringt, der reinen, erfreuenden, anzubetenden, zu verehrenden, um der höchsten Reinheit willen.

43) Sie giefsen aus den Çatavaeçó zwischen Erde und Himmel, den Wasserfliefsenden, Ruf gehörten; den Wasserflies-

senden, Bäume wachsen machenden zur Nahrung von Vieh und Menschen, zur Nahrung der arischen Länder, zur Nahrung der fünfzitzigen Kuh, zur Hülfe der reinen Menschen.

44) Hin zwischen Erde und Himmel geht der Çatavaêçô, dahin wasserfliefsend, rafgehört, wasserfliefsend, bäumespriefsend, schönstrahlend, leuchtend zur Nahrung von Vieh und Menschen, zur Nahrung der arischen Länder, zur Nahrung der fünfzitzigen Kuh, zur Hülfe der reinen Männer.

XII. 45) Der Reinen guten, starken, heiligen Genien opfern wir, die Erzgepanzerten, Erzbewaffneten, Erzsiegenden, welche schweben auf den glanzgebundenen Schlachtfeldern, ge . . . . . Pfeile tragend zur Tausendtödtung der Menschen . . . . .

46) Jene Männer erkennen, in welchen der Siegesgeruch; sie sind erfreut (beschützt) von den Reinen guten, starken, heiligen Genien vor dem gezielten Wurfgeschofs, vor dem erhobenen Arm.

47) Wo man ihm zuerst opfert, zu dem auf das Bekenntnifs gerichtete Gemüth, aus gläubigem Geiste, da steigen sie herab die gewaltigen Genien der Reinen mit Mithra und Raênu und dem gewaltigen Fluch des Weisen, mit dem siegreichen Winde.

48) Die Länder schlagen sie zusammengeschlagen nieder, zu fünfzig tödtend und zu hunderten, zu hundert tödtend und zu tausenden, zu tausend tödtend und zu zehntausenden, zu zehntausend tödtend und zu unzähligen, wo niedersteigen die gewaltigen Genien der Reinen mit Mithra und Raênu und dem gewaltigen Fluch des Weisen, mit dem siegreichen Winde.

XIII. 49) Der Reinen guten, starken, heiligen Genien opfern wir, welche zum Dorfe hinfliegen um die Jahreszeit Hamaçpathmaêdaya; dann wandeln sie dort umher zehn Nächte, diese Hülfe zu erkennen strebend.

50) Wer wird uns loben, wer opfern, wer verehren, wer erfreuen, wer begütigen mit der Hand, die Fleisch und Kleider hält, mit Reinheit erlangendem Lobe; wessen Name wird von uns ergriffen werden, wessen Seele wird euch geopfert werden, wem wird von uns die Gabe gegeben werden, dafs ihm Nahrung sei unversieglich für immer und immerdar.

51) Hierauf, welcher Mann ihnen vor opfert mit Fleisch haltender (gebender), Kleider gebender Hand, mit Reinheit erlangendem Lob, den segnen sie befriedigt, unbedrängt, unerzürnt die gewaltigen Genien der Reinen.

52) Es werden an dem Orte sein Heerden von Rindern und
Männern; es wird sein schnelles Pferd und fester Wagen; es
wird sein ein weiser Mann, der uns fürwahr opfert mit Fleisch
gebender, Kleider gebender Hand, mit Reinheit erlangendem
Lobe.

XIV. 53) Der Reinheit guten, starken, heiligen Genien
opfern wir, welche der Mazdageschaffenen Gewässer Weg zeigen, die schönen, die zuvor stehen vorgesetzt, nicht den Höh-
lungen entströmend am selben Orte lange Zeit hindurch.

54) Hierauf strömen sie auf einmal hin auf dem Mazdageschaffenen Weg, auf dem Gottzugetheilten Orte, auf dem
festgesetzten . . . . ., nach dem Wohlgefallen des Ahura-Mazda,
nach dem Wohlgefallen der Ameša-Çpenta's.

XV. 55) Der Reinen guten, starken, heiligen Genien opfern
wir, welche die fruchtbaren Bäume des schönen Wachsthums
zeigen, die vorher stehen gehindert, nicht hervorwachsend auf
demselben Orte lange Zeit.

56) Hierauf wachsen sie schnell hervor auf dem Mazdageschaffenen Weg, auf dem Gottbeschiedenen Ort, zur vorbe-
stimmten Zeit, nach dem Wohlgefallen des Ahura-Mazda, nach
dem Wohlgefallen der Ameša-Çpeñta's.

XVI. 57) Der Reinen guten, starken, heiligen Genien opfern
wir, welche der Sterne, des Mondes, der Sonne, der anfangslosen Lichter Weg zeigen, die reinen; die vorher am selbigen
Ort lange stehen, nicht fortbewegend wegen des Hasses der
Daêva's, wegen der Anläufe der Daêva's:

58) Hierauf fahren sie schnell dahin, die weithin bewe-
gende Bewegung des Pfades erlangend, nämlich die der guten
Auferstehung.

XVII. 59) Der Reinen guten, starken, heiligen Genien
opfern wir, welche jenen See beschützen, den weitufrigen
(vôurukaša) glänzenden, neun und neunzig und neunhundert und
neuntausend und neunzig Myriaden.

XVIII. 60) Der Reinen guten, starken, heiligen Genien
opfern wir, welche jene Sterne beschützen, die siebenfaltigen
neun und neunzig und 900 und 9000 und 90,000.

XIX. 61) Der Reinen guten, starken, heiligen Genien
opfern wir, die jenen Leib schützen des Çâma-Kereçâçpa, des
Keulen tragenden Gaêçus 9 und 90 und 900 und 9000 und
90,000.

XX. 62) Der Reinen guten, starken, heiligen Genien opfern wir, die jenen Samen schützen des heiligen reinen Zarathustra 99,999.

XXI. 63) Der Reinen guten, starken, heiligen Genien opfern wir, welche an des herrschenden Herrn rechter Seite kämpfen, wenn er ein Reiner und befriedigend ist, wenn sie ihm unerzürnt (unbedrückt) befriedigt ungekränkt, unerzürnt sind der Reinen gewaltige Genien.

XXII. 64) Der Reinen guten, starken, heiligen Genien. opfern wir, welche gröfser sind, kräftiger sind, fester sind, mächtiger sind, siegreicher sind, heilender sind, gabenspendender sind, als man es mit Worten aussprechen kann, welche die . . . . . . der Myazda's zu zehntausend begleiten.

65) Wenn dann die Gewässer hervorfliefsen, o heiliger Zarathustra, aus dem See Vourukaša und der Mazdageschaffene Glanz, dann gehen hervor die gewaltigen Genien der Reinen, viele zu vielen Hunderten, viele zu vielen Tausenden, viele viele Myriaden.

66) Wasser suchend (begehrend) für ihr Geschlecht (Sippe, Familie), für ihr Dorf, für ihre Stadt, für ihr Land, so sprechend: unser eigenes Land ist zur Niederlage zum Vertrocknen.

67) Sie kämpfen in Schlachten an ihrem Sitz und Ort, wie Sitz und Wohnung sie zur Befriedigung trugen, gleichsam wie ein fester Kriegsmann von wohlgetragener . . . . . ., mit Waffen umgürtet niederschlägt.

68) Hierauf, welche von ihnen überwinden, die führen das Wasser weg, jeder seiner Familie, seinem Dorf, seiner Stadt, seinem Land, so sprechend: unser eigenes Land zur Förderung und zum Wachsthum.

69) Hierauf, wenn der Regierer des Landes, der gleichherrschende, von hassenden Feinden angegriffen wird, dann ruft er diese an, die gewaltigen Genien der Reinen.

70) Sie kommen ihm zu Hülfe, wenn sie ihm sind ungekränkt, befriedigt, ungedrückt, unerzürnt, die gewaltigen Genien der Reinen, sie fliegen nieder zu ihm, (wie ein) man sollte glauben wohlbeflügelter Vogel.

71) Sie sind ihm Schwert und Panzer und . . . . und Umdeckung vor der geistigen Drukhs und der Varenischen Gewalt und der zischenden Schlange und der alltödtenden Gottlosigkeit des Aṅr'-Mainyus, gleich wie das Niederschlagen

21

von hundert und tausend und zehntausend trocknen Zweigen
ist es.

72) So daſs nicht dagegen ein wohlgeprüftes Schwert, nicht
eine wohlbeschlagene Keule, nicht ein wohlgezielter Pfeil, nicht
eine eine wohl .... Lanze, nicht ein Stein *aremo* ge-
schnellt anlangt.

73) Sie sind .... der Reinen guten, starken, heiligen
Genien (wie oben § 49).

74) Den berühmten opfern wir, den denkenden, den leh-
renden — den Heilern der Seelen opfern wir, der Thiere —
der ..... der unter dem Wasser, der unter dem Himmel, der
beflügelten, der leichtgehenden, der klauenfolgenden Genien
opfern wir.

75) Den Genien opfern wir — den festen (kräftigen), den
festesten, den heiligen, den heiligsten, den starken, den heilbringendsten, den festen, den obermächtigen, den gewaltigen —
den gewaltigsten, den leichten, den leichtesten — den Gabe ver-
leihenden, den Gabe verleihendsten.

76) Denn sie sind die Gaben verleihendsten der beiden
geistigen Geschöpfe, der Reinen gute, starke, heilige Genien,
welche da erhaben stehen, als die beiden Geister Geschöpfe
schufen, der heilige Geist und der verderbende.

77) Als hindurchging Aṅrô-Mainyus die Schöpfung des
reinen, guten, da kamen zu Hülfe Vohumano und das Feuer.

78) Sie beide überwanden den Haſs des Aṅrô-Mainyus,
des verruchten, als er nicht die Gewässer zum Flieſsen lieſs,
nicht die Bäume zum Wachsen. Auf einmal flossen da, als
Ahura-Mazda, der starke Schöpfer wollte, die Gewässer, die
heilbringendsten, und es wuchsen hervor die Bäume.

79) Allen Wassern opfern wir — allen Bäumen opfern wir,
allen guten, starken, heiligen Genien der Reinen opfern wir —
namentlich den Wassern opfern wir — namentlich den Bäumen
opfern wir — namentlich den guten, starken, heiligen Genien
der Reinen opfern wir.

80) Allen früheren Genien opfern wir hier — dem Genius
des Ahura-Mazda, dem gröſsten, besten, schönsten, härtesten,
intelligentesten, wohl gestaltetsten, an Reinheit höchsten,
opfern wir.

81) Dessen Seele das heilige Wort ist, der Feuer glänzende,
vorblickende, und die Körper ergreift er, die schönen der Amesa-

Çpeñta's, die Werke der Ameśa-Çpeñta's — der glänzenden Sonne, der Pferde lenkenden opfern wir.

XXIII. 82) Der Reinen guten, starken, heiligen Genien opfern wir — der Ameśa-Çpeñta (Unsterblichen, Heiligen), der glänzenden, grofsaugigen, hohen, angreifenden, festen, ahurischen, welche unvergänglich und rein sind.

83) Welche da sind sieben mit gleichen Gedanken, sieben mit gleichen Worten, sieben mit gleichen Werken. Welcher ist gleicher Gedanke, gleiches Wort, gleiches Werk, der gleiche Vater und Regierer, der Schöpfer Ahura-Mazda.

84) Von welchen einer des andern Seele beschaut, die da sinnt auf gute Gedanken, sinnt auf gute Reden, sinnt auf gute Werke, sinnt auf Garo-Nemâna, deren Wege glänzend sind, wenn sie herbeifliegen zu den Spenden.

XXIV. 85) Der Reinen guten, starken, heiligen Genien opfern wir — dem Genius des Feuers, des weitverbreitetsten, des heiligen, weisen — dem Genius des reinen, festen, wortleibenden, tapferlanzigen, ahurischen Çraośa und dem des Nairyô-Çañha.

86) Und dem des gradesten Rechtes (Raśnu) und dem des weitflurigen Mithra und dem des Manthra-Çpeñta (heiligen Wortes) und den Genien des Himmels, des Wassers, der Erde, der Bäume, des Stieres, des Lebens und der vergänglichen Schöpfung.

87) Des sterbenden Lebens (Gayô-maratha), des reinen Genius opfern wir. Der zuerst dem Ahura-Mazda den Gedanken hörte und die Befehle; aus welchem er (Ahura) gebildet hat das Geschlecht der arischen Länder, den Samen der arischen Länder.

88) Des heiligen Zarathustra Reinigkeit und Genius opfern wir, der zuerst Gutes dachte, zuerst Gutes sprach, zuerst Gutes that; dem ersten Priester, dem ersten Krieger, dem ersten Ackerbauer, dem ersten Verkünder, dem ersten Verkündeten, dem ersten Ehrenden und Geehrthabenden, das Rind und Reinheit und das Gesprochene und des Gesprochenen Gehör und das Reich und alle guten Dinge, die Mazdageschaffenen, die reinsamigen.

89) Der da ist der erste Priester, der erste Krieger, der erste Ackerbauer — der zuerst das Rad bewegte von Daévischer und menschlicher Hülfe. Der zuerst von der bekörperten Schöpfung das Reine pries, ein Daévavernichter, sich be-

kannte als zarathustrischer Mazdayaçna, Feind der Daêva's und Bekenner des Ahura.

90) Der der erste der bekörperten Schöpfung die Rede sagte, die Dämonenfeindliche, Ahurabekennende. Der der erste der bekörperten Schöpfung die Rede aussprach, die antidämonische, Ahurabekennende. Der der erste der bekörperten Schöpfung das ganze dämonische Gesetz als nicht zu opfern, nicht zu verehren sagte, der starke, Wohlfahrt gebende, erstlehrende der Länder.

91) In (durch) welchen alles reine Wort verkündet (gehört) worden ist, der Herr und Meister der Lebendigen, der Lober der gröfsten und besten und schönsten Reinheit, der Erforscher der besten Lehre von allen seienden.

92) Den wünschten die Ameša-Çpeñta's alle einträchtig mit der Sonne, bin zum bekennenden Gemüthe aus gläubigem Geiste, den Herrn und Meister der Lebendigen, den Lober der gröfsten, besten, schönsten Reinheit, den Erfrager der besten Lehre von den seienden.

93) Bei dessen Geburt und Wachsthum sich ausdehnten Wasser und Bäume; bei dessen Geburt und Wachsthum wuchsen Wasser und Bäume; bei dessen Geburt und Wachsthum Heil riefen alle vom Heiligen geschaffenen Geschöpfe.

94) Heil uns, es ist geboren der Priester, der heilige Zarathustra; er wird uns opfern mit Spenden, Opferreis streuend Zarathustra. Von nun an wird hier sich verbreiten die gute, mazdayaçnische Lehre nach allen sieben Karávare's.

95) Von nun an wird hier Mithra, der weitflurige, gedeihen machen alle Vorgesetzten der Länder und die Erschreckenden erfreuen; von nun an wird der starke Wasserherr gedeihen machen alle Vorgesetzten der Länder und die Erschreckenden hinabführen (?). Des Maidhyô-maôñha des Sohnes der Arácti, des Reinen Reinheit und Genius opfern wir, der zuerst dem Zarathustra das Wort hörte und die Befehle.

www.ingramcontent.com/pod-product-compliance
Lightning Source LLC
Chambersburg PA
CBHW021123270326
41929CB00009B/1012